I coltelli degli ultimi Neandertal

Strategie tecnologiche e comportamentali alla fine del Paleolitico Medio

Davide Delpiano

BAR INTERNATIONAL SERIES 3025 | 2021

Published in 2021 by
BAR Publishing, Oxford

BAR International Series 3025

I coltelli degli ultimi Neandertal

ISBN 978 1 4073 5794 2 paperback
ISBN 978 1 4073 5795 9 e-format

DOI https://doi.org/10.30861/9781407357942

A catalogue record for this book is available from the British Library

COVER IMAGE *Diverse tipologie di coltelli a dorso fabbricati dagli ultimi Neandertal di Sesselfelsgrotte (D), Grotta di Fumane (I) e La Rochette (F).*

BAR titles are available from:

BAR Publishing
122 Banbury Rd, Oxford, OX2 7BP, UK
EMAIL info@barpublishing.com
PHONE +44 (0)1865 310431
FAX +44 (0)1865 316916
www.barpublishing.com

Di relativo interesse

Lithic Residue Analysis
A review and guide to techniques
Shannon Croft

Oxford, BAR Publishing, 2020

BAR International Series **3023**

Use-wear Analyses of Polished and Bevelled Stone Artefacts during the Sepulcres de Fossa/ Pit Burials Horizon (NE Iberia, c. 4000–3400 cal B.C.)
Alba Masclans Latorre

Oxford, BAR Publishing, 2020

BAR International Series **2972**

The Influence of Lithic Raw Material Selection on Regional Morphological Variability of Clovis Fluted Points
Alan M. Slade

Oxford, BAR Publishing, 2020

BAR International Series **2968**

Competition Between Humans and Large Carnivores
Case studies from the Late Middle and Upper Palaeolithic of the Central Balkans
Stefan Milošević

Oxford, BAR Publishing, 2020

BAR International Series **2963**

Early Microlithic Technologies and Behavioural Variability in Southern Africa and South Asia
Laura Lewis

Oxford, BAR Publishing, 2017

BAR International Series **2861**

Discoid Lithic Technology
Advances and implications
Edited by Marco Peresani

Oxford, BAR Publishing, 2003

BAR International Series **1120**

Ringraziamenti

Questo libro è frutto di oltre tre anni di lavoro passati tra Germania, Francia e soprattutto Italia, nel luogo della Sezione di Scienze Preistoriche e Antropologiche del Dipartimento di Studi Umanistici di Ferrara, sotto la direzione del prof. Marco Peresani. A lui va innanzitutto la mia gratitudine, per avermi dato l'opportunità di svolgere un dottorato su un argomento a me così caro, per i consigli, il costante appoggio, e per aver sempre rappresentato un punto di riferimento.

Desidero ringraziare il prof. Thorsten Uthmeier della Friedrich-Alexander-Universität di Erlangen-Nurnberg per aver reso possibile lo studio delle collezioni di Sesselfelsgrotte, per i suggerimenti e l'appoggio logistico durante i periodi passati ad Erlangen. Grazie ad Andreas Pastoors per l'aiuto e il contributo soprattutto nel definire l'idea iniziale del progetto.

Un sentito ringraziamento va ad Andreas Maier, ora dell'Università di Colonia, per la gentilezza e la prontezza con cui si è sempre reso disponibile ad aiutarmi, dai periodi "tedeschi" alle revisioni di testi e lavori.

Una parte importante di questo lavoro riguarda le analisi tracceologiche e le attività sperimentali, che non sarebbero state possibili senza il contributo di Andrea Zupancich dell'Università di Roma-La Sapienza.

Un ringraziamento anche ai proff. Fabio Negrino (Università di Genova) ed Elisa Nicoud (CEPAM CNRS di Nizza), per essersi fatti carico della prima lettura di questo elaborato, e alle proff. Cristina Lemorini ed Emanuela Cristiani (Università di Roma-La Sapienza), oltre che a diversi revisori anonimi le cui correzioni hanno contribuito a migliorare la monografia.

Si ringraziano Frank Bauer e il prof. Marc Stamminger per la gentile concessione all'utilizzo dello scanner 3D David3 al dipartimento di informatica dell'Università FAU di Erlangen.

Un ringraziamento va anche al Musée Nationale d'Archéologie di Saint-Germain-en-Laye, specialmente nelle persone di Marie-Sylvie Larguéze e Catherine Schwab, che hanno reso possibile lo studio delle collezioni di La Rochette. Grazie anche a Thomas Sagory e Théa Poullain per l'importante contributo nella fotogrammetria dei coltelli a dorso di La Rochette.

Grazie a tutti i colleghi nonché amici che ci sono sempre stati: Matteo Romandini e Gabriele Terlato per il loro appoggio e la loro compagnia nelle giornate passate al dipartimento e sugli scavi. Grazie anche a Jacopo Gennai, Gloria Cattabriga, Filippo Zangrossi, Nicola Nannini, Armando Falcucci, Daniela Rosso, Nicolò Fasser, Davide Margaritora, Eva Martellotta, a tutti gli studenti e i collaboratori sugli scavi di Fumane, Broion, Piovesello, Monte Avena, così come ai ricercatori e professori che, anche solo rispondendo ad una mail, hanno contribuito a facilitare il mio percorso: Federica Fontana, Marta Arzarello, Brad Gravina, Marie Soressi, Gerd-Christian Weniger.

Infine, desidero ringraziare i miei amici extra-accademici, la mia famiglia e Valentina, colonne portanti di questi (e dei prossimi...) affascinanti e logoranti anni passati dietro "quattro sassi polverosi".

Indice

Lista delle figure

Lista delle tabelle

Premessa: perché studiare gli strumenti a dorso del Paleolitico Medio

La seguente monografia è il frutto di un progetto di dottorato svolto dall'autore negli anni dal 2016 al 2020, e concepito per indagare le dinamiche attinenti alla variabilità comportamentale e tecnologica dell'uomo di Neandertal durante l'occupazione del suolo europeo. Si è perseguito questo obiettivo ponendo l'attenzione su una categoria di manufatti particolarmente esemplificativa e che riassume la mutevole produzione tecno-culturale neandertaliana: i coltelli a dorso, strumenti taglienti provvisti di bordo spesso e atto alla prensione.

La genesi di questo lavoro è stata tuttavia complessa: l'intenzione iniziale era quella di sviluppare un confronto tra i due "mondi" della fine del Paleolitico Medio europeo, riassunti dai termini Micocchiano e Musteriano e, rispettivamente, dagli insiemi litici dei siti di Sesselfelsgrotte e Grotta di Fumane. Due mondi separati dalla barriera geografica e culturale dell'arco Alpino e distinti per tradizioni tecnologiche, storia degli studi, e per l'opposta concezione degli strumenti a dorso: questi sono caratterizzati da una lavorazione bifacciale nel Micocchiano, mentre nel Musteriano sono prodotti su scheggia. Successivamente, e anche alla luce degli importanti risultati sviluppati dall'analisi dei manufatti a dorso ritoccato dell'unità A9 di Fumane, si è voluto ampliare l'indagine con l'approfondimento di un contesto Musteriano del sud-ovest francese: il livello 7 del sito di La Rochette. Pertanto, da una questione posta inizialmente in maniera statica e con un confronto bilaterale, si è voluto analizzare l'argomento da un punto di vista più dinamico e maggiormente inquadrato nel contesto globale pan-Europeo, con implicazioni che sfociano nell'emergenza di alcuni elementi associabili ad una dibattuta "modernità" comportamentale.

Dall'idea iniziale del confronto tra siti, tuttavia, l'interesse è mutato nello sviluppo di pochi e rilevanti macro-argomenti derivati dal confronto interno ai siti presi in esame. È stato difatti ritenuto poco utile e inappropriato un confronto diretto di contesti così lontani, differenti e talvolta divisi da barriere naturali insormontabili, senza prima comprenderne la loro variabilità interna. Le origini di questa variabilità devono essere dipanate sia dal punto di vista diacronico (sostituzione e alternanza tecnologica e comportamentale) che sincronico (coesistenza di comportamenti differenti). Il primo esempio può essere rappresentato dalla sequenza Musteriana di Fumane, che registra l'alternanza di tecno-complessi Musteriani (ad esempio Levallois e Discoide) con la sostituzione dei rispettivi metodi di scheggiatura e degli strumenti derivati. Il secondo esempio può essere invece riassunto dai livelli del G-Complex di Sesselfelsgrotte, in cui i "mondi" Musteriano e Micocchiano convivono, e si rende pertanto necessario, per prima cosa, comprendere la natura interna di questa complessità. Infine, si è voluto indagare il significato innovativo e più prettamente ergonomico riguardante alcune tipologie di strumenti a dorso ritoccato, nei contesti di poco precedenti la transizione tra Paleolitico Medio e Paleolitico Superiore dove questi manufatti assumono un'importanza particolare, nell'ottica di una crescente specializzazione tecnica interna al comportamento Neandertaliano.

Anche se il metodo di analisi richiama gli stessi approcci (tecnologico, tecno-morfologico, tecno-funzionale ed ottenimento ed analisi di modelli tridimensionali), benché talvolta integrati da protocolli sperimentali e correlate analisi tracceologiche su set archeologici e riprodotti, l'elaborato finale appare come un mosaico di lavori apparentemente diversi ma legati poiché volti a rispondere alla medesima questione: perché gruppi di Neandertal contemporanei fabbricavano i propri coltelli in modi così diversi?

Per rispondere a questa domanda, l'archeologo e tecnologo deve porsi alcuni interrogativi di natura prettamente epistemologica. La produzione tecnologica umana segue tutta una serie di norme dettate da schemi preconcetti (da tradizioni e cultura), contingenze immediate, azioni personali, vincoli ecologici e soprattutto dalla capacità stessa della tecnologia di rispondere ai bisogni umani. Lo strumento tecnologico è, infatti, il modo che l'animale uomo possiede per emanciparsi dai limiti posti dalla natura e per superare le deficienze del proprio corpo, incapace di svolgere in maniera efficiente le basilari attività di sussistenza. E così, dal momento in cui è stata prodotta la prima scheggia tagliente più di tre milioni di anni fa, gli ominini hanno assegnato ad ogni strumento (almeno) una componente attiva ed una passiva, atta alla prensione. Gli strumenti a dorso, dotati di parte prensiva particolarmente ergonomica e idonea alla manipolazione, e margine tagliente efficiente e funzionale, rappresentano lo schema di base dei primi coltelli, poi impreziosito secondo diversi e susseguenti passi concettuali e tecnologici (ritocchi, preparazioni, predeterminazioni) volti a migliorarne l'efficienza, la funzionalità o la trasportabilità e la versatilità. I dorsi sono quindi un mezzo per indagare qualcosa di molto più ampio, e sullo sfondo della transizione Neandertal/Sapiens rappresentano un elemento cardine grazie alle loro profonde implicazioni necessarie per la produzione di elementi standardizzati, immanicati o armature per armi da getto. In questa grande "famiglia" di manufatti esistono pertanto elementi completamente diversi che devono essere analizzati intrinsecamente al fine di comprendere l'effettiva validità di un confronto più esteso. Quando questo confronto può avere luogo, i manufatti devono essere considerati sempre come facenti parte del sistema socio-tecno-culturale che li ha prodotti, e mai come semplici "tipi": lo strumento senza il suo contesto, infatti, è solo un oggetto, e possiede lo stesso valore di una parola estrapolata dal suo discorso.

Prefazione

Tra gli innumerevoli modi di esplorare la cultura neandertaliana, lo studio di quel vastissimo repertorio della cultura materiale che è rappresentato dallo strumentario litico, non cessa di offrire continui stimoli. Dai tempi in cui Francois Bordes si convinse dell'esistenza nell'Europa del Paleolitico medio di gruppi etnografici, ciascuno portatore di distinti paradigmi apprezzati nell'industra litica, il dibattito si è fatto sempre più articolato, chiamando in causa nuove discipline in un quadro epistemologico in costante arricchimento. In questo oltre mezzo secolo, segnato a tratti da un grande dinamismo, sono emerse numerose sintesi, seppure disparate, incentrate sulla nozione di territorio neandertaliano, sulle strategie intraprese nella gestione delle risorse disponibili, sul ruolo esercitato dalle variabili climatico-ecologiche nei confronti della biologia delle popolazioni neandertaliane. Dopo un lungo periodo scandito dalla produzione di dati ricavati dall'analisi delle varie categorie di vestigia, un enorme avanzamento si è registrato nell'ultimo ventennio grazie all'applicazione, sempre più sistematica, di protocolli analitici integrati nel campo della biochimica, della geochimica e della tafonomia, della biologia molecolare e, infine, anche all'uso di tecniche informatiche e modelli predittivi. Un salto così talmente spinto, da restituirci nitidissime immagini di un passato apparentemente intangibile, ma tale da assumere un aspetto caleidoscopico nel momento in cui se ne riduce la scala di osservazione. E tuttavia, se da un lato l'archeologia rivela di comportamenti specifici in relazione alle condizioni fisico-ecologiche in cui venivano a trovarsi quelle regioni o macroregioni abitate dal Neandertal, dall'altro essa rende possibile evidenziare l'esistenza di concetti comuni, condivisi alla scala subcontinentale.

Questo è l'ambito in cui si pone lo studio di Davide Delpiano, incentrato sui Neandertal più recenti, abitanti tre macroregioni d'Europa poste rispettivamente a ovest, a sud e a nord della catena alpina, opportunamente considerata un elemento divisivo per gran parte del Pleistocene.

La fonte di dati per questo confronto è la specifica categoria rappresentata dagli strumenti litici a dorso, quindi dotati di una struttura ergonomica, peraltro già nota, soggetta a continue innovazioni. La prospettiva è di grande stimolo: contesti geografico-ecologici diversi permettono di esplorare il background culturale di queste popolazioni, percependone la resilienza alla pressione selettiva dei contesti ecologici sollecitati dalla variabilità climatica dello Stadio Isotopico 3. Alla diversità di risposte espressa nel design e nel funzionamento di uno strumentario così caratterizzante, l'autore si relaziona ancorandosi alla dimensione cognitiva insita in questo modello mentale.

Marco Peresani

Riassunto

Con questo libro ci si addentra nella complessità che caratterizza il comportamento tecnico degli ultimi gruppi di Neandertal attraverso l'analisi dei coltelli a dorso selezionati dagli insiemi litici di tre tra i più importanti siti della fase finale del Paleolitico Medio Europeo, inquadrabili nella prima fase dello Stadio Isotopico Marino 3 (circa 50 mila anni da ora):

- Il G-Complex di Sesselfelsgrotte (Bassa Baviera), caratterizzato dalla coesistenza delle tradizioni tecno-culturali afferenti al Micocchiano dell'Europa centrale (*keilmessergruppe*) e al Musteriano, con la selezione di strumenti a dorso bifacciali (*keilmesser*) e unifacciali (raschiatoi e schegge con dorso).
- Le unità A9 e A10-A11 di Grotta di Fumane (Prealpi venete), insiemi litici Musteriani contraddistinti dall'alternanza tra i sistemi tecnici Discoide e Levallois, con la selezione dei rispettivi prodotti a dorso (diversi tipi di schegge debordanti, schegge a dorso naturale e punte pseudo-Levallois, oltre a schegge con dorso preparato).
- Il livello 7 di La Rochette (Dordogna), uno dei migliori esempi di Musteriano di tradizione Acheuleana di tipo B (MTA-B), ricco di coltelli a dorso ritoccato oltre che di coltelli a dorso naturale.

Si è scelto di incentrare l'analisi su questa ampia categoria di manufatti poiché si ritiene che essi possano riassumere le differenze tecno-culturali degli insiemi in questione. Tali strumenti rappresentano infatti tipologie esemplari dei rispettivi sistemi tecnici da cui vengono prodotti, costituendo diverse forme nonostante rispondano in linea teorica ad uno stesso obiettivo e schema funzionale: quello di "coltello" con una parte attiva atta a tagliare/trasformare la materia, e una parte passiva opposta necessaria alla manipolazione. Le diverse strategie di fabbricazione di questi strumenti e i diversi risultati ottenuti verranno perciò confrontati per indagare la variabilità tecnologica e comportamentale dei Neandertal cercando di rispondere alla seguente domanda: "perché diversi gruppi neandertaliani grosso modo contemporanei fabbricavano i propri coltelli in modi così differenti?"

Gli approcci analitici adottati si rifanno principalmente al metodo tecno-funzionale, capace di fornire risposte sugli schemi di ottenimento, utilizzo e funzionalità di tali strumenti, molto più o tutt'altro che semplici coltelli. Il metodo tecno-funzionale è applicato sia direttamente ai manufatti che ai modelli virtuali che ne sono stati ottenuti con diverse tecniche di acquisizione tridimensionale. La tecnologia 3D permette una migliore interazione e l'ottenimento di dati qualitativi più precisi, oltre che la possibilità di applicare analisi quantitative come la morfometria geometrica. Altri approcci sono stati talvolta integrati per approfondire particolari espressioni tecniche riconosciute sugli strumenti: tra questi, l'analisi delle tracce d'uso combinata con l'attività sperimentale di riproduzione ed utilizzo di manufatti analoghi, volta a comprendere funzionalità e prestazioni dei pezzi a dorso ritoccato.

Risultati e discussioni sono organizzati attorno ad una serie di macro-argomenti chiave che si sono scelti al fine di cercare di perseguire precisi obiettivi:

- Comprensione del rapporto tra Micocchiano-*Keilmessergruppen* e Musteriano, che ha permesso di avanzare ipotesi sul valore tecno-funzionale ed ecologico dei peculiari coltelli a dorso bifacciali (*keilmesser*), versione durevole, altamente potenziale e versatile di quelli unifacciali, e fabbricati probabilmente a loro imitazione tecno-funzionale in momenti di inasprimento ambientale.
- Indagine del dualismo tecnologico Discoide – Levallois, studiato dal punto di vista delle strategie di sfruttamento delle risorse naturali e di mobilità, della produttività dei metodi e dell'efficienza dei coltelli a dorso prodotti da essi. Il confronto ha contribuito a definire meglio l'origine di due scelte strategiche differenti adottate in contesti ecologici similari sula base di obiettivi funzionali e potenziali diversi.

- Analisi degli strumenti a dorso ritoccato nel Paleolitico Medio e comprensione della funzionalità della ampia gamma di interventi tecnici adottati a questo scopo. Tale argomento deriva specialmente dall'analisi dei dorsi discoidi di Fumane, mentre un confronto con i coltelli a dorso di La Rochette ha confermato la natura profondamente diversa dei due tipi di strumenti. Con questo studio si è contribuito a definire nel dettaglio un'innovazione tecnica neandertaliana della fine del Paleolitico Medio, sia nel caso risponda a modelli mentali dalla possibile valenza culturale (coltelli dell'MTA-B), o a scopi puramente funzionali ed ergonomici (coltelli discoidi).

Il tracciamento di innovazioni tecniche, il riconoscimento di elementi dal valore cuturale ed altri derivati da adattamento ecologico e funzionale sono mattoncini che vanno a costituire un quadro che, per quanto parziale, ci da un'idea della complessità della cultura materiale neandertaliana. Proprio nell'ultima fase della loro esistenza, le forti pressioni climatico-ambientali dovettero ripercuotersi sui flussi demografici generando la nota frammentazione tecno-culturale la cui piena comprensione, tuttavia, anche in rapporto all'arrivo dell'uomo anatomicamente moderno, è ancora lungi dall'essere dipanata.

Parole chiave: Musteriano, Keilmessergruppe, Discoide, Musteriano di tradizione Acheuleana, Tecnologia litica, Tecno-funzionale, Applicazioni 3D, Grotta di Fumane, Sesselfelsgrotte, La Rochette

Abstract

In this book, the complexity of late Neanderthals' technical behaviour is investigated through the analysis of the backed artefacts selected from three of the most important sites framed in the final phase of European Middle Paleolithic (beginning of Marine Isotopic Stage 3 – around 50 thousand years ago):

- The G-Complex of Sesselfelsgrotte (Lower Bavaria), characterized by the coexistence of the Central European Micoquian (*Keilmessergruppe*) and the Mousterian cultural traditions; the study is applied on a selection of bifacial (*keilmesser*) and unifacial (scrapers and unretouched flakes) backed tools.
- The A9 and A10-A11 units of Grotta di Fumane (Venetian Prealps), Mousterian assemblages characterized by the alternation between the Levallois and Discoid techno-complexes; the study is applied on a selection of the respective backed artefacts: different types of *débordant* flakes, naturally backed flakes and pseudo-Levallois points, as well as tools with retouched back.
- Layer 7 of La Rochette shelter (Dordogne), one of the best examples of Mousterian of Acheulean tradition, type B (MTA-B), where retouched backed knives are abundant, as well as natural backed knives.

The choice of focusing the analysis on this broad category of artefacts is dictated by the idea that they can summarize the techno-cultural differences between the respective assemblages. In fact, they represent technological or cultural-related tools characterized by different shapes and manufacturing procedures, despite they theoretically respond to the same objective and functional scheme: a wide-ranging knife with an active part designed to cut/transform the material, and an opposite passive part necessary for manipulation. Their different manufacturing processes and own features are here compared to investigate the technological and behavioural variability of late Neanderthals, and trying to answer the question: why roughly contemporary Neanderthal human groups manufactured their knives in such different ways?

The analytical approaches used here mainly refer to the techno-functional method, capable of providing data on the tools' manufacturing and functional schemes. The techno-functional method is applied both directly to the lithic artefacts and to the virtual models that have been obtained with different three-dimensional acquisition techniques. The use of 3D technology allows better interaction and more precise qualitative data, as well as the possibility to process quantitative analysis such as geometric morphometrics. Other approaches have been integrated to investigate particular technical behaviours recognized on the tools: among these, the use-wear analysis, combined with experimental replication and use of similar artefacts, was applied for understanding the functionality and performance of the retouched Discoid backed tools.

Results and discussions are organized around a series of key macro-topics that have been chosen in order to pursue specific objectives:

- Deepening of the relationship between the Micoquian-*Keilmessergruppen* and the Mousterian. It has been possible to raise hypotheses on the techno-functional and ecological value of bifacial backed knives (*keilmesser*), a durable, highly potential and versatile version of unifacial backed tools. They were possibly a techno-functional imitation manufactured within constrained ecological and environmental contexts.
- Investigation of the Discoid/Levallois technological dualism, examined through the resources' exploitation and mobility strategies, productivity rates and effectiveness of first choice backed products. The comparison helped to better define the origin of two different technical choices, adopted in similar contexts based on different functional and potential objectives.
- Analysis of the retouched backed tools in the Middle Palaeolithic and understanding the functionality of the range of technical interventions utilized for this purpose. This topic mainly comes from the Fumane Discoid assemblage, while a comparison with La Rochette backed

knives confirmed the profoundly different nature of the two categories of tools. The study contributed to define a technical innovation conceived by late Neanderthal, whether it responds to the application of mental models with a possible cultural value (MTA-B backed knives), or to purely functional and ergonomic purposes (Discoid retouched backed tools).

The tracing of technological innovations and the recognition of cultural elements and ecological or functional adaptations represent single parts of a complex ensemble that, albeit partial, gives us a glimpse of the variability of Neanderthal's material culture. Particularly in the final phase of their occupation of Europe, the strong environmental pressures of glacial stadia may have affected the demographic shifts generating the well-known techno-cultural fragmentation. Its full comprehension, however, is still far from being unraveled, also in relation to the arrival of anatomically modern humans.

Key-words: Mousterian, Keilmessergruppe, Discoid, Musterian of Acheulean tradition, Lithic technology, Techno-functional, 3D application, Grotta di Fumane, Sesselfelsgrotte, La Rochette

1

Quadro epistemologico e crono-culturale

1.0 Epistemological and chrono-cultural framework

Neanderthals, during their existence lasting from over 300 ky to about 40 ky ago, were able to adapt to the strong climate oscillations that affected Eurasia between the end of the Middle Pleistocene and the Upper Pleistocene (MIS 9 - MIS 3). In contrast to the classic and outdated image of a technological and cognitive flatness, Neanderthals were characterized by diversified ways of life. In fact, they shared technological and cultural behaviours with their African and Asian contemporaries; in this regard, an increasing number of publications attest innovations on symbolic and technical spheres.

Mostly on the basis of the lithic industries, Neanderthal cultural variability has been classified into several complexes, of which the Mousterian is the most widespread. Mousterian internal variability has been, and it still is today, the engine of a stimulating research, fuelling debates aimed at its possible interpretation. The first "Mousterian debate", in the second half of the last century, tried to correlate the various Mousterian facies to interpretative currents according to different key-explanations (cultural, functional, climatic, ecological factors). The technological approach of the last decades, following the guidelines of the *chaîne opératoire* of production and the knapping "volumetric concepts", allowed a more global comprehension of the lithic assemblages analysed in all their components. This, together with the development of multidisciplinary analyses on the contexts pertaining to the assemblages concerned, helped to define the modern techno-complexes, whose interpretation is a discussion topic of the present day's Mousterian debate.

One of the attempts of this book is to emphasize, besides the importance of the multidisciplinary contextualization of data, the significance of the technological objective. As a matter of fact, through technical gestures and technology itself, human production aims to solve specific situations and goals. However, the same needs may be accomplished in different ways, utilizing similar or typologically comparable devices but obtained through diverse manufacturing strategies. Such differences may arise from constraints imposed by the ecosystem (natural constraints) or/and by the deliberate choices of individual human groups or manufacturers (i.e., cultural constraints, imposed by tradition). The techno-functional group of tools related to backed knives well exemplifies this techno-typological variability. The macro-category includes a large variety of products sharing the same basic ergonomic features. In fact, their design, simple and intuitive, consist of an active cutting-edge opposite to a thick and passive portion. These attributes suggest the functional scheme of a knife, efficient and easy to handle. This simple scheme can be easily implemented through modifications, adjustments, and retouching. From this perspective, backed tools themselves can act as background on which technological progress is expressed, with a re-modulation of the functional scheme through technical innovation.

Backed tools also possess a particular significance in the definition of specific technological traditions throughout the Middle Palaeolithic. In fact, they are considered as characterizing elements and among the main objectives of different techno-complexes, especially during MIS 3, which are:

- The *Keilmessergruppe* or Mousterian with Micoquian Option (M.M.O.), terms used to indicate Central European Micoquian assemblages characterized by bifacial elements and Levallois, Discoid or Quina *débitage* technologies. The debate regarding its chronology and the relationship with the Mousterian "substrate" is still heated. The eponymous and most characteristic element is precisely the *keilmesser*, an asymmetrical backed knife obtained on plaquettes or flakes through bifacial and plano-convex retouching.
- The Mousterian of Acheulean tradition (MTA) is particularly spread in south-western and central France during MIS 3 and is defined by the presence of cordiform handaxes and unipolar-laminar knapping technology. Especially in the later phase B, poor in bifacial forms, backed knives manufactured on elongated blanks are very common. These were characterized by single-sided abrupt retouching aimed to form a back on a previous cutting-edge.
- The other Mousterian techno-complexes, such as Levallois, Discoid and Quina. These were Pan-European and present throughout the Middle Paleolithic (Levallois and Discoid), particularly typical of the cold stages between MIS 4 and early MIS 3 (Quina). Discoid and Levallois complexes often represent the last expression of the Mousterian in western and southern Europe. The *débitage* technologies aimed at flake production are the main distinguishing features: these include backed flakes (mostly core-edge-removal flakes) which could be knapping goals or even technical products realised in order to adjust the core convexities. These products are usually short and thick and sometimes equipped with a lateral tip in the Discoid production; thinner and more elongated in the Levallois; thick, short and asymmetrical in the Quina.

Within this chrono-cultural phase, backed tools could reveal innovative perspectives on technology or even on cognitive aspects. This is usually connected to the first systematic cases of backs manufactured by means of retouch. The latter is related to a so-called "behavioural modernity" since it implies a high level of technical investment to solve problems and achieve a functional purpose. This is also a consequence of the growing importance which backed tools progressively acquire within the contexts typical of the transition between Middle and Upper Paleolithic, and of the African Middle Stone Age. In fact, the back configuration could have served to improve manual adherence, to adapt the tool to a handle or, in any case, to ameliorate its performance.

Given the present state of the art, this book is focused on the analysis of backed tools from four contemporary contexts (early MIS 3) from three sites, selected among the most relevant within their respective techno-cultural and geographical framing: Sesselfelsgrotte G-complex (*Keilmessergruppe*), Fumane Unit A9 (Discoid Mousterian) and Units A10-A11 (Levallois Mousterian), La Rochette layer 7 (MTA-B). Backed tools, always considered as part of the socio-techno-cultural system in which they were manufactured, are therefore examined as a means of much broader investigations on the background, that is the behavioural and technological variability of the last European Neanderthals.

1.1 Nozioni fondamentali del presente lavoro e stato dell'arte

Homo neanderthalensis è stata la specie dominante, in Eurasia occidentale, per più di 250 mila anni: da oltre 300 mila anni dal presente, fino a circa 40 mila anni fa (Higham et al. 2014; Roebroeks & Gamble 1998). Cacciatore e viaggiatore formidabile, durante la sua esistenza è riuscito a colonizzare ambienti geograficamente e climaticamente molto lontani e diversificati: dalle cavità mediterranee di Gibilterra (Finlayson et al. 2001), ai monti dell'Altai (Krause et al. 2007), dalle pianure dell'Europa settentrionale (Nielsen et al. 2019) fino al medio oriente (Been et al. 2017), forse arrivando persino alle latitudini polari degli Urali settentrionali (Slimak et al. 2011, contestato da Zwyns et al. 2012), per un areale di circa 8-10 milioni di km^2 (Fig. 1.1).

Molte di queste aree dovettero essere abitate solo in alcuni e ristretti periodi, mentre le zone dell'Europa meridionale e sudoccidentale devono ever rappresentato aree rifugio nelle quali l'occupazione umana è avvenuta senza iati rilevanti. I lunghi periodi di esistenza dell'uomo di Neandertal sono pertanto caratterizzati da una mobilità estremamente elevata, paragonabile a quella che contraddistinguerà l'uomo anatomicamente moderno. In questo senso, alcune differenze fisiche del Neandertal, come la sua maggior robustezza e l'anatomia cranio-facciale apparentemente vantaggiosa per una più spiccata resistenza a condizioni climatiche rigide (Wroe et al. 2018), ne hanno senza dubbio condizionato le strategie comportamentali e permesso in parte di adattarsi al clima vario e fortemente oscillatorio esistente tra la fine del Pleistocene Medio e il Pleistocene Superiore, arco di tempo compreso tra gli Stadi Isotopici (MIS) 9 e 3 (Conard & Richter 2011; Harvati & Harrison 2006). Tuttavia, la sola anatomia e il solo sistema termoregolatore sono insufficienti al fine di interpretare il successo ecologico del Neandertal in paesaggi caratterizzati da condizioni estremamente dure e vincolanti: l'ibridazione con *Homo sapiens*, che ha avuto luogo in momenti e luoghi diversi (Chen et al. 2020; Fu et al. 2015; Kuhlwilm et al. 2016; Pääbo 2015), potrebbe aver reso il Neandertal geneticamente più consono ad adattarsi ad ambienti rigidi (Sankararaman et al. 2014); ma è anche probabile che egli seppe modulare il suo comportamento in modo da riuscire a trarre vantaggio delle risorse che

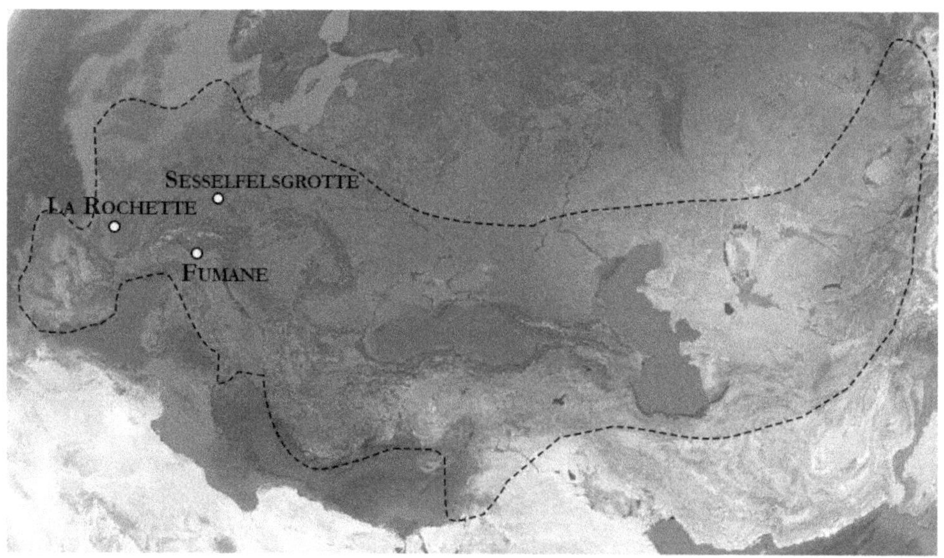

Figura 1.1 Area di dispersione conosciuta per l'uomo di Neandertal e indicazione dei tre siti analizzati in questo lavoro.

l'ambiente gli offriva, sopravvivendo per un arco di tempo paragonabile a quello coperto dalla nostra specie, *Homo sapiens*, fino a questo momento. La sua repentina scomparsa, sulla cui interpretazione si sprecano ipotesi e varie correnti di pensiero, e attorno alla quale conosciamo ormai il rilievo che deve aver avuto lo tsunami demografico e genetico da parte dell'uomo anatomicamente moderno, getta infatti ombra su quello che è stato, oltre a noi, l'*altro* più grande dominatore di parte del mondo conosciuto. Grazie all'attuazione di strategie radicate nei sistemi sociali e produttivi, l'uomo di Neandertal è stato in grado di sviluppare, in maniera sostenibile ed ecologica benché da assoluto predatore, il suo rapporto con le forze della natura.

Il suo comportamento, considerata quindi la lunghezza del periodo in cui è esistito e della variabilità ecologica con cui è stato costretto a confrontarsi, doveva essere molto diversificato. Questo presupposto è in contrasto con la classica immagine del Neandertal costruita nel corso del tempo e accettata sino a non molti decenni fa, in cui veniva fatta risaltare la presunta piattezza culturale ponendo l'accento da una parte sull'assenza di innovazioni tecnologiche lungo centinaia di migliaia di anni, e dall'altra sull'assenza di arte figurativa e, apparentemente, di capacità astratta e simbolica. Le eccezioni, vale a dire slanci culturalmente importanti come il seppellimento e la cura dei propri cari, sono state talvolta associate ad una frettolosa idea di acculturazione da parte dell'uomo anatomicamente moderno. È ora comunemente accettato che sin dall'inizio della linea evolutiva neandertaliana, che si fa risalire all'Europa del Pleistocene Medio, numerose innovazioni tecniche e tecnologiche hanno scandito le culture dall'Acheuleano al Musteriano, e che il Neandertal abbia condiviso molti comportamenti tecnologici dei suoi contemporanei africani e asiatici (Adler et al. 2014). Inoltre, recenti inquadramenti cronometrici di tre differenti grotte nella penisola Iberica indicherebbero che l'arte schematica più antica d'Europa sia opera dei Neandertal (Hoffmann et al. 2018), anche se esistono critiche in merito (Slimak et al. 2018). Tuttavia, sono sempre più numerosi gli studi che confermano, specialmente tra gli ultimi neandertaliani, balzi comportamentali in senso simbolico e moderno, come l'utilizzo ornamentale di penne, artigli, conchiglie e coloranti (Peresani et al. 2011, 2013; Roebroeks et al. 2012; Zilhao et al. 2010). Sappiamo poi che gli stessi Neandertal dell'est e dell'ovest dovevano essere ben distinti dal punto di vista genetico (Dalen et al. 2012; Hajdinjak et al. 2018; Kuhlwilm et al. 2016), e molte zone dovettero essere oggetto di colonizzazioni, abbandoni e ripopolamenti continui o alternati, conseguentemente alle stesse fasi climatiche (Locht et al. 2016; Roebroeks et al. 2011); è perciò normale pensare ad una specie sempre in fermento e in movimento, sia dal punto di vista fisico che culturale.

Una conoscenza preliminare per interpretare in maniera corretta le dinamiche sociali, economiche e comportamentali dell'uomo di Neandertal riguarda la variabilità culturale esistente all'interno del Paleolitico Medio. L'attuale classificazione, in maniera riduttiva, comprende gran parte di questi gruppi tecno-culturali all'interno della grande famiglia (dai contorni un po' sfumati) del Musteriano (Bordes 1961), anche se altri complessi (come il c.d. Micocchiano – Bosinski 1967) sono conosciuti, specialmente in Europa centrale ed orientale. Questo appellativo, comprensivo al suo interno di diverse espressioni tecno-culturali, è stato per lungo tempo ed è ancora oggi al centro di stimolanti ricerche e continui dibattiti volti ad una possibile interpretazione in chiave ecologica e comportamentale della sua variabilità interna. L'analisi viene principalmente svolta a partire dalla natura e qualità degli insiemi litici, la maggiore tipologia di produzione artigianale interrogabile al fine di ricavare informazioni.

La variabilità tecnologica sincronica e diacronica che distingue le occupazioni neandertaliane è un'evidenza diretta della natura delle loro strategie comportamentali, che non erano statiche ma, al contrario, complesse e flessibili, particolarmente durante l'ultima fase della loro presenza in Europa (Delagnes & Meignen 2006; Mellars 1996; Roebroeks & Gamble 1998). L'analisi di questi cambiamenti è stata da sempre il tema principale su cui si è focalizzata la ricerca a proposito della tecnologia neandertaliana; ma tali cambiamenti sono stati più o meno riconosciuti ed evidenziati a seconda dei diversi approcci analitici che i ricercatori hanno adottato nel corso dei decenni.

Tradizionalmente, la scuola francese è sempre stata rivoluzionaria nello studio della produzione litica del Paleolitico e del suo significato cronologico e culturale, fin da De Mortillet (1873), che distinse epoche susseguenti in base a queste industrie, associandole a diversi insiemi faunistici e panorami climatici, in un'ottica lineare e graduale dell'evoluzione comportamentale. Questa visione è stata poi parzialmente rivista nel tempo da Peyrony (1920), il quale, notando insiemi litici contemporanei con e senza bifacciali nei siti di Le Moustier e La Ferrassie, creò il termine MTA (Musteriano di Tradizione Acheuleana), legandolo quindi alla tradizione produttiva del Paleolitico Inferiore. Da questa base (presenza/assenza di bifacciali) si sviluppa l'approccio puramente tipologico ma tuttavia parziale di Breuil (1932) che divise in due le tradizioni neandertaliane, ma riconoscendo al contrario una certa stabilità complessiva nella loro cultura che andava a contrastare la ricchezza culturale dei complessi del Paleolitico Superiore ad opera di Homo sapiens. Negli anni 60 del '900, un approccio sempre incentrato sugli strumenti-tipo ma caratterizzato da una visione non lineare ma più ramificata, che vede la cultura come adattamento a condizioni ecologiche, si è sviluppato grazie alla tipologia di Bordes (1950) che, sulla base della diversa frequenza di alcuni tipi dello strumentario comune (e della cosiddetta tecnica Levallois) riconosce invece cinque maggiori entità culturali all'interno del Musteriano oltre al c.d. Micocchiano, suddivisione parzialmente ereditata tuttora e che in alcuni casi continua ad essere utilizzata.

Le varie differenze che esistono nella natura dei supporti, nella frequenza e nelle associazioni dei diversi tipi di strumenti ritoccati, nei metodi di manifattura di schegge e lame presenti negli insiemi litici dei maggiori giacimenti europei è stata correlata, pertanto, alla presenza di diverse facies Musteriane. Queste, secondo divergenti e talvolta contrastanti correnti interpretative esposte nel noto "dibattito Musteriano" della seconda metà del secolo scorso, sono state poi associate a differenze sostanziali nei gruppi neandertaliani che le avevano prodotte. Differenze in termini culturali/etnici (Bordes & De Sonneville-Bordes 1970), funzionali (prodotto di diverse attività) (Binford & Binford 1969), climatici e inerenti all'intensità nell'utilizzo delle risorse (Rolland 1981), cronologici (Mellars 1965), di durata nell'occupazione dei siti (Dibble 1987) o sociali (Richter 2000).

L'approccio più puramente tecnologico degli ultimi decenni, seguendo le linee guida della "catena operativa" di produzione litica (Lemonnier 1976) e dei "concetti volumetrici" di organizzazione della scheggiatura, ha invece aperto le porte ad una comprensione più globale degli insiemi litici, analizzati in ogni loro componente, compresi residui e scarti della scheggiatura, prodotti di gestione, nuclei e matrici, attraverso le stigmate di fabbricazione su ogni elemento, i rimontaggi (reali o virtuali) e il confronto con serie sperimentali (Boëda 1986; Boëda et al. 1990; Cziesla et al. 1990; Geneste 1985; Tixier et al. 1980). I dati ottenuti, incrociati con gli indici di riduzione dei supporti, le analisi funzionali e sulle tracce d'uso, gli inquadramenti ambientali, la determinazione di strategie abitative e di mobilità, hanno definito gruppi su base tecnologica aventi come principale discriminante il sistema produttivo di *débitage* (tecnologia di produzione dei supporti). Tra queste tecnologie, il già nominato Levallois (Boëda 1988a, 1994), il Discoide (Boëda 1993; Locht & Swinnen 1994; Peresani 1998), il Laminare-unipolare (Boëda 1988b; Conard 1990; Soressi 2002), il Quina (Bourguignon 1996; Turq 1992). Strumenti bifacciali e quindi catene operative di messa in forma o *façonnage (*da contrapporre al *débitage* mirato alla produzione di schegge*)* sono altresì presenti ma solo in alcuni complessi, come l'MTA, di cui si è ereditato il termine per identificare un tecno-complesso (Soressi 2002) e il già citato Micocchiano o *keilmessergruppe* (Boëda 1995; Jöris 2003).

Questi tecno-complessi, come sono stati definiti su base più neutrale, sono stati identificati come elemento di espressione neandertaliana per comprenderne la variabilità comportamentale e il loro rapporto con la cronologia, le strategie di sussistenza, il quadro ecologico conosciuto, tornando ad interrogare i principali filoni di ipotesi culturale/funzionale/adattativa in una sorta di dibattito musteriano 2.0 (Monnier & Missal 2014). Rifiutando generalmente tesi esclusive e individuali, ognuno di questi elementi indipendenti è un singolo componente di un insieme complesso di concause complementari che possono aver contribuito a determinare processi generali di cambiamento ed innovazione. Per questo motivo è necessario portare al dibattito dati recenti ed omogenei, raccolti su base multidisciplinare che, come detto, è l'unica che può aiutare a chiarificare un quadro complesso frutto di un insieme di questi fattori.

D'altra parte, con questo lavoro si vuole porre l'accento, oltre all'importanza della contestualizzazione multidisciplinare e globale dei dati, alla rilevanza dell'obiettivo tecnologico. Nei processi di cambiamento, gli aspetti strettamente funzionali della tecnologia devono aver avuto un ruolo particolarmente significativo: attraverso i gesti tecnici e la tecnologia (in questo caso rappresentata dai metodi di scheggiatura e dai relativi concetti volumetrici), la produzione mira a risolvere determinate contingenze e obiettivi specifici. In questo caso, l'efficacia funzionale si riferisce alla capacità di soddisfare tali bisogni. Il prodotto finito è pertanto una diretta riflessione di un bisogno fisiologico che determina la sua produzione e utilizzo.

Tuttavia, gli stessi bisogni possono essere soddisfatti in maniere differenti per mezzo di manufatti simili o tipologicamente comparabili, ma ottenuti attraverso diverse strategie di confezionamento. Tali differenze possono nascere da limiti/vincoli naturali, imposti dall'ecosistema in cui il gruppo umano interagisce (vincoli ecologici), oppure possono corrispondere a scelte deliberate degli stessi gruppi umani o degli artigiani a causa di retaggi culturali (vincoli culturali, imposti dalla tradizione) (Boëda 2013). Il postulato di base è quindi che popolazioni diverse abbiano dovuto affrontare problemi universalmente validi con uno spettro paragonabile di soluzioni disponibili, secondo il concetto del comparativismo etnografico (Hayden 2015). In più, è stato recentemente appurato che i cambiamenti nei tratti biometrici dell'utilizzatore in rapporto allo strumento influenzano in maggior misura la funzionalità dell'azione e le prestazioni dello strumento rispetto alla variazione della morfologia dello strumento stesso (Key & Lycett 2019). In linea teorica, questo significa che, rivolgendo il nostro studio ad industrie coeve fabbricate esclusivamente dall'uomo di Neandertal, il riconoscimento e la comprensione di schemi funzionali può fornire informazioni a proposito dell'esistenza di scelte funzionali o tradizioni culturali separate ed indipendenti e del loro impatto sui sistemi di scheggiatura adottati dai gruppi neandertaliani.

Il gruppo tecno-funzionale di strumenti ascrivibili ai coltelli a dorso in senso lato può essere preso ad esempio di questa variabilità tecno-tipologica. All'interno di questa macro-categoria possono rientrare gli strumenti a dorso corticale (*couteaux â dos naturel* - Bordes 1961), a dorso di scheggiatura, a dorso parzialmente o completamente ritoccato (*couteaux â dos atypiques* o *couteaux â dos typiques* - Bordes 1961), fabbricati su schegge di diversa fattura e ottenute da distinti metodi di scheggiatura, o sagomate direttamente da blocchi di materia prima attraverso lavorazione su una o su entrambe le facce. Tali manufatti sono stati rinvenuti in diversi contesti sin dall'inizio del Paleolitico Medio (Bordes 1984). La macro-categoria, se indagata da un punto di vista tecno-tipologico, include una grande varietà di manufatti che condividono le stesse caratteristiche ergonomiche di base all'interno del sistema di interazione uomo-strumento. Difatti, il loro design, semplice ed intuitivo, include un margine tagliente attivo opposto ad una porzione spessa e passiva, suggerendo tendenzialmente lo schema funzionale di coltello, efficiente e maneggevole (Beyries & Boëda 1983; Jöris 2006). Il postulato, tutto da verificare, è che lo schema di utilizzo dei diversi strumenti a dorso sia il medesimo, mentre la varietà morfo-tecnica dei manufatti è evidente (Fig. 1.2).

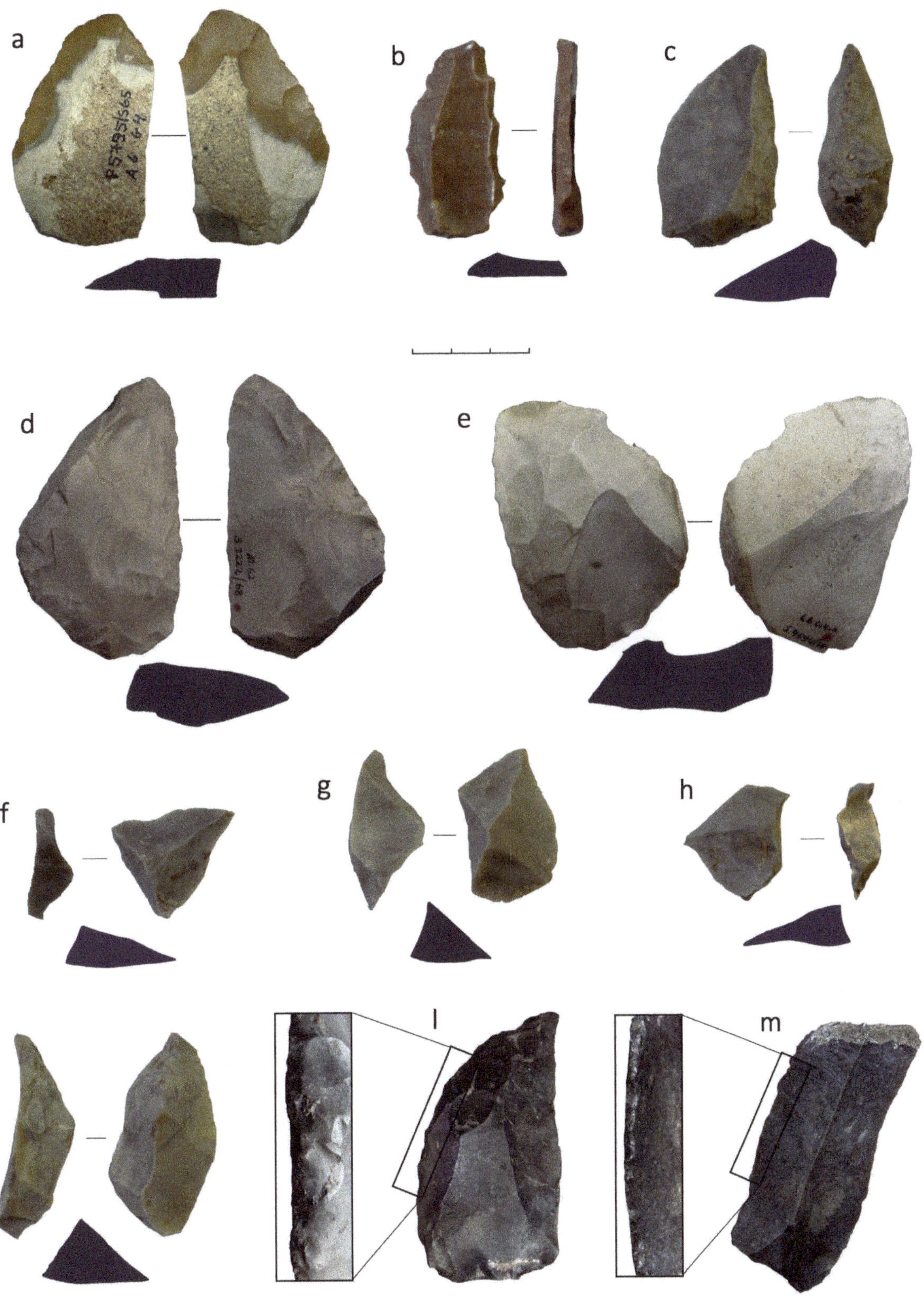

Figura 1.2 Varietà di manufatti a dorso del Paleolitico Medio: strumenti bifacciali con dorso (a, d); scheggia debordante Levallois (b); scheggia debordante discoide (g, i); punta pseudo-Levallois (f, h); raschiatoio con dorso (e); coltello a dorso naturale (c); coltello a dorso tipico (l, m).

Questo semplice schema di fabbricazione ed utilizzo rappresentato dai manufatti taglienti con dorso può essere altrettanto facilmente implementato attraverso modifiche, ritocchi e migliorie; in questo modo, essi stessi possono essere lo sfondo su cui si esprime il progresso tecnologico, con una rimodulazione dello schema funzionale attraverso un'innovazione tecnica (Simondon 1958). Il riconoscimento di tali innovazioni, per essere accertato, deve essere tuttavia inserito all'interno delle ampie entità sociali da noi definite nei tecno-complessi culturali, entro le quali tali strumenti operano. Ad esempio, l'esistenza di dorsi ritoccati in maniera standardizzata può essere correlata ad un'immanicatura sistematica dei manufatti, che a sua volta implica una certa complessità nel design, un avanzamento sostanziale della tecnologia e capacità di anticipazione e di *problem-solving* attraverso tecniche specifiche (Ambrose 2001; Barham 2002).

Sempre grazie allo schema base di oggetto tecnico da essi rappresentato, gli strumenti a dorso possiedono altresì una valenza particolare nella definizione di specifiche tradizioni tecnologiche dal Paleolitico Medio in poi, sparse in maniera differente nel continente eurasiatico specialmente nel MIS 3. Sono infatti considerati come elementi caratterizzanti di diversi tecno-complessi del tardo Musteriano o Micocchiano, tra cui il *Keilmessergruppe*, il Musteriano di tradizione Acheuleana di tipo B, e diversi insiemi derivati da tecnologie di scheggiatura di tipo Levallois o Discoide. Gli insiemi del *Keilmessergruppe* sono infatti definiti principalmente dall'eponimo coltello a dorso *Keilmesser*, asimmetrico e bifacciale, e sembrano essere ristretti all'Europa Centrale (Bosinski, 1967; Jöris, 2003), con espansioni in Europa Occidentale (specialmente Francia) e Orientale (Ucraina), dove tuttavia sono correlati ai differenti contesti del Micocchiano Orientale, che si spinge fino ai limiti nordorientali conosciuti per il popolamento neandertaliano. Il Musteriano di tradizione Acheuleana, distinto dalla presenza di coltelli a dorso ritoccato specialmente negli insiemi che caratterizzano la sua fase più tarda (MTA tipo B), è diffuso specialmente in Europa occidentale (Bordes 1984; Soressi 2002). Insiemi musteriani con schegge a dorso ottenute da tecnologie Discoidi o Levallois sono invece pan-Europei, essendo attestati sin dall'inizio del Paleolitico Medio in regioni meridionali, occidentali e centro-orientali (Boëda 1995; Delagnes et al. 2007; Freund 1968; Lemorini et al. 2003; Locht & Swinnen 1994; Slimak 2008a).

A partire da questo stato dell'arte, il presente lavoro vuole costituire un piccolo apporto alla più estesa indagine della variabilità tecnologica e comportamentale degli ultimi gruppi neandertaliani d'Europa: data la vastità dell'argomento, esso verrà indagato attraverso questo gruppo tecnologico-funzionale di strumenti, gli strumenti a dorso. In particolare, insiemi dei tecno-complessi *Keilmessergruppe*, Musteriano Discoide-Levallois e Musteriano di tradizione Acheuleana verranno presi in esame: pertanto, si rende necessario un accurato inquadramento crono-geografico e tecno-tipologico di tali insiemi.

1.2 Micocchiano e Musteriano: singola entità o due culture neandertaliane distinte?

I due principali gruppi culturali che si distinguono nell'ultima parte del Paleolitico Medio, specialmente per l'Europa centrale, sono Musteriano e Micocchiano (Bordes 1953; Bosinski 1967). Per lungo tempo, è stato comunemente accettato che questi gruppi, che sono a loro volta frammentati in ulteriori tecno-complessi caratterizzati da diversi concetti tecnologici o tipi di strumenti, corrispondessero a popolazioni neandertaliane distinte, almeno in termini di comportamento tecnico (Bordes 1984; Bosinski 1967; Kozlowski 2014). Tuttavia, la loro definizione e distinzione, così come il loro quadro cronologico, sono andate incontro ad analisi incoerenti ed errate a causa delle diverse storiografie, di incomprensioni terminologiche e mancanza di contesti cronostratigrafici affidabili. È quindi difficile comprendere i legami esistenti all'interno di questa presunta dicotomia e conseguentemente quantificare quanto di essa può riguardare la sfera culturale o, dall'altra parte, l'economia comportamentale (Weiss et al. 2017).

Il concetto stesso di Micocchiano incorpora diversi significati: il Micocchiano in senso lato è un'unità culturale del Paleolitico Medio la cui industria litica è caratterizzata da strumenti bifacciali asimmetrici o allungati con bordi concavi (Kozlowski 2014; Richter 2009). Questo complesso culturale fu definito da Otto Hauser sulla base dello strato H del complesso VI a La Micoque. La dispersione del materiale originale e la posizione stratigrafica attualmente sconosciuta rendono difficile un'analisi generale e in chiave moderna. Secondo una recente rivisitazione, in tale insieme litico sono presenti strumenti bifacciali di tipo micocchiano, così come un'industria debolmente Levallois, ma permangono molti interrogativi sulla crono-stratigrafia (Rosendahl 2006). Il Micocchiano in senso lato era al tempo considerato un'industria tarda del Paleolitico Inferiore, posizionata cronologicamente tra Acheuleano e Musteriano.

Gerhard Bosinski per primo correlò il Micocchiano a una serie di industrie litiche tipiche dell'Europa Centrale, caratterizzate da diversi strumenti bifacciali e relegate all'inizio della glaciazione Weichseliana/Würmiana (MIS 5) (Bosinski 1967). Nel suo lavoro, sviluppò studi morfologici qualitativi utilizzando la presenza/assenza e la combinazione di fossili guida creando *formengruppe* (gruppi formali/tipologici); la variabilità morfologica dei fossili guida (*fossil directeur)* all'interno del formengruppe può portare a ulteriori suddivisioni come i tipi di inventario (*inventartyp*). Per il Micocchiano, il fossile guida più indicativo era lo strumento bifacciale asimmetrico con dorso o *keilmesser*. In seguito, questa categoria fu allargata da Stephan Veil, che incluse anche le punte foliate (Veil et al. 1994), e da A. Pastoors, che mostrò come anche i grossi strumenti bifacciali facessero parte del toolkit tipico Micocchiano (Pastoors 2001). Nonostante il fatto che questi ed altri tipi come piccoli bifacciali e *groszaki* compaiano frequentemente nei rispettivi insiemi litici, il comune denominatore del Micocchiano dell'Europa centrale rimane il *keilmesser* o *prodnik/pradnik,* la cui versatilità e lunghezza di vita funzionale è stata definita nel ciclo di riduzione detto pradnik-cycle (Krukowski 1939). Oltre al Micocchiano dell'Europa Centrale, sono stati usati termini diversi per indicare questi insiemi, sottolineando principalmente la sua forte correlazione con alcune forme di strumenti bifacciali: *Micoquo-Pradnikian* o *Asymmetrical Knives Assemblages* (AKA) (Chmielewski 1969; Urbanowski 2003) o il più comune *Keilmessergruppe* (KMG) (Jöris 2006; Mania 1990; Veil et al. 1994), principale espressione che verrà utilizzata in questo lavoro.

L'inquadramento cronologico del Micocchiano è estremamente dibattuto: secondo le evidenze di alcuni siti polacchi (principalmente Dzierzyslaw I e Bisnik) alcune caratteristiche isolate tipiche del Micocchiano comparirebbero dal MIS 6 in poi (Cyrek et al. 2014; Foltyn et al. 2000; Kozlowski 2014), ma su questo tema esistono generalmente due scuole di pensiero. La prima supporta la tesi della "cronologia lunga", ovvero che il Micocchiano dell'Europa Centrale comprenda l'intera prima parte dell'ultimo ciclo glaciale (dopo l'interglaciale Eemiano, dal MIS 5d al MIS 3), e si basa sulle stratigrafie di alcuni siti tedeschi (principalmente Königsaue, Buhlen/Oberer Fundplatz, Balver Höhle, Neumark Nord-2)(Jöris 2003). Al contrario, una cronologia "breve" (ristretta tra la fine del MIS 4 e l'inizio del MIS 3) è stata proposta per l'intera tradizione culturale Micocchiana dell'Europa Centrale (Richter 1997, 2006; Weissmuller 1995). Siti di focale importanza per questo dibattito, come Balver Höhle, sono attualmente in discussione tra coloro che sostengono la prima (Jöris 1992) o la seconda ipotesi (Richter 1997; Weissmuller 1995). La prima ipotesi è supportata anche da una serie di siti polacchi come Wylotne, Zwierziniek (Kozlowski 2006) e Zwolén (Schild 2005) e dai siti tedeschi della regione della Ruhr (Baales 2012), che sarebbero attribuiti al MIS 5 nonostante problemi nella definizione dei processi di formazione dovuti al fatto di essere depositi fluviali all'aperto. Königsaue, altro sito dibattuto, è stato datato su base geologica al MIS 5a (Mania & Toepfer 1973), ma alcune datazioni dirette inizialmente su resina (Hedges et al. 1998), e successivamente su osso (Picin 2016), hanno spostato l'attribuzione al MIS 3 (44.500 – 46.000 anni calibrati). Infine, Neumark Nord 2/0 è stato confermato risalente al MIS 5b-c (93.000 ± 7.000 anni), in accordo con gli studi paleoambientali (Richter et al. 2014), dando nuove ragioni alla "cronologia lunga". In ogni caso, entrambi i modelli concordano che un gran numero di siti da contesti stratigrafici sicuri e con datazioni attendibili cadono nell'arco cronologico tra la fine del MIS 4 e la prima parte del MIS 3: tra i principali, Sesselfelsgrotte (Freund 1998; Richter 2002), Pouch (Weiss 2015), Ciemna e Oblazowa (Alex et al. 2017; Valde-Nowak et al. 2016), Pietraszyn 49 (Wiśniewski et al. 2019), Wroclaw – Hallera Avenue (Wiśniewski et al. 2013), Kůlna (Neruda & Nerudová 2014) e Grotte de la Verpilliére I e II (Floss et al. 2016). Altri siti con date che cadono nel MIS 3 sono Salzgitter-Lebenstedt (Pastoors 2001, 2009) e Lichtenberg (Veil et al. 1994), caratterizzati tuttavia da sequenze complesse all'aperto o dubbie associazioni tra le date e le occupazioni umane (Jöris 2003) (Fig. 1.3).

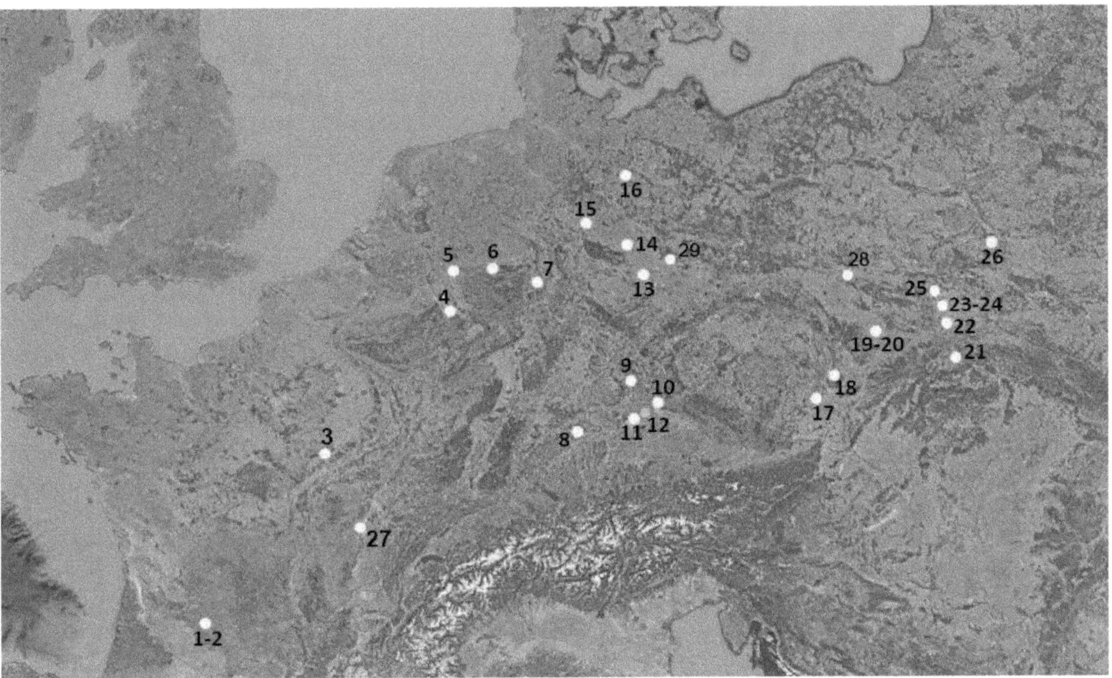

Figura 1.3 Panoramica dei principali siti Micocchiani/*Keilmessergruppe* citati nel testo: 1) La Micoque; 2) Abri du Musée; 3) Champlost; 4) Kartstein; 5) Neandertal; 6) Balver Höhle; 7) Bühlen; 8) Bockstein-III; 9) Weinberghöhle; 10) Zeitlarn-I; 11) Klausennische; 12) Sesselfelsgrotte; 13) Neumark Nord; 14) Königsaue; 15) Salzgitter-Lebenstedt; 16) Lichtenberg; 17) Moravsky-Krumlov IV; 18) Kůlna; 19) Dzierzyslaw-I; 20) Pietraszyn 49; 21) Oblazowa; 22) Zwierziniek; 23) Wylotne; 24) Ciemna; 25) Bisnik; 26) Zwolén; 27) Grotte de la Verpiliére; 28) Wroclaw – Hallera Avenue; 29) Pouch.

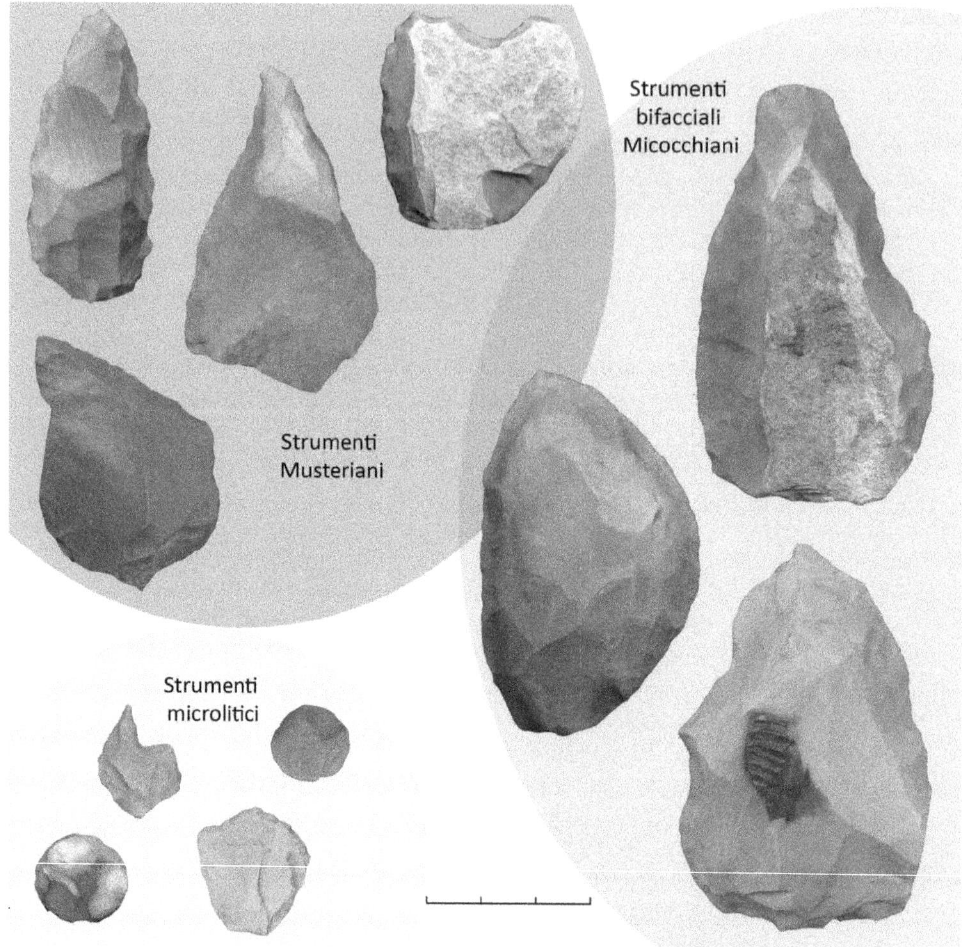

Figura 1.4 Alcuni gruppi di strumenti che caratterizzano l'M.M.O./*keilmessergruppe* di Sesselfelsgrotte.

A seconda degli approcci di studio e delle metodologie analitiche adottate, la relazione tra Micocchiano e Musteriano è stata considerata sotto diversi punti di vista: come due unità culturali indipendenti differenziate su base cronologica (Bosinski 1967), in cui gli elementi Micocchiani si sviluppano direttamente dai contesti Acheuleani finali (Chmielewski 1969), o due culture caratterizzate da uno sviluppo parallelo (*evolution buissonant*) (Kozlowski 2014), fino al riconoscimento di una profonda interrelazione che si esprime nel cosiddetto Musteriano con Opzione Micocchiana (*Mousterian with Micoquian Option* – M.M.O.) (Richter 1997). Questa entità è divisa in due facies: l'M.M.O. dell'Europa centrale e il Micocchiano orientale, con la prima che rappresenta un'unità culturale omogenea dal Belgio alla Slovacchia e alla Romania settentrionale, limitata cronologicamente alla prima parte del MIS 3 (Richter 2016). Secondo questa interpretazione, lo strumento *keilmesser* e la generica tecnologia bifacciale nascono come una strategia specifica per prolungare la vita degli strumenti litici attraverso la riaffilatura dei margini, che è allo stesso tempo applicata in particolari circostanze funzionali o stagionali. Il fatto che la tecnologia bifacciale Micocchiana sia combinata a diversi concetti e tradizioni tecnologiche anche tipiche del Musteriano, ha messo in discussione il significato del Micocchiano come entità culturale definita e indipendente (Fig. 1.4)(Richter 2016).

Le tecnologie comuni di *débitage*, gli strumenti unifacciali su scheggia e la presenza / assenza di strumenti bifacciali sono sempre stati considerati i principali elementi discriminanti attorno ai quali si sono distinte le entità culturali Musteriana e Micocchiana o *keilmessergruppe*. In particolare, l'interesse si è concentrato sul rapporto tra strumenti unifacciali e bifacciali. Considerando il fatto che i bifacciali sono comuni in tecno-complessi chiaramente Musteriani come il Musteriano di Tradizione Acheuleana (MTA) (Bordes 1984; Soressi 2002), al punto che una singola unità tassonomica chiamata *Middle Paleolithic Assemblages with Handaxes* (MPAH) è stata proposta da Kozlowski e Kozlowski (Kozlowski & Kozlowski 1977), l'attenzione riguarda principalmente gli eponimi *keilmesser*, i bifacciali foliati (*faustkeilblatter*), quelli parzialmente foliati su una superficie (*halbkaile*) e i piccoli bifacciali triangolari (*faustel*), nonché altri tipi di strumenti caratteristici (raschiatoi bifacciali, *groszaki*, ecc.). La complessità del quadro generale aumenta con la presenza di una serie di insiemi, situati principalmente nell'Europa nord-occidentale, che apparentemente non possono essere chiaramente definiti all'interno dell'una o dell'altra entità (il "dilemma tipologico" secondo Ruebens 2006), ma che sono caratterizzati dalla presenza di alcuni elementi Micocchiani accanto al metodo Levallois e ai sistemi di *débitage* laminare, con una conseguente nuova definizione (*Mousterian with bifacial tools* - MBT (Ruebens 2013)) (Fig. 1.5).

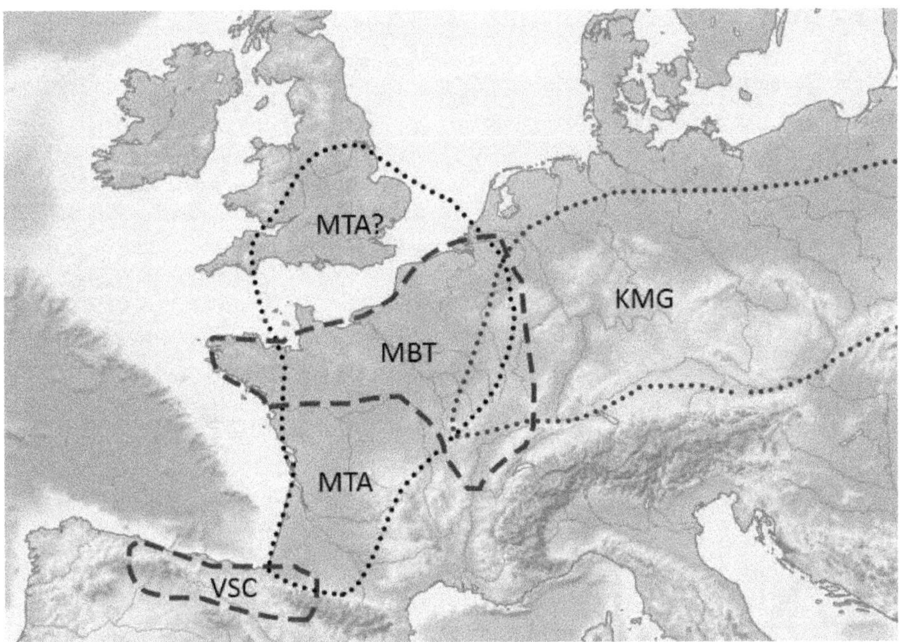

Figura 1.5 Entità macro-regionali del tardo Paleolitico Medio contraddistinte dalla presenza di strumenti bifacciali: Musteriano di tradizione Acheuleana (MTA), Keilmessergruppe (KMG), Mousterian with Bifacial Tools (MBT), Vasconiano (VSC).

Spostando l'attenzione dal significato dello strumento bifacciale come fossile guida ad una sua visione più ampia e integrata nelle strategie comportamentali, l'importanza del rapporto tra *débitage* e *façonnage* e correlati sistemi di produzione litica sta emergendo in diversi lavori di approccio tecno-ecologico (Boëda 1995; Delagnes & Rendu 2011; Uthmeier 2004a). Questo rappresenta, come già affermato, una delle distinzioni tecno-culturali tra i gruppi neandertaliani in particolare alla fine del Paleolitico Medio. Pertanto, il "tipo" deve essere inserito in un contesto in grado di comprenderne la complessità e l'effettivo valore culturale. Lo strumento progettato, fabbricato ed utilizzato soddisfa le esigenze funzionali, con diversi gradi di efficacia e versatilità, cambiando in relazione diretta ai vincoli culturali e ambientali (Boëda 2013). È pertanto necessaria un'integrazione di dati provenienti da approcci tecno-funzionali, economico/strategici e di mobilità, al fine di portare la complessità su piccola scala di alcuni fossili guida che caratterizzano questa variabilità in una prospettiva più ampia, fornendo un punto importante a favore della comprensione globale delle dinamiche generali. In particolare, le diverse risposte tecnologiche a esigenze simili possono rappresentare forme di adattamento culturale e/o ambientale; per provare a definirle sono necessarie analisi approfondite, oltre a precisi inquadramenti cronologici e paleoambientali.

1.3 All'interno del Musteriano finale: variabilità dei tecno-complessi tra MIS 4 – MIS 3

Concentrandoci invece sulla variabilità interna al Musteriano, come già ampiamente trattato nell'introduzione, la ricerca archeologica in questo senso ha goduto, negli ultimi decenni, dall'impulso datogli dall'approccio tecnologico e basato sulla "catena operativa", che ha permesso di distinguere diversi sistemi tecnici di produzione applicati a concetti volumetrici di sfruttamento dei nuclei. La loro applicazione su larga scala ha portato alla distinzione di tecno-complessi su base tecno-tipologica che si sono talvolta ricollegati alle facies Musteriane puramente tipologiche di Bordes. I più significativi tecno-complessi litici, direttamente o indirettamente trattati anche in questo lavoro attraverso l'analisi di insiemi litici, sono il Musteriano di Tradizione Acheuleana, i complessi Levallois, Discoide e Quina, di seguito brevemente contestualizzati.

Musteriano di Tradizione Acheuleana (MTA)

Termine creato da Peyrony (1920) per identificare industrie Musteriane con bifacciali, è stato distinto successivamente da Bordes (1953) in due tipi cronologici distinti su base tipologica: il tipo A (più ricco in strumenti bifacciali e raschiatoi) e quello B (con alte frequenze di coltelli a dorso tipici e denticolati-incavi). Geograficamente appare limitato all'area francese, soprattutto nel Sud-Ovest (Perigord) con limiti meridionali ai Pirenei ed espansioni nella Francia centrale e centro-orientale (Jaubert 2012; Soressi 2002); tuttavia, industrie a bifacciali dalla Francia settentrionale e nordoccidentale, dalla Cantabria e dall'Inghilterra sono state talvolta correlate ad esso (Bordes 1984; Tuffreau 1990). Questa facies tipo-culturale chiaramente di impronta Bordiana è però caratterizzata, almeno in alcuni dei principali contesti, da una tecnologia di produzione dei supporti tipica e ricorrente, riferibile al metodo laminare unipolare. Questo è mirato allo sfruttamento volumetrico di nuclei prismatici a partire da creste che si rinnovano automaticamente col distacco di prodotti allungati a sezione triangolare simmetrica (Soressi 2002). Considerata la presenza dei coltelli a dorso, la presunta sovrapposizione geografica con il Castelperroniano e la successione stratigrafica continua tra i due tecnocomplessi presente in alcuni contesti, la fase B dell'MTA è stata talvolta correlata direttamente al Castelperroniano in una sorta di evoluzione filetica con implicazioni sulla transizione Paleolitico Medio – Paleolitico Superiore (Mellars 1996; Pelegrin & Soressi 2007; Ruebens et al. 2015; Soressi & Roussel 2014). Questo modello è stato recentemente messo in discussione (Gravina & Discamps 2015) sulla base della revisione, tuttavia parziale, di alcuni insiemi MTA del Sud-Ovest francese (Gravina 2016). In ogni caso, benché rivalutato parzialmente su base tecnologica, l'MTA tipico con tecnologia unipolare è caratteristico della fase finale del Musteriano, ed è quindi inquadrato soprattutto nella prima parte del MIS 3. Tuttavia, secondo diversi studi basati su database di contesti dell'Aquitania, tale tecno-complesso avrebbe le sue radici all'inizio del MIS 4 (Guibert et al. 2008; Vieillevigne et al. 2008), e per diversi autori non rappresenterebbe in nessun caso l'ultimo tecno-complesso Musteriano (Jaubert et al. 2011), ma sarebbe seguito dal tecno-complesso Discoide, che caratterizzerebbe il Musteriano finale in alcune zone della Francia e della penisola Iberica (Gravina & Discamps 2015; Maillo Fernandez 2003; Thiébaut et al. 2009).

Musteriano Levallois

Con il termine Levallois si indica un concetto volumetrico e produttivo che rappresenta una rivoluzione concettuale nel contesto del Paleolitico Medio. Un tempo definito come "tecnica", la sua assenza/presenza determinava alcune delle facies Musteriane di Bordes (1953, 1984). Ci si riferisce ora al Levallois più propriamente come un metodo di scheggiatura che, in maniera esclusiva o complementare, caratterizza diversi insiemi litici del Paleolitico Medio. La sua importanza copre gli ambiti comportamentali ed evolutivi, dato che dal momento in cui esso appare si fa iniziare tradizionalmente il Paleolitico Medio e il passaggio dal Modo 2 (Acheuleano) al Modo 3 (Musteriano) (Clark 1969). Secondo alcuni autori questa innovazione sarebbe evidenza di sviluppi evolutivi nel comportamento (Moncel et al. 2011; Scott & Ashton 2011; Tryon et al. 2006; Wilkins et al. 2010), accompagnata dal passaggio a specie umane sapiens arcaiche in Africa e Neandertal in Europa (Hublin 2009). Questa svolta in Europa è solitamente posta tra la fine del MIS 9 e l'inizio del MIS 8 (Moncel et al. 2011; Picin et al. 2013; Richter 2016; Soriano & Villa 2017; Wiśniewski 2014), anche se i primi esempi di tecnologie di scheggiatura con nuclei preparati e prodotti proto-Levallois sono presenti già dal MIS 11 - MIS 10 (de Lombera-Hermida et al. 2015; Peretto et al. 2016; Tuffreau 1995). Il metodo di scheggiatura o tecnologia è stato definito da Boëda che ha identificato una serie di criteri tecnici e volumetrici che lo definiscono (Boëda 1988a, 1994). Tra questi, particolarmente importante è la gerarchizzazione delle superfici (piano di percussione e superficie di scheggiatura) che assieme all'organizzazione della scheggiatura, che si sviluppa con stacchi paralleli alla superficie, lo distingue dal metodo Discoide e da altri sistemi di scheggiatura centripeti (Boëda 1993). In ogni caso, anche il metodo Levallois è contrassegnato da una grande variabilità interna, che si esprime nelle varianti preferenziale, in cui ad ogni produzione di supporto predeterminato è necessaria una riconfigurazione della superficie, e quella ricorrente, in cui configurazioni parziali intervallano una produzione quasi continua dal momento che ogni prodotto appiattisce solo parte della superficie predeterminando le convessità per i prodotti successivi (Boëda 1994). Quest'ultima si può sviluppare in diversi schemi di sfruttamento, dall'unipolare-parallelo, al convergente, ortogonale e centripeto (Boëda 1994; Bordes 1980).

Insiemi litici dominati dal metodo Levallois sono diffusi in tutta Europa, nel Vicino Oriente e in Africa, coprendo cronologicamente tutta l'esistenza dell'uomo di Neandertal. Generalmente, questi complessi sono i più diffusi in tutte le fasi cronologiche a parte il Musteriano finale (MIS 4-3) in cui, complice la frammentazione culturale Musteriana, diminuiscono in rapporto agli altri tecno-complessi. Tuttavia, nella fine del Paleolitico Medio della penisola italiana, esso si rivela particolarmente diffuso nella sua variante unipolare (Marciani et al. 2019). La sua compresenza in contesti neandertaliani diversificati è esemplificata dal fatto che caratterizza in diversi casi anche la produzione su scheggia degli insiemi *keilmessergruppen*, facies culturali apparentemente distanziate dal classico Musteriano, con le quali tuttavia presentano uno stretto legame tecnologico (Richter 2016).

Musteriano Discoide

Si origina da un problema terminologico, poiché l'espressione "discoide" è stata prima utilizzata per indicare la morfologia di alcuni nuclei, ed è successivamente venuta ad identificare un sistema tecnologico di produzione ed un concetto volumetrico (Mourre 2003). Tale concetto, inoltre, è talvolta associato ad una facies "denticolata", ricca di strumenti di questo tipo (Bourguignon & Turq 2003; Moncel 1998) tanto che i due termini vengono talvolta utilizzati ad intendere lo stesso tecno-complesso (Delagnes & Rendu 2011; Discamps et al. 2011), anche se l'associazione non è assolutamente automatica, come è evidente anche dall'unità A9 di Fumane (Peresani 1998). Anche per il metodo di scheggiatura Discoide sono stati riconosciuti dei criteri volumetrici che ne hanno definito l'organizzazione della scheggiatura e lo hanno distinto dal Levallois (Boëda 1993); tra questi, particolarmente importante è la non gerarchizzazione delle superfici e del loro sfruttamento, che è legata alla produzione, alternata sulle due superfici, di schegge con piani secanti rispetto alla cornice periferica (Boëda 1993). Grazie a tali criteri, il Discoide possiede, tra le principali caratteristiche, quello di essere un sistema di produzione litica continuo, che in linea teorica non necessita di fasi di mantenimento e gestione perché queste sono già integrate nelle fasi di produzione; sono tuttavia presenti alcuni prodotti di natura esclusivamente tecnica come le schegge a cresta, schegge sorpassate o fortemente arcuate utili a riconfigurare le convessità (Peresani 1998; Slimak 2003). Come conseguenza, non c'è sempre una netta distinzione tra i prodotti di prima scelta, gli obiettivi, e i sotto-prodotti, essendo tutti predeterminati e predeterminanti. L'applicazione differenziata dei suoi criteri rientra in un dibattito che caratterizza il metodo Discoide e la sua grande variabilità interna, mettendo talvolta in discussione il suo status di metodo di scheggiatura predeterminato, al contrario del Levallois (Bourguignon et al. 2004; Carmignani et al. 2017; Delpiano & Peresani 2017; Faivre 2011; Martinez et al. 2014; Pasty 2000; Peresani 1998, 2003b; Picin et al. 2014; Romagnoli et al. 2016; Thiébaut et al. 2012; Turq et al. 2013). A seguito di questo dibattito si distingue il metodo Discoide "in senso stretto", orientato verso la produzione di supporti con dorso di scheggiatura, e il Discoide "in senso lato", orientato a produrre una più vasta gamma di supporti (Mourre 2003). Inclusa in questa variabilità, esiste una variante comune del Discoide che mira a ridurre supporti su scheggia, rappresentando una scelta strategica originata dalla ramificazione delle catene operative in sito o al momento dell'approvvigionamento (Bourguignon & Turq 2003; Peresani 1998). Il metodo di scheggiatura Discoide "in senso lato" può caratterizzare insiemi litici dal Paleolitico Inferiore alla preistoria recente (contributi in Peresani 2003; Vaquero & Carbonell Roura 2003). Il Discoide "in senso stretto", fortemente legato agli insiemi litici Musteriani del Paleolitico Medio, è invece presente, così come il Levallois, da 350.000 anni (Vieillevigne et al. 2008), aumenta in frequenza dal MIS 6 ed è particolarmente comune nel MIS 3 (Delagnes & Meignen 2006; Peresani 2003b), fino a caratterizzare il Musteriano Finale (Jaubert et al. 2011), nel quale è probabilmente il metodo più diffuso in area franco-iberica (Gravina & Discamps 2015; Maillo Fernandez 2003; Thiébaut et al. 2009).

Musteriano Quina

Anche il termine Quina è andato incontro a fraintendimenti terminologici: a partire dal sito francese eponimo di La Quina, è passato dall'identificare gli insiemi della facies Bordiana (*Charentiano Quina*) con alta frequenza tipologica di strumenti e raschiatoi con ritocco profondo sopraelevato (raschiatoi di tipo Quina) (Bordes 1984; Bordes & Bourgon 1951) fino ad arrivare a distinguere un sistema di *débitage* ben definito su base tecnologica (Bourguignon 1997). Questo, a partire da criteri volumetrici che prevedono scheggiatura su piani ortogonali con limitata preparazione dei nuclei, va ad indicare anche un sistema tecno-economico ben distinto (Turq 1992), che punta al supporto su scheggia, spesso ed asimmetrico, come principale supporto mobile e da ridurre nel tempo e nello spazio in una prospettiva di lunga vita potenziale. Questa strategia specializzata nella produzione litica è in accordo anche con i dati provenienti dalle strategie di sussistenza, con faune caratterizzate da insiemi mono-specifici di prede migratorie (Delagnes & Rendu 2011; Discamps et al. 2011; Rendu et al. 2012). Il contesto cronologico, al contrario di altri tecno-complessi, è piuttosto ridotto, e concentrato soprattutto tra il MIS 4 e l'inizio del MIS 3, quindi in fasi particolarmente rigide del primo pleniglaciale Wurmiano-Weichseliano (Jaubert et al. 2011; Lahaie & Guerin 2016). Esistono altresì lavori che lo confinano soprattutto al MIS 3, specialmente in Aquitania (Guibert et al. 2008), tuttavia in parte rivisti ultimamente sulla base di dati cronologici aggiornati. Presente soprattutto in Europa occidentale, la tecnologia Quina ha la sua zona centrale nel sud-ovest francese ma è attestato in Italia (Galiberti et al. 2008; Jéquier et al. 2015), Spagna (Rios-Garaizar 2017), Belgio (Di Modica et al. 2016), Germania (Richter 1997) e Vicino Oriente (Lemorini et al. 2015).

Le interpretazioni proposte per spiegare l'origine e la differenziazione di questi tecno-complessi, la cui valenza è supportata anche da analisi statistiche (Faivre et al. 2017), ruotano attorno ai medesimi argomenti dei modelli interpretativi delle facies Musteriane di Bordes, sovrapponendosi in alcuni casi ad esse, per cui si è parlato talvolta di un secondo "dibattito Musteriano" (Monnier & Missal 2014). Si è partiti da una prima interpretazione di gruppi umani differenti in chiave geografica e temporale che però ha posto l'attenzione anche ai diversi gradi di predeterminazione dei supporti, alla dipendenza da strategie di mobilità e da cambiamenti climatici ed ecologici (Delagnes & Meignen 2006). Infatti, questa interpretazione culturale si è poi sviluppata maggiormente in senso ecologico incentrandosi sulla stretta relazione tra il supporto ricercato e prodotto nei diversi tecno-complessi e la sua potenzialità di ritocco e riciclo, carattere distintivo della mobilità del gruppo umano che l'ha concepito e confezionato (Delagnes et al. 2007); tuttavia, è necessario distinguere la potenzialità di ritocco e rimessa in forma dei supporti con l'effettivo dato archeologico. Ad esempio, il Discoide è trattato tra i metodi che producono supporti spessi e con alta potenzialità e lunghezza di vita; tuttavia, questi tecno-complessi sono generalmente caratterizzati da bassi indici di ritocco, suggerendo diverse spiegazioni ai medesimi concetti (Bourguignon & Turq 2003; Faivre 2011; Faivre et al. 2017; Gravina & Discamps 2015; Martinez et al. 2014; Thiébaut et al. 2009). In ogni caso il valore economico dei supporti è un parametro distintivo che deve aver agito da obiettivo funzionale, come suggerito dal collegamento diretto tra contesti del MIS 4-3 caratterizzati da alta instabilità climatica e la persistenza di sistemi di produzione di supporti ad alta mobilità potenziale (Delagnes et al. 2007). A sua volta, il dato archeologico deve tenere conto delle variabili tecno-economiche in senso lato che possono influire sulla rappresentazione quantitativa della catena operativa in sito: come noto, le sequenze di produzione del Paleolitico Medio sono più o meno intensamente frazionate e ramificate dal punto di vista spaziale, dato che implica strategie comportamentali differenti (Turq et al. 2013).

La costruzione di questa visione, che presenta il frazionamento comportamentale neandertaliano come legato alla cultura e alla tradizione tecnologica di diversi gruppi più o meno contemporanei, tuttavia definiti anche da diversi scopi funzionali, è ampiamente adottata in numerosi studi (Delagnes et al. 2007; Jaubert 2012), ma come detto tale interpretazione non è sempre supportata da evidenze archeologiche altrettanto forti (Monnier & Missal 2014). Alcune revisioni cronologiche e culturali (Gravina 2016; Guibert et al. 2008; Jaubert et al. 2011; Vieillevigne et al. 2008) hanno infatti parzialmente rivisto la contemporaneità e lo sviluppo di alcuni di questi complessi, che sono presenti in modo sparso e/o continuo (Discoide e Levallois) o discontinuo e limitato (MTA e Quina) durante il Paleolitico Medio.

Un ruolo certamente importante all'interno di questo quadro viene giocato dall'influsso che le strategie di mobilità e di gestione degli spazi e di sfruttamento complessivo delle risorse nel territorio hanno avuto su produzione litica e utilizzo degli strumenti. Da questi dati possono essere desunti i metodi per l'interpretazione del comportamento neandertaliano in chiave di ecologia comportamentale e di adattamento. Il modello proposto da Delagnes & Rendu (2011), a questo proposito, avanza l'ipotesi dell'esistenza di sistemi di occupazione del territorio differenti sulla base dei tecno-complessi Musteriani conosciuti. Il cardine di questa teoria si rifà all'idea dell'organizzazione della tecnologia, per cui i cambiamenti tecnologici riflettono cambiamenti comportamentali su larga scala. Sono stati incrociati dati sui sistemi di produzione litica e in particolare sugli indici di mobilità, trasportabilità e lunghezza delle catene operative, con quelli relativi alle strategie di caccia e depezzamento e quindi di distribuzione stagionale e spaziale di prede e gruppi umani. Secondo questo metodo applicato ancora una volta ai contesti del Sud-Ovest francese, i differenti tecno-complessi litici sottintendono modelli di mobilità e sfruttamento delle risorse diversi: in particolare, gruppi Levallois e laminari prediligevano bassa mobilità e sfruttamento cadenzato nel territorio con migrazioni regolari e sistematiche secondo uno schema che, riallacciandosi agli schemi di Binford e Kelly, richiama il modello residenziale (Binford 1980; Kelly 1995); al contrario, gruppi con tecnologie Quina e Discoide erano probabilmente caratterizzati da un'alta mobilità potenziale che si traduceva in spostamenti frequenti finalizzati alla caccia di prede migratorie in siti specializzati attorno a quello principale, secondo il modello c.d. logistico. Queste ultime strategie, nel contesto francese, si sarebbero sviluppate principalmente nel tardo Musteriano, e sarebbero quindi correlate ai grandi cambiamenti climatici avvenuto negli stadi isotopici 4 e 3 che avrebbero causato fluttuazioni nella biomassa determinando un adattamento della caccia neandertaliana verso i grandi erbivori. Tuttavia, le caratteristiche tecniche diversamente specializzate tra Quina e Discoide implicherebbero risposte differenziate a questi vincoli, che si riassumono nella funzionalità dei supporti e nella scelta del tool-kit mobile, che poteva essere rappresentata principalmente dal supporto-strumento (Quina) o probabilmente dal nucleo su blocco o su scheggia (Discoide), sempre mantenendo una spiccata propensione alla versatilità adattativa che si traduce nella ramificazione delle sequenze.

Contro questo modello, dati provenienti da altre aree geografiche sembrano indicare circostanze differenti. Nella zona del sud-est della Francia, nella valle del Rodano, non sono state segnalate connessioni tra i sistemi tecnici e le strategie di sussistenza (Moncel & Daujeard 2012). In mancanza di queste, la visione più prettamente culturale può tornare ad essere valida per spiegare l'esistenza dei regionalismi alla fine del Paleolitico Medio? Contro Delagnes & Rendu (2011), la proposta di Thiébaut et al. (2014) basata su analisi petrografiche, tecnologiche, archeozoologiche e funzionali, collega i metodi di scheggiatura del Musteriano finale a tradizioni tecniche di gruppi neandertaliani distinti. In particolare, gli obiettivi funzionali degli strumenti fabbricati con diverse tecnologie non spiegherebbero la varietà dei tecno-complessi, dato che sarebbero tutti utilizzati principalmente per attività di macellazione. In ogni caso tali modelli, anche se parziali e apparentemente contradditori, hanno il pregio e l'onere di rappresentare il primo termine di confronto per tutti quegli studi svolti in zone come la penisola italiana in cui la ricerca, parziale o ancora in fase di sviluppo, non permette associazioni estensive di tale portata (Marciani et al. 2019).

1.4 Inquadramento degli strumenti a dorso dei tecno-complessi analizzati

Il presente studio è incentrato sugli strumenti a dorso "in senso lato", ovvero su tutti quei prodotti che presentano un dorso o porzione spessa e smussata e dalla funzione presumibilmente prensiva, opposto ad un margine tagliente avente funzione attiva rispetto alla materia che si intende lavorare. I dorsi vanno pertanto considerati nel loro schema d'insieme, in quanto persino un margine abbattuto con ritocco erto potrebbe non rappresentare un dorso se non relazionato ad un margine con funzione attiva (Slimak 2008b).
I pezzi a dorso rappresentano l'obiettivo dell'analisi dal momento che:

- La loro ergonomia e funzionalità, nonostante la loro varietà tipologica, è apparentemente comune oltre che semplice e lineare; come detto, è caratterizzata da una parte attiva e una passiva e da una funzione che oscilla dall'uso come coltelli a più puramente multifunzionale (Fig. 1.6b). Queste analogie permettono l'applicazione di approcci analitici diversi, dal tecno-funzionale al morfometrico.
- Rappresentano uno dei principali obiettivi delle sequenze operative di scheggiatura, sia nel caso di strumenti bifacciali che unifacciali (Fig. 1.2). Questa caratteristica è pertanto comune agli insiemi Discoidi e Levallois, nel G-complex di Sesselfelsgrotte, caratterizzati dalla costante presenza di componenti Musteriane e Micocchiane, e negli insiemi MTA in cui sono uno degli strumenti maggiormente ricercati. Dal momento che rappresentano obiettivi di prima scelta, le loro strategie di ottenimento sono direttamente correlate al comportamento tecno-economico ed ecologico dei gruppi umani che li hanno prodotti.

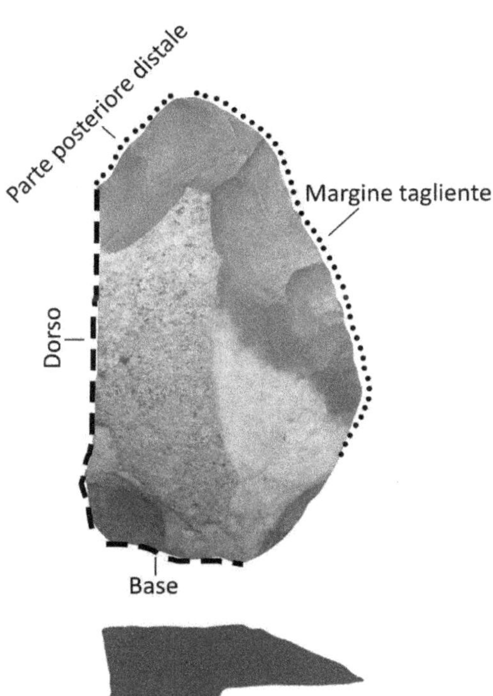

Figura 1.6 Unità tecno-funzionali che formano un classico *keilmesser;* si notano la base, il dorso, il margine tagliente e l'arco o parte posteriore distale (a); utilizzo di un *keilmesser* come coltello a mano (b).

- Esemplificano e riassumono perfettamente i diversi panorami tecnologici e culturali vigenti tra i gruppi neandertaliani del MIS 3: il *keilmesser* è lo strumento eponimo del Micocchiano o *Keilmessergruppe,* le schegge a dorso/debordanti (ottenute da tecnologie Discoide, Levallois o Quina) rappresentano il tool-set comune alle facies Musteriane e sono rappresentative dei propri tecno-complessi, così come i raschiatoi con dorso, mentre i coltelli a dorso tipici sono quasi esclusivamente presenti, in quelle forme, negli insiemi MTA. Per questo motivo tutti questi strumenti a dorso "in senso lato" possono essere analizzati e confrontati come prodotti di tradizioni tecnologiche separate o conseguenza di adattamenti tecnologici.

Come accennato in precedenza, il contrasto tra questi aspetti tecnologici e culturali è ben esemplificato da grandi gruppi di strumenti fabbricati con sequenze di riduzione bifacciale ed unifacciale; alcuni strumenti formali sono particolarmente significativi, ad es. i *keilmesser* (Jöris 2006). Il *Keilmesser* è il tipo di strumento comune a tutti gli insiemi collegati al Micocchiano dell'Europa Centrale o *Keilmessergruppe.* Questi fossili guida sono diffusi soprattutto nell'Europa centrale e orientale, con "intrusioni" nell'Europa occidentale (ad esempio all'Abrì du Musée a Les Eyzies de Tayac (Bourguignon 1992), anche se sono stati identificati in contesti molto distanti dall'Africa al Vicino oriente o addirittura nell'Europa atlantica a partire dal Pleistocene Medio (Marks et al. 2002; Solecki & Solecki 2004). Tuttavia, è solo nel tardo Paleolitico Medio che essi sono diventati sempre più standardizzati, numericamente rilevanti e un'espressione comune di insiemi litici più o meno uniformi (Jöris 2003). Come suggerito dalla traduzione diretta dal nome originale tedesco, *keilmesser* significa coltello a cuneo, un termine che unisce indicazioni di forma e presunta funzione. In letteratura, a volte sono chiamati bifacciali a dorso (*biface à dos* (Bordes 1961), *pradnik / prondniks* (Krukowski 1939), *Faustkeilschaber* (raschiatoi bifacciali; Muller-Beck 1957) o anche coltelli di tipo-Ciemna (Kozlowski & Kozlowski 1977). La variabilità morfologica interna al *keilmesser* include alcune forme di strumenti bifacciali asimmetrici, caratterizzati da un tagliente ritoccato bifaccialmente che arriva a modellare spesso anche una punta distale, opposto ad una parte prensiva spessa e laterale solitamente grezza (il dorso). La base dello strumento rimane generalmente spessa, avendo anch'essa una funzione recettiva, mentre nei casi in cui è presente una punta distale, un "arco" (parte posteriore distale) lavorato bifaccialmente potrebbe rappresentare il "*trait d'union*" tra il dorso e il tagliente (Fig. 1.6a).

Tipica dei *keilmesser* è la sezione piano-convessa / piano-convessa, modellata attraverso un ritocco piatto sulla faccia inferiore in corrispondenza del margine tagliente e un ritocco diretto convesso, semplice o scalariforme. L'angolo di taglio che si forma, di solito acuto e minore di 60° (Frick & Floss 2017; Iovita 2014; Jöris 2006) o leggermente maggiore (Weiss et al. 2018), suggerisce la funzione di un coltello con movimento di taglio longitudinale, in contrasto con angoli più ampi associati generalmente alla raschiatura e pertanto sfruttati con movimento trasversale (Fig. 1.6b). Una sezione piano-convessa inversa sul dorso è spesso necessaria per avere su ogni superficie un bordo piatto e un bordo convesso, in un'idea generale di asimmetria bifacciale e bilaterale. Questo schema volumetrico consente di mantenere facilmente l'efficacia dell'angolo, anche dopo successive fasi di rimessa in forma (Boëda 1995; Iovita 2014) e, nel caso, riorientare lo strumento, invertire le funzioni del bordo e utilizzare quello opposto come tagliente (Migal & Urbanowski 2006). Le lunghe fasi di utilizzo, riutilizzo e riciclo dei *keilmesser* sono testimoniate dai distacchi di schegge di gestione e mantenimento, prodotti di assottigliamento e schegge da ritocco ortogonale o longitudinale e particolari schegge di rimessa in forma del margine tagliente; tipica di quest'ultima lavorazione *è la* tecnica del "*tranchet-blow*", attestata in diversi siti del *keilmessergruppe*, che attraverso uno stacco burinante-lamellare longitudinale rispetto al margine, permette il mantenimento di un filo tagliente acuto (Bosinski 1969; Frick et al. 2017; Jöris 1992). Pertanto, la morfologia finale dello strumento può variare a seconda di diversi fattori ecologici e funzionali, comuni o indipendenti; queste forme sono state riconosciute e definite nel corso del '900, e sebbene la definizione tipologica di Bosinski sia ancora valida, tali strumenti non vengono più utilizzati come fossili guida di distinte entità culturali, ovvero *Inventartyp* (Bosinski 1967).

Una generalizzazione in questo senso dei *keilmesser* è fuorviante: è necessaria un'analisi approfondita delle fasi di lavorazione di ogni singolo oggetto per comprendere le diverse vite dello strumento, oltre ad analisi qualitative e quantitative basate sugli attributi intrinseci (Jöris 2001; Pastoors 2001; Richter 1997; Uthmeier 2004a). Il concetto di strumento *keilmesser* contiene oggetti che condividono la stessa ergonomia all'interno del sistema di interazione uomo-strumento: lo schema di utilizzo del coltello manuale è costruito attorno all'opposizione diretta tra margine tagliente e dorso; le fasi di lavorazione, attraverso una messa in forma bifacciale, creano solitamente una sezione trasversale piano-convessa. Questo strumento a dorso, le cui funzioni devono ancora essere confermate su larga scala da un'estesa analisi tracceologica (sono stati riconosciuti strumenti da taglio da Veil et al. (1994) e strumenti con funzioni diversificate da Rots (2009)), mostra una certa variabilità nei modelli di utilizzo, fattore che richiede un'indagine approfondita da un punto di vista tecno-funzionale.

All'interno degli stessi insiemi e nel coevo panorama europeo, esistono altri strumenti a dorso, principalmente strumenti unifacciali ottenuti attraverso concetti tecnologici diversi o complementari. Questi manufatti potrebbero possedere ergonomia e schemi di prensione e utilizzo similari, con le principali differenze che si manifestano principalmente nella concezione della fabbricazione degli stessi e nella determinazione del dorso. Particolarmente rilevante, anche alla luce del presente studio, è la comprensione dei processi decisionali che ha portato all'utilizzo di manufatti ottenuti da *façonnage* bifacciale da un lato, e/o la preferenza di manufatti fabbricati secondo diversi concetti di *débitage* dall'altro. Questo, alla luce del fatto che gli insiemi in questione sono solitamente caratterizzati da una notevole quantità di schegge derivate da diverse tecnologie di scheggiatura. Tali tecnologie sono sostanzialmente le stesse conosciute nei complessi Musteriani di tutta Europa e del Vicino Oriente. Per questo motivo, alcuni modelli esplicativi costruiti sulla relazione tra set di strumenti unifacciali e bifacciali sono stati elevati ad interpretazioni ecologiche globali dei complessi *keilmessergruppen*. Dopo gli studi di Richter (1997; 2001), il già menzionato M.M.O., inizialmente coniato proprio sulla base del G-Complex di Sesselfelsgrotte, è stato successivamente assegnato a tutti i contesti dell'Europa centrale che condividono le stesse caratteristiche tecno-tipologiche; qui, l'"opzione Micocchiana" aumenterebbe con l'aumentare della lunghezza nell'occupazione del sito. Questa ipotesi è stata messa in discussione da Joris che sottolinea l'assenza di conferma dai dati sulle faune oltre che alcuni esempi di occupazioni effimere in cui la produzione bifacciale è dominante (ad esempio Lichtenberg) (Jöris 2006). In ogni caso, è noto che sia i campi base che i siti specializzati effimeri potrebbero conservare strumenti bifacciali mobili e dalla lunga vita, la cui origine e scopo funzionale possono essere correlati alle loro differenti vite funzionali (Uthmeier 2004a).

La natura tecnologica delle industrie su scheggia di tradizione Musteriana nei contesti *keilmessergruppe* è piuttosto diversificata. Bosinski (1967) e Kozlowski & Kozlowski (1977) hanno inizialmente rimarcato l'assenza del concetto Levallois negli insiemi Micocchiani dell'Europa centrale. Il *débitage* Quina è presente negli strati più antichi di Sesselfelsgrotte (Richter 1997), a Bockstein III (Çep 2014), mentre la tecnologia Discoide è ben attestata nella grotta di Kůlna lungo tutta la sequenza Micocchiana (Boëda 1995), nonché in diversi contesti polacchi facenti parte del cosiddetto "*gruppo Bockstein*" (Kozlowski & Kozlowski 1977). Nei siti *Keilmessergruppe* più recenti, tuttavia, il metodo Levallois è generalmente dominante, sia nelle sue varianti ricorrente centripeto che ricorrente parallelo/unipolare, come attestano Sesselfelsgrotte, Königsaue, Salzgitter-Lebenstedt, Lichtenberg, Zeitlarn I e diversi altri siti di questa fase (Mania & Toepfer 1973; Pastoors 2001; Picin 2016; Richter 1997; Uthmeier 2004a; Veil et al. 1994).

Ognuna di queste tecnologie di riduzione dei nuclei contempla, alla sua base, la produzione di diversi set e morfologie di schegge, molte delle quali possiedono un dorso più o meno spesso opposto al margine tagliente. Questi manufatti a dorso possono rappresentare sia gli obiettivi delle operazioni di scheggiatura che gli espedienti tecnici per mezzo dei quali si porta avanti la gestione e il mantenimento della forma del nucleo e delle sue convessità e proprietà volumetriche; per tali motivi la loro produzione è, in ogni caso, indispensabile. Soprattutto nella tecnologia Discoide e in minor misura all'interno di quella Levallois, infatti, una gran parte dei prodotti è più o meno debordante, ossia dotata di un dorso naturale

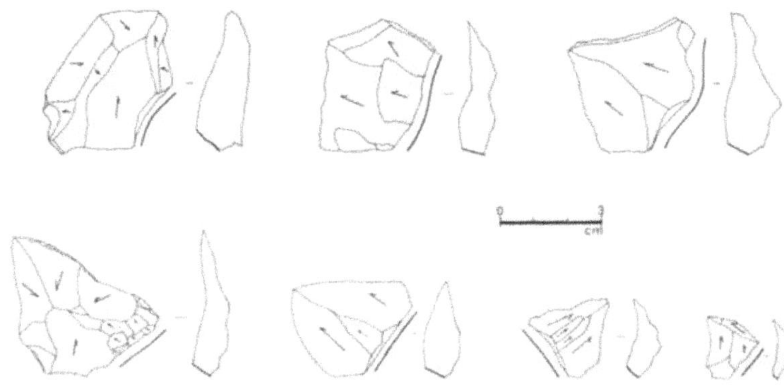

Figura 1.7. Pezzi a dorso (schegge debordanti e punte pseudo-Levallois) dal Musteriano Discoide di Fumane (Fonte: Peresani, 1998).

o di scheggiatura che serve per mantenere le convessità del nucleo (Boëda 1993; Peresani 1998). Pertanto, i pezzi a dorso sono sicuramente un prodotto molto importante perché ricercato e voluto come obiettivo primario delle operazioni di scheggiatura, ma allo stesso tempo si tratta di un espediente tecnico, elemento da valutare nel campionamento dei supporti; in particolare, le schegge debordanti Discoidi sono sicuramente un prodotto di prima scelta come confermato dalle analisi tracceologiche, che confermano la loro natura di prodotti versatili e flessibili (Fig. 1.7) (Arrighi et al. 2009; Lemorini et al. 2003; Locht 2003; Martinez et al. 2003).

Secondo il concetto di riduzione, questi manufatti possono acquisire forme diverse: spessi, corti e asimmetrici se ottenuti dal sistema tecnico di riduzione Quina (Bourguignon 1997; Richter 1997; Turq 1992); spessi, corti e talvolta appuntiti ed asimmetrici per quanto riguarda la tecnologia Discoide (Boëda 1993, 1995; Peresani 1998) (Fig. 1.7); più sottili e in alcuni casi più allungati se ottenuti con tecnologia Levallois (Boëda 1994). Le differenze non risiedono solo nella morfologia, ma implicano strategie di cura (utilizzo, ritocco e ripresa del supporto) distinte, per cui appaiono come risposte ecologiche e/o culturali diverse per necessità apparentemente simili. Le ragioni alla base della loro produzione e della fase del loro abbandono devono essere esaminate prendendo in considerazione tutta la loro vita funzionale, dal concepimento alla tecno-funzionalità in uso fino al potenziale di (ri)uso.

Inoltre, in questa fase gli strumenti a dorso acquisiscono particolare importanza dal punto di vista comportamentale e cognitivo; nel Paleolitico Medio finale la post-determinazione del dorso mediante ritocco diretto erto

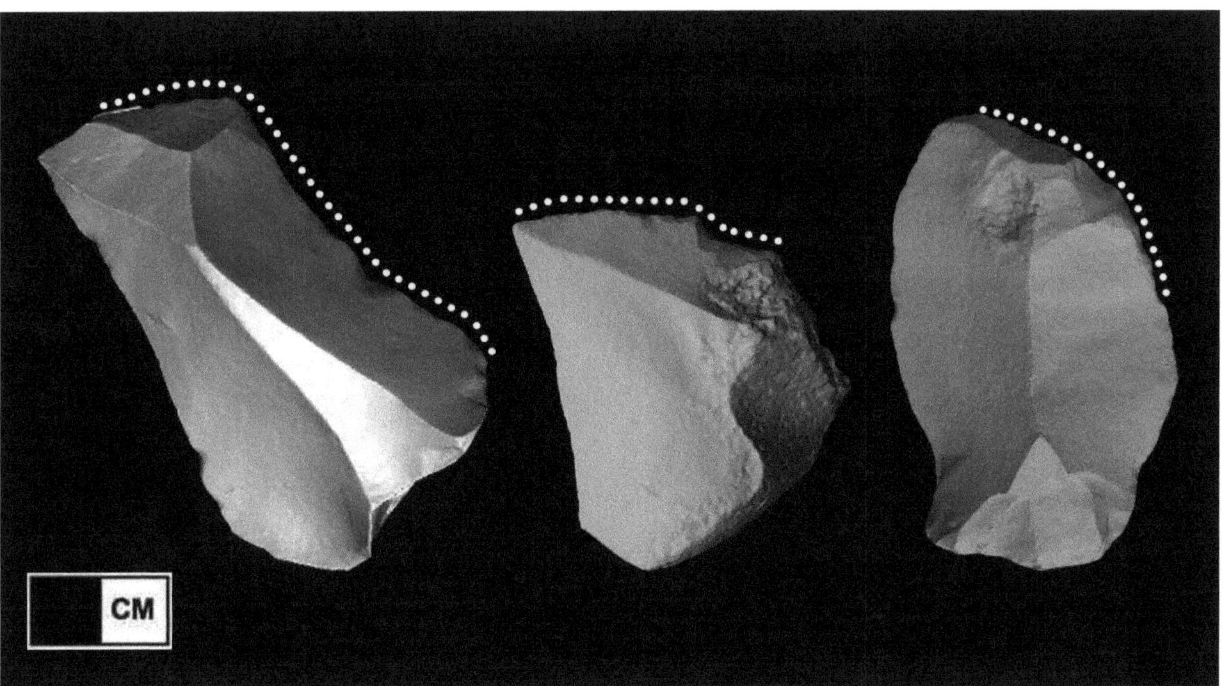

Figura 1.8 Coltelli a dorso tipici e atipici dall'insieme MTA-B di La Rochette, livello 7, con indicazione del ritocco erto usato per fabbricare il dorso.

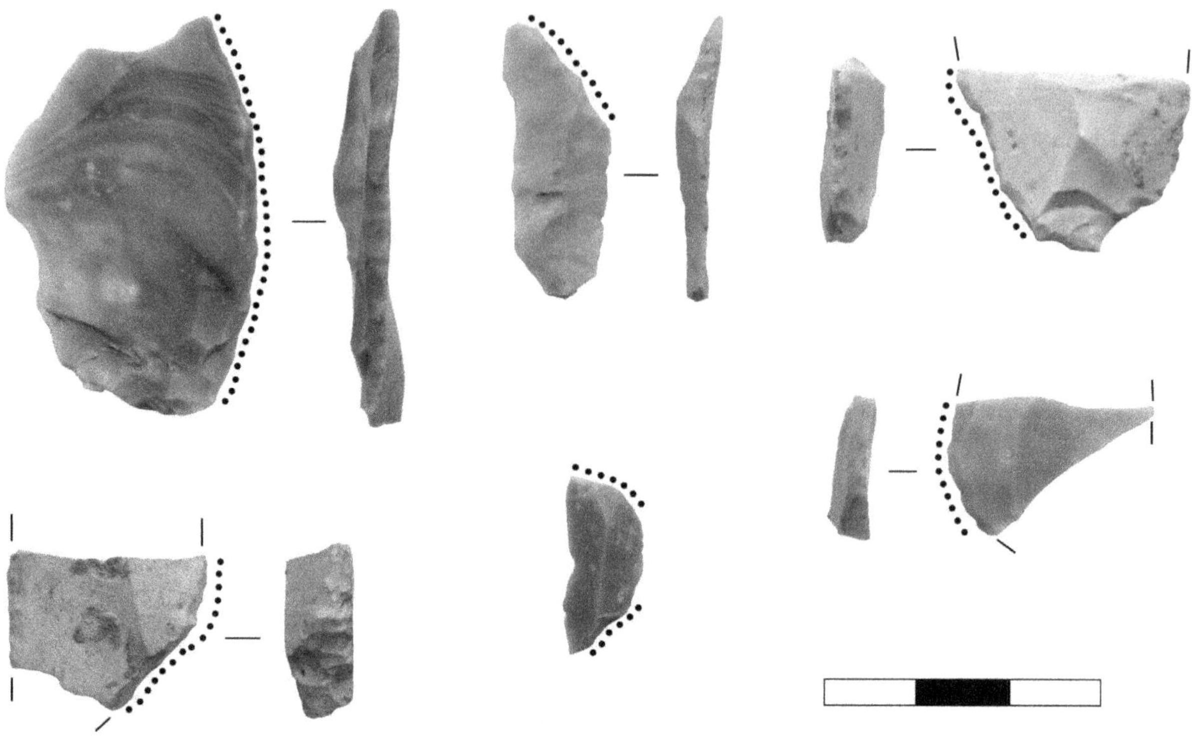

Figura 1.9 Pezzi a dorso ritoccato (coltelli a dorso ricurvo, frammenti a dorso, semilune) dall'Uluzziano di Riparo del Broion.

è attestata in diversi tecno-complessi Europei, dal Musteriano Discoide al più ben noto caso del Musteriano di Tradizione Acheuleana (Gravina 2016; Ruebens et al. 2015; Soressi 2002). Particolarmente nella fase B di questo tecno-complesso, infatti, sono ben rappresentati i coltelli a dorso tipici su scheggia laminare oppure il sottotipo "coltello di Abri Audi" su scheggia larga, caratterizzati in entrambi i casi da ritocco erto continuo volto a smussare un bordo tagliente creando così un dorso marginale che il più delle volte è ricurvo (Bordes 1961; De Sonneville-Bordes & Perrot 1956) (Fig. 1.8).

Questo ulteriore investimento tecnico potrebbe servire al fine di migliorare l'aderenza prensiva, adattare lo strumento all'inserimento in un manico o, in ogni caso, per migliorarne le prestazioni. La standardizzazione di strumenti a dorso preparati viene quindi considerata un indicatore del comportamento moderno (Mcbrearty & Brooks 2000), sia per lo schema mentale che sta alla base della loro concezione e fabbricazione, che implica un elevato livello di investimento tecnico per risolvere problemi e raggiungere uno scopo funzionale, sia per la crescente importanza che acquisiscono all'interno dei contesti di transizione tra Paleolitico Medio e Paleolitico Superiore e nella Middle Stone Age Africana associati a uomini anatomicamente moderni ma anche agli ultimi Neandertal (Barham 2002; Peresani et al. 2019; Riel-salvatore 2009; Roussel et al. 2016; Ruebens et al. 2015; Villa et al. 2010) (Fig. 1.9).

Tale situazione rappresenta il punto di partenza di questo studio, che prende in esame gli strumenti a dorso di tre sequenze chiave, sia per la relazione Musteriano/Micocchiano nell'Europa centrale (G-Complex di Sesselfelsgrotte), che per la comprensione della variabilità Musteriana in Europa occidentale e meridionale (unità A10-A9 di Grotta di Fumane e il livello 7 di La Rochette). Tali contesti, tutti inquadrati cronologicamente nella prima fase del MIS 3, sono stati ritenuti i più adatti per fare luce sul potenziale significato ecologico e culturale degli strumenti a dorso nel Musteriano finale europeo.

2

Metodi di analisi

2.0 Methods

Several analytical methods have been applied for the registration of quantitative and qualitative attributes on the considered tools. The technological analysis was previously available for most of the analysed assemblages, being necessary only for units A10-A11 of Fumane. Once the lithic assemblages were technologically determined, the first step of this work was to embed each artefact in its context, including the techno-economic phase from which it was obtained during the reduction sequence, through the *chaîne opératoire* approach. Knapping techniques were also identified, where possible, after the recognition of technical features on the artefacts. When artefacts were characterized by particularly long functional lives, such as *keilmessers*, diacritical schemes were produced based on working-step analysis. Raw material data have been extracted mainly from literature, even though sampling and collection (on pre-Alps and Franconian Jura) have been carried out on primary outcrops and paleo-soils. Further macroscopic analyses concerned the natural surfaces preserved on the artefacts, in order to infer the nature of the procurement context.

Techno-functional analysis was the common approach applied to the examined tools. This enabled to recompose the structure of the tool from the point of view of its usage schemes, considering its diachronic evolution from conception to discard. To do this, different techno-functional units were located on the tool. These are characterized by specific functions in terms of loading, transmission and release of energy during the action, implying different ways of interaction with the user and the object to be worked. This method was chosen because it allows the integration of technological, morphological and functional aspects, thus obtaining the tools use and handling patterns, the functional potentialities and objectives. Backed artefacts are usually characterized by a "passive" area, which combines the prehensive/receptive unit with the transmissive one (the back or *contact prehénsif* - CP), and, on the other hand, an "active" area that corresponds more directly to the transformative unit (the cutting edge or *contact transformatif* - CT).

Basically, it was necessary to record a series of morphological and technological elements on the tools and their units: chordal and overall length, curvature indexes, active angle, shape and delineation of the edges, presence and type of retouching, technological conception, and predetermination, etc. Particularly important is the registration in cross-section of the bevel or the dihedral shaped by the active margin. This allows to determine the type of contact between the cutting edge and the transformed material during the action, thus affecting the functionality and efficiency of the cutting activity. The same features (angles and sections) are recorded on the tip, if present; on the back, particular attention is addressed to the presence of technical interventions and configurations and intentional or presumed anthropogenic modifications. Finally, the analysis focused on the actual relationship between the different techno-functional units present on the same products. Besides the drafting of techno-functional schemes, the relationships between active and passive parts were morphometrically calculated, also in relation to the type of laterality and the secant plane of the tools.

The retouching techniques used to modify the backs (especially recorded in Fumane unit A9) have been identified according to bibliographic experimental protocols. These have been implemented with dedicated experimentation, which included the manufacturing and use of backed artefacts for different tasks and through diversified handling types. Low- and high-power use-wear analyses were carried out on the experimental specimens and on a sample of Fumane A9 assemblage.

The innovative protocol of this study included the application of 3D-based approaches on part of the sample. The models were obtained using different techniques and implements, notably structured-light and portable blue-light scanners, and photogrammetry. Thanks to the better interaction allowed by the 3D model, some techno-functional features have been more precisely recorded, such as measurements of active and passive edges in virtual cross-sections. Then, it was possible to carry out 3D geometric morphometrics analysis: after the automatic positioning of semi-landmarks on a grid built on the tools, a PCA has been developed on the entire sample, then examined through attribute-based queries.

The last step was the cross-checking of the obtained information with the ecological, technological and cultural contexts represented in the examined occupations. The insertion of the acquired data in a global framework is compelling in order to develop a correct interpretation of the selected tools. This step includes the reference techno-complexes and their relationship with environmental changes and chronological-related issues. As a matter of fact, the study of backed artefacts is a way to interpret the variegated scenario of the last European Neanderthals, trying to propose general hypotheses from particular analyses.

Complessivamente, poco meno di un migliaio di strumenti con dorso sono stati selezionati dai tre siti scelti per questo studio. Questi manufatti sono andati a comporre un database sviluppato sulla base di diverse metodologie analitiche applicate per la registrazione di attributi quantitativi e qualitativi, integrate da foto, schemi, schizzi, sezioni e note. L'approccio comune applicato a tutti i reperti è quello tecno-funzionale, che mira a ricomporre la strutturazione dello strumento dal punto di vista dei suoi schemi di utilizzo e della sua evoluzione diacronica dal concepimento all'abbandono. Per la sua applicazione sono state registrate informazioni sulla tipologia, tecnologia e morfologia degli oggetti e del loro contesto di provenienza. Approcci complementari e talvolta innovativi sono stati applicati poi a parte del campione, a quei contesti che di volta in volta mostravano evidenze tali da meritare analisi maggiormente approfondite (Tab. 2.1). In questo senso, analisi tecno-morfologiche e statistiche sono state applicate ai modelli 3D di un grosso campione di manufatti provenienti da Sesselfelsgrotte e dai livelli A9 e A10 di Grotta di Fumane, e a pochi coltelli a dorso dal livello 7 di La Rochette. Inoltre, su diversi strumenti dell'unità A9 di Grotta di Fumane si sono voluti approfondire gli schemi di confezionamento e di utilizzo attraverso un approccio integrato che ha combinato tecno-morfologia, analisi delle tracce d'uso e attività sperimentali di riproduzione e di utilizzo mirate a verificare la funzionalità degli stessi e utili come confronto per l'analisi tracceologica.

Al fine di provare a costruire modelli generali di comportamento umano a partire dalla prospettiva particolare e tuttavia comune rappresentata dagli strumenti con dorso, questo vasto panorama di approcci metodologici è stato poi integrato con il contesto di provenienza, in particolare incrociando i dati disponibili in bibliografia dagli indicatori di sfruttamento delle risorse naturali (archeozoologia, petroarcheologia) o di ricostruzione paleoambientale (archeobotanica, micro- e macropaleontologia). A causa di questa complessità metodologica, risultati e discussioni saranno presentati sotto forma di diverse sezioni in cui verranno trattati i principali argomenti sollevati dall'analisi degli strumenti a dorso nel contesto del Paleolitico Medio finale europeo.

Tra la strumentazione tecnica, per le fotografie ai manufatti sono state utilizzate:

- Fotocamera compatta digitale Canon PowerShot A720 IS.
- Fotocamera reflex digitale Nikon D5100. Per fotografie d'insieme o ai singoli pezzi è stato montato un obiettivo zoom semplice (Nikkor 18-105 mm) mentre per fotografie di dettaglio è stato usato l'obiettivo macro AF-S Micro NIKKOR 85mm.

Per il riconoscimento delle tecniche di ritocco sui bordi e per fotografie di dettaglio a bordi grezzi e ritoccati e sono stati utilizzati:

- Lenti portatili a basso ingrandimento (10x – 20x)
- Stereomicroscopio Leica S6D Greenough con 0.75x – 70x di ingrandimento e porta per fotografie digitali integrata

Per la gestione ed analisi dei dati e la creazione dei grafici si è lavorato principalmente con i software RStudio (versione 1.2.5001, pacchetti tidyverse e ggplot2) e Past 3.15 (Hammer et al. 2001). Infine, si rimanda ai rispettivi paragrafi la strumentazione utilizzata per le analisi dedicate ai modelli tridimensionali (dalla fase di acquisizione dei modelli, al loro processamento e all'analisi morfologica), oltre che per le analisi sulle tracce d'uso.

2.1 Analisi Tecnologica

L'analisi tecnologica degli insiemi litici selezionati si rifà in larga parte a studi disponibili in letteratura. Ben nota è l'applicazione del metodo Discoide nell'A9 di Grotta di Fumane (Peresani 1998), così come l'analisi delle tecnologie di *débitage* e *façonnage* del G-Complex di Sesselfelsgrotte (Richter, 1997) e del livello 7 di La Rochette (Soressi, 2002). Tuttavia, le unità A10-A11 di Fumane si presentavano, all'inizio di questo percorso, prive di un inquadramento tecnologico preciso se non frutto di analisi parziali o su materiale provenienti da vecchi scavi (Gennai 2017; Peresani 2012). Un'analisi tecnologica globale, perlomeno applicata ai materiali frutto delle campagne di scavo 2014 e 2016, è stata svolta al fine propedeutico di questo lavoro, e verrà trattata successivamente in dettaglio (Peresani et al. 2017).

Una volta contestualizzati gli insiemi litici dal punto di vista tecnologico, il primo passo di questo lavoro è stato, tuttavia, quello di inserire ognuno dei manufatti compresi nell'analisi nel suo contesto di riferimento, compresa la fase tecno-economica e della sequenza di riduzione da cui è stato ottenuto. A tale scopo ogni pezzo è stato analizzato individualmente attraverso la registrazione di dati tecnici,

Tabella 2.1 Principali approcci analitici applicati ai diversi contesti di studio

	Sesselfelsgrotte G-Complex	Fumane A9	Fumane A10-A11	La Rochette liv. 7
Tecno-funzionale	XX (n = 347)	XX (n = 341)	XX (n = 112)	XX (n = 117)
Applicazione 3D	XX (n = 198)	XX (n = 171)	XX (n = 69)	X (n = 12)
Tracce d'uso e sperimentazione	\	X (n = 56)	\	\

Figura 2.1 Campionamento delle materie prime: sulla sinistra, selci delle formazioni della Maiolica e della Scaglia Variegata Alpina nei Lessini occidentali; sulla destra, placchette di Jurahornstein da paleosuoli di Baiersdorf (Bassa Baviera) nella stagione invernale.

morfologici soprattutto caratteristiche tecnologiche. L'approccio concettuale ed analitico applicato alle analisi tecnologiche dei prodotti in pietra scheggiata si è basato sui parametri di Inizan et al. (1995) e Andrefsky (2007). L'identificazione dei metodi di scheggiatura da cui i supporti sono stati ottenuti si è basato sull'incrocio dei dati provenienti dal contesto e sugli attributi tecnici diretti sui manufatti come il tipo di tallone, l'angolo di scheggiatura, l'inclinazione del piano di scheggiatura, lo schema direzionale e cronologico dei negativi (*scar-pattern*) sulla faccia dorsale. Queste informazioni sono state incrociate e confrontate con quelle disponibili in bibliografia soprattutto per quanto riguarda i criteri noti per i metodi di scheggiatura in uso nel Paleolitico Medio (Boëda 1993, 1994; Bourguignon 1997; Peresani 1996, 1998; Richter 1997). Schemi diacritici sono stati prodotti adottando il metodo della *working-step analysis* sui manufatti con biografie particolarmente lunghe, come ad esempio i *keilmesser*, con l'obiettivo di riconoscere le diverse fasi di utilizzo e rimessa in forma (Pastoors 2001; Richter 1997; Uthmeier 2004a).

Analisi morfo-tecniche basate su criteri tecnologici e morfologici sono servite anche per comprendere il ruolo e la posizione di ciascun prodotto lungo la sequenza di produzione specifica per ciascun metodo di scheggiatura, in un'ottica diacronica secondo il concetto di catena operativa (*Chaîne opératoire*) di scheggiatura (Geneste 1985, 1988, 1991; Leroi Gourhan 1964; Pelegrin et al. 1988; Tixier 1978).

Le materie prime litiche sono state descritte e raggruppate sulla base delle caratteristiche fisiche rilevate principalmente a livello macroscopico e sono state confrontate con dati bibliografici (Bertola 2001; Delpiano et al. 2018), con campioni geologici raccolti nelle Prealpi venete occidentali (per i manufatti di Grotta di Fumane) e sui paleosuoli Giurassici di Baiersdorf in Bassa Baviera (per i manufatti di Sesselfelsgrotte) (Fig. 2.1); in ogni caso, per il G-Complex di Sesselfelsgrotte si è mantenuta l'assegnazione petroarcheologica di Richter (1997) e Weissmuller (1995). Ulteriori analisi macroscopiche hanno riguardato le superfici naturali ancora conservate su alcuni manufatti per inferire la natura del contesto di approvvigionamento (letti di torrente, paleosuolo, affioramenti di esposizione primaria o neocortici prodotti dall'esposizione secondaria), nell'ottica analitica della catena evolutiva della materia prima (*Chaîne évolutive*) (Fernandes 2012).

2.2 Analisi Tecno-funzionale

Dopo il necessario inquadramento tecnologico, il principale approccio analitico e di comparazione qui adottato per lo studio degli strumenti a dorso è quello Tecno-funzionale, sviluppato in primis dalla scuola francese, a partire da Lepot (1993) e Boëda (2013). Tale approccio, che ha come obiettivo quello di ricostruire la struttura funzionale e gli schemi di utilizzo dei manufatti, è già stato applicato con successo a tipi di strumenti specifici provenienti da diversi insiemi litici riferibili al Paleolitico Medio (Boëda 2001; Bonilauri 2010; Geneste & Plisson 1996; Lazuén & Delagnes 2014; Lhomme et al. 2011; Marciani et al. 2018; Soriano 2000).

Il principio su cui si basa il metodo tecno-funzionale passa attraverso la destrutturazione dello strumento. In questo

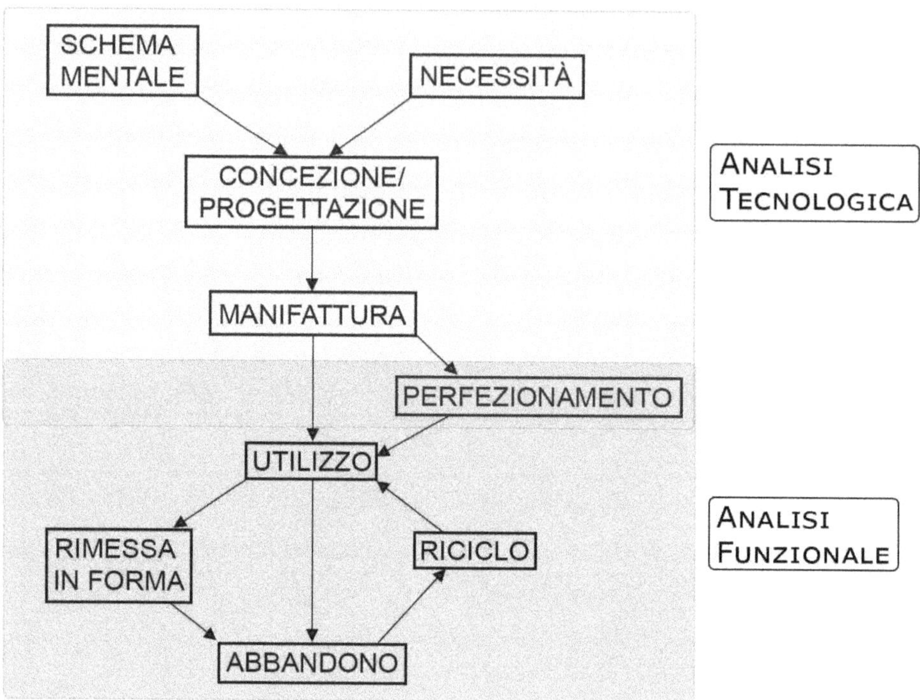

Figura 2.2 Fasi susseguenti nella vita dello strumento litico. Il metodo di analisi tecno-funzionale mira, con un approccio che lega la tecnologia alla funzione, alla ricostruzione di tutte queste fasi.

senso, lo strumento è considerato come un oggetto formato da tre diverse parti, "contatti", o unità tecno-funzionali (UTF), che talvolta possono coincidere: una parte prensiva o recettiva, una trasmissiva dell'energia correlata all'azione di utilizzo dello strumento, e una trasformativa, ovvero atta a trasformare il materiale verso cui è indirizzata l'attività dello strumento. Questo approccio considera l'intera vita funzionale dello strumento, da prima della sua produzione al suo abbandono, attraverso le fasi di concezione e progettazione e le sequenze operative-produttive e funzionali (Fig. 2.2). Questo metodo è stato scelto perché capace di integrare gli aspetti tecnologici, morfologici e funzionali arrivando a ricavare le potenzialità, gli obiettivi funzionali e gli schemi di utilizzo degli strumenti, attraverso l'analisi delle singole unità e delle loro rispettive relazioni (Fig. 2.3). Secondo questo approccio, quindi, è possibile ricostruire le tre componenti concettuali che formano lo strumento: il manufatto, il suo schema di utilizzo, fino all'energia messa in gioco dall'azione svolta.

Secondo questa base metodologica, ogni singolo strumento è stato scomposto nei suoi elementi strutturali: gli strumenti a dorso sono abitualmente caratterizzati da una comune area "passiva", che combina l'unità prensiva/recettiva con quella trasmissiva, e dall'altra parte un'area "attiva" che corrisponde più direttamente all'unità trasformativa (Fig. 2.3).

Per Contatto Recettivo/Prensivo (*Contact Préhensif* - CP) si è inteso il sottosistema dello strumento utile alla sua manipolazione e alla ricezione dell'energia da parte dell'utilizzatore. Sul manufatto corrisponde generalmente al dorso, alla porzione del supporto opposta o adiacente al margine tagliente grezzo o ritoccato. Il contatto prensivo può essere prodotto, confezionato o perfezionato attraverso un investimento tecnico mirato (ritocco, assottigliamento ventrale o dorsale). Può altresì risultare dal piano di percussione del supporto di origine e riflettersi nel tallone (base dello strumento) o in un'area laterale naturale o derivata da scheggiatura, la cui concezione e preparazione sono integrate solitamente nella tecnologia di scheggiatura del nucleo.

Per contatto Trasformativo (*Contact Transfomatif* - CT) si è inteso il sottosistema dello strumento concepito per il rilascio dell'energia immagazzinata durante l'azione di utilizzo dello stesso, mirata a trasformare il materiale verso cui è indirizzata l'attività di utilizzo dello strumento. Sul manufatto può essere identificato come il *tranchant*, il margine o i margini taglienti, opposti o adiacenti al dorso/contatto prensivo. Può essere singolo, multiplo o talvolta formare una punta che rappresenta un contatto distinto e caratterizzato da funzionalità specifiche anche se connessa con il margine tagliente. Il contatto trasformativo può essere prodotto direttamente dalla scheggiatura del supporto (e quindi essere predeterminato al momento della scheggiatura) oppure può essere confezionato da *façonnage* bifacciale o da ritocco, e modificato e rimodellato fino ad esaurire la materia disponibile diventando inutilizzabile. Può quindi essere messo in forma, scheggiato o confezionato, ed ognuna di queste modalità di manifattura possiede diverse implicazioni nella predeterminazione dello strumento.

A partire dalla morfologia degli strumenti e dall'organizzazione e dalla disposizione dei contatti sui margini degli stessi, è stato possibile adottare un approccio

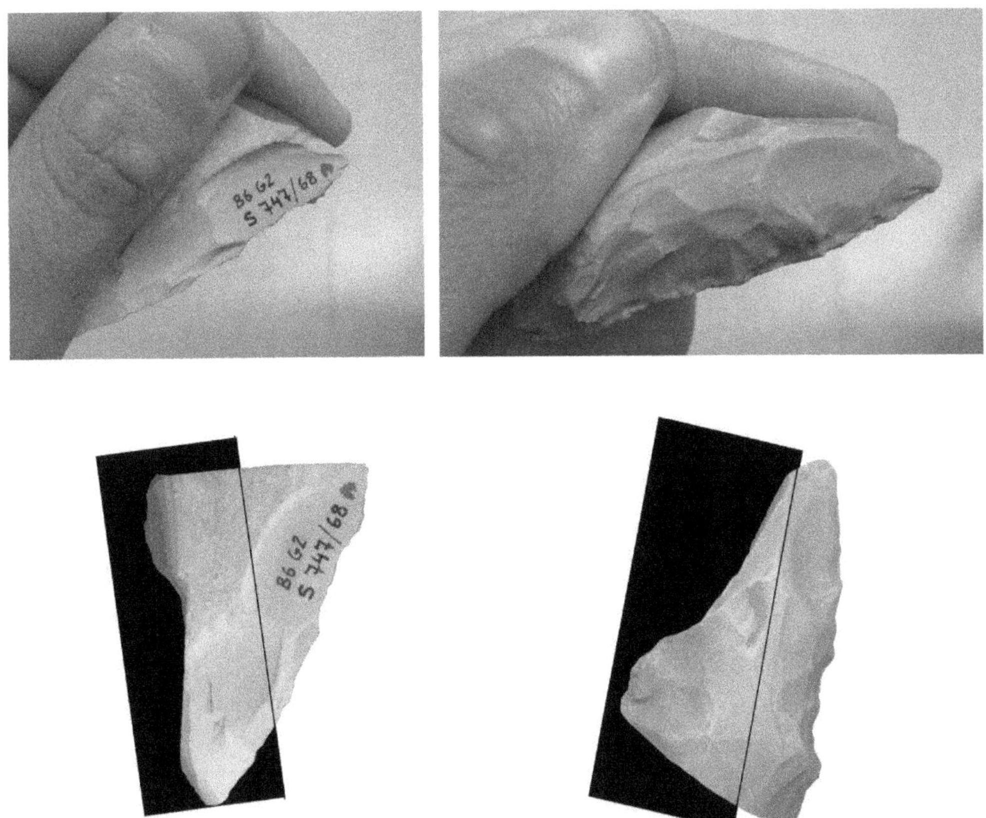

Figura 2.3 Diversi schemi di utilizzo ricostruiti sullo stesso manufatto sulla base della localizzazione delle unità prensive e trasformative.

sistemico: la strutturazione degli elementi tecno-funzionali e la loro messa in relazione reciproca ha permesso quindi di identificare alcuni schemi tecno-funzionali ricorrenti.

Una serie di elementi morfologici e tecnologici è stata registrata manualmente (in un primo momento) sui manufatti. Tra questi si segnalano:

- Le tre dimensioni massime misurate con calibro meccanico o digitale elettronico in millimetri. La lunghezza è stata registrata secondo l'asse di scheggiatura (asse tecnologico) e secondo l'asse maggiore dello strumento (asse morfologico) dove questi non combaciavano. La larghezza è registrata perpendicolarmente all'asse morfologico dello strumento (Fig. 2.4).
- Presenza di superfici corticali o neocorticali sul pezzo e ammontare di queste superfici sul totale della faccia dorsale, misurato in sei classi da 0 a 100% (0; 1-25%; 26-50%; 51-75%; 76-99%; 100%).
- Tipo di cortice e conseguente origine del supporto grezzo di partenza, dove identificabile (calcareo: affioramento

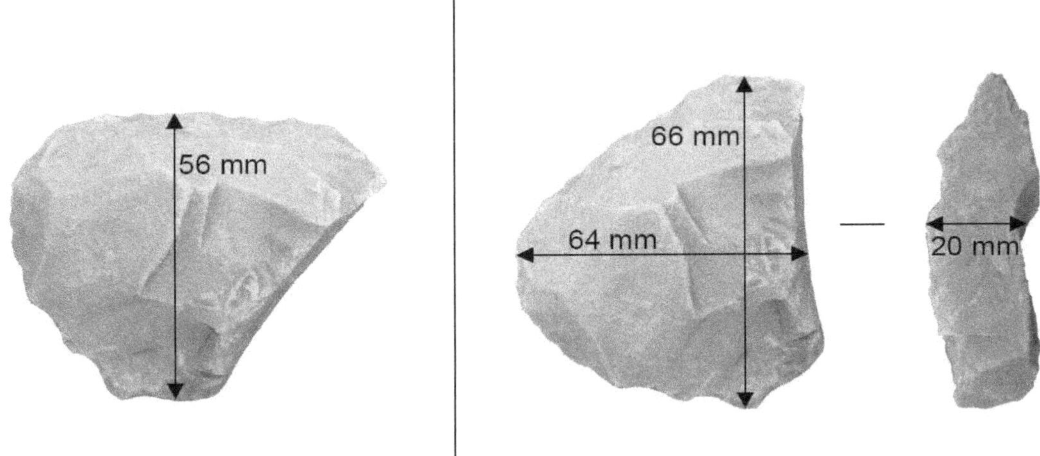

Figura 2.4. Misurazione delle dimensioni massime secondo l'asse tecnologico (sx) e morfologico (dx) dello strumento.

primario; fluviale: affioramento secondario; paleosuolo; neocortice indifferenziato).

- Peso con precisione in decimale di grammo, misurato con bilancino elettronico digitale.
- Tipo di supporto, generalmente distinto tra: scheggia, scheggia di tipo-kombewa, placchetta, ciottolo, scheggia da gelifrazione. Nel caso di strumenti con ritocco bifacciale coprente, il supporto di partenza è risultato essere talvolta indeterminabile.
- Forma globale, generalmente distinta tra: trapezoidale, quadrangolare, triangolare, rettangolare, ovalare, romboidale, irregolare.
- Profilo della sezione trasversale, registrato a metà della lunghezza del supporto, e generalmente distinto tra: triangolo rettangolo, triangolo scaleno, triangolo isoscele, triangolo asimmetrico, trapezio rettangolo, trapezio scaleno, trapezio asimmetrico, lenticolare, irregolare, ecc.

Per ogni margine tagliente o contatto tranciante (CT), sono stati registrati i seguenti parametri:

- Lunghezza cordale (Lcord) e lunghezza globale dell'arco (Larc) del margine tagliente considerata la curvatura dello stesso (Fig. 2.5); dalla differenza tra le due lunghezze e dal suo rapporto con la lunghezza dell'arco è possibile calcolare l'indice di curvatura (IC), espresso in percentuale, con la seguente equazione:

$$x\% = \frac{(\text{Larc} - \text{Lcord})*100}{\text{Lcord}}$$

- Angolo attivo del margine, misurato al contatto tra la superficie superiore e quella inferiore con goniometro manuale ad intervalli di 5°. Si è registrato l'angolo nelle porzioni prossimali, mesiali e distali dei bordi, da cui si sono ricavati l'angolo minimo, massimo e medio del margine. Questa misurazione è stata poi perfezionata e corretta per i manufatti su cui sono stati ottenuti i modelli tridimensionali, grazie al sezionamento dei modelli.
- Forma e sviluppo del profilo del margine tagliente secondo la visuale zenitale (profilo morfologico) e sagittale (dal fianco) (Fig. 2.5).
- Presenza, tipo ed estensione del ritocco. Se sopraelevato e caratterizzato da diversi ordini di ritocco, si sono adottati i parametri definiti da Bourguignon su forma e sezione del margine ritoccato (1997).

Particolare attenzione è stata rivolta al bisello (*bevel*), ovvero il diedro che forma il margine tagliente. La conformazione del bisello determina il tipo di contatto tra il margine tagliente e il materiale trasformato dall'azione, influendo sulla funzionalità dell'azione di taglio, sul mantenimento del margine tagliente e sulla lateralizzazione del manufatto (Key et al. 2016; Terradillos-Bernal & Rodríguez 2012; Viallet 2019). Il tipo di bisello si distingue in base allo sviluppo delle due superfici prese singolarmente ed in sezione trasversale a partire dal margine verso l'esterno. In questo modo il bisello è stato registrato in base a differenti classi numerate da 1 a 7, partendo dal concavo, passando dal piatto per finire al convesso e considerando tutte le classi intermedie. Ogni bisello, formato appunto da due superfici che si incontrano presso il margine, è definito perciò da due valori, di cui il primo rappresenta la superficie inferiore o ventrale e il secondo la superficie superiore o dorsale. Ad esempio, un

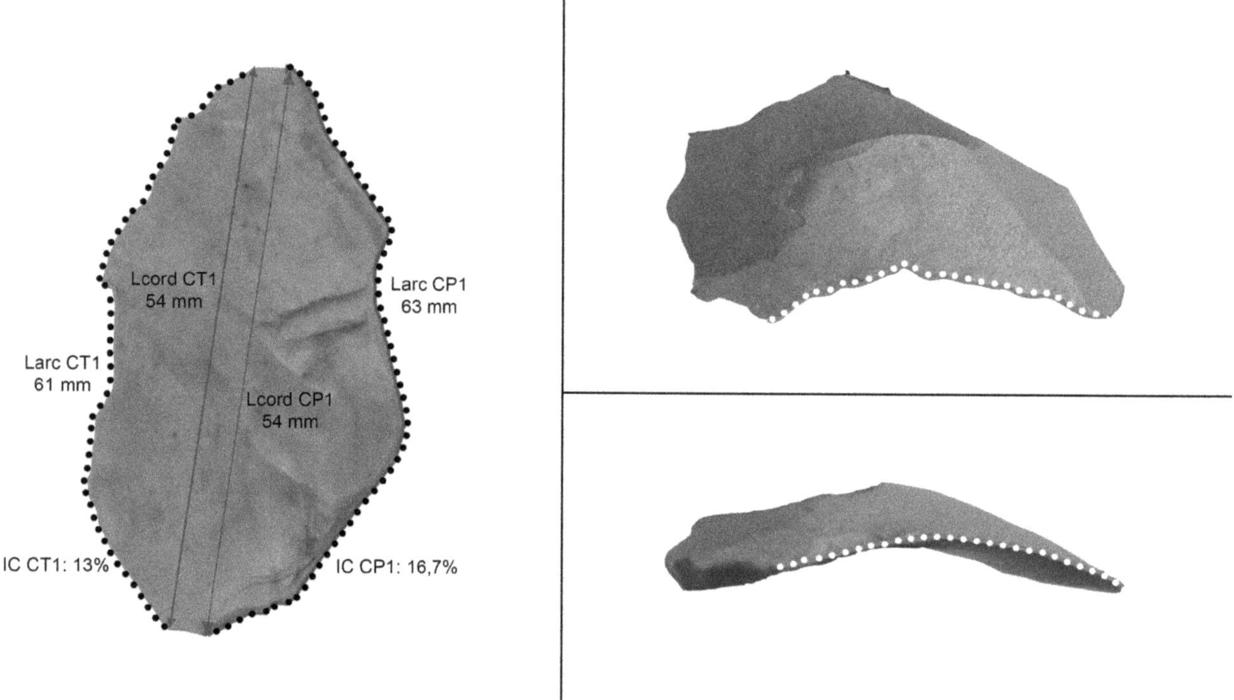

Figura 2.5 Sulla sinistra, esempio di misurazione della lunghezza cordale e dell'arco delle unità tecno-funzionali con calcolo dell'indice di curvatura (IC). Sulla destra, registrazione dello sviluppo del CT dalla visuale zenitale (in alto) e sagittale (in basso)

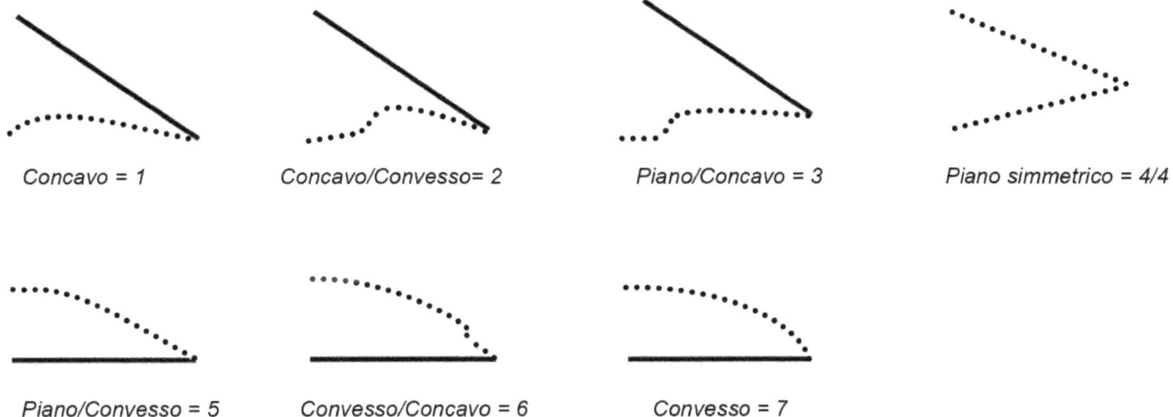

Figura 2.6 Le diverse classi, da 1 (concavo) a 7 (convesso) che definiscono la morfologia del bisello in sezione. Con il numero sono indicate le classi della parte di bisello tratteggiata.

margine caratterizzato da bisello piano - convesso avrà valore *4-7* (Fig. 2.6).

La concezione tecnologica del margine tagliente è stata distinta principalmente in due classi: risulta essere predeterminata quando integrata nel sistema tecnico di scheggiatura e, pertanto, l'utilizzo dello strumento avviene con margine grezzo e non ritoccato. Risulta essere invece post-determinata se è confezionata o modificata attraverso lavorazione ulteriore del bordo, principalmente classificabile come ritocco.

Per quanto riguarda le unità tecno-funzionali riconducibili a punte o margini taglienti appuntiti, quando presenti, sono state registrate (Fig. 2.7):

- Forma globale della punta
- Angoli di apertura (misurato sui margini che la conformano) ed in sezione (angolo del margine tranciante appuntito)
- Sezione trasversale (misurata a 5 mm dalla punta)
- Bisello attivo del margine appuntito (attraverso le stesse classi utilizzate anche per i CT)
- Concetto tecnologico ed origine (naturale, di scheggiatura, ritoccata, mista)

Per ogni dorso o contatto prensivo (CP) sono state registrate:

- Lunghezza cordale e lunghezza totale misurata nell'arco del dorso (nelle stesse modalità descritte per i CT)

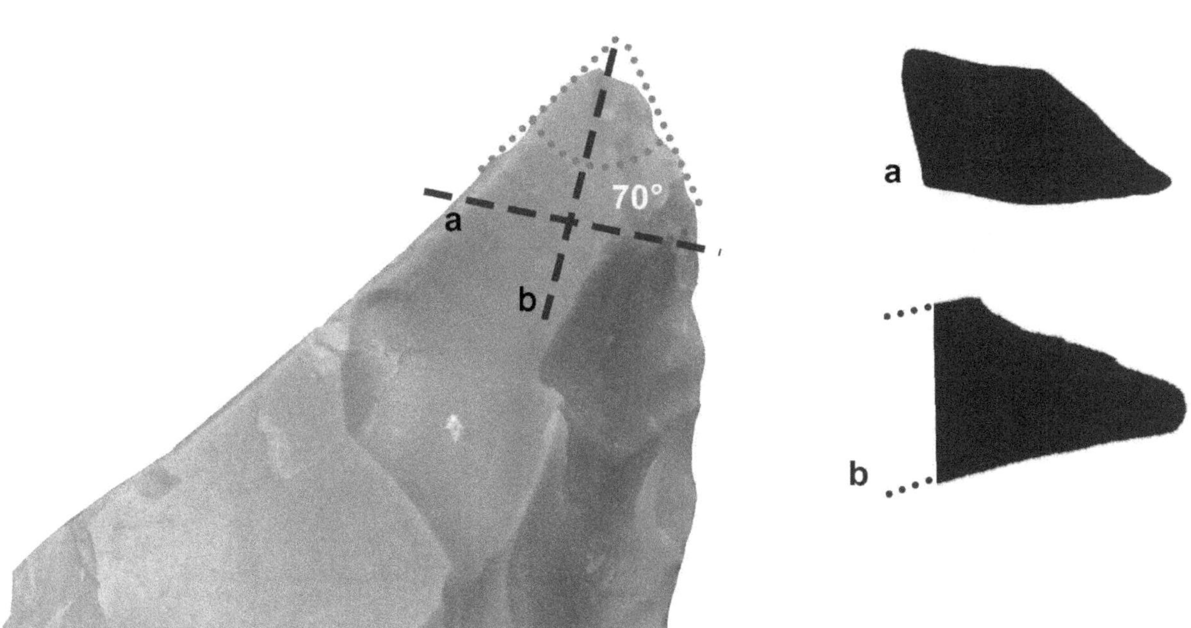

Figura 2.7 Attributi tecno-funzionali registrati per i Contatti trasformativi attribuibili a punte: angolo morfologico, sezione trasversale (a) e longitudinale (b).

- Spessore minimo, massimo e medio del dorso
- Profilo morfologico
- Concezione ed origine tecnologica (naturale, di frattura, di scheggiatura, ritoccato, misto)
- Angoli tra dorso e faccia inferiore e superiore misurati sul margine
- Presenza di interventi tecnici e modificazioni antropiche intenzionali o presunte intenzionali

Direttamente sui contatti prensivi o in associazione ad essi, sono state registrate tracce di intervento antropico su un gran numero di manufatti. Questi interventi sono mirati a modificare e intaccare il dorso o più raramente a crearlo tramite ritocco. I pezzi che recano queste modifiche, particolarmente importanti dal punto di vista comportamentale ed innovativo nel contesto del Paleolitico Medio finale, sono stati ulteriormente analizzati nelle tecniche e modalità di fabbricazione e nella funzionalità degli stessi interventi. L'ulteriore approccio di analisi ha interessato specialmente i manufatti a dorso del livello A9 di Fumane, particolarmente importanti dal punto di vista sia quantitativo che qualitativo.

L'identificazione delle tecniche di lavorazione usate per modificare i dorsi dei manufatti si è basata su protocolli sperimentali già sviluppati e noti in letteratura (Duches et al. 2018; Fasser et al. 2019; Pelegrin 2004), che prendono in esame una serie di parametri morfologici e tecnici: sequenza degli stacchi, profilo longitudinale e trasversale, morfologia, inizio e terminazione dei negativi, presenza di coni incipienti. Tuttavia, i protocolli citati sono stati sviluppati principalmente al fine di distinguere l'adozione della tecnica percussiva o di quella a pressione (con diversi strumenti: in pietra dura o strumento organico) nelle punte a dorso del Paleolitico Superiore finale. A Fumane, nelle unità A9-A10 e in generale nel panorama del Paleolitico Medio, il ritocco a pressione è apparentemente assente; di conseguenza, sono state prese in considerazione caratteristiche tecnologiche addizionali, come la presenza di contro-bulbi dorsali, fratture parassite od ortogonali, e micro-negativi di bulbi. Repliche sperimentali di strumenti a dorso hanno poi confermato che questi attributi possono aiutare ad identificare l'uso della percussione diretta, della percussione su incudine o dell'abrasione nella creazione dei dorsi (Figg. 2.8-2.9).

Infine, è stata analizzata la relazione effettiva tra le diverse unità tecno-funzionali presenti sui medesimi manufatti: oltre alla redazione degli schemi di utilizzo già menzionati, le relazioni tra parti attive e passive sono state calcolate in relazione al tipo di lateralità, con rapporti dimensionali e morfometrici tra le unità e la registrazione del piano secante dello strumento in sezione, e della pressione potenziale applicabile ai dorsi, misurata tenendo conto

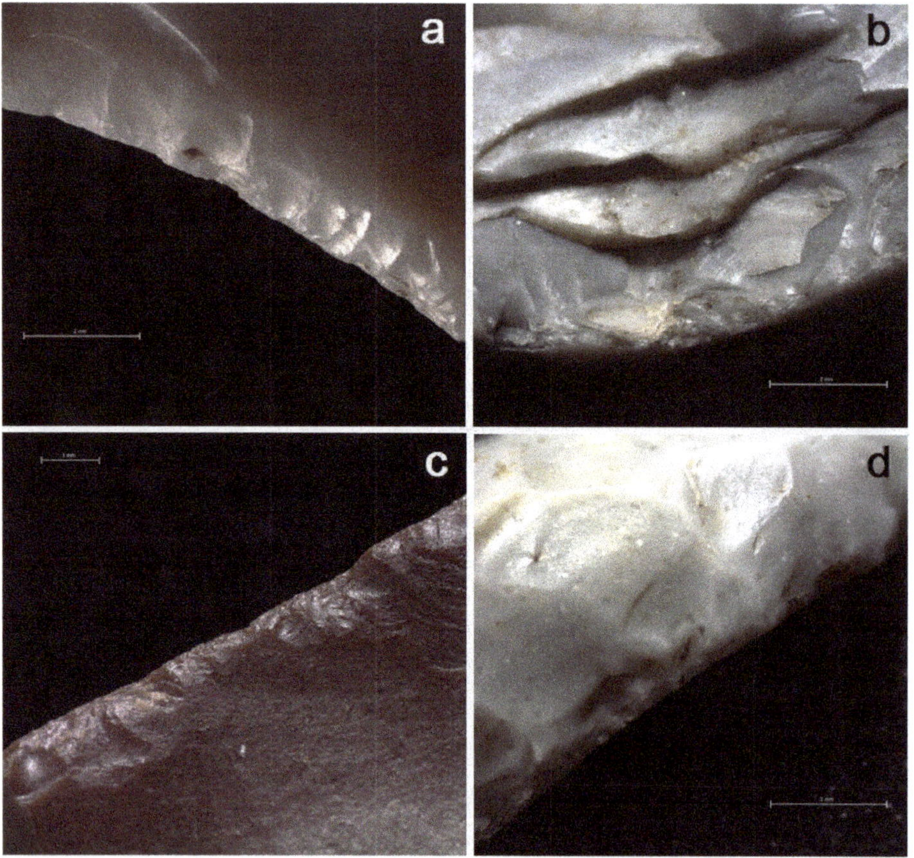

Figura 2.8 Modificazioni antropiche sui dorsi archeologici. Gli stacchi paralleli, convessi, con punto d'impatto largo indicano percussione diretta con percussore morbido (a, d); il margine regolare e arrotondato con una sequenza di stacchi minori indica abrasione del dorso, dopo previo ritocco (d) o direttamente sul margine (c); il margine irregolare, la presenza di coni incipienti e terminazione degli stacchi riflessi o a scalino indicano percussione diretta con percussore duro (b).

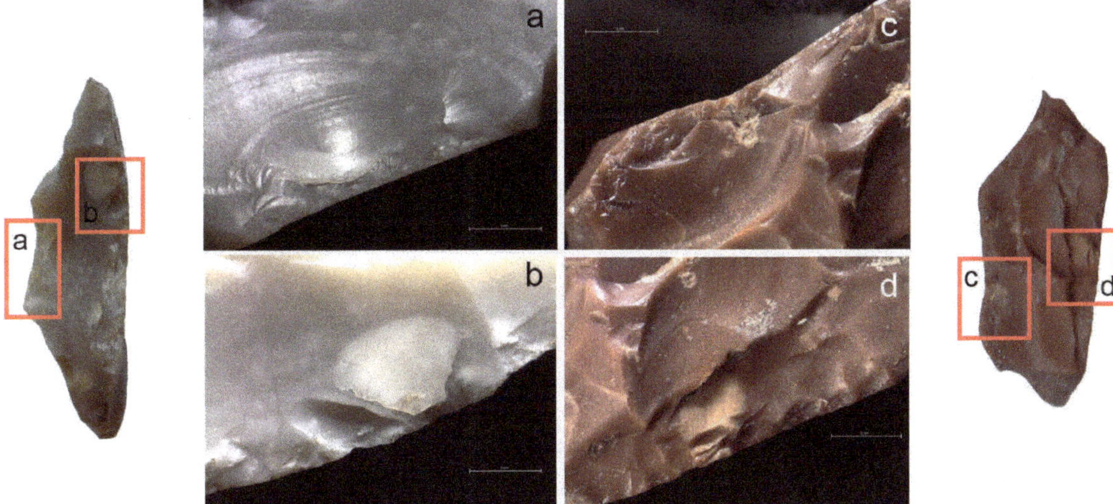

Figura 2.9 Le caratteristiche precedentemente descritte e presenti su entrambi i bordi del dorso, assieme a negativi con onde particolarmente marcate e frantumazioni del bordo in corrispondenza dei punti d'impatto, indicano l'utilizzo della tecnica della percussione bipolare con pezzo appoggiato su incudine.

di peso, spessore del dorso e angolo attivo del tranciante (Key et al. 2017; Terradillos-Bernal & Rodríguez 2012). Il grado di simmetria bifacciale dei manufatti è stato desunto sia su base morfologica che in sezione. Tutti questi dati hanno implicazioni dirette anche sulla lateralizzazione preferenziale dello strumento, per la quale, tuttavia, sarebbe necessario lo sviluppo di un approccio statistico dedicato e sistematico, corroborato da test sperimentali.

2.3 Approccio 3D applicato all'analisi tecno-funzionale

Il protocollo di analisi adottato per questo studio ha compreso, su parte dei manufatti, l'applicazione di metodologie innovative e sperimentali a partire dalla digitalizzazione del campione oggetto di studio. Sui modelli 3D di questi manufatti, acquisiti secondo diverse tecniche e strumentazioni disponibili a seconda del luogo di deposito e studio del materiale, sono stati applicati diversi parametri analitici. Grazie alla maggiore interazione permessa dal modello tridimensionale e dall'utilizzo incrociato di diversi software, sono stati ottenuti dati volti a indagare da un punto di vista sistematico e statistico il campione.

2.3.1 Acquisizione delle geometrie

Per il primo passo, l'acquisizione dei modelli 3D, si sono utilizzate diverse tecniche di registrazione attiva (dispositivi scanner) o passiva (fotogrammetria) a distanza. La funzionalità di diversi tipi di dispositivi scanner per i reperti litici è già ampiamente comprovata, in quanto capaci di registrare le topografie superficiali con alti livelli di precisione ed accuratezza (Chacón et al. 2016; Clarkson et al. 2006; Delpiano et al. 2017, 2019a; Garstki 2017; Grosman et al. 2008; Lycett et al. 2006; Riel-Salvatore et al. 2002; Shott & Trail 2010). Tuttavia, nonostante gli elevati parametri tecnici e di risoluzione, è necessario tenere conto del fatto che questi strumenti non sono sempre la soluzione migliore in termini di costi e tempo di lavorazione, nonché versatilità (Sumner & Riddle 2008). Recenti sviluppi in termini di hardware e software hanno reso la fotogrammetria sempre più versatile ed applicabile anche a questo tipo di reperti: un numero sufficiente di scatti presi con macchine di alta qualità, e soprattutto l'installazione di un impianto fotografico che possa creare un maggior contrasto attraverso l'uso di box fotografici e collocando attributi ben visibili attorno al pezzo che fungano da landmarks, hanno reso possibile l'acquisizione di geometrie tridimensionali precise ed affidabili anche con questa tecnica, che oltretutto fornisce una resa migliore della texture (Porter et al. 2017).

Pertanto, si è cercato di adattare l'acquisizione dei modelli 3D ai diversi dispositivi disponibili a seconda del luogo di conservazione del materiale. Per prima cosa, questo protocollo è stato adottato per un vasto campione dei manufatti provenienti dal G-Complex di Sesselfelsgrotte, utilizzando uno scanner a luce strutturata DAVID-SLS 3 3D Scanner (Fig. 2.10). Questo strumento funziona con una fotocamera ed un fascio di luce che è proiettato sull'oggetto, capace di ottenere una nuvola di punti dalla superficie scansionata, calcolata in base alla geometria del sistema di sensori, nel giro di pochi secondi, con una risoluzione massima di 0,05 mm. Ogni nuvola di punti corrisponde ad un singolo scatto, e per creare un modello tridimensionale dell'oggetto, in mancanza di una base rotante, si sono acquisiti una serie di scatti presi a diverse angolazioni. L'allineamento dei singoli scatti avviene in questo caso manualmente, con il riconoscimento di landmarks in aree comuni tra due scatti consecutivi, utilizzando il software DAVID PRO; per questo motivo, una certa sovrapposizione tra gli scatti è necessaria. I modelli ottenuti sono stati corretti, le superfici pulite da punti esterni e, una volta creato il reticolo (mesh) sulla base della nuvola densa di punti, gli errori fisiologici

Figura 2.10 Lo scanner a luce strutturata DAVID-SLS 3 3D Scanner durante la fase di calibrazione al dipartimento di Computer Science dell'Università di Erlangen.

rappresentati da buchi sulla superficie sono stati riempiti manualmente o utilizzando i comandi specifici del software; i modelli sono stati infine esportati nei formati OBJ e PLY per essere processati ed analizzati con altri software.

Per quanto riguarda il materiale di La Rochette, data l'impossibilità di avere accesso a strumenti a scansione, si è scelto di provare l'acquisizione delle geometrie tramite fotogrammetria con la collaborazione della sezione di sviluppo digitale del Museo di Archeologia Nazionale di Saint-Germain-en-Laye. Tale lavoro ha avuto un doppio scopo: per prima cosa quello di documentazione e archivio dei manufatti, e successivamente quello di analisi dei reperti. Per ottenere i modelli tridimensionali, è stato impostato un set fotografico con sfondo bianco e tendine utili a smorzare le luci artificiali periferiche; i pezzi da fotografare sono stati collocati su un supporto posto sopra ad una base rotante. Diverse decine di scatti sono stati presi a diverse angolazioni per ogni reperto con una fotocamera Canon EOS 6D e caricati sul software Reality Capture; qui gli scatti sono stati allineati, da essi è stata ottenuta una nuvola densa di punti da cui è stata prodotta infine la mesh. Il modello tridimensionale è stato ottenuto da questa mesh e successivamente pulito, corretto ed esportato nei formati OBJ e WRL. Tuttavia, è stato possibile applicare la fotogrammetria a soli 12 pezzi selezionati tra i più caratteristici coltelli a dorso del livello 7 (Tab. 2.2). Per questo motivo, a causa della loro scarsa rappresentatività ponderale, tali modelli non verranno utilizzati per le analisi di morfometria geometrica.

Infine, un grosso campione di manufatti dalle unità A9 e A10-A11 di Grotta di Fumane è stato ugualmente oggetto di documentazione 3D. In questo caso, grazie alla disponibilità di uno Scanner Artec Space Spider, si è

Tabella 2.2 Resoconto dei manufatti di cui si sono acquisite le geometrie 3D e delle tecniche e strumentazioni utilizzate a tale scopo

Sito	N° reperti	Istituto	Tecnica	Strumento	Software
Sesselfelsgrotte	198	Dipartimento di Computer Science, FAU Erlangen (D)	Scanner a luce strutturata	DAVID-SLS 3 3D	DAVID PRO
Fumane	240	Dipartimento di Studi Umanistici, Università di Ferrara (I)	Scanner Laser blue-light	Artec Space Spider	Artec Studio Professional
La Rochette	12	Museo di Archeologia Nazionale, Saint-Germain en Laye (F)	Structure from motion	Canon EOS 6D	Reality Capture

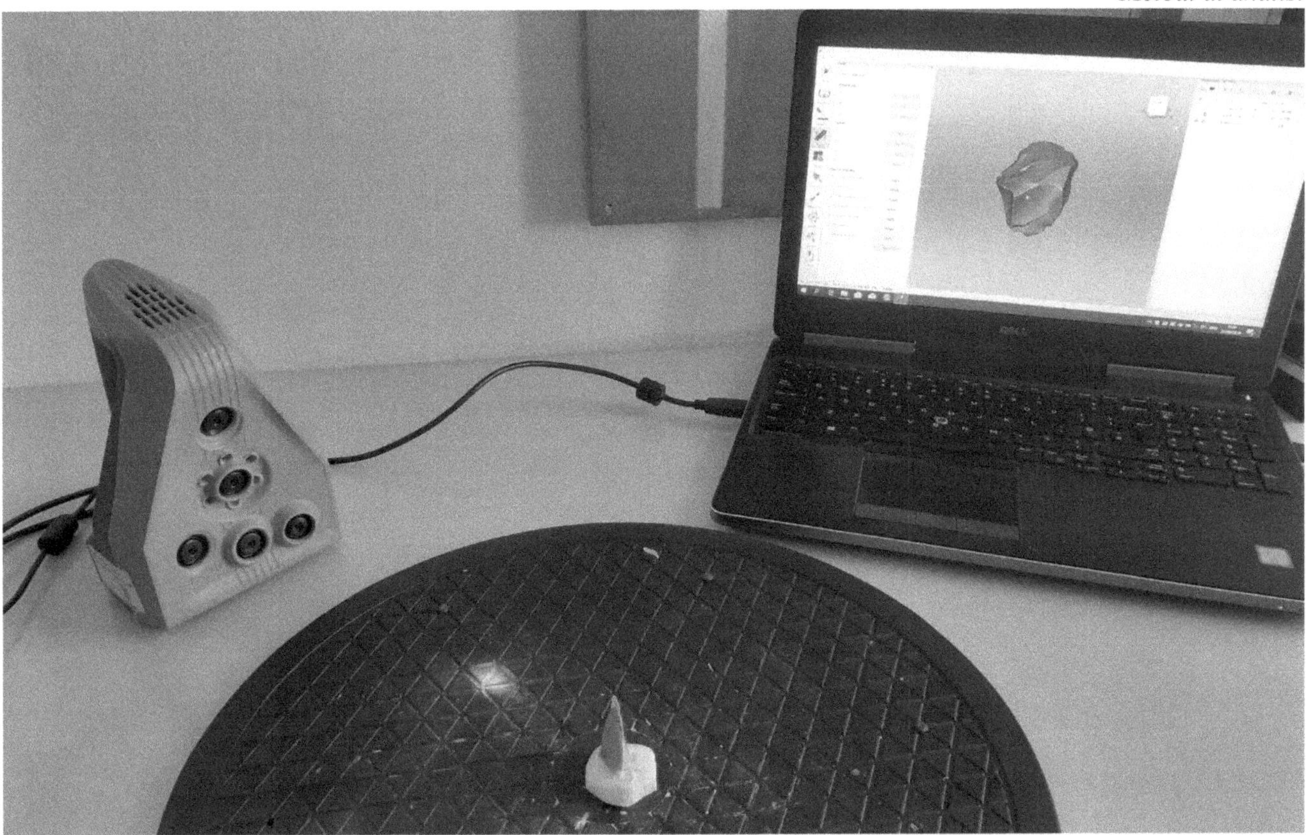

Figura 2.11 Il laser Scanner Artec Space Spider utilizzato con tavola rotante manuale.

testato questo diverso strumento (Fig. 2.11). Artec Space Spider è uno scanner 3D ad alta risoluzione basato su tecnologia a luce blu, con una funzione di stabilizzazione della temperatura ed un'elettronica ad alti livelli, che non solo permette allo scanner di raggiungere la massima precisione in tre minuti, ma assicura anche la ripetibilità nella cattura dei dati a lungo termine, dal momento che la sua precisione non è influenzata dalle fluttuazioni delle condizioni ambientali. La sua velocità di scansione è 7.5 fps, permettendo il processamento di fino ad un milione di punti al secondo, una velocità di gran lunga superiore rispetto ad un generico laser scanner. Con una precisione dei punti 3D di 0.05 mm ed una risoluzione della texture di 1.3 Mpx lo strumento permette un buon risultato in un tempo molto limitato. I pregi di questo scanner sono infatti la sua versatilità, velocità di acquisizione e trasportabilità: nel giro di pochi minuti è possibile ottenere scansioni del singolo oggetto da diverse angolazioni, che vengono allineate automaticamente con l'aiuto di una tavola rotante usata manualmente.

Sul software Artec Studio Professional si è eseguita una prima lavorazione e correzione dei modelli 3D, che sono stati esportati, anche in questo caso, nei formati PLY e WRL al fine di essere processati con altri software. Con questo strumento si sono acquisite le geometrie 3D di 240 manufatti di Grotta di Fumane, di cui 171 appartenenti all'unità A9 e 69 alle unità A10-A11 (Tab. 2.2). Si sono selezionati tutti i manufatti che presentano interventi antropici sui dorsi e un campione casuale degli altri manufatti analizzati.

2.3.2 Analisi dei modelli 3D

L'analisi dei modelli 3D dei manufatti permette innanzitutto un più alto livello di interazione con gli stessi, che include la possibilità di sezionare i pezzi e di ottenere misure morfometriche estremamente precise. Ad esempio, diversi software open source e proprietari danno la possibilità di misurare dimensioni lineari o curve, o persino volumi; tra questi, Meshlab, Blender, Geomagic Design X, Cloud Compare e GOM Inspect. Il software open source Autodesk Meshmixer è stato inoltre utilizzato al fine di sezionare, con sezioni trasversali o longitudinali, i manufatti (Fig. 2.12).

Grazie all'ottenimento di sezioni trasversali si sono potute svolgere le analisi dei contatti trasformativi con maggiore precisione, come la registrazione del tipo di bisello o la misurazione dell'angolo attivo del margine tagliente (Fig. 2.13). Inoltre, è possibile visualizzare direttamente il rapporto tra la porzione attiva e quella passiva dello strumento, estendere un piano secante del diedro e misurare angoli e spessore del dorso. Questi parametri sono stati quindi registrati anche virtualmente andando a correggere, in alcuni casi, le misurazioni ottenute manualmente sui pezzi.

Utilizzando gli stessi software, I modelli (interi) sono stati successivamente processati al fine di essere uniformati per le analisi di morfometria geometrica. I pezzi sono stati quindi allineati lungo l'asse maggiore dello strumento, con il dorso sulla destra, punta (se presente) verso l'alto e

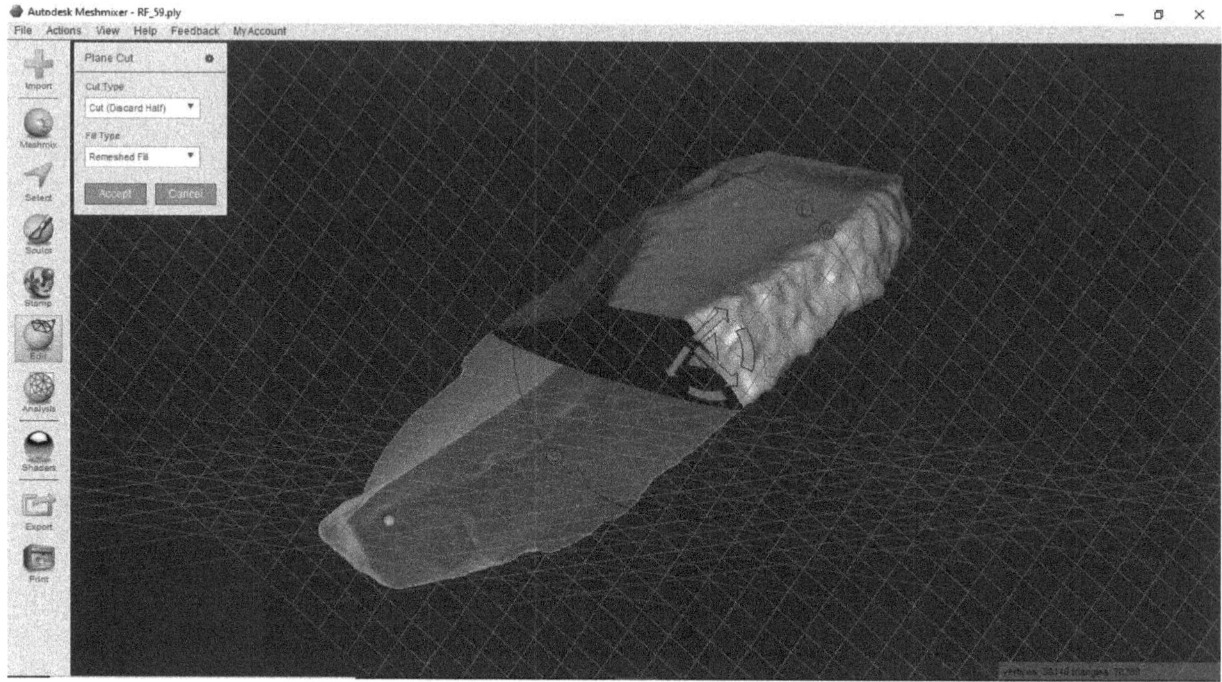

Figura 2.12 Sezionamento di un modello 3D attraverso la funzione "*plane cut*" del software Autodesk Meshmixer.

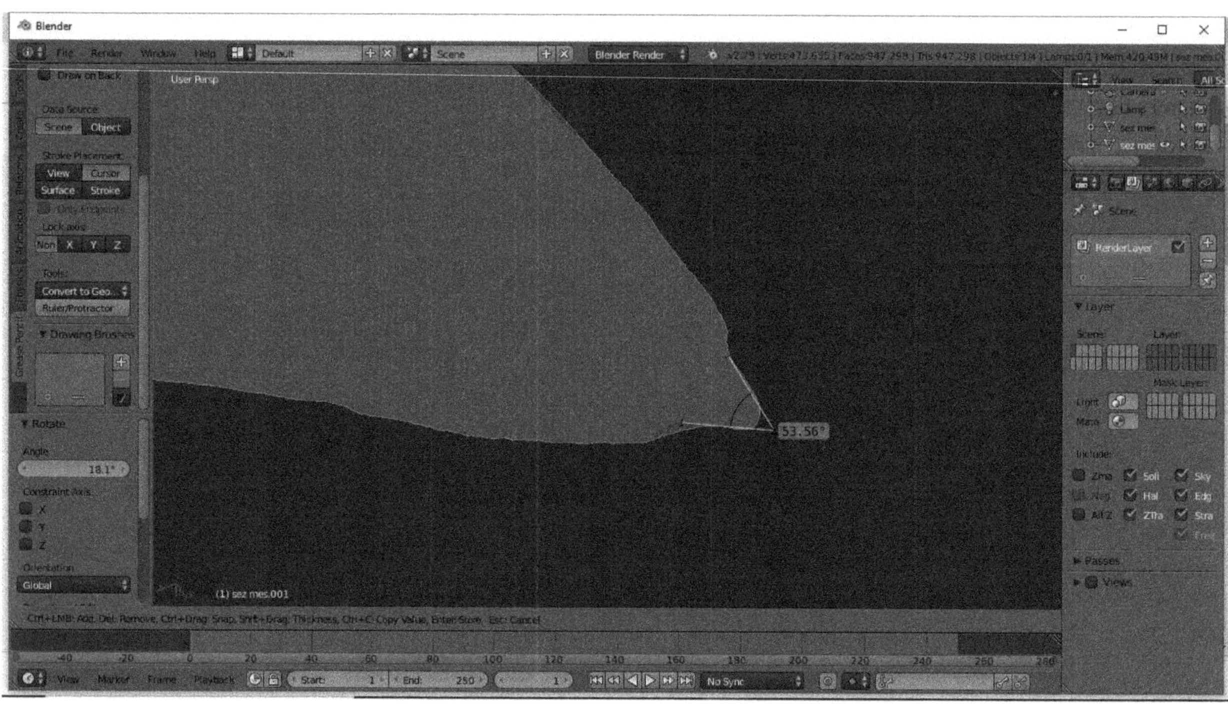

Figura 2.13 Misurazione dell'angolo del margine tagliente in sezione con il software Blender.

base o tallone verso il basso, e margine tagliente a destra o in alto, indipendentemente dalla posizione di superfici dorsale o ventrale (Fig. 2.14).

2.3.3 Morfometria Geometrica 3D

Il passo successivo ha riguardato lo sviluppo di analisi morfologiche automatizzate sui modelli 3D. Questo approccio è stato sperimentato con successo negli ultimi anni ed esempi del suo utilizzo per lo studio di strumenti litici sono in crescita (Archer et al. 2016; Herzlinger et al. 2017; Viallet 2019; Weiss et al. 2018). Queste analisi sono state effettuate con il software AGMT3D, che ha il vantaggio di svolgere diversi passaggi automaticamente (Herzlinger & Grosman 2018). I modelli dei manufatti sono stati importati in formato WRL nel software e processati inizialmente per l'acquisizione di dati: dopo un allineamento generale secondo gli assi descritti in precedenza, il programma ottiene automaticamente semi-landmarks 3D attraverso la costruzione di una griglia la cui struttura viene decisa a

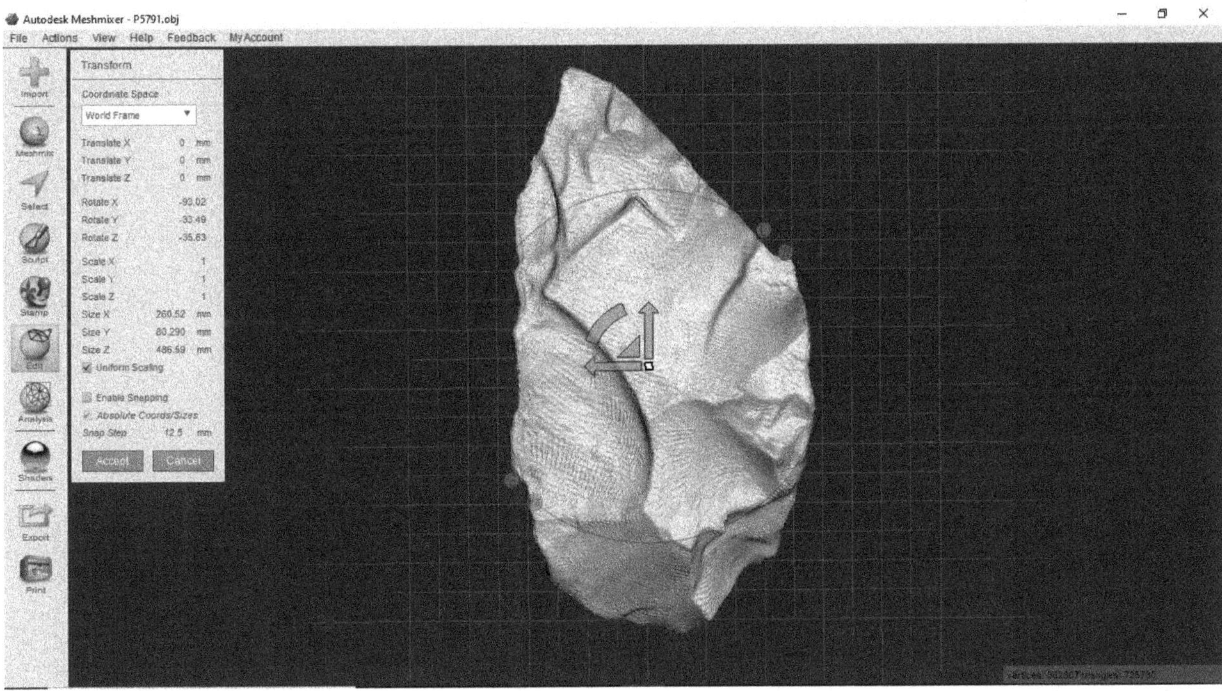

Figura 2.14 Allineamento di un manufatto per l'analisi di morfometria geometrica.

priori. Per questo tipo di analisi si stima che sia sufficiente una griglia formata da 50 meridiani e 50 paralleli, per un totale di 2500 semi-landmarks su ogni superficie (dorsale e ventrale) (Fig. 2.15). Una fase seguente concerne il processamento e l'analisi statistica dei dati: questa include la superimposizione con *Generalized Procrustes Analysis* (GPA), che serve a rimuovere le variabili di localizzazione, orientamento e scala dalla *shape analysis*. Successivamente, può essere effettuata un'analisi statistica multivariata basata sulle Componenti Principali (PCA).

Le prime due componenti principali per valore sono presentate graficamente in un grafico a dispersione 2D mentre in un pannello ulteriore si possono visualizzare la variabilità assoluta e relativa per ogni componente principale. Un'altra funzione notevole di questo software è il "*warp tool*", che mostra l'andamento delle forme espresse da ogni componente principale fino all'ipotetica forma media così fabbricata. Inoltre, c'è la possibilità di assegnare ogni oggetto che fa parte del campione a diversi gruppi di oggetti definiti da due attributi separati; questa è una funzione chiave per il confronto delle variabilità morfologiche e delle differenze nelle morfologie medie tra le diverse categorie di manufatti, distinti per tecno-tipologia, sito, livello di occupazione, materia prima, o altre caratteristiche tecno-funzionali. A seconda delle

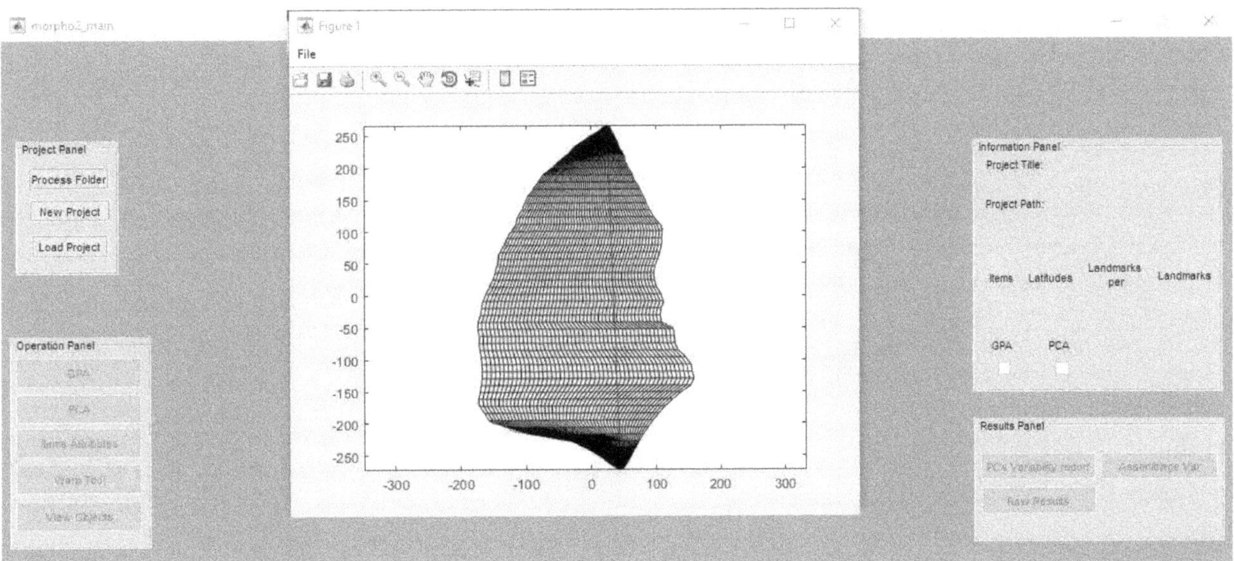

Figura 2.15 Schermata del software AGMT3D durante l'assegnazione dei landmark sulla superficie dei modelli 3D attraverso la griglia di meridiani e paralleli.

assegnazioni di attributi, gli oggetti sul grafico a dispersione possono essere codificati per mezzo del colore, e possono essere tracciati sul grafico a dispersione ellissi di confidenza al 90% di ogni gruppo, così come i loro centroidi. Infine, nel pannello di variabilità dell'insieme possono essere utilizzati diversi strumenti analitici, dal calcolatore della distanza media tra i gruppi (*cluster analysis*), che mostra le distanze Euclidee multidimensionali tra i centroidi sotto forma di cluster, fino allo strumento comparativo delle morfologie medie per gruppo e a test di significanza statistica (*Equality of shape variabilities, Mean shape difference, Equality of centroid sizes*).

2.4 Analisi delle tracce d'uso

Parte dei manufatti con dorso modificato dall'unità A9 di Fumane (56 pezzi) sono stati selezionati per un'analisi delle tracce d'uso svolta in collaborazione con specialisti dell'Università di Roma – La Sapienza (Dott. Andrea Zupancich). Le analisi funzionali sono state progettate di pari passo con lo sviluppo di attività sperimentali di fabbricazione e utilizzo di pezzi analoghi, volte a indagare i loro schemi di utilizzo, le tecniche di confezionamento, la manualità e la funzionalità di questi pezzi unici nel panorama italiano.

Il protocollo di preparazione dei campioni analizzati è cominciato con la pulizia dei pezzi: i manufatti sono stati puliti delicatamente con acqua calda e sapone prima di essere analizzati al microscopio. Successivamente, i campioni sono stati sottoposti ad un bagno ad ultrasuoni per 15 minuti usando una soluzione di acqua demineralizzata con il 2% di detergente fosfato neutro. Infine, gli strumenti sono stati nuovamente risciacquati sotto acqua corrente al fine di rimuovere ogni residuo di detergente, secondo un protocollo noto (Pedergnana & Ollé 2017).

Le analisi delle tracce d'uso sono state svolte al laboratorio DANTE (Diet and Ancient Technology) dell'Università di Roma – La Sapienza, applicando gli approcci a basso e ad alto ingrandimento (*low-power* e *high-power*) (Van Gijn 2010; Keeley 1980; Lemorini 2000; Odell 1981; Rots 2010; Tringham et al. 1974; Vaughan 1985).

Low-power approach: gli oggetti sono stati osservati fino ad ingrandimenti di 90x usando uno stereomicroscopio digitale Zeiss Axio ZoomV16 a luce riflessa, fornito di fotocamera digitale a colori Zeiss Axiocam 506. L'analisi degli strumenti a basso ingrandimento ha permesso l'identificazione di danneggiamenti del margine associati all'uso, rappresentati da micro-distacchi e arrotondamento del margine formatisi sulle aree funzionali degli strumenti. Le caratteristiche morfologiche dei micro-distacchi sul margine, ovvero le loro porzioni iniziali e terminali così come la localizzazione e la distribuzione sulla superficie del margine, permettono la ricostruzione del movimento dell'attività che è stata svolta (ovvero trasversale o longitudinale) e determinano la durezza (soffice, media e dura) della sostanza che è stata lavorata (Odell 1981; Odell & Odell-Vereecken 1980).

High-power approach: successivamente, i campioni sono stati osservati sotto luce riflessa ad ingrandimenti da 100x a 400x, utilizzando un microscopio metallografico Zeiss AxioScope A1, fornito di oculari 10x ed obiettivi 10x, 20x e 40x. Le fotografie sono state scattate con una fotocamera digitale Zeiss Axiocam 305 color. Le osservazioni ad alti ingrandimenti hanno permesso di identificare tracce come micro-politure, striature e abrasioni correlate all'uso. Le caratteristiche delle micro-politure, come la topografia, la tessitura e i pattern di orientamento, forniscono anch'esse informazioni sul materiale lavorato. Sfortunatamente, il campione analizzato in questo studio è colpito da modificazioni superficiali post-deposizionali (*post-depositional surface modifications* o PDSM) che hanno impedito l'identificazione e l'interpretazione delle micro-tracce. Nello specifico, le PDSM identificate consistono in pesanti arrotondamenti del margine e fratture o spaccature causate dal movimento dei manufatti all'interno del suolo, oltre a patine superficiali come l'aspetto tendenzialmente lucido e il cosiddetto *soil sheen*, lucentezza dovuta al suolo di deposizione. In particolare, queste ultime modificazioni superficiali colpiscono l'intero insieme analizzato e sono correlate alla natura acida (pH < 4) del sedimento in cui i manufatti sono stati deposti (Burroni et al. 2002; Van Gijn 2010; Levi Sala 1986). Per questo motivo per questo studio solo le macro-tracce, su una parte del campione, sono state ritenute affidabili e pertanto processate in un protocollo di analisi che ha compreso attività di sperimentazione di riproduzione ed utilizzo di manufatti analoghi, di cui si tratterà nel capitolo 4 all'interno della presentazione dei risultati inerenti all'unità A9 di Fumane.

2.5 Inserimento nei contesti e costruzione di insiemi ecologico-culturali

L'ultimo ma non per questo meno importante passo, è stato quello di associare i dati e le informazioni ottenute con questi diversi approcci, ai contesti ecologici, tecnologici e tecno-economici dei siti e dei livelli di occupazione presi in esame. Gran parte di queste informazioni viene da lavori già pubblicati e disponibili in letteratura. Per altri, si sono rese necessarie analisi apposite.

In particolare, le informazioni relative al paleoambiente sono state raccolte da passati studi multidisciplinari, provenienti da analisi paleontologiche sulla fauna a mammiferi (Rathgeber 2014; Romandini et al. 2014), sugli uccelli (Fiore et al. 2016; Von den Driesch et al. 2017), sui micro-mammiferi (López-García et al. 2015; Van Kolfschoten 2014), studi specifici su malacofauna terrestre (Rahle 2017) e su resti paleobotanici (Basile et al. 2014; Delporte 1962; Knipping 2017). Se disponibili, studi sull'ecologia umana e lo sfruttamento delle risorse naturali nel territorio sono stati integrati alla ricostruzione del comportamento umano corrispondente ai contesti analizzati, sia per quanto riguarda le risorse alimentari (Rathgeber 2014; Romandini et al. 2014) che litiche (Delpiano et al. 2018; Delpiano & Peresani 2017; Peresani et al. 2013, 2015; Richter 1997; Soressi 2002; Weissmuller 1995). La definizione del contesto culturale e tecnologico era disponibile per la maggior parte dei livelli analizzati (Peresani 1998, 2012; Richter 1997; Soressi 2002), a parte per le unità A10-A11 di Grotta di Fumane, dove si è svolta una già menzionata analisi specifica in parallelo a questo lavoro, con lo scopo di poter usufruire dei risultati combinandoli (Peresani et al. 2017). Dati sull'occupazione umana sono stati ricavati anche dai resti umani, ove presenti (Benazzi et al. 2014; Rathgeber 2006). Si è poi reso necessario l'incrocio dei dati con il quadro cronologico conosciuto (Böhner 2008; Higham et al. 2014; Peresani et al. 2008; Richter 2002; Soressi 2002; Vogel & Waterbolk 1967). Tuttavia, è evidente la parzialità di queste informazioni, disponibili soprattutto per i G-Complex di Sessselfelsgrotte e l'unità A9 di Grotta di Fumane. Inoltre, se lo scopo è mettere a confronto distinte tradizioni culturali e tecnologiche come quelle del Musteriano Discoide e Levallois, dell'MTA-unipolare e del *Keilmessergruppe*-MMO, sarebbe inopportuno e quantomeno presuntuoso declamare l'assoluta rappresentatività degli insiemi in questione per il relativo tecno-complesso di riferimento. Per questo motivo si rende necessario un inserimento in quello che è il quadro culturale, tecnologico e cronologico di questa fase in Europa, al fine di determinare differenze e analogie all'interno dei tecno-complessi conosciuti in questa fase. Lo studio dei manufatti a dorso, come già puntualizzato, è infatti un metodo per interrogare lo scenario variegato degli ultimi Neandertal europei, cercando di proporre ipotesi interpretative generali da analisi particolari, capaci di generare interrogativi e discussioni e di rispondere almeno in parte ai fattori scatenanti, siano essi ecologici o culturali, della complessità comportamentale dell'uomo di Neandertal nel Pleistocene Superiore.

L'obiettivo è quello di arrivare ad un primo livello di interpretazione, afferente alla sfera ecologica e di adattamento, della variabilità dei contesti analizzati; questa è necessaria al fine di porre le basi per analisi ulteriori, capaci di raggiungere un livello più alto di interpretazione, afferente alla sfera cognitivo-comportamentale, al contesto sociale e demografico.

3

Sesselfelsgrotte

Sesselfelsgrotte is a deep rock-shelter located in the Altmuhl valley, Lower Bavaria. Archaeological investigations from the 60s and the 80s revealed a complex stratigraphy, specially developed during the Middle Palaeolithic. Above the Mousterian of the *Untere Schichten* (lower layers), probably dated between MIS 5c and MIS 5a, sterile layers correspond to the MIS 4. These are covered by the G-complex layers: 6 sublevels in which 13 human occupations (so-called *Inventaar*) have been recognized from J. Richter's past studies. The analysis of about 85 thousand lithic artefacts made him coin the term M.M.O. (Mousterian with Micoquian Option) due to the conspicuous and constant presence of Mousterian knapping technologies alongside *keilmessers*, bifacial tools and other typical Micoquian elements, whose incidence varies considerably in the complex. Based on repetitive supply strategies of lithic raw materials, Richter recognized four cyclical series of occupations, all of them starting with an "*Initialinventaar*" (small lithic sets characterized by a wide spectrum of raw materials), then followed by a "*Konsekutivinventaar*" (wider assemblages characterized by a more restricted supply of raw materials, specialized in higher quality resources). There are several interpretative hypotheses to these cycles: the first would reflect the group's knowledge of the surrounding area, while the second is more strictly seasonal, with initial and ephemeral winter occupations followed by more stable summer frequentations. The coexistence between the Micoquian elements, the Mousterian substrate, and the microlithic and leptolithic tools have been analysed in order to provide an ecological and long-term interpretation of the Micoquian option tied to Mousterian-like flake technologies. Then, the idea of M.M.O. has been associated to the whole Central European assemblages sharing the same features, especially at the beginning of MIS 3.

Given the importance of bifacial and unifacial backed tools in this categorization, a sample of ~350 artefacts was selected for this study from the entire G-Complex lithic assemblages. Based on previous studies, three main categories have been created: *keilmessers* (n=58), backed scrapers (n=118) and backed flakes (n=155). The first two categories consist of strictly-sense tools determined based on an empirical-inductive approach, thanks to the identification of *technical* investment (retouching) on the working edges, that is a direct evidence of their intended or effective use. The last category is formed by potential tools, determined based on a technological and hypothetical-deductive approach: through a series of techno-functional attributes (regularity, dimensions, ergonomics, handling, functionality) and the analogy with the ordinary objectives of the reported knapping methods, it is speculated that such artefacts could be used or were actually used. In addition, 18 typical Micoquian bifacial tools were selected. All these artefacts were included in a database after the application of technological, techno-morphological and techno-functional analytical approaches. Furthermore, 3D scans were obtained on nearly 200 pieces.

The results of the study are presented on this techno-typological base. Dimensions have shown no clear differences between the tool-types: *keilmessers* denote two peaks in length (40 and 60 mm) and a slightly more evident laminarity. The typological difference is generally associated with a techno-economic differentiation that includes the choice of the initial raw blank and the technical system of tool manufacturing: *keilmessers* are mainly (but not exclusively) obtained from Jurassic chert plaquettes that are well-suited for bifacial shaping, along with some tools on small radiolarite pebbles. On the contrary, backed scrapers are more often manufactured on flakes and frost flakes, equally divided between Jurassic and Cretaceous cherts; the latter raw material is highly preferred for *débitage* systems (Levallois, Centripetal Discoid, Quina) which often generate flakes equipped with knapping back.

Seven techno-functional schemes, with minor variants, have been recognized on the tools. Each one is defined by the presence of at least one back and one cutting edge. The first three schemes also possess a point, that could be thick and trihedral (Scheme 1), flat and shaped by two cutting edges (Scheme 2, with the variant 2b having a rounded end), or lateral-distal and *dejeté* (Scheme 3). Then, short and quadrangular schemes with two opposed couples of back and cutting edges are present (Scheme 4, with the sub-triangular variant 4b). Schemes with more elongated functional units could have straight and parallel edges (Scheme 5), a convex back (Scheme 6, with the 6b variant shaping an abrupt convexity between base and back), a convex cutting edge (Scheme 7), or both convex edges (Scheme 6/7). If tools and schemes are crossed, it is clear that *keilmessers* are exclusively distributed among the schemes 1, 2, 6, 7 and variants (the most diversified ones – equipped with point and different functional combinations), while the schemes 3, 4 and 5 are reserved almost exclusively for flake tools. The scrapers are uniformly distributed in all the schemes, and their variety in raw materials, blanks, and shapes is an example, even if they often share a convex edge. However, there are no type-exclusive schemes.

In order to investigate the tools' functionality, it is therefore necessary to cross-check the data on the individual techno-functional units. The backs (CP) of *keilmessers* and scrapers mainly originate from natural surfaces: conchoidal fractures, typical of *Jurahornstein* plaquettes, are often used for this purpose. Conversely, the "technical" or knapping back, whose obtaining is embedded in the *débitage* systems, are typical of backed flakes, despite a still high rate of partially cortical backs. The backs' thickness is very similar, and the angles record a small asymmetry in the *keilmessers'* backed portions, that are narrower on the lower margin. Post-determination of the back is rare but present: various technical arrangements are sometimes adopted to configure, adapt or partially fix the back. A very peculiar configuration can be noticed with a certain regularity (at least 30 artefacts) at the juncture between two backs, especially when these are orthogonal each other: here, unifacial or bifacial detachments have been recorded, with the purpose of shaping an acute angle between the two passive units. This configuration could be aimed at shaping the blank for prehensive functions, but dedicated use-wear and experimental analysis are lacking. The cutting edges (CT) provide significant data: the functional angles record a certain conformity between *keilmessers* and backed scrapers in all their values, while the backed flakes record more acute angles with a deviation of about 10°. the post-determined creation of the CT by means of retouching inevitably configures wider cutting edges, even if different techniques aimed at maintaining the angles during re-sharpening are documented. The data on bevels in cross-section confirm a certain difference that is expressed both on the ventral and dorsal sides: the *keilmessers* lower concavity is typical and recurrent, while their upper convexity recalls the bevel of backed scrapers. 3D shape analyses indicate that *keilmessers* show a higher level of standardization (although different and recurrent forms are documented) and a certain similarity with scrapers according to different statistical tests. The differences increase with respect to backed flakes and other bifacial tools. The morphological data have been crossed with raw materials and blanks, concluding that the starting raw blank could not have influenced the tool shape except to a lesser extent. Therefore, the final shape depends on deliberate technical choices or consequences.

3.1 Sito e contesto

Sesselfelsgrotte si trova a 375 m sul livello del mare, in prossimità del villaggio di Essing, in bassa Baviera, sulla sponda sinistra (nord) della valle del fiume Almühl, tributario di sinistra del Danubio. Si tratta di una profonda valle scavata nei calcari giurassici del Franconian Jura, caratterizzata da un andamento meandriforme che ricalca quella che doveva essere, in origine, la valle del Danubio.

3.1.1 Stratigrafia

Il sito conserva una sequenza stratigrafica di riferimento per il Pleistocene Superiore dell'Europa Centrale (Fig. 3.1). Il deposito archeologico è stato indagato dall'Università di Erlangen (dapprima sotto la direzione di L. Zotz, successivamente di G. Freund) dal 1964 al 1977 ed infine nel 1981. La sua importanza è legata soprattutto alla conservazione, stratificata, di 22 occupazioni umane attribuibili al Paleolitico Medio, oltre a quelle superiori associate al Paleolitico Superiore (Freund 1998). I sette metri di deposito che formano la sequenza sono formati perlopiù da brecce calcaree di origine criogenica; dalla base, i primi otto livelli antropizzati sono stati denominati "*Untere Schichten*" (strati inferiori – dal livello R al livello M) e sono collocabili ad interstadi temperati all'inizio della glaciazione Weichseliana o Wurmiana, vale a dire probabilmente al MIS 5c e 5a, quando il paesaggio oscillava tra forestale e steppico (Weissmuller 1995).

Il MIS4 è rappresentato, stratigraficamente, da livelli sterili (livelli L, K, I) che marcano un netto raffreddamento testimoniato anche dall'ingresso, nell'insieme faunistico, del mammuth, oltre che da micro-mammiferi tipici della tundra artica; questo raffreddamento, tuttavia, è accompagnato da un aumento in umidità nel livello I (Van Kolfschoten 2014). I sovrastanti livelli H e G identificano le occupazioni del cossiddetto Complesso-G (G-Complex layers), in cui tredici occupazioni umane inquadrate all'inizio del MIS3 sono state riconosciute nello spazio stratigrafico di 60 cm (Richter 1997). Il seguente livello F, sterile, separa i Complessi-G da un'ultima frequentazione neandertaliana, rappresentata dal livello E3 (Böhner 2008). Sopra di questa, livelli sterili composti prevalentemente da loess sono databili presumibilmente all'ultimo massimo glaciale /livello D), mentre i soprastanti livelli B e C sono associati a frequentazioni del Paleolitico Superiore finale (Dirian 2003). Il livello olocenico A, che comprende resti datati dal Mesolitico al Medioevo, chiude la sequenza.

3.1.2 L'insieme litico del G-Complex

I livelli del G-Complex mostrano chiare evidenze di frequentazioni prolungate, testimoniate da aree di focolare e almeno due piani di calpestio documentati (sottolivelli G2 e G4), oltre a intense concentrazioni di materiale litico, faunistico ed infine fossili umani appartenenti ad almeno tre feti o individui infantili neandertaliani (Rathgeber 2006). Questa varietà di ritrovamenti è stata soggetta a diversi e specifici studi nel corso dei decenni, che rendono tali livelli forniti di un contesto culturale e paleoambientale piuttosto completo. I circa 85 mila manufatti litici sono stati recuperati da 6 sottolivelli (G1, G2, G3, G4, G4a, G5) e sono associati al già menzionato tecno-complesso M.M.O. (Mousterian with Micoquian Option), a causa della cospicua e costante presenza di tecnologie di scheggiatura tipiche del Musteriano, accanto a *keilmesser*, strumenti bifacciali e altri strumenti tipici del Micocchiano dell'Europa Centrale, la cui incidenza varia notevolmente nei diversi livelli. L'analisi completa del materiale da parte di Richter (1997) gli ha permesso per prima cosa di definire in maniera più puntuale tali diverse tecnologie di scheggiatura, ma soprattutto di fornire un'interpretazione ecologica e occupazionale a questa variabilità tecno-

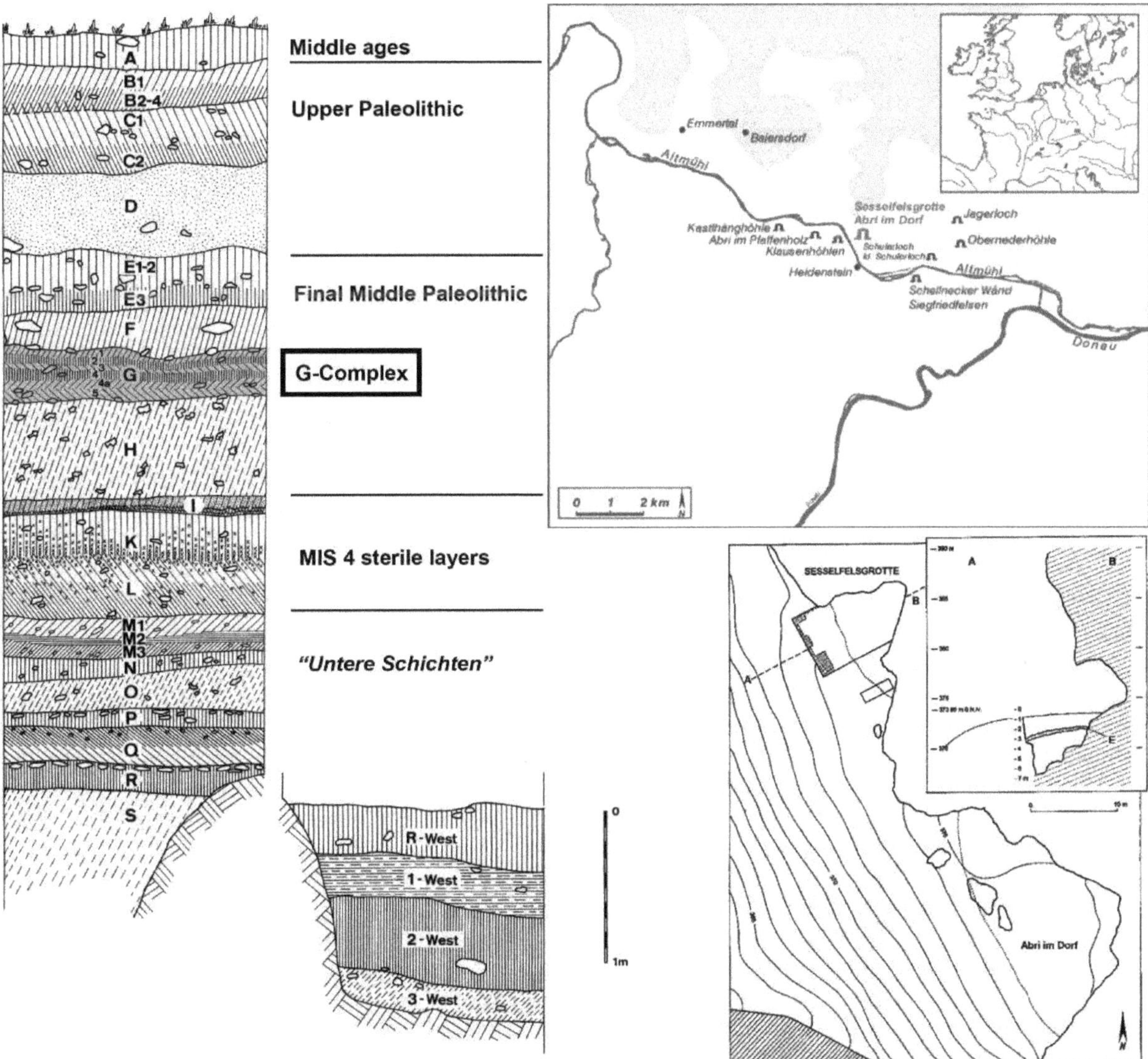

Figura 3.1 Sulla sinistra, la sezione stratigrafica di Sesselfelsgrotte; in alto a destra, la posizione del sito nella Altmühl; in basso a destra, sezione verticale del sito in rapporto alla parete di roccia (Fonte: modificata da Richter, 1997).

tipologica. Attraverso l'applicazione di approcci di analisi incrociati (unità e raggruppamenti di materia prima litica – UMPL, distribuzione orizzontale e verticale) sono state identificate tredici coerenti e distinte occupazioni umane neandertaliane da questi sottolivelli, ognuna delle quali sembra rappresentare un diverso sfruttamento nello spettro delle materie prime litiche disponibili. In qualche caso, all'interno di singoli sottolivelli, due o tre superfici di occupazione sono state differenziate anche grazie al supporto di osservazioni micro-stratigrafiche.

Sulla base di diverse e ricorrenti strategie di approvvigionamento di materie prime litiche, analizzate principalmente nel tipo e nella varietà, Richter ha riconosciuto quattro serie cicliche di occupazioni. I cicli cominciano sempre con un "*Initialinventaar*", un inventario iniziale, ovvero piccoli insiemi litici caratterizzati da un ampio spettro di materie prime litiche. Successivamente, questi sono seguiti da "*Konsekutivinventaar*", ovvero inventari consecutivi, che, al contrario, sono più ampi e caratterizzati da un approvvigionamento più ristretto di materie prime, specializzato nelle risorse di più alta qualità. Le possibili interpretazioni ecologiche a questi cicli riportano principalmente a due ipotesi (Richter 1997, 2001):

- La prima rifletterebbe la conoscenza del gruppo nei riguardi del territorio circostante; un nuovo gruppo umano che occupa il sito sfrutterebbe, in un primo momento, un'ampia varietà di risorse secondo una modalità opportunista, formando quindi gli inventari iniziali. Più tardi nel tempo, lo stesso gruppo avrà acquisito una profonda conoscenza dell'area circostante e delle fonti di materia prima litica, potendole così selezionare sulla base delle loro qualità e portando così alla formazione degli inventari consecutivi. Questa ipotesi è chiamata "*In lack of wise old men*", ovvero "in mancanza di vecchi saggi" ed è preferita nelle pubblicazioni più recenti (Richter 2016) (Fig. 3.2).
- La seconda interpretazione è più strettamente stagionale: è stato inizialmente proposto che le migliori fonti di materia prima (paleosuoli con placchette di

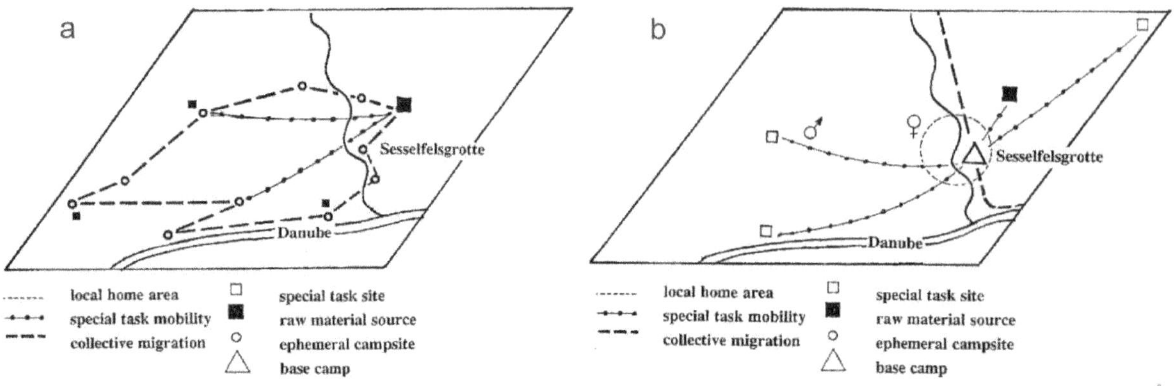

Figura 3.2 Schemi di mobilità a Sesselfelsgrotte nei livelli del G-Complex. Nelle prime fasi dell'occupazione, i Neandertal si spostavano tra siti effimeri formando gli *InitialInventaar* (a). Nelle fasi successive, Sesselfelsgrotte diventa un campo base occupazioni più prolungate e di conseguenza con selezioni più mirate di materia prima, formando i *KonsekutivInventaar* (b) (Fonte: Richter, 2001).

selce giurassica), con tutta probabilità, potessero essere impossibili da sfruttare durante l'inverno a causa di neve e suolo ghiacciato. In questo senso, gli inventari iniziali rifletterebbero occupazioni effimere invernali mentre gli inventari consecutivi occupazioni estive più stabili (ipotesi "*snow and ice*", neve e ghiaccio). Una diversa interpretazione è stata proposta successivamente dallo stesso autore in cui, al contrario, si suggerisce l'associazione dei cicli iniziali ad occupazioni effimere tipiche del periodo primaverile-estivo quando i gruppi, caratterizzati da strategie di mobilità del tipo "circolare" tra diversi siti temporanei ad occupazione effimera, seguivano le mandrie di cavalli e renne spostandosi verso gli altipiani (Richter 2006, 2014). La parte finale dei cicli sarebbe in questo modo associata ad occupazioni più stabili alla fine dell'estate o in autunno/inverno, quando i grandi mammiferi migratori si spostavano verso la pianura e veniva adottata una strategia di mobilità "radiale" tra i vari siti specializzati attorno al campo base residenziale (Fig. 3.2).

Qualunque sia l'interpretazione corretta, gli inventari attesterebbero una diversità nella lunghezza di occupazione del sito, del tipo di mobilità e delle strategie di sfruttamento delle risorse nel territorio. La diretta conseguenza sulla formazione degli insiemi litici si manifesterebbe in differenze intra-cicli: i cicli cominciano con piccoli insiemi in cui il pacchetto tipico Micocchiano è scarso e il rapporto tra gli strumenti ritoccati è fortemente in favore dei raschiatoi. Nella seguente fase di ogni ciclo un aumento nelle forme bifacciali è evidente, così come nella componente laminare e nei denticolati, la cui quantità secondo Dibble and Rolland sarebbe direttamente proporzionale alla lunghezza di occupazione del sito (Dibble & Rolland 1992). Il pacchetto micocchiano-denticolati-laminare aumenterebbe quindi sulla base di questa variabile, attestando un cambiamento da campo effimero a campo base con conseguente modifica nelle strategie di uso del territorio (Richter 2001). Tra gli altri aspetti principali dell'insieme litico, vale la pena menzionare una componente micrholitica, fabbricata su schegge ottenute in fasi avanzate della riduzione dei nuclei di materie prime locali, ovvero senza quasi più cortice rimasto sulle superfici. Questi strumenti (*raclettes*, *groszaki*, raschiatoi ad unghia) servivano forse per la lavorazione e il processamento di materiali di bassa durezza, probabilmente per un uso specifico per le piante (Lass 1994). Infine, alcuni strumenti del tipo "Paleolitico Superiore" sono presenti, principalmente grattatoi atipici e bulini.

Riguardo alle differenze diacroniche inter-cicli, un cambiamento nelle tecnologie di scheggiatura e dei sistemi tecnici è attestato tra i primi e gli ultimi cicli: se il sistema volumetrico Quina è evidente nel primo ciclo, nel secondo sia il Quina che il Levallois sono presenti; dopo il Levallois ricorrente centripeto nel terzo ciclo, nell'ultimo il Levallois ricorrente parallelo/unipolare è dominante. Questa sequenza cronologica è stata virtualmente estesa a tutti i siti *Keilmessergruppe* del tardo Paleolitico Medio, come fasi successive all'interno dello scenario M.M.O. (Richter 1997).

3.1.3 Ambiente e cronologia

L'insieme faunistico del G-Complex è stato esaminato per sotto-livello; data la mancanza di corrispondenza tra i sotto-livelli e gli inventari litici, una verifica delle ipotesi ecologiche e di occupazione non è possibile in questo senso (Rathgeber 2014). Tuttavia, è in fase di preparazione un'analisi delle *meso-* e *microwear* dei denti di cavallo da insiemi che mostrano una conformità stratigrafica con gli strati di scavo. Complessivamente, i livelli del G-Complex hanno restituito più o meno 120 mila frammenti ossei per più di 100 kg totali; tra questi, 1780 resti sono stati determinati a livello di specie, famiglia, o quantomeno ordine. L'insieme faunistico attesta la presenza considerevole del *Mammuthus primigenius*, documentato a partire del livello M (MIS 4), accanto ad una generica prevalenza di renna (*Rangifer tarandum*) e cavallo (*Equus sp.*). tra le altre specie, ben attestati sono il rinoceronte lanoso, il camoscio, lo stambecco, il lupo, la volpe e la volpe artica e, a seguire, pochi resti di megacero, bisonte, cervo e orso delle caverne. Si segnala, rispetto ai livelli precedenti, la scomparsa dei mustelidi e la comparsa di pochi resti di iena delle caverne.

Gli studi sugli indicatori ambientali e paleoclimatici acumulatisi naturalmente sul sito sono significativi: i piccoli e micro-mammiferi (Van Kolfschoten 2014), uccelli (Von den Driesch et al. 2017), molluschi terrestri (Rahle 2017), pollini e carboni (Knipping 2017) sono concordi nell'attestare una crescita progressiva della temperatura, umidità e conseguente estensione della copertura forestale tra i livelli L e H. In particolare, l'aumento di pino, betulla e artemisia indicano una transizione tra una fase glaciale ad una maggiormente temperata. Nei livelli G i carboni documentano la diffusione del *Larix/Picea* e la presenza del *Prunus*, mentre tra i pini l'unico superstite è il pino silvestre. Tuttavia, tra i pollini si nota una diminuzione delle specie arboree in favore delle graminacee se si confronta il rapporto con il livello H. inoltre, sono presenti alcune specie di piccoli mammiferi tipiche di ambienti freddi e condizioni artiche (*Microtus gregalis*, *Dicrostonyx* sp., *Lemmus lemmus*), il che confermerebbe la profonda instabilità climatica di questa fase interglaciale indicando un ambiente mediamente aperto con foresta sparsa.

I livelli G sono stati datati con tre diversi metodi: radiocarbonio (14C), termoluminescenza (TL) e luminescenza stimolata otticamente ad infrarossi (IR-OSL). Il metodo del radiocarbonio, applicato direttamente su ossa e carboni, ha restituito date tra 30.770 e 47.860 anni calibrati BP (Richter 2002); quelle che provengono dalla parte interna, le più attendibili, coprono una finestra temporale tra 39.950 e 47.860 anni calibrati BP (Böhner 2008). Le date in termoluminescenza su selci termoalterate corrispondono a 56.000 ± 4.700 anni mentre una notevolmente più recente è stata giudicata non affidabile (Richter et al. 2000). Il più recente dei livelli inferiori (livello M) ha fornito date medie attorno a 73.200 ± 11.700 anni, consistenti con l'attribuzione al MIS 5a.

Tutti i dati raccolti sono quindi in accordo nel considerare questa parte della sequenza (dal livello L ai livelli del Complesso-G) alla transizione tra MIS 4 e l'inizio del MIS 3. Il Complesso-G è inquadrato in una fase più mite se paragonata alla precedente (dal livello L all'I) ma caratterizzata da un probabile raffreddamento tra i livelli H e G, forse corrispondente all'interstadiale *Oerel-Glinde*. Pertanto, una certa instabilità climatica è documentata. Nonostante più umide e temperate, queste condizioni indicano un ambiente di foresta boreale aperta a larice/peccio (taiga), popolata principalmente da mammuth, renne e cavalli.

3.2 Materiali oggetto di studio

Per il presente lavoro sono stati scandagliati tutti i reperti dei G-Complex al fine di selezionare gli strumenti con dorso naturale, di scheggiatura o preparato/configurato. È stata così creata una categoria di strumenti a dorso in senso lato, che in questo insieme litico si può tendenzialmente suddividere in tre sotto-categorie tipologiche derivate da presenza, tipo ed estensione di ritocco sul supporto:

- i *keilmesser* (strumenti bifacciali asimmetrici con dorso) (Figg. 3.3 e 3.4)
- i raschiatoi con dorso (Figg. 3.5 e 3.6)
- le schegge debordanti/con dorso (Figg. 3.9 e 3.10)

Tali distinzioni sono state effettuate alla luce delle analisi tecno-tipologiche di J. Richter (1997), il quale ha estensivamente esaminato tutto l'insieme litico proveniente da questi livelli definendo i principali sistemi di produzione litica e le sequenze di *débitage* e *façonnage*.

Le prime due sotto-categorie consistono in strumenti litici in senso stretto, determinati sulla base di un approccio empirico-induttivo, grazie all'identificazione di investimento tecnico sui margini taglienti. Questo investimento tecnico, che noi leggiamo sotto forma di ritocco, è pertanto una diretta evidenza del loro utilizzo, inteso o effettivo. La terza sotto-categoria (schegge con dorso) è composta da strumenti potenziali, determinati sulla base di un approccio tecnologico e ipotetico-deduttivo: attraverso una serie di attributi tecno-funzionali (regolarità, dimensioni, ergonomia, maneggiabilità, funzionalità) e l'analogia con i tradizionali obiettivi della scheggiatura dei sistemi tecnici presenti, si ipotizza che tali manufatti potessero essere usati o furono effettivamente usati.

Pertanto, sono stati selezionati dai livelli del G-Complex 347 strumenti a dorso, che comprendono 58 *keilmesser*, 118 raschiatoi e 155 schegge debordanti; in aggiunta, 18 strumenti bifacciali corrispondenti ad altre forme tipologiche (*faustkeile*, *halbkeile*, *faustel*) sono stati inseriti nell'analisi come categoria di controllo e in quanto tipici degli insiemi Micocchiani (Fig. 3.18). Questi ultimi differiscono dai *keilmesser* a causa della loro generica simmetria bilaterale e l'assenza di un dorso opposto al margine tagliente. Tuttavia, la porzione spessa prensiva è posta solitamente alla base.

Per quanto riguarda l'ammontare del campionamento, tutti i *keilmesser* degli insiemi litici in esame, in particolare dagli Inventari da A01 fino a A10, sono stati selezionati per lo studio, data la loro particolare rilevanza. Gli altri tipi di strumenti, presenti in numero generalmente molto maggiore, hanno subito un differente campionamento: dall'ultimo ciclo di occupazione del sito, riconosciuto da J. Richter negli Inventari A01-A02-A03, sono stati selezionati la quasi totalità dei manufatti con dorso che soddisfano i parametri precedentemente descritti. Campioni più ridotti di raschiatoi e schegge con dorso provengono dagli altri Inventari (da A04 a A10); in questo caso sono stati selezionati strumenti recanti investimenti tecnici e interventi specifici sul dorso, o manufatti particolarmente rappresentativi degli insiemi litici. Questi campionamenti sono stati effettuati al fine di

Tabella 3.1 Numero di strumenti con dorso campionati dal G-Complex di Sesselfelsgrotte in base a tipologia ed *Inventaar*

	A01	A02	A03	A04	A05	A06	A07	A08	A09	A10	Altro	*Totale*
Keilmesser	10	4	4	5	1	11	0	10	8	5		58
Raschiatoi	36	24	10	6	5	6	2	17	3	5	2	116
Schegge	93	28	12	16	0	3	2	1	0	0		155
Altri bifacciali	5	1	4	4	0	1	0	2	0	0	1	18
Totale	144	57	30	31	6	21	4	30	11	10	3	347

poter avere sia un'immagine sincronica quanto più completa dal punto di vista qualitativo e quantitativo anche se limitata all'ultimo ciclo di occupazione neandertaliana, che la possibilità di poter tracciare una fotografia diacronica della variabilità tecno-funzionale di questi strumenti in rapporto ai diversi tipi di occupazione (Tab. 3.1).

3.3 Risultati

I risultati delle analisi sui manufatti con dorso dei livelli del G-Complex di Sesselfelsgrotte sono presentati attraverso la distinzione in sotto-categorie tecno-tipologiche. Questa differenziazione si associa, in linea generale ma non esclusiva, ad una diversità tecnologica dal supporto di partenza al sistema tecnico di ottenimento del pezzo (Tab. 3.2 e 3.3).

3.3.1 Materie prime e supporti grezzi

Keilmesser

I *keilmesser* sono prodotti in maggioranza a partire da placchette (72,5% dei manufatti totali, ma ben l'82,4% se si considerano solo i pezzi in cui il supporto di partenza è determinabile), le quali ben si adattano alla scheggiatura bifacciale. Queste placchette si presentano già in affioramento sagomate da diverse fratture naturali ai lati, che vengono sfruttate per la conformazione di base e dorso o come piano di percussione da cui sviluppare la messa in forma del margine tagliente. Generalmente, durante la fase di messa in forma iniziale si mira a rimuovere il cortice dalla faccia inferiore; questa fase è seguita dal ritocco del margine tagliente principalmente sulla faccia superiore assieme a diversi altri accorgimenti tecnici come la modificazione e correzione dello spessore del dorso o la fabbricazione della punta distale. Si tratta di placchette talvolta molto sottili appartenenti perlopiù alle formazioni giurassiche locali e presenti in diverse litofacies. Queste varianti sono state riconosciute da Weissmuller (1995) e Richter (1997), che affermano che la raccolta dei supporti doveva avvenire principalmente nei paleosuoli dell'altopiano del *Franconian Jura*, presenti attualmente a poca distanza (2-5 km) a NW del sito. La presenza di supporti non determinabili (n=7, 12.1 %) è dovuta principalmente al ritocco coprente e periferico che caratterizza in alcuni casi la faccia inferiore, non lasciando

Tabella 3.2 Supporto tecnologico di partenza dei manufatti con dorso suddivisi per tipo di strumento

	Ciottoli		Placchette		Schegge di gelifrazione		Schegge		Schegge tipo-Kombewa		Indet.	
	N	%	N	%	N	%	N	%	n	%	n	%
Keilmesser	2	*3,4*	**42**	***72,5***	2	*3,4*	5	*8,6*	\	*0,0*	**7**	***12,1***
Raschiatoi	2	*1,7*	20	*17,2*	**17**	***14,7***	**68**	***58,6***	3	*2,6*	6	*5,2*
Schegge	\	*0,0*	\	*0,0*	\	*0,0*	**148**	***93,5***	6	*5,8*	1	*0,7*
Bifacciali	\	*0,0*	**13**	***76,4***	\	*0,0*	2	*11,8*	\	*0,0*	2	*11,8*

Tabella 3.3 Materia prima dei manufatti con dorso suddivisi per tipo di strumento

	Selce Giurassica		Selce/quarzite Cretacea		Radiolarite	
	N	%	N	%	N	%
Keilmesser	40	***69,0***	9	*15,5*	9	***15,5***
Raschiatoi	53	*45,7*	56	*48,3*	7	*6,0*
Schegge	32	*20,6*	122	***78,7***	1	*0,7*
Bifacciali	14	***82,4***	3	*17,6*	\	*0,0*

più intendere se si tratti di una scheggia o una placchetta (Figg. 3.3e, 3.4h).

Non tutti gli strumenti bifacciali asimmetrici con dorso classificati come *keilmesser* derivano da operazioni di *façonnage* (su placchetta, ciottolo o blocco grezzo). Infatti, si sono riconosciute 5 probabili schegge tra i supporti di partenza; inoltre, due grandi schegge naturali originate da gelifrazione sono state sfruttate per la loro produzione. Le schegge di partenza sono state scelte tra i prodotti di medie-grandi dimensioni, ancora riconoscibili benché notevolmente modificate dal ritocco, e ottenute con tutta probabilità in una fase medio-avanzata del *débitage* di diverse materie prime: selce Gurassica, selce e quarzite Cretacea, Lydite. Nessuno di questi manufatti reca cortice per più del 50% della superficie, e una di esse (n°S.2222) rappresenta l'unico *keilmesser* senza superfici naturali (Fig. 3.3f).

Oltre ai 40 *Keilmesser* prodotti in selce Giurassica (*Jurahornstein*) (69.0%) il restante si divide equamente in diverse varietà di selci e quarziti Cretacee (n.9, 15.5 %) e radiolariti (n.9, 15.5 %). Nel primo caso la raccolta era sempre finalizzata a noduli o placchette di dimensioni maggiori rispetto a quelle in *Jurahornstein*: dalle materie Cretacee si producono infatti strumenti più grossi, spessi e soprattutto pesanti (Fig. 3.4a-c). Confrontando i *keilmesser* di queste due materie prime lo spessore varia da medie di 17,7 a 11,5 mm mentre il peso è addirittura il doppio: 43,9 vs 22,3 gr. I blocchi grezzi da formazioni Cretacee, la cui fonte è localizzata in ogni caso in un raggio di 4 km attorno al sito (Weissmuller 1995) sono preferiti per l'industria su scheggia probabilmente anche a causa delle dimensioni di partenza. Sette *keilmesser* su radiolarite sono confezionati nella varietà bluastra (Lydite) e due in quella rosso-bruna (diaspro). In media, si tratta di strumenti molto piccoli e leggeri (circa 4 cm e 12 grammi di media) perché correlati principalmente a supporti esauriti a seguito di numerose fasi di rimessa in forma e riutilizzo (Fig. 3.4d, f-h). La riduzione avviene soprattutto nella lunghezza e nella larghezza, mentre lo spessore (12,3 mm di media, maggiore dei *keilmesser* in selce Giurassica) è mantenuto fino alle fasi finali come fonte potenziale di rimessa in forma dello strumento. Tra i supporti di partenza si registrano, in alcuni casi, piccoli ciottoli con evoluto cortice fluviale, oltre a pezzi in cui il supporto non è più determinabile (Fig. 3.4d, f-h).

Raschiatoi con dorso

I raschiatoi con dorso sono ottenuti nella maggior parte dei casi da schegge (n=71, pari al 61,2%, il 64,5% tra i soli supporti determinati) (Tab. 3.2). L'ottenimento di questi strumenti è quindi solitamente integrato all'interno dei sistemi tecnici di scheggiatura in uso: si segnala a questo proposito la presenza di tre schegge di tipo-Kombewa, mentre la maggior parte dei supporti su scheggia è rappresentata da schegge debordanti o parzialmente corticali trasformate con ritocco diretto semplice o sopraelevato in raschiatoi semplici, rettilinei o convessi. In questi casi il dorso è perlopiù naturale, su superfici corticali o di frattura, o in qualche caso è predeterminato dalla scheggiatura. Tra i supporti direttamente confezionati con ritocco, si segnala un buon numero di schegge di gelifrazione (n=17) (Fig. 3.5h, d; Fig. 3.6b-c); si tratta di supporti adatti in quanto la superficie inferiore conserva caratteristiche già appropriate, e l'utilizzo può avvenire dopo la sola modifica del bordo tagliente sulla faccia superiore (ritocco diretto), lasciando il cortice su gran parte della superficie, in una concezione d'uso estremamente immediata. Infine, anche nel caso dei raschiatoi sono state utilizzate 20 placchette, con sfruttamento delle superfici di frattura naturali per le operazioni di ritocco, all'occorenza bifacciale, del margine tagliente (Fig. 3.5i; Fig. 3.6a, f).

L'aumento nell'utilizzo di schegge va di pari passo con l'aumento della componente in materia prima Cretacea, che supera quella Giurassica (48,3 vs 45,7%). Il *débitage* è rappresentato anche all'interno delle sequenze di riduzione della selce Giurassica, ma è assolutamente predominante quando applicato allo sfruttamento di selce e quarzite Cretacea: in questi casi si sfruttano schegge ottenute in diverse fasi della riduzione. Esattamente come per i *keilmesser*, i prodotti in materia cretacea sono più grandi, spessi e soprattutto pesanti rispetto a quelli in selce giurassica.

Anche per ottenere raschiatoi con dorso sono state usate, ma in percentuali minori rispetto ai *keilmesser*, le radiolariti. I quattro manufatti in diaspro sono leggermente più sottili e allungati rispetto ai tre prodotti in lydite. In genere, questi prodotti sono ottenuti da schegge o direttamente dalla messa in forma di ciottoli; in ogni caso, tutti questi pezzi recano tracce di neocortice di origine secondaria (fluviale) oltre a testimoniare una riduzione consistente dei supporti originari.

Schegge con dorso

Le schegge con dorso sono, in tutti i casi, fabbricate su supporti ottenuti da diversi metodi di *débitage*, indirizzati principalmente allo sfruttamento di blocchi e placchette e in sei casi dalla riduzione di altre schegge (metodo tipo-Kombewa). La tecnologia Levallois è stata utilizzata per poco meno di trenta supporti, perlopiù schegge quadrangolari o ovalari larghe e debordanti o punte/schegge *dejeté* (Fig. 3.9d, Fig. 3.10d-e). Sono altresì presenti una quindicina di punte pseudo-levallois ricavate da metodo discoide centripeto (Fig. 3.10b). In ogni caso, la maggior parte dei supporti è rappresentata da schegge debordanti semi-corticali o con dorso di scheggiatura ottenute da sistemi di *débitage* centripeto, unipolare e ortogonale.

Tra le schegge a dorso la preferenza nell'utilizzo delle materie prime Cretacee è netta, corrispondente a quasi cinque volte i prodotti in selce Giurassica. Anche in questo caso le schegge in selce e quarzite Cretacea sono di dimensioni mediamente maggiori (48,5 x 35,3 mm vs 41 x 28,4 mm) e soprattutto più pesanti e massicce (17,4 gr vs 9,8 gr), e meno allungate (IL = 1,44 vs 1,61). È presente

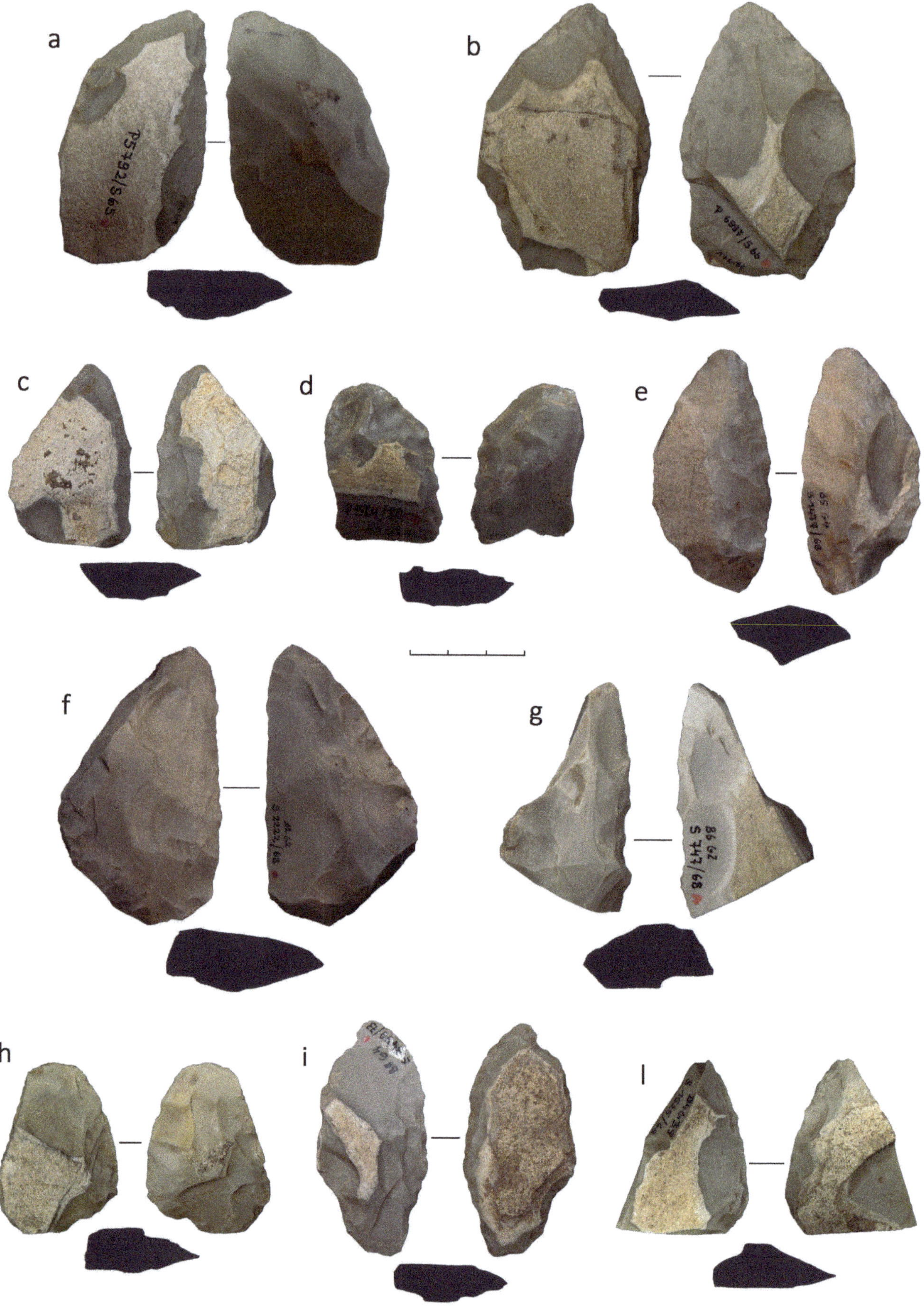

Figura 3.3 ***Keilmesser*** **dai G-Complex di Sesselfelsgrotte con sezione trasversale ottenuta dal modello 3D (pt. 1).**

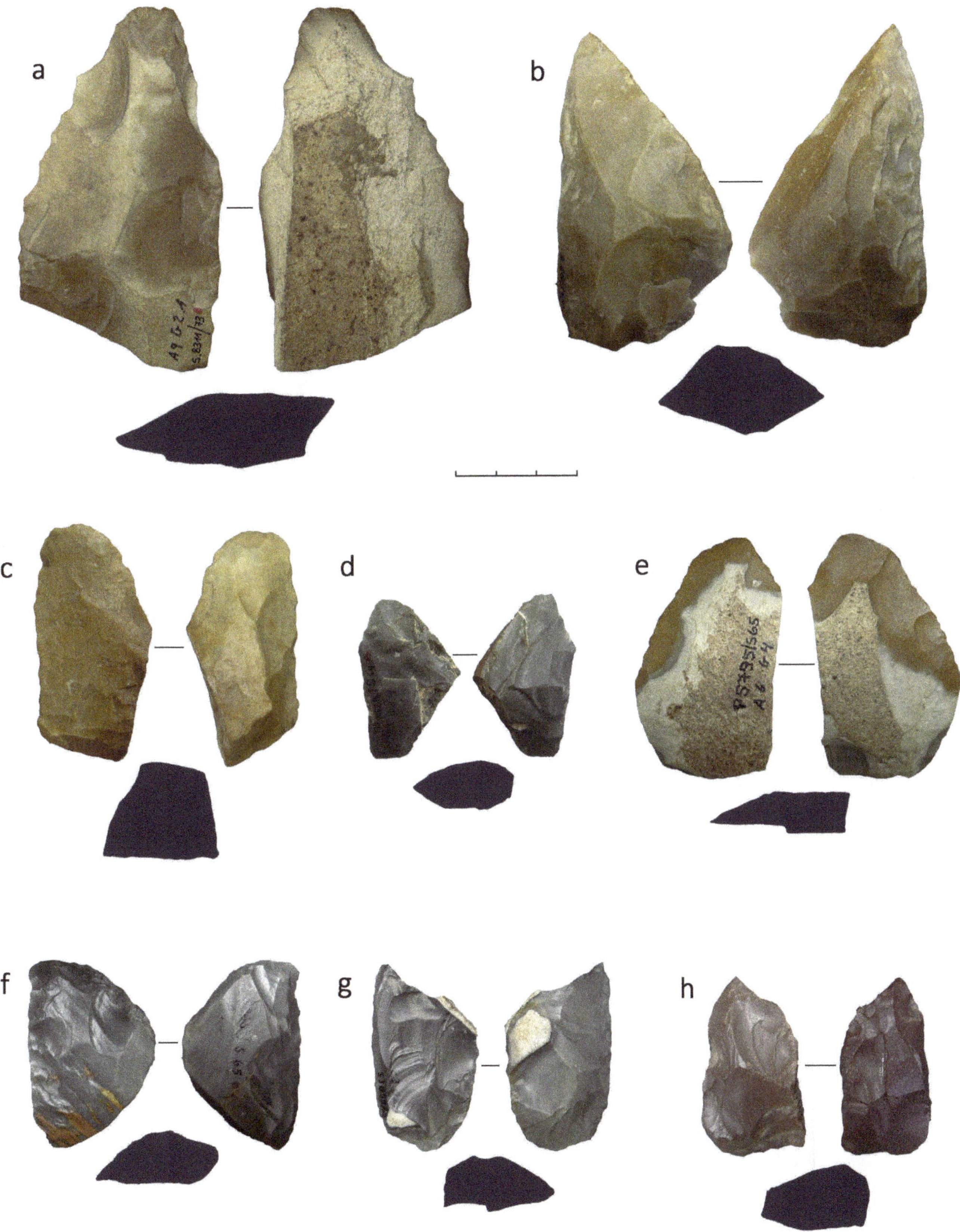

Figura 3.4 ***Keilmesser*** **dai G-Complex di Sesselfelsgrotte con sezione trasversale ottenuta dal modello 3D (pt. 2).**

Figura 3.5 Raschiatoi a dorso dai G-Complex di Sesselfelsgrotte con sezione trasversale ottenuta dal modello 3D (pt. 1).

Figura 3.6 Raschiatoi a dorso dai G-Complex di Sesselfelsgrotte con sezione trasversale ottenuta dal modello 3D (pt. 2).

solo una scheggia, tra quelle selezionate, in materia "esotica", vale a dire una Lydite raccolta da paleosuolo (Fig. 3.10l).

Altri strumenti bifacciali

Gli altri strumenti bifacciali in senso lato, provvisti di "dorso" basale o laterale, registrano strategie di ottenimento simili a quelle dei keilmesser: la grande maggioranza è prodotta su placchette, due soli esemplari su schegge, mentre la materia prima preferita, la selce Giurassica, supera l'80% del totale. Non si notano particolari differenze morfo-dimensionali tra i diversi litotipi utilizzati, conformati da ritocco bifacciale fino ad ottenere la forma prefissata (*faustkeilblatt, halbkeil, faustel* o bifacciali generici) (Fig. 3.18).

3.3.2 Dati dimensionali

Dal punto di vista dimensionale, non si notano a prima vista differenze nette tra i gruppi di strumenti analizzati (Fig. 3.7). Se applichiamo il test statistico di kruskal-wallis per l'uguaglianza delle mediane, vengono alla luce differenze significative tra le mediane dei campioni (Tab. 3.4). Tuttavia, se si affiancano i Mann-Whitney U test sviluppati tra i parametri dimensionali dei *keilmesser* e delle altre categorie, non si notano differenze statisticamente significative, specialmente tra *keilmesser* e raschiatoi (Tab. 3.5).

Nella distribuzione dimensionale dei *keilmesser* si notano due picchi in lunghezza, uno attorno ai 40mm e un secondo a poco meno di 60 mm (Fig. 3.8a). Le schegge a dorso sono gli strumenti più corti, con picchi attorno a 35 e 50 mm (Fig. 3.8b), e più sottili, a causa del supporto di partenza. Tra i *keilmesser*, è interessante notare la minore larghezza che influisce sull'indice di laminarità, più elevato che negli altri strumenti (IL = 1,67), specialmente nei manufatti di medio-grandi dimensioni (Fig. 3.7). Gli strumenti bifacciali in senso lato sono più spessi delle schegge anche se non si nota una decisa differenza a parte all'interno dell'ultimo ciclo di occupazione (A03-A01),

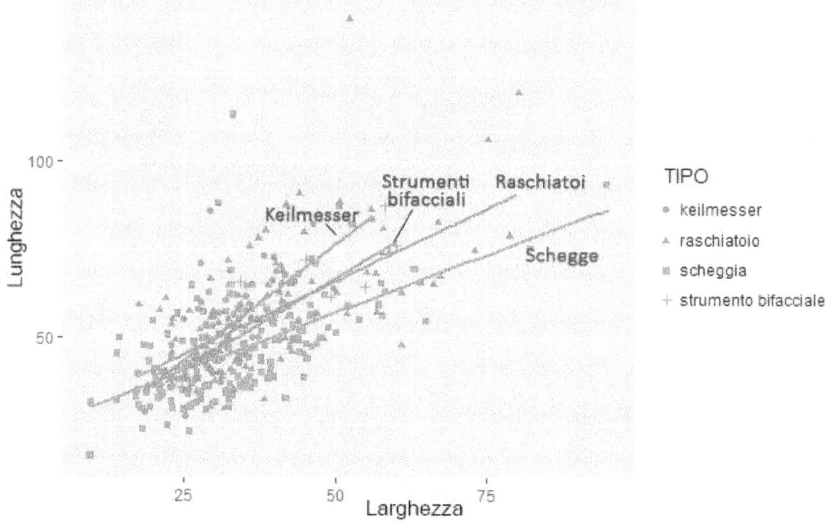

Figura 3.7 Dimensioni principali dei manufatti di Sesselfelsgrotte per tipo di strumento con linee di regressione.

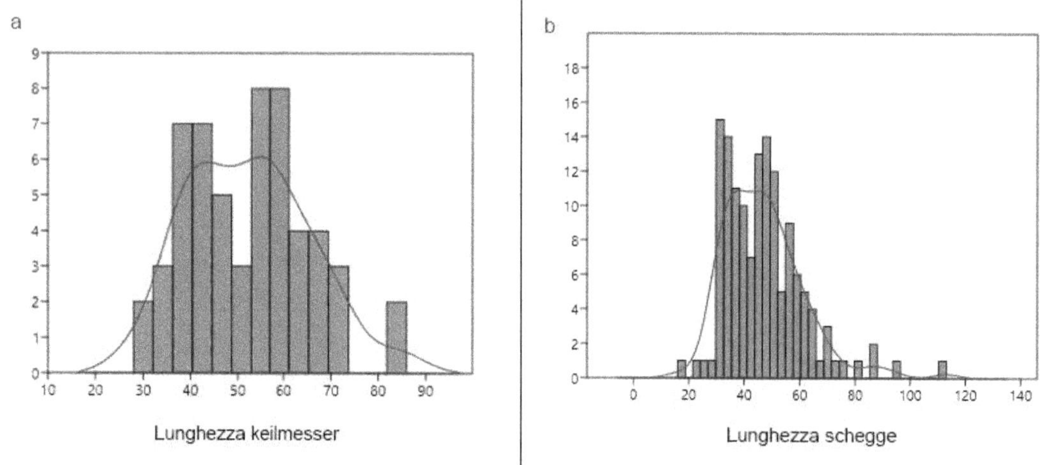

Figura 3.8 Classi di lunghezza dei *keilmesser* (a) e delle schegge con dorso (b)

Tabella 3.4 Intervalli dimensionali (lunghezza, larghezza, spessore e peso) dei tipi di manufatti di Sesselfelsgrotte con valori minimi, medi e massimi

	Lunghezza			Larghezza			Spessore			Peso		
Dimensioni (mm)	**mean**	**min**	**max**	**mean**	**min**	**max**	**mean**	**Min**	**max**	**mean**	**min**	**max**
Keilmesser	52,4	28	86	32,1	18	56	12,6	7	24	24,0	6	104
Raschiatoi	57,0	30	140	39,0	17	80	12,5	6	31	33,6	7	250
Schegge	47,0	16	113	33,8	9	95	10,8	3	26	15,8	1	113
Bifacciali	58,5	36	87	41,9	25	60	14,3	5	26	34,1	6	70
Kruskal-Wallis test	p = 4,228E-08			p = 1,995E-05			p = 0,01004			p = 4,206E-10		

Tabella 3.5 Mann-Whitney U test su lunghezza, larghezza e spessore tra i *keilmesser* e le altre categorie tipologiche di manufatti. $p > 0,05$ attesta differenze non statisticamente significative

	Raschiatoi	**Schegge**	**Bifacciali**
Lunghezza	**p = 0,6632**	p = 8,037E-05	**p = 0,3234**
Larghezza	p = 7,643E-05	**p = 0,312**	p = 6,732E-05
Spessore	**p = 0,8901**	p = 0,06851	**p = 0,1126**
Peso	**p = 0,08548**	p = 4,081E-05	p = 0,005044

dove lo spessore dei keilmesser aumenta in maniera sostenuta (da 11,8 a 14,3 mm). Gli strumenti su scheggia non cambiano considerevolmente nelle dimensioni nel corso dei cicli di occupazione: all'interno dell'ultimo ciclo, al contrario di quello che ci si potrebbe aspettare da un insieme a prevalente tecnologia Levallois ricorrente parallela, le schegge sono più corte (IL passa da 1,74 a 1,43). Il peso dei supporti varia da 1 a 250 grammi, e vede un valore nettamente minore per le schegge e maggiore per strumenti bifacciali e raschiatoi, che tuttavia una certa disomogeneità ed un ampio intervallo.

3.3.3 Tecno-funzionalità degli strumenti

Schemi tecno-funzionali

Una serie di caratteristiche morfo-tecniche ha permesso di distinguere almeno sette differenti schemi tecno-funzionali (STF) che includono alcune varianti. Tra queste caratteristiche, un'attenzione sostanziale è stata rivolta al riconoscimento di singole unità tecno-funzionali, l'andamento del loro profilo, il loro rapporto reciproco e il rapporto con la forma finale dello strumento. Tutti questi schemi sono caratterizzati dalla presenza di almeno un dorso ed un margine attivo tagliente; I primi 3 schemi posseggono inoltre un'unità tecno-funzionale di punta (Fig. 3.11).

- STF 1: questi strumenti sono caratterizzati dalla presenza di almeno un contatto prensivo laterale ed uno trasformativo sul lato opposto, che vanno a congiungersi in una punta distale. Date le caratteristiche delle due unità, la punta conformata è robusta e a forma di triedro, con sezione trasversale a triangolo rettangolo o scaleno (acutangolo). La morfologia dello strumento oscilla da trapezoidale a triangolare, con una più o meno marcata asimmetria longitudinale. Se lavorato con ritocco bifacciale, tra i tipi classici di *keilmesser* il *Balver messer* può presentare questo schema.
- STF 2: sono presenti almeno un contatto prensivo laterale ed uno trasformativo opposto; nella variante 2a la punta distale risulta essere piatta poiché formata da due margini taglienti: il principale laterale e il margine distale posteriore come descritto da Jöris (2001). La morfologia generale è asimmetrica, con frequenti forme trapezoidali e più raramente triangolari. Se bifacciale, ricorda i *keilmesser* di tipo *Klausennische*, mentre quelli più allungati e piatti richiamano il tipo *Konigsaue*, che possiede un dorso molto ridotto.
La variante 2b presenta una morfologia distale più dolce in cui la punta presente nella variante 2a è stata sostituita da tagliente convesso più arrotondato; questa variante potrebbe essere dovuta a successive fasi di ritocco e rimessa in forma dello strumento. In questo caso, se lavorato con ritocco bifacciale richiama il tipo *Lichtenberger*, anche se la varietà di quest'ultimo può cadere anche all'interno dello schema 2a.
- STF 3: questi manufatti sono solitamente asimmetrici con l'asse dello strumento fortemente non allineato rispetto all'asse di scheggiatura (Fig. 3.12). È presente un dorso (solitamente poco sviluppato) in porzione latero-prossimale e una punta opposta formata da due contatti trancianti. Questo schema ricorda la morfo-funzionalità delle punte pseudo-Levallois o di manufatti correlati.
- STF 4: si tratta di pezzi corti, nella variante 4a sono quadrangolari, solitamente distinti da due parti spesse e passive (la base e il dorso laterale) e due componenti trasformative rispettivamente opposte (sul margine distale e sul margine laterale opposto al dorso).

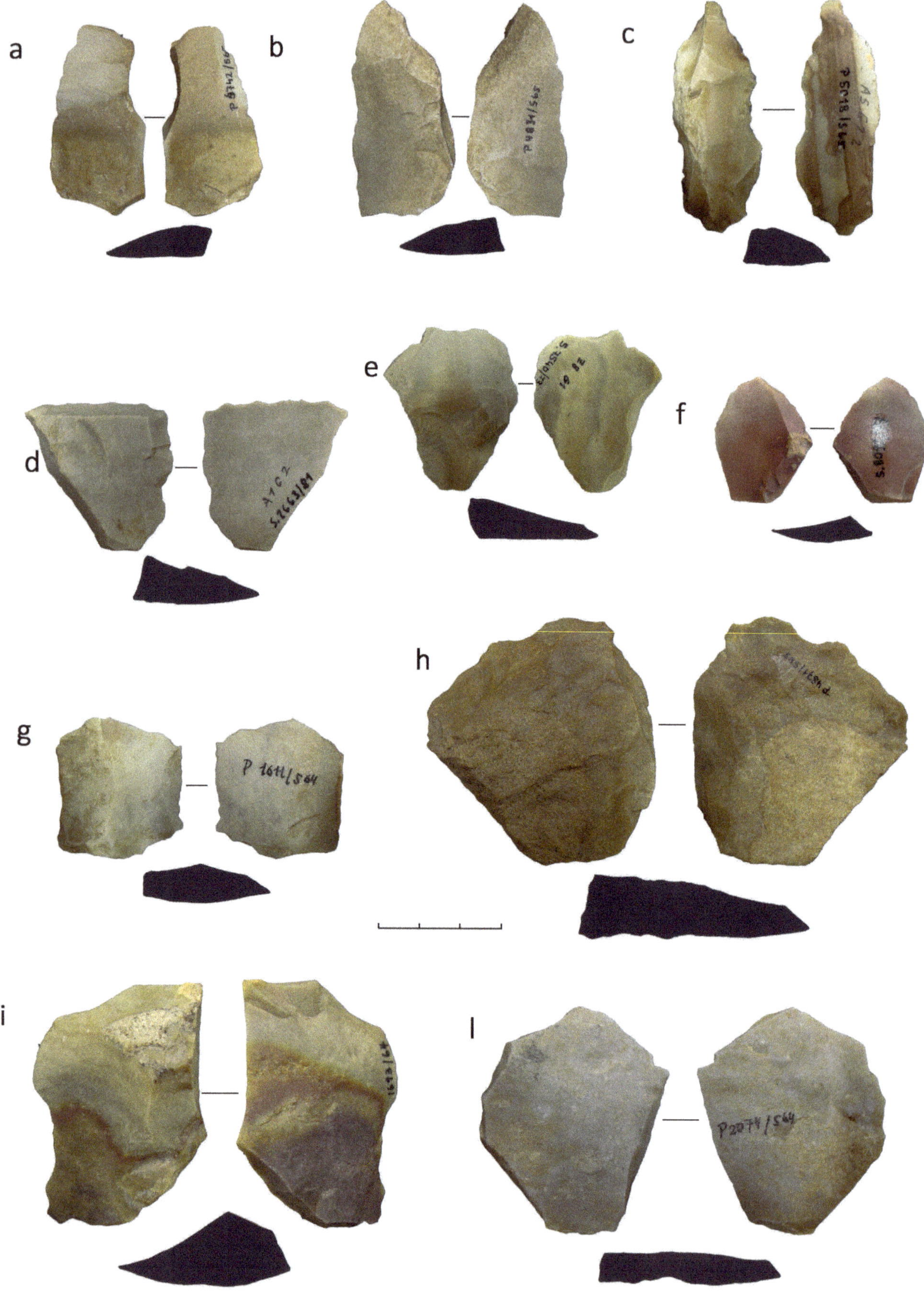

Figura 3.9 Schegge a dorso dai G-Complex di Sesselfelsgrotte con sezione trasversale ottenuta dal modello 3D (pt. 1).

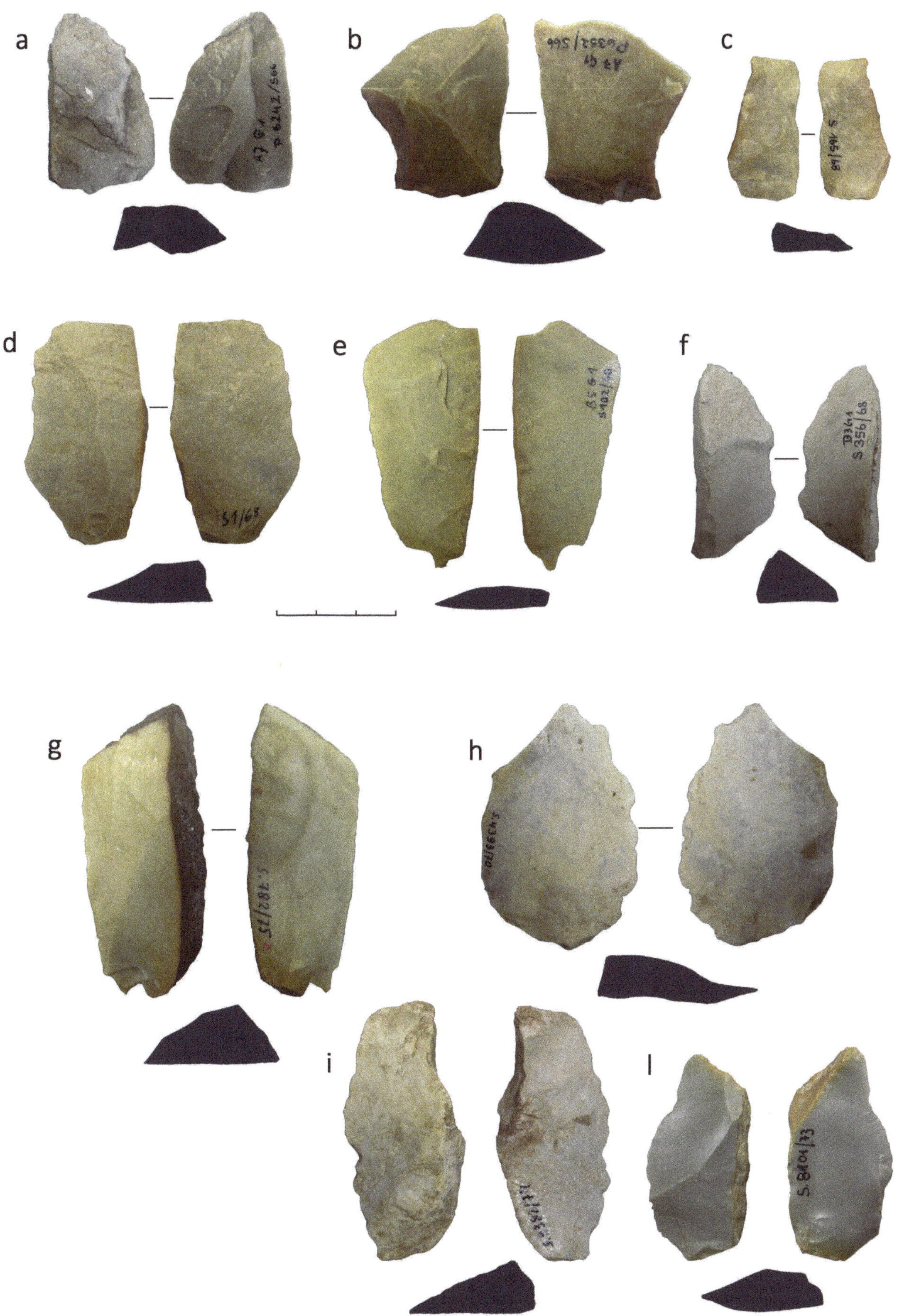

Figura 3.10 Schegge a dorso dai G-Complex di Sesselfelsgrotte con sezione trasversale ottenuta dal modello 3D (pt. 2).

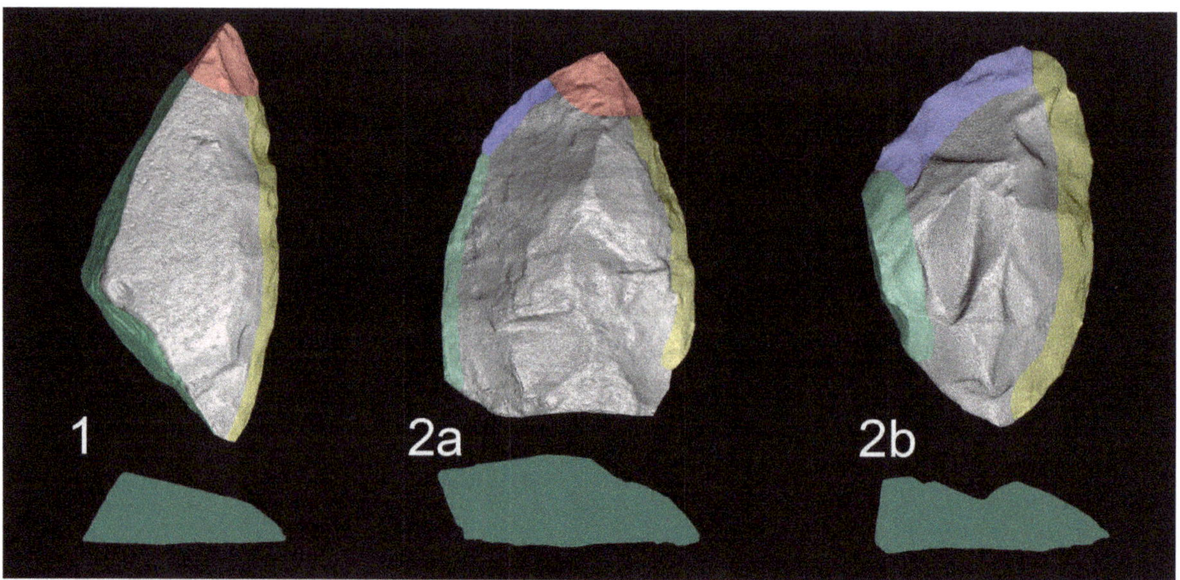

Figura 3.11 Schemi tecno-funzionali 1, 2 e variante 2b evidenziati sulle scansioni 3D dei manufatti. In rosso, l'UTF di punta (a triedro in STF1 e piatta in STF2), in giallo il margine tagliente principale (CT1), in blu in margine tagliente opposto distale (CT2), in verde il dorso (CP1). Le sezioni trasversali sono prese a metà del pezzo.

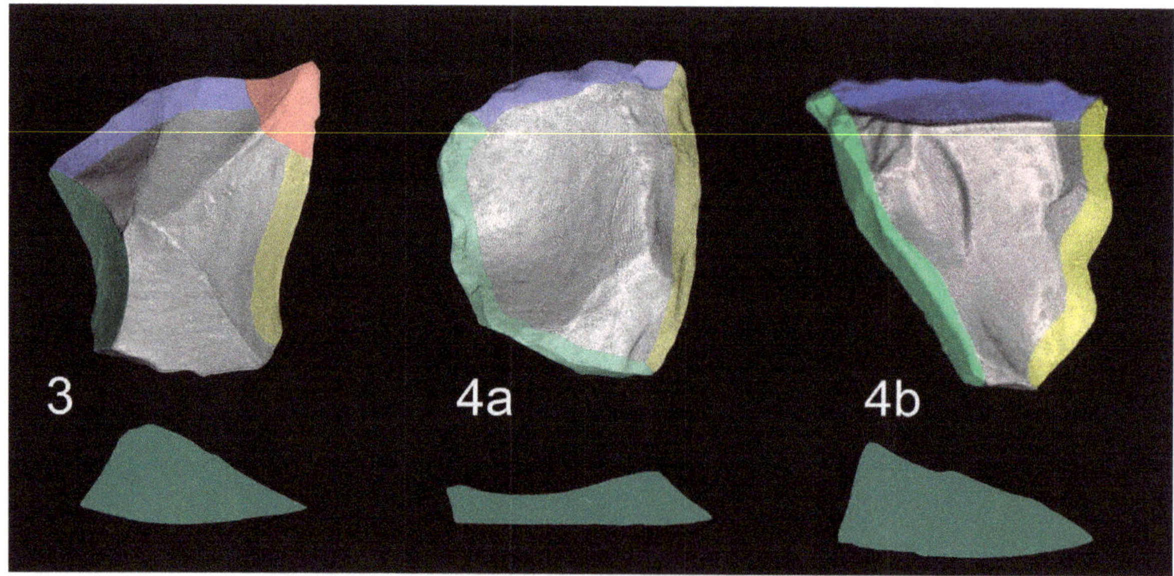

Figura 3.12 Schemi tecno-funzionali 3, 4 e variante 4b evidenziati sulle scansioni 3D dei manufatti. In rosso, l'UTF di punta, in giallo il margine tagliente principale (CT1), in blu in margine tagliente opposto distale (CT2), in verde il dorso (CP1), in marrone l'unità prensiva alla base (CP2). Le sezioni trasversali sono prese a metà del pezzo.

Questo schema è particolarmente distintivo di schegge debordanti corte e quadrate (Fig. 3.12).
La variante 4b è composta da morfologie più irregolari, tendenti al sub-triangolare, con solitamente due trancianti convergenti opposti al dorso che però non vanno a formare un'unità dalla funzione di punta bensì un tagliente arrotondato o convesso (Fig. 3.12).

- STF 5: questo schema include manufatti dalla morfologia allungata, rettangolari, caratterizzati da due contatti (prensivo e trasformativo) posti su due lati opposti, solitamente paralleli e rettilinei (Fig. 3.13). Questi pezzi sono simmetrici nella morfologia ma non nella funzionalità, e consistono principalmente in schegge debordanti allungate e rettangolari.
- STF 6: questo schema è tipico di pezzi mediamente allungati caratterizzati da un dorso laterale dal profilo convesso o molto convesso e ricurvo. Al contrario, il contatto trasformativo opposto è solitamente rettilineo. La morfologia finale assunta dalla variante 6a ricorda quella di una "mezzaluna" o coltello a dorso ricurvo (se il dorso è continuo) o di un trapezio (se il dorso è sagomato, spezzato in più tronconi). Se caratterizzato da ritocco bifacciale, ricorda il *keilmesser* di tipo *Buhlen.*
La variante 6b è composta da due contatti prensivi che formano una parte passiva convessa. Uno di questi è presente alla base e uno sul lato, come nei *Bocksteinmesser*. Non è provvisto di punta ma il margine tagliente può essere leggermente convesso.

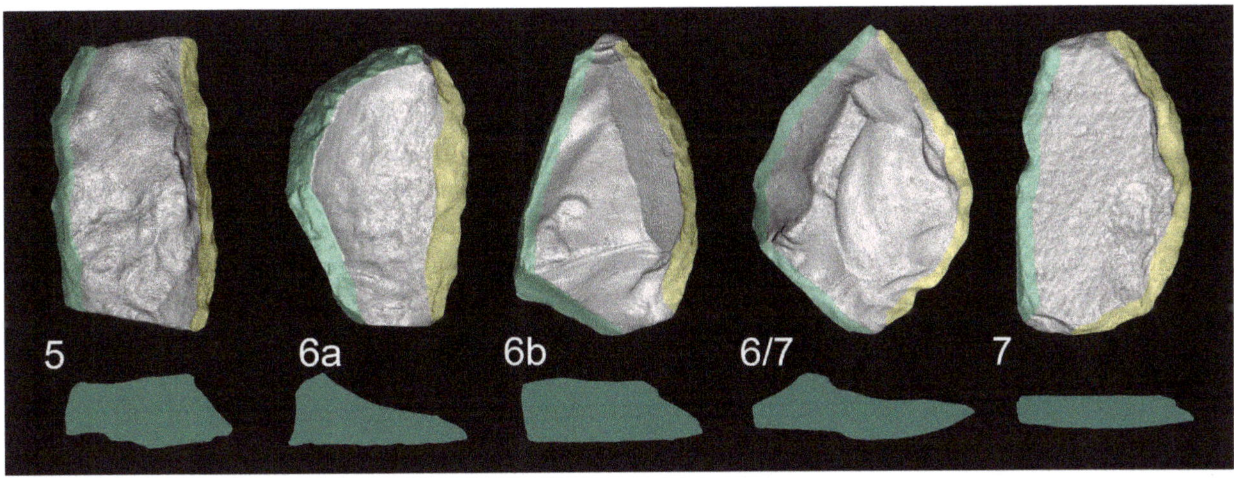

Figura 3.13 Schemi tecno-funzionali 5, 6, 7 e varianti 6b e 6/7 evidenziati sulle scansioni 3D dei manufatti. In giallo il margine tagliente principale (CT1) e in verde il dorso (CP1). Le sezioni trasversali sono prese a metà del pezzo.

- STF 7: al contrario dello schema 6, questi strumenti mediamente allungati presentano un dorso laterale che è perlopiù rettilineo, opposto ad un tranciante che invece è da poco a notevolmente convesso. La morfologia è asimmetrica e solitamente semicircolare.
La variante 6/7 si pone a metà tra i suddetti schemi, con pezzi aventi dorso e tranciante mediamente convessi, spesso convergenti, ma in ogni caso assenza di una punta distale. La morfologia è ovalare/romboidale e più simmetrica.

Tipi di strumenti e schemi tecno-funzionali

Se si indaga la distribuzione degli schemi tecno-funzionali nelle diverse tipologie di strumento, appare evidente che i *keilmesser* sono distribuiti esclusivamente tra gli STF 1, 2, 6, 7 e varianti, mentre gli STF 3, 4 e 5 sono riservati quasi esclusivamente a supporti su scheggia (Tab. 3.6). Gli schemi che caratterizzano i *keilmesser* sono anche quelli più vari: questo vale per la presenza della punta, di diversi contatti appaiati od opposti e per le combinazioni possibili che li rendono supporti polifunzionali. Molti dei *keilmesser* sono definiti grazie alla presenza di tre aree precise (Jöris 2006): base e dorso, margine tagliente e parte distale posteriore, che talvolta può terminare in una punta distale, a seconda del grado di usura e di riduzione dello strumento. Infatti, gli schemi 2 e 2b caratterizzano quasi il 40% dei *keilmesser*. La parte distale posteriore può anche essere assente: in questi casi, i *keilmesser* sono forniti di una punta robusta (STF 1, 26,8%) oppure appaiono come semplici coltelli bifacciali asimmetrici dalle morfologie diverse (STF 6, 7 e varianti).

La presenza dei raschiatoi è molto ben distribuita in tutti gli schemi, e la loro varietà in materie prime, supporti, e forme è significativa (Tab. 3.6). Molto spesso condividono un profilo laterale convesso (STF 6, 6/7 e 7), morfologie più corte e, in taluni casi, seguono gli

Tabella 3.6 Distribuzione degli schemi tecno-funzionali nelle categorie di strumenti

Schema TF	*Keilmesser*		*Raschiatoi*		*Schegge*		*Bifacciali*	
	n	%	n	%	n	%	n	%
1	15	***25,9***	13	*11,2*	12	*7,7*	2	*11,1*
2	11	***19,0***	7	*6,0*	3	*1,9*	2	*11,1*
2b	12	***20,7***	10	*8,6*	4	*2,6*	3	*16,7*
3	\	*0,0*	2	*1,7*	10	***6,5***	3	*16,7*
4	\	*0,0*	7	*6,0*	13	***8,4***	\	*0,0*
4b	\	*0,0*	9	*7,8*	17	***11,0***	2	*11,1*
5	\	*0,0*	14	***12,1***	32	***20,6***	2	*11,1*
6	5	*8,6*	20	***17,2***	10	*6,5*	\	*0,0*
6b	9	***15,5***	6	*5,2*	4	*2,6*	\	*0,0*
6/7	2	*3,4*	8	*6,9*	13	***8,4***	\	*0,0*
7	3	*5,2*	18	***15,6***	30	***19,3***	2	*11,1*
Altro/framm.	1	*1,7*	2	*1,7*	7	*4,5*	2	*11,1*
TOTALE	58	*100,0*	116	*100,0*	155	*100,0*	18	*100,0*

schemi più tipici dei *keilmesser* (STF 1 e 2), da cui si differenziano tipologicamente per il diverso supporto e/o tipo di ritocco. Le schegge, a causa della loro concezione e produzione integrata all'interno di sistemi di scheggiatura principalmente centripeti o unipolari, sono caratterizzate da morfologie debordanti rettilinee o con bordi convessi (Tab. 3.6). Molto comuni sono gli STF 7 e 5; sono presenti anche supporti corti e quadrangolari (STF 4) e punte pseudo-Levallois (STF 3), ottenuti dai già menzionati metodi Discoide e/o centripeto. Gli altri strumenti bifacciali registrano alcuni schemi tipici dei *keilmesser* (STF 2) ma altresì morfologie triangolari che possono essere inserite nello STF 3.

È evidente che sebbene esistano indicazioni specifiche su tecnologia e funzionalità degli strumenti, non esistono schemi esclusivi di una singola tipologia. Tuttavia, la combinazione di questo dato con la specificità delle singole unità, può isolare maggiormente gli strumenti ricercati come obiettivo primario dal punto di vista della loro tecno-funzionalità.

Unità tecno-funzionale prensiva (CP)

I dati ottenuti sulla natura tecnologica delle parti passive degli strumenti (unità o contatto prensivo – CP) rivelano la prevalenza di dorsi su superfici naturali per quanto riguarda *keilmesser* e raschiatoi (Tab. 3.7). In particolare, il 58,6% dei dorsi dei *keilmesser* è costituito totalmente o parzialmente da spesse parti corticali, ammontare che supera il 60% tra i raschiatoi. In questi casi, l'adattamento ai supporti grezzi è anche dimostrato da un discreto numero di dorsi che sfruttano fratture concoidi, presumibilmente naturali, che caratterizzano particolarmente le placchette di *Jurahornstein* al momento della raccolta sui paleosuoli; queste potevano essere altresì sagomate successivamente all'approvvigionamento in una fase iniziale di confezionamento dell'oggetto. I dorsi "tecnici" o di scheggiatura, al contrario, la cui produzione è integrata nei diversi sistemi di *débitage*, sono tipici degli strumenti a dorso su scheggia. Diverse tecnologie di scheggiatura adottate nel Paleolitico Medio, infatti, prevedono il distacco di schegge debordanti o con dorsi di scheggiatura per il mantenimento delle convessità periferiche dei nuclei; come abbiamo già visto, questo è il caso ad esempio delle tecnologie Discoide e Levallois (Boëda 1993; Delpiano & Peresani 2017; Peresani 1998), così come il Quina (Turq 1992), tutte attestate in questi livelli di occupazione. Tuttavia, la presenza anche in questi casi di porzioni di cortice su circa il 40% dei supporti indica che una buona parte di questi manufatti veniva prodotta nelle fasi grosso modo iniziali della riduzione dei nuclei.

Mentre lo spessore del dorso registra piccole variazioni tra i diversi tipi di strumento (in media tra gli 8 e i 9 mm), i dati registrati sugli angoli evidenziano un'asimmetria poco marcata nei dorsi dei *keilmesser*, con l'angolo del bordo inferiore leggermente più acuto di quello del bordo superiore (ca. 88° vs 95°). Questa asimmetria è pressoché assente nei raschiatoi e molto lieve e invertita nelle schegge.

Pertanto, il dorso è generalmente predeterminato sulla base di caratteristiche naturali o della tecnologia di ottenimento dei supporti. La post-determinazione del dorso è rara ma presente; diversi accorgimenti tecnici sono a volte adottati al fine di configurare, adattare o sistemare parzialmente il dorso. Tra questi, sono stati riconosciuti diversi tipi di intervento che saranno descritti più nel dettaglio nel paragrafo seguente in occasione dell'insieme litico di Grotta di Fumane, unità A9: ad esempio, l'intervento sul dorso con ritocco diretto erto o semi-erto generalmente parziale è registrato a livello macroscopico in 26 supporti (soprattutto raschiatoi), anche se la funzione, in questi casi, non è stata oggetto di analisi tracceologiche mirate (Fig. 3.14). Oltre a questo, i *keilmesser* sono caratterizzati da intenso ed esteso assottigliamento sulla faccia inferiore, associato spesso all'abrasione e alla preparazione dei dorsi a partire dalla faccia opposta. La funzione in questi casi potrebbe essere più tecnologica, in quanto tale lavorazione ricorda la preparazione del piano di percussione e collegherebbe questi supporti alla funzione di strumenti-nucleo, che verrà discussa più avanti. Una configurazione molto peculiare si nota con una certa regolarità a livello della congiunzione tra due unità di dorso, specialmente quando queste sono ortogonali: in un discreto numero di pezzi (18 *keilmesser*, 9 raschiatoi e 1 scheggia) si interviene in questo angolo di congiunzione, attraverso degli stacchi diretti, inversi, o molto spesso bifacciali che formano un angolo acuto tra i due dorsi (Fig. 3.15). In altri strumenti

Tabella 3.7 Natura tecnologica del dorso per tipo di strumento

Natura tecnologica del CP	***Keilmesser***		***Raschiatoi***		***Schegge***		***Bifacciali***	
	n	%	n	%	n	%	n	%
Naturale	30	**34,5**	65	**40,6**	50	27,3	6	31,6
Naturale/frattura	3	3,4	3	1,9	2	1,1	\	
Naturale/scheggiatura	18	20,7	32	20,0	24	13,1	6	31,6
Frattura	2	2,3	9	5,6	3	1,6	\	
Frattura/ scheggiatura	15	**17,3**	13	8,1	7	3,8	5	26,3
Scheggiatura	16	18,4	31	19,4	96	**52,5**	2	10,5
Preparato da ritocco	3	3,4	7	4,4	1	0,6	\	

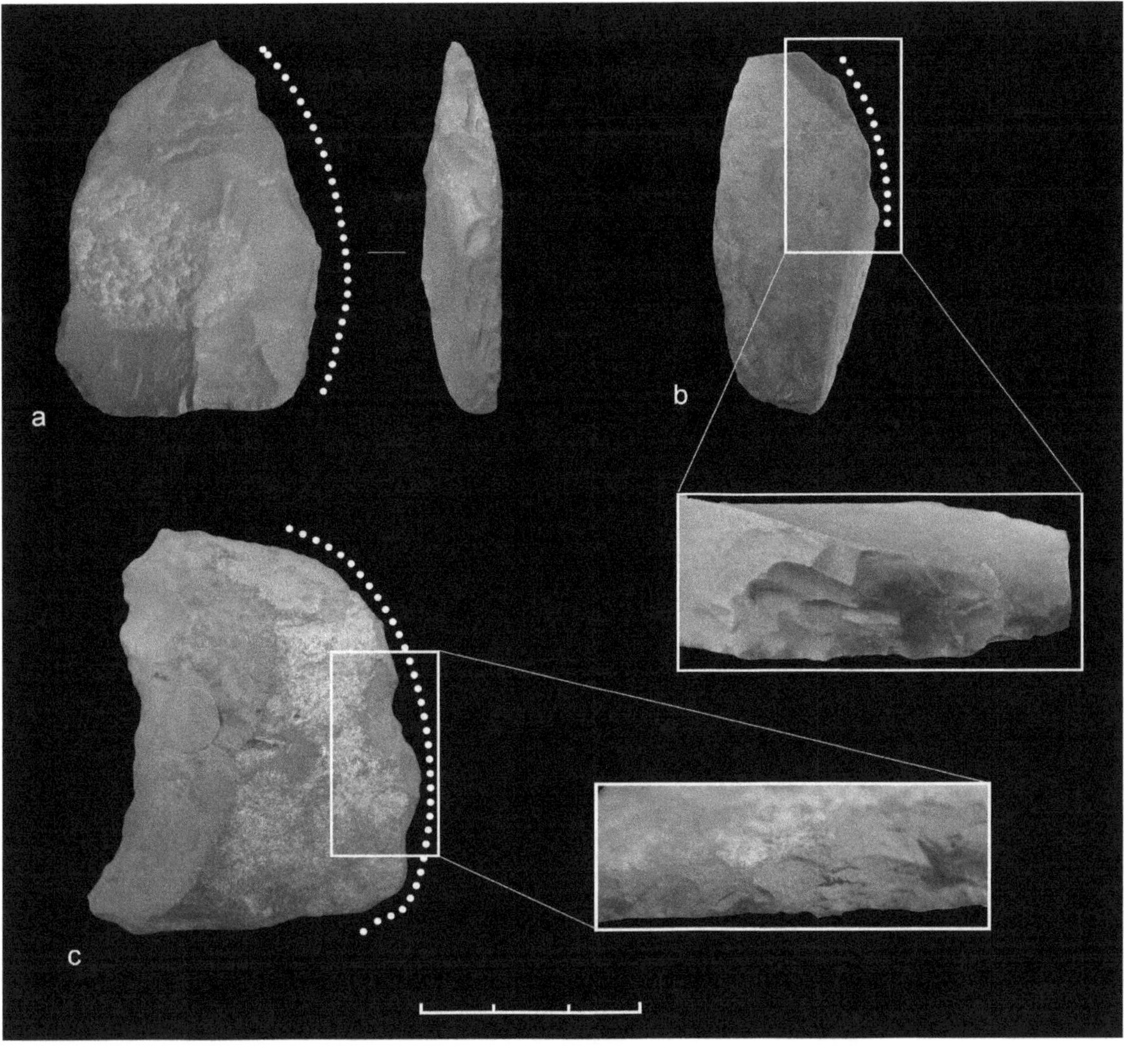

Figura 3.14 Raschiatoi con dorso preparato per mezzo di ritocco diretto totale (a, c) o parziale (b).

questa lavorazione bifacciale è visibile solo alla base (8 keilmesser e 4 raschiatoi); in entrambi i casi si potrebbe trattare di configurazioni atte a configurare i supporti alla prensione manuale o all'inserimento in un manico.

Infine, il dorso dei manufatti su scheggia è spesso lasciato grezzo, non ritoccato. Talvolta, si registrano abrasioni o stacchi a partire dal margine superiore del dorso riconducibili alla configurazione della cornice periferica dei nuclei da cui le schegge sono state ottenute.

Unità tecno-funzionale trasformativa (CT)

L'analisi e il confronto dei margini taglienti (unità o contatto trasformativo – CT) dei manufatti in esame sono state particolarmente significative, soprattutto in considerazione dell'angolo attivo del margine e del bisello del diedro, fattori che influiscono notevolmente sulla funzionalità dei coltelli, passati e presenti.

Gli angoli attivi mostrano una certa conformità tra i *keilmesser* e i raschiatoi, con medie per gli angoli minimi che si attestano attorno ai 41° e per gli angoli massimi attorno ai 56°, mentre quelli medi appena sotto i 50°; test statistici confermano che non esistono differenze tra *keilmesser* e raschiatoi (Tab. 3.8). Questa sovrapposizione è invece in contrasto con i dati provenienti dagli strumenti su scheggia, che mostrano angoli decisamente più acuti con uno scarto di circa 10° (Fig. 3.16). Tale dato dipende sicuramente dalla natura di questi manufatti, utilizzati quasi esclusivamente grezzi e non ritoccati, e pertanto atti a mantenere quasi sempre l'angolo attivo originale, creato nel momento della scheggiatura. Al contrario, la creazione post-determinata del CT per mezzo di ritocco, che determina la fabbricazione di strumenti come *keilmesser* o raschiatoi, configura inevitabilmente angoli più aperti. Se un angolo piuttosto ampio può essere l'obiettivo stesso nella pianificazione di strumenti utilizzati con movimenti trasversali e con la funzione di raschiare, può rappresentare invece una conseguenza della rimessa in forma del margine tagliente a seguito di diverse fasi di ritocco nel caso di strumenti utilizzati come coltelli in senso stretto. Tuttavia, in letteratura sono riportati diversi accorgimenti al fine di mantenere l'angolo del margine tagliente (Boëda 1995; Frick et al. 2017; Iovita 2014).

I dati sui biselli registrati a partire dalle sezioni trasversali confermano una certa differenza che si esprime sia sulla

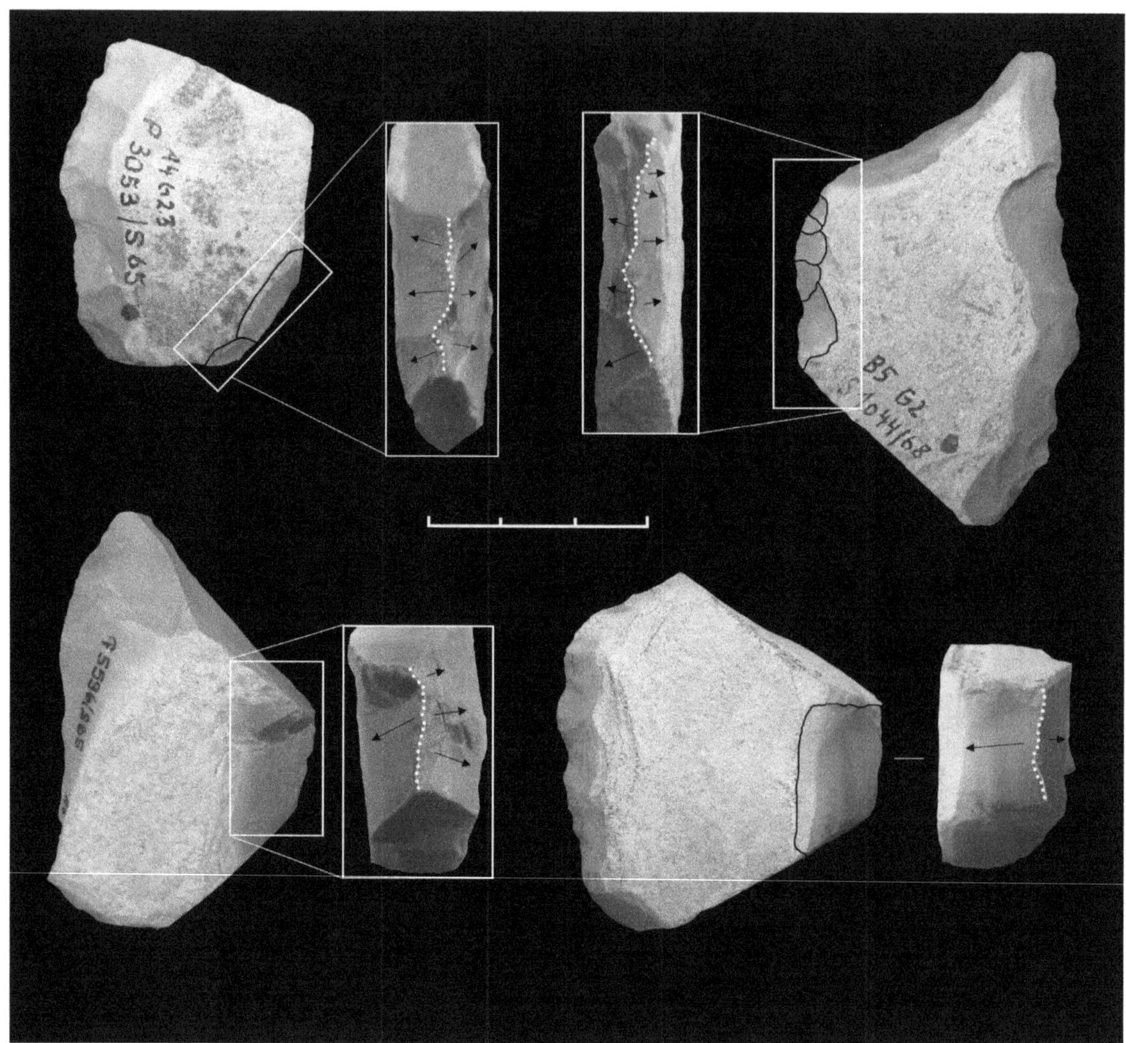

Figura 3.15 ***Keilmesser*** **e raschiatoi che recano stacchi bifacciali o unifacciali in corrispondenza delle congiunzioni tra due unità prensive.**

Tabella 3.8 Dati statistici sugli angoli medi calcolati sui margini taglienti di keilmesser, raschiatoi e schegge con dorso

	Keilmesser	Raschiatoi	Schegge
N	68	138	192
Min	27.5	17.5	15
Max	72.5	75	72.5
Somma	3332.5	6685	7200
Media	49.00735	48.44203	37.5
Deviazione Standard	9.888744	9.863128	10.303
Mediana	47.5	47.5	37.5
25 percentile	40	40	30
75 percentile	57.5	55	42.5
Mann-Whitney U test con *keilmesser*	\	$p = 1$	$p = 6.211E-12$

faccia ventrale che dorsale (Fig. 3.17). I *keilmesser* condividono un'alta frequenza di biselli piano-concavi sulla faccia inferiore (classe 3) seguiti dai piani (classe 4), mentre sulla faccia superiore sono perlopiù piano-convessi (classe 5), seguiti dai convessi (classe 7). Le schegge e i raschiatoi mostrano valori più conformi per il bisello inferiore che, a causa probabilmente del supporto comune e maggioritario su scheggia, registrano perlopiù valori piani (classe 4), o tutt'al più piano-convessi (classe 5), specialmente nelle sezioni prossimali, a causa della convessità peri-bulbare delle schegge. Il bisello dorsale, invece, è generalmente piano-convesso (classe 5) per le schegge, e più marcatamente convesso (classe 7) per i raschiatoi, foggiato dai diversi ordini e fasi di ritocco. Pertanto, il tipo di bisello può

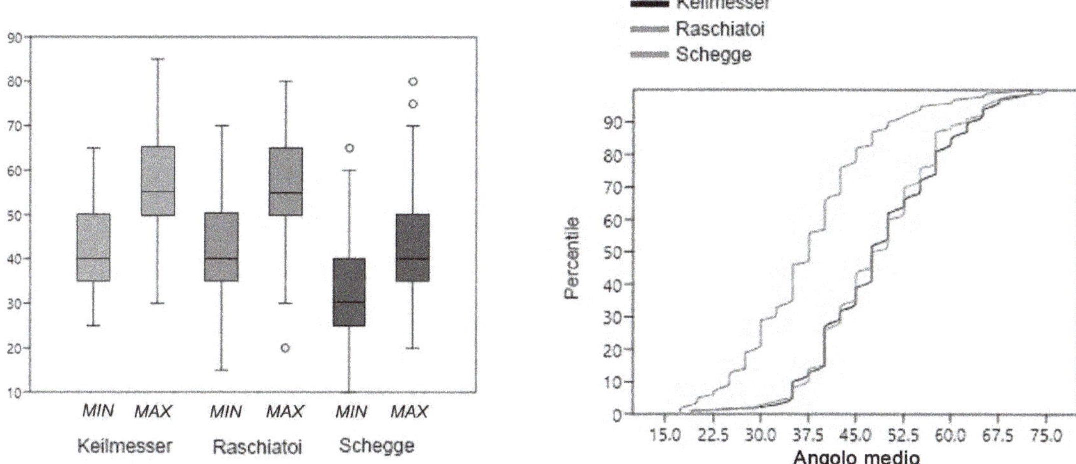

Figura 3.16 Angoli minimi e massimi (a sx) e medi (a dx) dei bordi taglienti per categorie di strumenti.

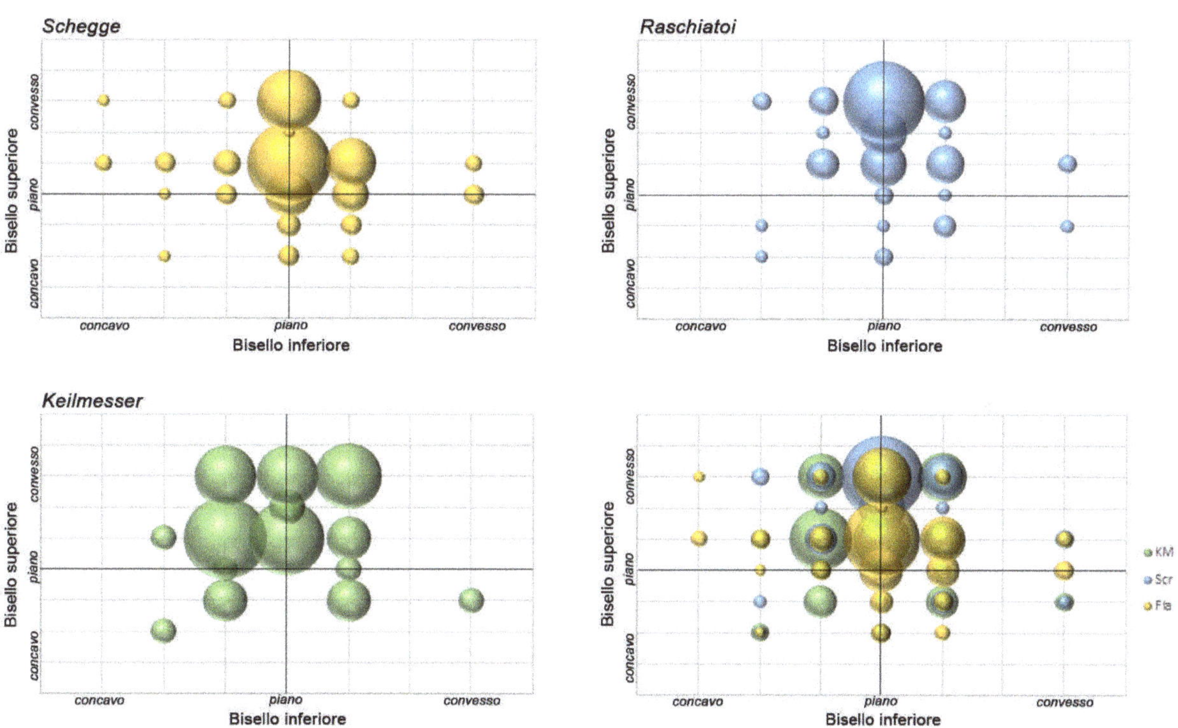

Figura 3.17 Distribuzione delle classi del bisello dei margini taglienti per tipo di strumento.

rappresentare anch'esso, al contempo, un obiettivo integrato nella configurazione di un supporto concepito per una certa funzione, oppure una conseguenza della fabbricazione e dell'utilizzo dell'oggetto.

Questi dati rappresentano infatti una diretta conseguenza dell'origine e della concezione tecnologica del CT. Come già sottolineato, per quanto riguarda i *keilmesser* è sempre post-determinata, ovvero concepita e creata attraverso ritocco solitamente bifacciale: concavo ed invadente sulla faccia ventrale, e con stacchi convessi sulla faccia dorsale. Anche i raschiatoi sono quasi sempre caratterizzati dalla post-determinazione del CT, attraverso diversi tipi di ritocco diretto sopraelevato e in ben 25 casi (21,5%) con ritocco bifacciale. Le schegge conservano perlopiù un CT predeterminato al momento del distacco; le poche post-determinate (4,5%) o miste (10,3%) presentano un ritocco marginale, in diversi casi inverso, e che influisce poco sulla morfologia generale del CT e mantiene biselli perlopiù piani sulla faccia ventrale e piano-convessi sulla faccia dorsale.

3.3.4 Morfometria Geometrica 3D

I risultati delle analisi morfologiche su 193 modelli 3D presi in esame indicano che la variabilità morfologica dei raschiatoi e delle schegge con dorso è maggiore rispetto a quella dei *keilmesser*, rispettivamente di circa il 12% e il 18% (Tab. 3.9).

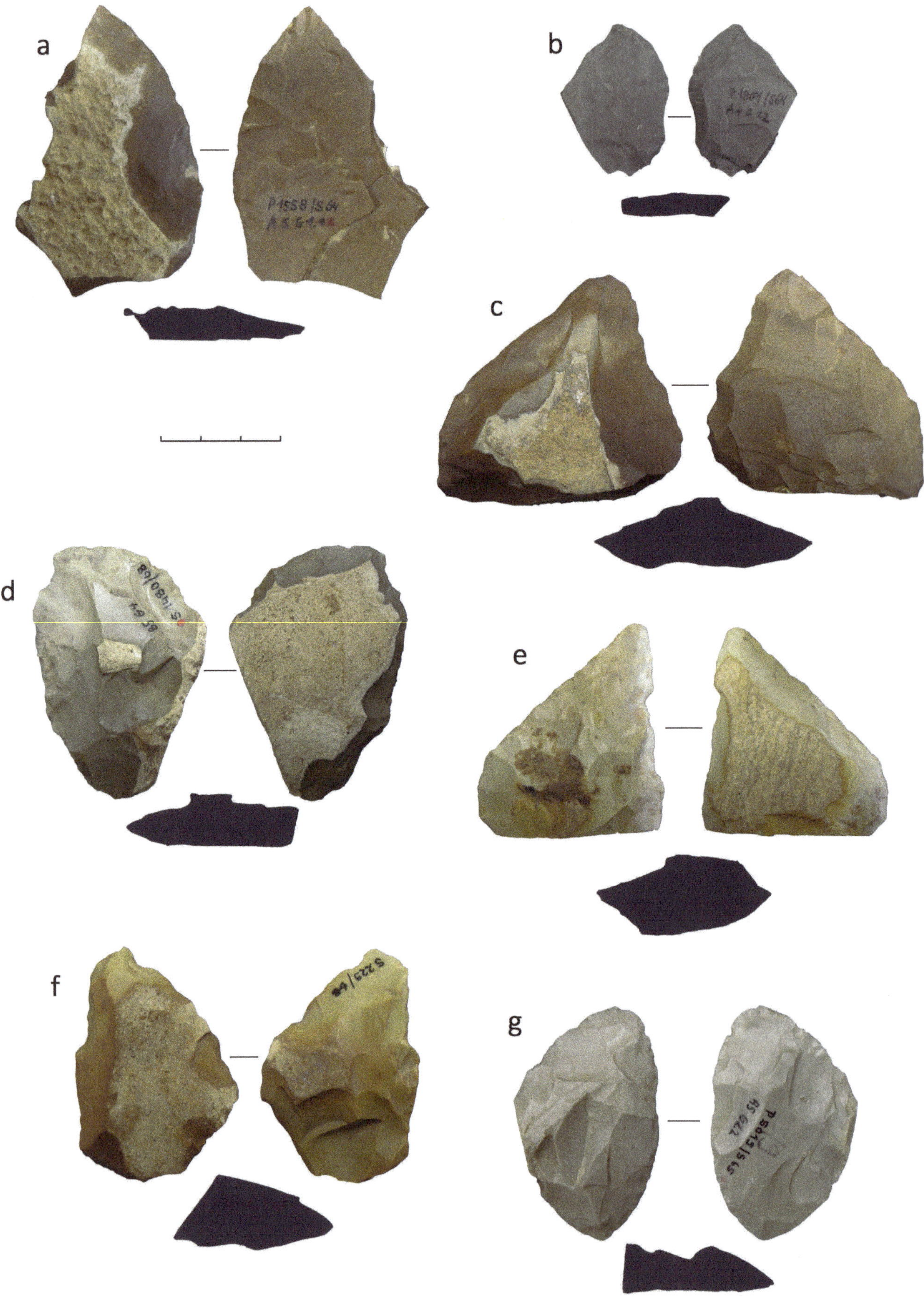

Figura 3.18 Altri bifacciali con dorso dai G-Complex di Sesselfelsgrotte con sezione trasversale ottenuta dal modello 3D

Tabella 3.9 Variabilità morfologica e taglia del centroide dei gruppi formati dalle tipologie di strumenti calcolate con l'analisi delle componenti principali sui modelli 3D.

	N°	Variabilità	Taglia Centroide
Bifacciali	12	1771,186	10865,52
Schegge	47	1775,09	9787,911
Keilmesser	55	1500,649	10036,23
Raschiatoi	79	1674,179	11166,03

Questo dato è mostrato anche nella visualizzazione del grafico a dispersione che presenta la distribuzione dei manufatti lungo le prime due componenti principali della PCA, che da sole spiegano il 46,71% della variabilità totale; qui i *keilmesser* occupano una parte più ridotta e centrata nel grafico, confermando di essere strumenti con un certo livello di standardizzazione generale (Fig. 3.19a). Il dato assume più valore dal momento che il numero di modelli 3D analizzati è superiore al numero delle schegge o molto superiore a quello degli altri bifacciali, e inferiore solo ai raschiatoi.

Tuttavia, la differenza con i raschiatoi è minima: i risultati di diversi *Wilcoxon rank-sum test* sulle distanze interpunto tra le medie dei gruppi e le taglie dei centroidi confermano che le forme medie, la variabilità morfologica e le taglie dei centroidi tra *keilmesser* e raschiatoi non sono significativamente differenti. Questa distanza è maggiore tra raschiatoi e schegge (nonostante i supporti

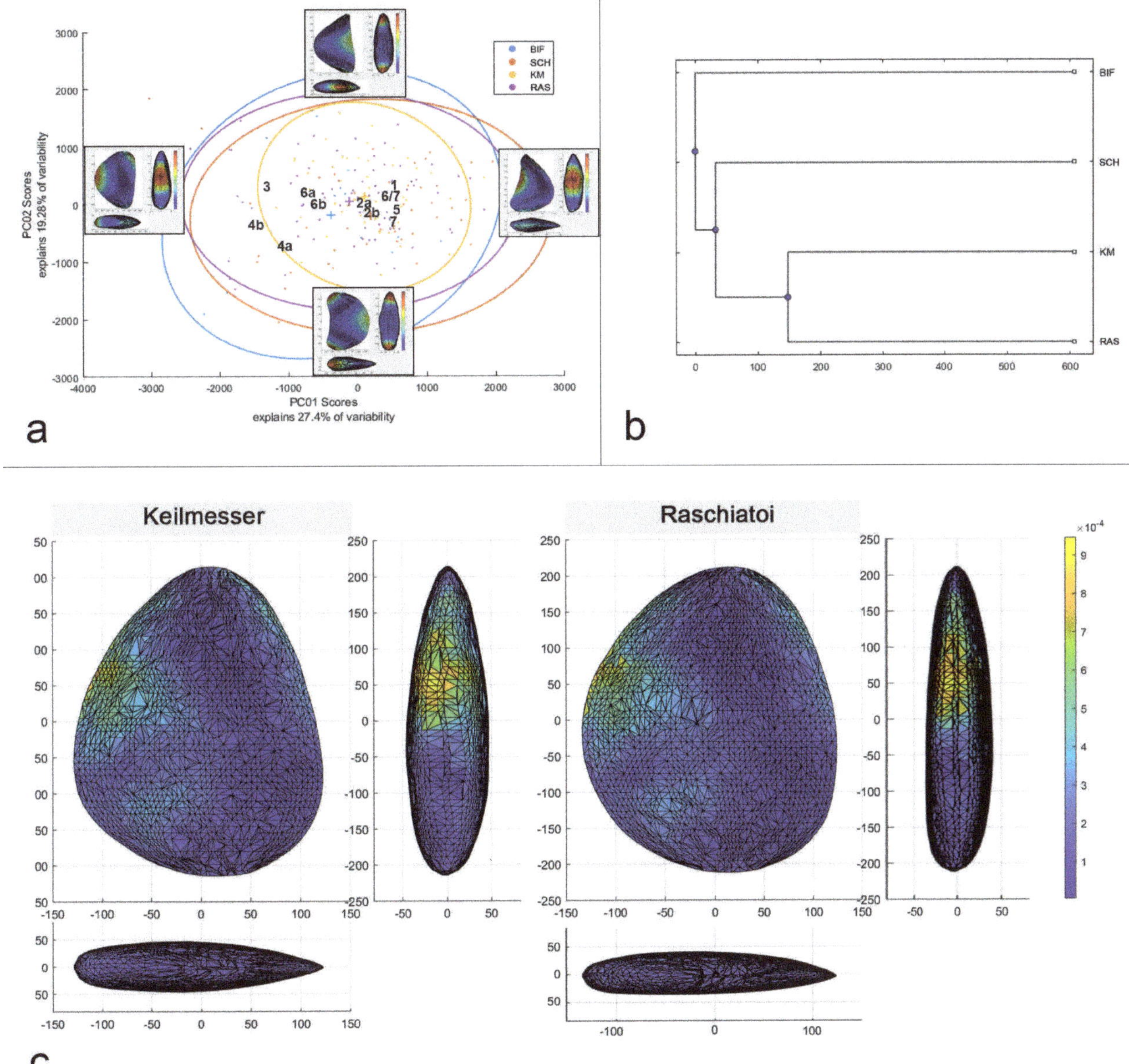

Figura 3.19 Analisi di morfometria geometrica sui modelli 3D, espressa per tipi di strumenti: grafico a dispersione basato sull'analisi delle componenti principali (a), distanza euclidea tra i cluster (b), e confronto di morfologie medie tra keilmesser e raschiatoi.

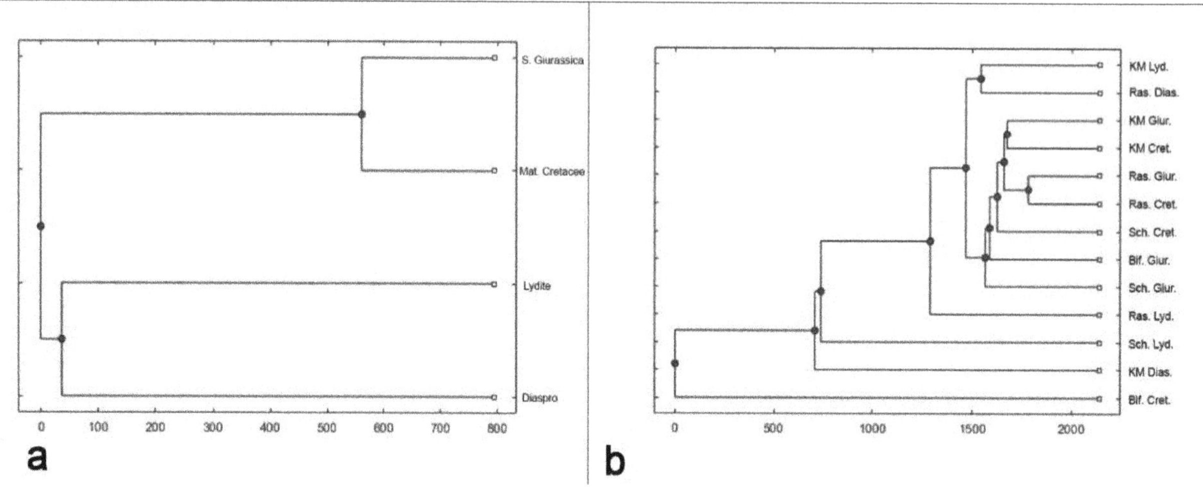

Figura 3.20 Distanza euclidea tra i cluster formati dalle materie prime (a) e dai tipi di strumenti più le materie prime (b)

di partenza, dal punto di vista tecnologico, siano spesso i medesimi) e ancora maggiore tra *keilmesser* e schegge e tra *keilmesser* e altri strumenti bifacciali (Fig. 3.19b). Pertanto, i *keilmesser* e i raschiatoi sono morfologicamente piuttosto vicini: un confronto diretto tra le forme medie di entrambe le classi evidenzia una maggiore strozzatura nei primi accompagnata da un minor arrotondamento e da una terminazione più stretta (a causa dei molti strumenti appuntiti). Le aree più variabili, infatti, sono quelle laterali meso-distali (Fig. 3.19c).

C'è tuttavia la possibilità che tale variabilità dipenda da fattori non controllabili nel corso della lavorazione ma conseguenti alla scelta di materie prime o supporti. Per questo motivo, questi attributi sono stati integrati nell'analisi morfologica e le variabilità singole e combinate ai diversi tipi di strumenti sono state interrogate: La morfologia dei manufatti in selce giurassica è del tutto simile a quella in materie cretacee: le differenze principali sono localizzate nella punta poiché la prima è più tipica dei *keilmesser* mentre la seconda è maggiormente associata agli strumenti su scheggia, solitamente privi della punta. La morfologia delle radiolariti differisce dalla variabilità delle materie prime principali: in questi casi la natura grezza dei supporti è molto diversa e influisce chiaramente sulla morfologia degli strumenti (Fig. 3.20a).

Se incrociata con i dati sui tipi di strumenti, è evidente che la distanza tra i sottogruppi è in maggior misura in funzione dei tipi (per quanto riguarda *keilmesser* e raschiatoi), e solo in minor misura in funzione della materia prima (Fig. 3.20b).

Allo stesso modo, se andiamo ad interrogare i supporti di partenza, abbiamo sottolineato che la maggior parte può essere divisa in tre categorie: schegge tecnologiche, placchette e schegge di gelifrazione. Le loro morfologie medie sono estremamente simili: la sola lieve differenza riguarda la variabilità, che tuttavia si presenta come direttamente proporzionale al numero di campioni analizzati per ogni tipo: più questi aumentano, più la variabilità è maggiore. Pertanto, appare chiaro che il supporto grezzo di partenza non può aver influenzato significativamente la morfologia se non in minor misura, e principalmente a riguardo delle dimensioni.

4

Grotta di Fumane

Fumane is a cave-site located at 350 m asl in a narrow valley within the Venetian Prealps. The site, uninterruptedly investigated during the last 30 years, represents one of the most remarkable archaeological deposits in Europe regarding the Upper Pleistocene, especially for the high resolution with which the transition from the Middle to the Upper Palaeolithic can be examined. Its impressive stratigraphic sequence includes about 12 meters of occupational layers, initially divided into four macro-units: S (sands), BR (breccias - pebbles), A (anthropic), D (debris). Underlying S and BR layers mainly contain ephemeral Neanderthal occupations probably dated from MIS 5-6 or before to MIS 4 and characterized by a dominance of the Levallois knapping method, with the presence of isolated handaxes and Quina technology between BR6 and BR4. The macro-unit A, dated to MIS 3, defines a series of intense occupations recognized as Mousterian (unit A12-A4), Uluzzian (A3) and Aurignacian (A2-A1). The Mousterian layers mark an alternation between Levallois and Discoid, particularly evident in the units selected for this study (A10-A11 and A9). The former, subdivided into thin levels, returned material from the 2014-2016 campaigns as well as old investigations, showing the predominance of the Levallois knapping method, mainly applied in the recurrent unidirectional variant for the production of elongated flakes. The application of the Discoid and the Kombewa-type methods on cores and cores-on-flakes is also documented. The above A9 unit, widely investigated in the last years, attests a sharp change towards the almost exclusive adoption of the Discoid method, structured in two reduction sequences: the main one and the type-kombewa variant on flakes. The objectives are the production of thick and multifunctional blanks often equipped with a back, suitable for the processing of medium-hard materials. These units record a techno-behavioural shift that occurred about 50-48 thousand years ago, accompanied by conflicting data documenting an apparent continuity in the paleoenvironment and concerning the exploitation of animal resources. Again, Levallois assemblages (Units A5-A6 and A4) seal the Mousterian sequence before the Uluzzian.

Fumane A9 unit yielded 341 backed tools, selected from a set of naturally or knapping backed tools amounting to about 1500 artefacts. The selection was carried out empirically based on the first-choice products, discarding the technical products and core-management flakes produced with Discoid and Kombewa-type methods. One of the selection criteria was the retouching and macro-traces localized on the backs, particularly widespread in A9 unit. A database was produced after technological, techno-morphological and techno-functional analysis, with 3D documentation applied to 171 tools. Finally, a use-wear analysis protocol was developed to investigate the tools with prepared back; this was accompanied by experimental activities of tools' reproduction and use. The partition in raw materials and techno-typological categories is weight-comparable to the one of the lithic assemblage in its entirety: raw materials are dominated by the cherts of the local cretaceous formations of Maiolica, Scaglia Rossa and Scaglia Variegata Alpina. In addition to these, the semi-local cherts of Eocene and Oolithic formations record a fragmentation of the reduction sequences and a specific introduction according to distance from the source and textural quality. Allochthonous cherts and recycled pieces complete the variegated picture. The selected artefacts are backed flakes with a knapping back (core-edge-removal flakes), pseudo-Levallois points, flakes with cortical back and Kombewa-type backed flakes. There are some backed scrapers, particularly among the very few Levallois blanks which seem to have been imported to the site. The blanks knapping technique is the direct percussion without configuration of the striking platform, attested by flat butts and wide knapping angles (110°). Hard hammers are mostly used, with coexistence of soft stone hammers in the early stages of core reduction. The pieces are rather short and relatively wide and thick (36.4 x 25.6 x 10.5 mm), with low laminarity index especially for typically discoid pieces, while cortical ones are more elongated. The backed portions (dominated by the technological knapping backs) are rather convex (especially the kombewa-type tools) or relatively straight, thick and slightly asymmetrical in section. The cutting edges are equally convex and almost always left unretouched, apart from few marginally retouched tools or simple scrapers. The average among CTs cutting angles is around 38°, fairly constant with respect to the reduction phase, the raw material, and slightly different according to the knapping method. The bevels reveal a slightly marked asymmetry of the dihedral, that is lower flat and upper flat or flat/convex, vitiated by the peri-bulbar concavity and convexity. The bevels of the pseudo-Levallois points are usually flat and more symmetrical. The recurring techno-functional schemes confirm the search for different types of products: the most numerous are characterized by a curved edge, more often the CT than the CP; then, a typical scheme is the one referred to short and versatile tools; finally, the scheme typical of tools equipped with *dejeté* points and opposite back. If we investigate the relationship between the tool size and the cutting angle, a decrease of the angle is noticeable with smaller and lighter tools. This is not a technological consequence, but a deliberate choice in order to access two main categories of artefacts: small tools with acute angles for precision activities and large tools with wider angles for high-power activities. Morphological lateralization of the backs is testified by a preponderance of right-sided backs, which could indicate a manual hierarchization during knapping.

The presence of backs created or modified by retouching was an opportunity to develop dedicated analyses, starting from the classification of the technical arrangements, differentiated into 5 types: the entire manufacturing of the back with continuous abrupt or semi-abrupt retouching (Type 1); the modification and regularization of a pre-existent back through partial abrupt retouching (Type 2); the regularization of the back on the ventral face through thinning (Type 3); detachments starting from the back's upper edge developing on the dorsal face (Type 4a) or on the back itself (Type 4b); finally, isolated abrasions or tiny detachments (Type 5). Many products show a combination of these interventions. Regarding types 1 and 2, the kombewa-type blanks and the pseudo-Levallois points are particularly appreciated. Experimental replications allowed to define the retouching techniques, carried out with direct percussion, bipolar on anvil or with simple abrasion. Then, replicas were used for a variety of activities (cutting, scraping) and for processing materials of different nature (animal butchering, dry and wet wood processing, soft and dry leather processing). During the experiments, most of the tools were manually held, with the exception of two hafted tools, manipulated using the "split" and "juxtaposed" hafting techniques. The tools have proven to be efficient, and experiments show that a retouched back increases the grip potential especially in working with greasy and fatty material, i.e. when processing materials of animal origin. Moreover, the convex backs are particularly efficient in grasping for high-power activities. Cutting efficiency suddenly drops during carcass processing because of the contact with the bone that causes micro-detachments. At the same time, use-wear analysis on a selection of prepared backed tools allowed us to identify diagnostic traces on 30 pieces. Unfortunately, micro-wear has not been considered reliable due to post-depositional alterations (soil sheen); anyway, macro-wear has been associated with several activities. Micro-chipping is mainly characterized by oblique and transversal orientation patterns; this data suggests that the tools have been used to perform longitudinal and transverse movements attributable to cutting and scraping activities. The stepped terminations are often associated with moderate to intense rounding of the edges, evidence that indicates the processing of medium-hard materials; moreover, detachments with feather terminations and light rounding indicate the processing of soft and moderately soft materials, such as fresh and dry skin. On two pieces, traces comparable to those associated with the processing of plant materials have been also identified (wood plant processing). In particular, scraping is more documented on medium-hard materials and cutting on medium-soft materials: the pieces are therefore suitable for butchering with scraping-cleaning of bones for meat. The traces of rounding on the backs, especially on the retouched ones, resemble the wear of the experimental replicas, in particular those used for the processing of animal materials, and confirms the effectiveness of these tools for butchering activities. Almost all the pieces seem to have been used manually: wear on backing edges that can be associated with haft was only observed on two artefacts. Finally, the statistical shape analyses concerned 170 3D models. Tools with retouched back are highly variable; they were taken from a wide range of blanks, each of which has undergone specific modifications targeted to the use. Furthermore, shape analysis is consistent with the recognized techno-functional schemes, while raw materials and knapping methods do not seem to statistically influence the final morphology of the tools.

One hundred and twelve backed tools have been analysed from Fumane A10-A11 units, following the same selection criteria as A9. The lower number compared to A9 is due to several reasons: the smaller excavated area and the lower incidence of backed tools in this layer. This fact is related to the adoption of the recurrent unipolar variant of Levallois method that is the most attested knapping method, far exceeding non-Levallois unidirectional and Kombewa-type methods, but also many undetermined pieces (detached in the first stages of surface core-exploitation) are present. The 3D documentation has been here applied to 69 artefacts. Results from A10-A11 units show that the products are core-edge-removal flakes, few *dejeté* points, and especially flakes with cortical back. The used knapping technique is the direct percussion, carried out with hard (70%) and soft stone (30%) hammers. The preparation of the striking platform is widespread, proven by facetted butts. The exploited raw materials are the same as A9 unit, supposedly with few quantitative and qualitative differences; most of the pieces preserve traces of cortex on the dorsal surface. The artefacts are rather small and elongated (45 x 25 x 8.2 mm on average), with laminar index higher in A11 unit. Many laminar artefacts are produced with unidirectional and Levallois methods. Few other differences are noted according to raw material and knapping method. The backs are fairly straight or a bit convex, with natural or knapping surfaces. The cutting-edges are slightly more convex (but less than Discoid blanks from A9) and when retouch is present (very rarely), it is mostly partial or aimed to manufacture simple scrapers. The cutting angles are acute, attesting on 35° or 33° for not retouched artefacts. The more acute edges are typical of kombewa-type blanks. A recurrent and standardized asymmetry on bevels is noticed: this is flat on the lower surfaces and flat-convex on the upper surfaces, while it is inverse for kombewa-type blanks. Small-sized tools are characterized by a longer cutting-edge in respect to the small back; on the other hand, the opposite is true for bigger artefacts, having longer and convex back. The techno-functional schemes confirm the primary search for elongated products, with no tip but characterized by two lateral techno-functional units with opposite functions. However, the Levallois method and some types of chert also produce a more variegated set of schemes, including the pointed tools and the short and squared ones. Regarding backs lateralization, a less marked hierarchization is recorded if compared to A9 unit, perhaps related to the Levallois method. 3D geometric morphometrics record a certain analogy between the raw materials and the obtained blanks, with a degree of standardization among unidirectional products. Similarities are noted between A10I and A11 sub-units, both oriented towards a rather laminar production, contrary to A10IV sub-unit.

4.1 Sito e contesto

Grotta di Fumane si trova a circa 350 metri sul livello del mare, nella parte meridionale dei Monti Lessini, in provincia di Verona. Si apre verso sud all'interno di calcari Giurassici (Ooliti di San Vigilio), in una stretta valle (Vajo di Manune) tributaria di destra del principale Vajo di Fumane, che la collega direttamente alla vicina piana olocenica (Fig. 4.1). Il deposito archeologico è stato inizialmente intaccato nei livelli inferiori in prossimità di una strada, durante i lavori per il suo allargamento nel 1964. Al sito è stato dato inizialmente il nome di Riparo Solinas, dal nome dello scopritore, che con F. Mezzena indagò per primo la stratigrafia, e per il fatto che la cavità si trovasse in quel momento completamente occlusa dal sedimento presentandosi quindi come un riparo sotto roccia. Alla ripresa delle ricerche negli anni 80, poi sistematicamente svolte dal 1988 con una direzione congiunta dell'Università di Ferrara (Prof. A. Broglio) e dell'Università di Milano (Prof. M. Cremaschi), sono venute alla luce le tre gallerie che si aprono ad un'altezza più rilevata rispetto alla strada: un'ampia galleria centrale (galleria B) e due piccole gallerie laterali (galleria A e C).

4.1.1 Stratigrafia

Grotta di Fumane è uno dei giacimenti più importanti d'Europa per quanto riguarda il Paleolitico, soprattutto per l'alta risoluzione con cui si può indagare la transizione dal Paleolitico Medio al Paleolitico Superiore. La sua impressionante sequenza stratigrafica comprende circa 12 metri di livelli di occupazione e di abbandono da parte prima di *Homo neanderthalensis* e poi di *Homo sapiens*. Questa sequenza è stata inizialmente suddivisa, a partire dagli scavi svolti alla fine degli anni 80 soprattutto nel settore orientale del riparo all'apertura della cavità, in quattro macro-unità, distinte in base al substrato geologico, alle caratteristiche litologiche e alla tipologia e organizzazione del contenuto archeologico (Fig. 4.1). Dal basso, sopra alle sabbie dolomitiche residuali, sono presenti:

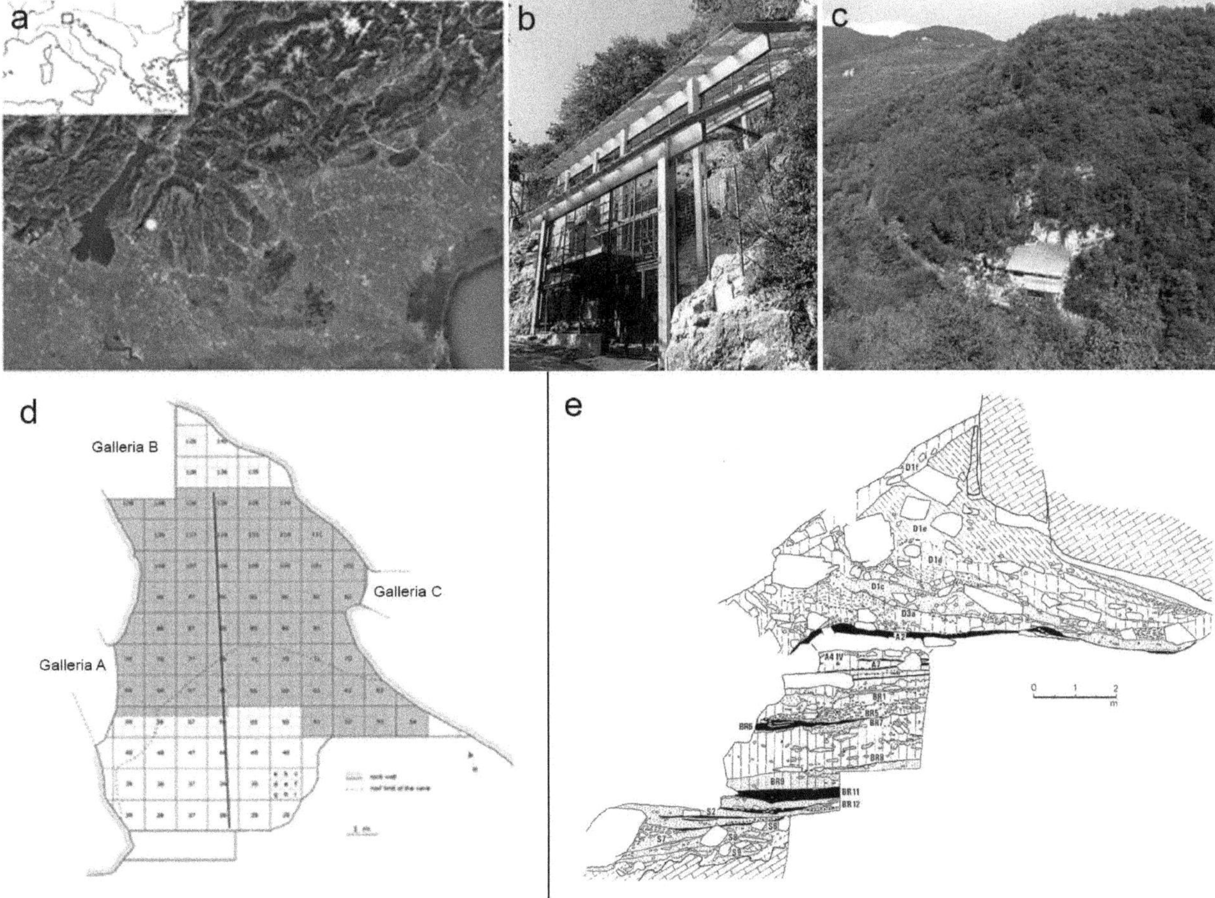

Figura 4.1 Localizzazione di Grotta di Fumane in Italia nord-orientale (a); veduta del sito (b) e del Vajo di Manune (c); pianta della grotta con posizionamento della sequenza stratigrafica (d); sequenza stratigrafica in sezione longitudinale (e).

1. Macro-unità S, formata da sabbie derivanti da disgregazione di calcare dolomitico, da loess e da materiali crioclastici con spigoli smussati, perlopiù calcari autoctoni. La macro-unità si articola in livelli inizialmente inclinati verso l'esterno della cavità e in un secondo momento planari. Sono presenti livelli di frequentazione Musteriani con strutture di combustione, inizialmente collocati tra l'ultimo Interglaciale e il I Pleniglaciale Wurmiano, anche se ricerche in corso sembrano indicare datazioni più antiche, inquadrabili nel Pleistocene Medio (Peresani, com. pers.). Il limite nella parte superiore della macro-unità è netto.
2. Macro-unità BR, in quanto caratterizzata dalla presenza di breccia di origine termoclastica mista a loess, e dall'assenza delle sabbie residuali. Non ci sono evidenze di apporti colluviali, ma si registra una netta discontinuità tra le unità BR6 e BR7, indicata anche da prospezioni geofisiche, forse da riferirsi ad una superficie di erosione (Abu Zeid et al. 2019). le sotto-unità sono organizzate secondo una stratificazione planare leggermente inclinata verso l'esterno della cavità, e sono interessate da un'antropizzazione minore se si eccettua il suolo d'abitato dell'unità più antica, BR 11. Il limite superiore è netto e planare.
3. Macro-unità A, datata al MIS 3 e distinta dalla precedente soprattutto sulla base dell'intensa antropizzazione Musteriana (unità A12-A4), Uluzziana (A3) e Aurignaziana (A2-A1). È formata da livelli orizzontali di breccia termoclastica con frazione fine rappresentata da sabbie residuali provenienti dalla dissoluzione del calcare dolomitico nella parte inferiore (A13-A12) e limi eolici in quella superiore (A11-A1). L'incidenza diversa di queste principali frazioni granulometriche e la variazione del contenuto in materia organica permettono la suddivisione dell'unità nei numerosi livelli di occupazione antropica; questi si mostrano come straterelli scuri (di spessore centimetrico-decimetrico) intercalati da straterelli più chiari con apporti antropici molto scarsi. Il limite superiore è piano e netto.
4. Macro-unità D, chiude la sequenza ed è formata da detriti che hanno ostruito l'accesso alla grotta e riempito la cavità principale e le due gallerie secondarie. Questa unità, caratterizzata dalla presenza di corpi sedimentari differenziati o grandi massi accumulati e scivolati verso l'interno e l'esterno della grotta, è da riferirsi a tre principali episodi detritici provocati da macrogelivazione alternati a episodi di sedimentazione eolica e colluviale e di pedogenesi. Tali episodi sarebbero avvenuti tra il MIS 3 e il MIS 2 e forse anche successivamente; dal livello D3a c'è una fase sensibilmente più umida che favorisce la formazione di un suolo incipiente: qui l'antropizzazione aurignaziana è ancora evidente, e diventa successivamente solo sporadica, probabilmente nel Gravettiano.

Le unità tardo-Musteriane oggetto di questo lavoro sono state così descritte:

- A10 e A11: unità inizialmente descritte da Cremaschi in concomitanza della sezione trasversale; dal 2014 sono oggetto di indagine e scavo stratigrafico nella porzione sudorientale atriale della cavità, dove si nota una fine successione di livelli fortemente antropizzati ed estremamente ricchi di materiale archeologico, alternati a livelli di pietrisco, quasi privi di matrice fine e maggiormente sterili dal punto di vista archeologico (Peresani et al. 2017) (Fig. 4.2). Il pietrisco, costituito

Figura 4.2 Particolare in sezione della macro-unità A10-A11 con alternanza di livelli antropizzati (evidenziati da ombreggiature) e livelli chiari a brecce.

Figura 4.3 Tracce di combustione strutturate nell'unità A9.

prevalentemente da placchette gelive, risulta spesso verticalizzato, per azione del gelo; il limite con la sottostante unità è fortemente ondulato.

- A9: unità formata da Breccia termoclastica con scarsa frazione loessica, ricca di materia organica. Indagata in tutta l'area atriale della grotta per almeno 60 metri quadri, si presenta come un'alternanza di livelli plani antropizzati (A9, A9I, A9II, A9 base) caratterizzati da manufatti litici, frammenti ossei e numerosi carboni, e con fini lenti sabbiose spesse da 4 a 0,5 cm, con antropizzazione più debole (Peresani et al. 2014). I livelli antropizzati presentano numerosi accumuli di carbone dovuti alla probabile presenza di strutture o di caratteristiche derivate da combustione, in totale una cinquantina circa (Fig. 4.3). A8, presente esclusivamente verso l'esterno, all'entrata della cavità, è considerata come una facies dell'unità A9. Il limite superiore con A7, unità sterile inquinata da A9 e A6, è chiaro, suborizzontale e regolare.

4.1.2 Industria litica Musteriana

All'interno della sequenza Musteriana si registrano periodi di sostanziale continuità tecnologica e anche momenti in cui alternanze e cambiamenti tecnologici e culturali sono talvolta netti e bruschi (Peresani 2012). Tutta la porzione inferiore della stratigrafia, vale a dire i livelli corrispondenti alle macro-unità S e alla parte bassa della macro-unità BR (da S9 a BR7), è caratterizzata da una dominanza del metodo di scheggiatura Levallois nelle sue varianti ricorrente centripeto e unidirezionale o preferenziale; tale metodo è perlopiù esclusivo o, in ogni caso, il più frequente sistema di produzione di supporti su scheggia. In uno di questi livelli, tuttavia (BR9), sono stati ritrovati tre strumenti bifacciali ottenuti dalla lavorazione di blocchi, introdotti in sito già finiti. I livelli bassi della macro-unità BR sono altresì interessati da produzioni minoritarie alternative come sfruttamenti superficiali di nuclei che ricordano i metodi Discoide e Quina, nonché dallo sfruttamento di tipo-Kombewa di nuclei su scheggia.

Il primo cambiamento netto con sostituzione del principale metodo di scheggiatura avviene con i livelli BR6 e BR4, dove il sistema volumetrico Quina è stato riconosciuto per la fabbricazione dei supporti su scheggia. In questi livelli il tasso di trasformazione delle schegge in strumenti ritoccati è decisamente elevato, rendendo anche difficile il riconoscimento dei metodi di scheggiatura. In ogni caso, caratteristiche tecniche sui supporti e l'inquadramento tipologico degli insiemi, ricchi di raschiatoi di tipo Quina e demi-Quina, fanno registrare uno spostamento dal sistema Levallois a quello Quina.

Livelli poco densamente antropizzati seguono il BR4, fino all' apparizione della macro-unità A e in particolare del ricchissimo livello A11, dove torna preponderante il metodo di scheggiatura Levallois, con la coesistenza delle varianti ricorrenti centripeta e unidirezionale.

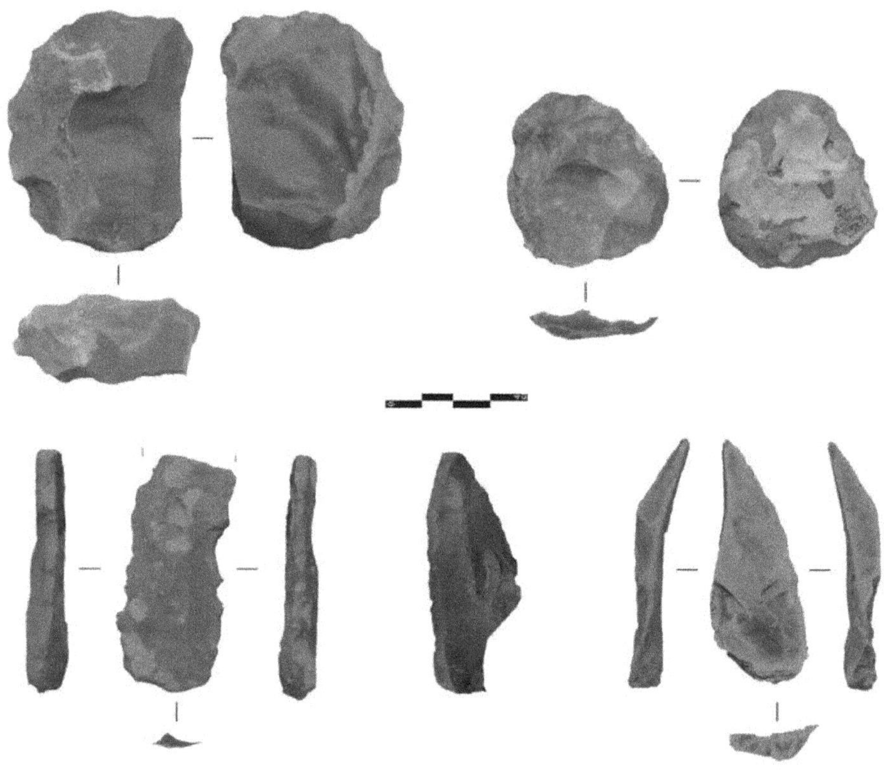

Figura 4.4 Industria litica dall'unità A10. Sopra, nuclei Levallois unipolari; sotto, prodotti della scheggiatura (lame levallois unipolari e debordanti) (Foto di Jacopo Gennai).

Insieme litico della sequenza A10-A11

In A11, così come nei livelli antropici dell'unità A10, i principali obiettivi sembrano essere la produzione di lame e schegge laminari Levallois, ottenute da pattern di sfruttamento facciale unipolare o convergente, mentre le punte e le piccole schegge sembrano essere un obiettivo minoritario. In alcuni sottolivelli dell'A10, tuttavia, il metodo Discoide registrerebbe un discreto utilizzo; vista la ripresa degli scavi di A10 dal 2014, l'allargamento dell'insieme litico ha permesso di rinfrescare la sequenza tecnologica dei sottolivelli che è stata rianalizzata propedeuticamente a questo lavoro (Peresani et al. 2017).

L'analisi preliminare di oltre 2500 manufatti con modulo (somma degli assi) > 4 cm mostra una certa continuità nella predominanza del metodo di scheggiatura Levallois, a cui vengono adattate le modalità di sfruttamento ricorrenti unidirezionali e centripete per la produzione di schegge regolari, allungate, sottili e talvolta con presenza di dorso (Fig. 4.4). È attestata ogni fase della catena operativa, segno che l'intero processo produttivo si svolgeva nel sito, anche se in proporzioni differenti da fase a fase. Le materie prime utilizzate si riferiscono in gran parte alle selci delle formazioni cretaciche del Biancone, Scaglia Rossa e Scaglia Variegata Alpina, presenti in affioramenti primari e secondari nelle vicinanze del sito (entro 1-3 km); sono altresì presenti selci da formazioni terziarie Eoceniche e la selce giurassica delle Ooliti di San Vigilio, disponibile in siti di approvvigionamento più lontani e per questo meno presente nella sua fase di decorticazione e prima messa in forma dei nuclei.

All'interno della variabilità tecnologica testimoniata in queste fasi, trovano spazio l'applicazione del metodo Discoide e di quello Kombewa su schegge-nucleo. Il primo è riconoscibile su un discreto numero di supporti (perlopiù schegge debordanti, centripete e qualche punta pseudo-Levallois) in particolare nei livelli alti (da A9/A10 ad A10IBRII), dopodiché va lentamente a scomparire mano a mano che ci si avvicina ad A11. Oltre a questi, il metodo Discoide si riscontra talvolta nelle ultime fasi dei nuclei, facendo pensare a un accorgimento tecnologico usato occasionalmente per esaurirli massimizzando la produzione di supporti. La scheggiatura di tipo-Kombewa è identificata tramite il riconoscimento di prodotti ottenuti da nuclei su scheggia: in molti di questi casi è evidente l'applicazione dei concetti volumetrici e di riduzione Levallois a superfici ventrali di schegge di media grandezza; un alto numero di questi manufatti è presente nei sottolivelli bassi del complesso A10. Infine, è riconoscibile un basso numero di supporti unidirezionali e allungati ricavati da schemi di produzione differenti che ricordano il laminare volumetrico; in assenza di nuclei corrispondenti è difficile dire se si tratta di fasi produttive integrate nel concetto Levallois o di prodotti importati. Da un'osservazione preliminare degli strumenti ritoccati si evince che i regolari supporti Levallois unidirezionali venivano scelti per la fabbricazione di raschiatoi laterali-bilaterali o, più raramente, latero-trasversali, tramite ritocco diretto semplice marginale. Incavi, denticolati e raschiatoi semplici convessi sono generalmente confezionati su schegge semicorticali o indifferenziate spesse, mentre si segnala la presenza di qualche pezzo a dorso ritoccato su supporto di tipo-Kombewa o Levallois. Poche le punte ritoccate, i denticolati, gli incavi e i becchi.

Insieme litico dell'unità A9

Scavata su una superficie di oltre 68 m^2, l'Unità A9 (che comprende la facies esterna denominata A8) ha restituito una ricchissima industria litica forte di quasi 9000 pezzi considerati i medesimi parametri utilizzati per l'analisi dell'unità A10-A11 (manufatti oltre i 3 cm o la cui somma dei due assi maggiori sia almeno 4 cm). L'unità A9 registra la definitiva apparizione del metodo di scheggiatura Discoide, utilizzato in questo caso in maniera del tutto esclusiva e tanto più evidente dato l'inserimento tra due unità a maggioranza Levallois, A10 sotto e A6 sopra.

Gli studi sull'insieme litico scheggiato dell'unità A9 hanno evidenziato la variabilità tecnologica del Musteriano Discoide, rivelando che il sistema tecnologico era strutturato in due sequenze di riduzione: la più comune coinvolgeva la riduzione di blocchi, mentre la seconda, con un approccio meno produttivo, mirava allo sfruttamento di nuclei su scheggia. L'obiettivo comune ad entrambe le sequenze era quello di produrre manufatti corti, robusti, e talvolta appuntiti, come le punte pseudo-Levallois, schegge debordanti, e schegge centripete sub-circolari, squadrate o triangolari (Peresani 1998). La sequenza di riduzione principale sfruttava blocchi, placchette e noduli, mentre quella secondaria utilizzava schegge originate sia da sotto-prodotti della scheggiatura (schegge corticali) o introdotte direttamente nel sito dopo strategie mirate di approvvigionamento o riduzione (Delpiano et al. 2018). I nuclei cominciavano a fornire supporti utilizzabili già nelle fasi iniziali, con schegge che gradualmente modificavano il loro profilo e pattern di ottenimento da unidirezionale a Discoide, in un ciclo continuo e centripeto volto a mantenere ed accentuare le convessità dei nuclei per fini produttivi (Fig. 4.5). Le schegge diventavano via via più corte e schemi semplici con uno o due stacchi paralleli o convergenti lasciavano spazio a schemi centripeti più sviluppati. Inoltre, sono registrate modificazioni nelle sistemazioni funzionali e morfologiche e delle convessità delle superfici dei nuclei, le cui forme e volumetrie tendono alla fine verso il poliedrico.

Questo tipo di pianificazione nell'organizzazione delle catene operative porterebbe all'ottenimento di una vasta gamma di supporti che soddisfano un'ampia varietà di esigenze. I dati ottenuti da uno studio funzionale su campioni provenienti dall'Unità A9, tuttavia, mostrano che, sebbene con alcune eccezioni, diversi tipi di attività e movimenti/azioni correlate sono distribuiti casualmente in tutto il campione. Inoltre, i diversi tipi di supporti, sia ritoccati che non ritoccati, sono stati usati in modo simile nella lavorazione dei materiali da duri a moderatamente duri/soffici più che da duri a molto duri. I movimenti coinvolti in queste attività sono variabili, con il movimento trasversale più frequente di quello longitudinale, unidirezionale e bidirezionale. Dato il notevole spessore del campione di supporti analizzati (valore medio = 11 mm), l'interpretazione dei manufatti discoidi, sebbene distorta da una parziale alterazione dei bordi potenzialmente lavorabili, è quella di supporti robusti e multifunzionali, adatti per la lavorazione di materiali mediamente duri (Lemorini et al. 2003).

I manufatti litici sono stati prodotti utilizzando selci provenienti da diverse fonti, delle quali le risorse più strettamente locali influiscono per la grande maggioranza sull'insieme litico. Tuttavia, è stato riconosciuto un utilizzo mirato per materie prime semi-locali (principalmente selci oolitica ed eocenica) che affiorano in depositi primari o secondari in zona tra i 5 e i 10 km in linea d'aria dal sito (Fig. 4.6); queste materie sono state introdotte già parzialmente lavorate come nuclei in una fase medio-avanzata della riduzione, oppure attraverso supporti mobili su scheggia, e ridotte secondo una tecnologia Discoide applicata ai nuclei su scheggia (tipo-Kombewa) o secondo modalità

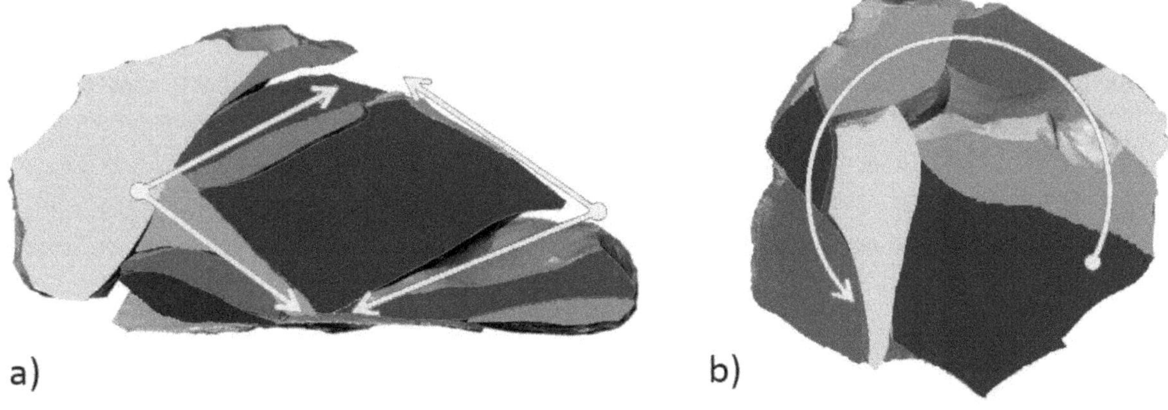

Figura 4.5 Tecnologia Discoide dell'A9 di Fumane mostrata attraverso le sezioni di un rimontaggio 3D. Si notano lo sfruttamento alternato delle due superfici del nucleo (a) e il pattern centripeto continuo della riduzione (b).

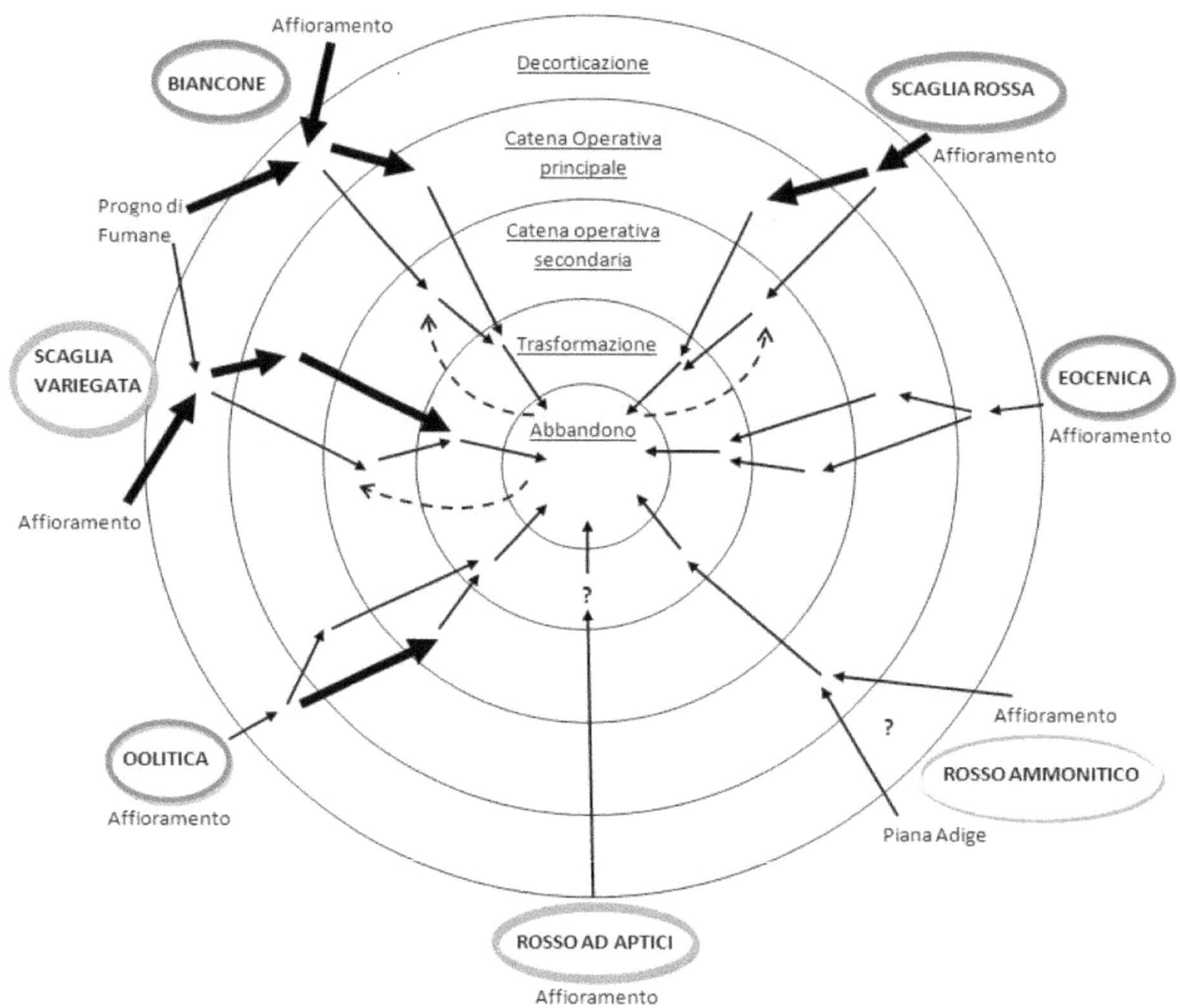

Figura 4.6 Schema riassuntivo dell'utilizzo delle materie prime nell'A9 di Fumane.

più unidirezionali (Delpiano et al. 2018). Il raro utilizzo, anche se presente, di materie prime alloctone (formazione del Rosso ad Aptici), combinato con la presenza di un gasteropode fossile, entrambi raccolti da fonti situate ad almeno 80 km e 110 km rispettivamente lontano dal sito, unite all'evidenza di riciclo di vecchi manufatti patinati, indicano un utilizzo complesso e diversificato delle materie prime, legato a strategie di mobilità variegate e che comprendono il riutilizzo opportunistico di materiali abbandonati in precedenti occupazioni e la pianificazione logistica dell'organizzazione tecno-economica in base alla qualità e alla distanza delle fonti di materie prime disponibili (Delpiano et al. 2018; Peresani et al. 2013, 2015).

4.1.3 Sfruttamento delle risorse animali

Unità A10

I dati presentati qui di seguito sono limitati al campione osseo rilevato durante la campagna di scavo 2016 (Peresani et al. 2017). Lo spettro faunistico viene sostanzialmente a confermare i dati di Cassoli & Tagliacozzo (1991), nella loro preliminare analisi dei resti nell'intera sequenza pleistocenica del riparo. I pochi resti di animali carnivori quali volpe (*Vulpes vulpes*), ursidi (*Ursus arctos* e *Ursus spelaeus*) e iena (*Crocuta crocuta*) sono limitati a una decina in totale. Molto più abbondanti gli ungulati, rappresentati da circa 200 reperti composti in prevalenza da diafisi di ossa lunghe, elementi craniali e falangi di cervidi e, in misura decisamente minore, da caprini. Lo spettro degli erbivori delinea infatti una condizione climatica temperato-umida, con espansione di ambienti boschivo-forestali. Come nel resto della porzione musteriana del deposito, il cervo si conferma essere stato il target di caccia prediletto, probabilmente dettato anche dalla disponibilità di questo animale nei pressi del sito. Anche il capriolo risulta bene rappresentato nelle porzioni degli arti. Tra i cervidi di più grande taglia sia l'alce sia il megacero sono stati determinati con 6 resti; con tutta probabilità il loro numero aumenterà con lo sviluppo delle analisi se si considerano i numerosi resti di cervidi e grandi ungulati di taglia superiore al cervo di ancora incerta attribuzione tassonomica. Come nella soprastante unità A9 i bovidi, sia di grande taglia (bisonti) sia di media taglia (stambecchi e camosci) risultano decisamente meno rappresentati nell'insieme osseo considerato, con meno di 5 reperti. Questo trend osservabile lungo la sequenza a partire dalle unità A13-A12 prosegue infatti fino al cambiamento rilevato nell'unità A3. L'unico reperto di cavallo selvatico (*Equus ferus caballus*) dell'intera sequenza di Grotta di Fumane è stato determinato da Cassoli & Tagliacozzo (1991). In accordo con le caratteristiche ecologiche degli ungulati determinati, vengono quindi a delinearsi due principali habitat di approvvigionamento delle prede da parte dei gruppi musteriani che frequentavano il riparo: la massiccia presenza di cervidi suggerisce un primo ambiente di fondovalle arborato, disponibilità di acqua a debole intensità e l'accesso a zone boscose per animali quali alce e megacero; il secondo tipo di ambiente di prateria alpina a quote più elevate viene indicato invece da animali rupicoli come stambecco e camoscio. Le superfici ossee del campione analizzato rivelano, con solo 7 reperti, un accesso secondario alle carcasse da parte di animali carnivori, frutto probabilmente di momenti privi di occupazione umana del sito. L'accesso primario alle carcasse da parte dei neandertaliani è invece testimoniato da reperti di ungulati conservanti tracce dell'intera catena operativa di macellazione dell'animale. *Cut-marks* deputati allo spellamento e alla scarnificazione sono ben visibili su diafisi di ossa lunghe, metapodiali e falangi dei cervidi. La fratturazione delle ossa per l'accesso al midollo è confermata da punti di impatto, incavi e coni di percussione, insieme al momento di preparazione alla frattura descritta da raschiature per la rimozione del periostio. A completare l'intenso sfruttamento delle carcasse, 5 diafisi di ossa lunghe di grande cervide (cervo, megacero o alce) sono inoltre state utilizzate come percussore per il ritocco di strumenti in selce.

Unità A9

L'insieme faunistico di questa unità comprende oltre 100.000 resti, dei quali 1259 grandi e medi mammiferi sono stati identificati al livello, almeno, della famiglia (Romandini et al. 2014). Il numero di resti identificati è basso a causa degli alti tassi di frammentazione (oltre il 92,5% dei frammenti è inferiori a 2 cm) e di combustione (50%). Queste condizioni sono dovute a una serie di processi deposizionali e post-deposizionali rilevati anche in altri contesti pienamente antropici (Morin 2012). Tuttavia, anche i carnivori sono agenti comuni di distruzione e di accumulo osseo negli insiemi Paleolitici. Anche nell'A9 la frequenza e i pattern di tracce di rosicatura da parte di roditori e carnivori suggeriscono un accesso secondario ai resti di ungulati, inferendo che i carnivori non hanno fornito un contributo significativo all'accumulo osseo. Per quanto riguarda i grandi carnivori, quelli identificati nell'insieme (leone, iena, orso speleo) non hanno lasciato tracce macroscopiche sulle ossa.

L'attività di caccia non era specializzata ad uno o più taxa selezionati, ma piuttosto adattata alla disponibilità di prede nei Lessini occidentali, e schemi ben consolidati ed efficienti venivano applicati nello sfruttamento carneo delle carcasse.

Cervi e caprioli, le due specie di gran lunga più comuni con oltre la metà dei resti identificati (Fig. 4.7), indicano ambienti boschivi intervallati da radure. La presenza di alci, uri e cinghiali suggerisce che esistessero anche zone umide con fonti d'acqua in un contesto climatico generalmente temperato freddo. Bisonti e megaceri avrebbero avuto bisogno di accedere ad ambienti aperti e scarsamente boscosi, che potevano essere trovati nella pianura o sopra la fascia forestale (tra 700 e 1000 m s.l.m.) non lontano dal sito. Quest'ultimo ambiente era anche vitale per il camoscio e lo stambecco, ben documentato nell'insieme. L'elevata incidenza di cervidi è coerente con il record faunistico generale della sequenza stratigrafica Musteriana (Cassoli & Tagliacozzo 1991; Fiore et al. 2004), che dalle unità A11-A10 mostra un progressivo aumento di queste specie a discapito di quelle che prediligono ambienti aperti. Il complesso dell'unità A9, analogamente ad altri contesti lungo la stessa sequenza stratigrafica (Peresani et al. 2011), registra la presenza di centinaia di resti avifaunali, alcuni ancora in connessione anatomica.

Le fasce di età determinate dall'analisi dell'usura dentale e dallo stato della fusione epifisaria rivelano una predominanza di adulti e adulti maturi, mentre relativamente pochi sono gli individui pre-adulti. La scarsità di individui fetali e neonatali rende impossibile identificare un uso stagionale preferenziale del sito. Un frammento di mandibola di un giovane bisonte con tracce di scuoiatura è l'unico indizio che la cattura sia avvenuta in primavera (Fig. 4.7).

Tracce antropiche prodotte durante la macellazione delle carcasse sono osservate su tutti i tipi di ungulati. In particolare, i grandi cervidi e i grandi bovidi mostrano tracce dai pochi elementi craniali presenti ai più abbondanti arti (in particolare gli arti posteriori). I tagli eseguiti con strumenti litici costituiscono la traccia più comune e sono spesso ripetuti, specialmente su ossa lunghe e in punti corrispondenti all'inserzione di muscoli e tendini. Le strie su elementi cranici o appendicolari suggeriscono la scuoiatura. Raschiature longitudinali sulle diafisi suggeriscono che il periostio veniva rimosso per pulire l'osso dai residui di carne e prepararlo per una rottura intenzionale. Sono state osservate inoltre tracce di percussione singole o multiple, incavi di percussione e fratture a spirale tipiche della frattura dell'osso fresco. I punti di impatto si trovano principalmente su ossa lunghe, spesse e resistenti ai traumi, come tibie e omeri distali, metapodiali e, in alcuni casi, falangi. Numerosi frammenti di diafisi sono stati usati come percussori per ritoccare manufatti in selce (Jéquier et al. 2013).

Gli ungulati, suddivisi per i rispettivi elementi anatomici, mostrano una netta prevalenza di frammenti corrispondenti agli arti (oltre il 60%), seguiti da elementi di estremità come falangi e sesamoidi (14,7%). I resti cranici sono scarsi e sono prevalentemente rappresentati da denti isolati (11,5%) e parti dell'emimandibole e della mascella (4,4%). Il tronco e la colonna vertebrale sono quasi assenti

Number of bones, NISP and NMI by age of animals.

Taxa	NISP	*NISP%*	NMI by age					Total NMI
			Infant	Young	y-ad	Adult	Senile	
Erinaceus europaeus	1	*0.1*				1		1
Marmota marmota	8	*0.6*				3		3
Mustela nivalis	4	*0.3*		1		1		2
Mustelidae	1	*0.1*						
Canis lupus	4	*0.3*				2		2
Vulpes vulpes	6	*0.5*		1		1		2
Ursus arctos	4	*0.3*				2		2
Ursus spelaeus	8	*0.6*		1		1	1	3
Ursus sp.	5	*0.4*	1	2		1		4
Crocuta crocuta spelaea	3	*0.2*				1		1
Panthera leo spelaea	1	*0.1*				1		1
Sus scrofa	2	*0.2*		1		1		2
Alces alces	17	*1.4*		2		1		3
Megaloceros giganteus	79	*6.2*				6		6
Cervus elaphus	495	*39.3*		1	4	5	4	14
Capreolus capreolus	281	*22.3*		2	1	7	1	11
Cervidae large size	166	*13.2*						
Bos primigenius	6	*0.5*				2		2
Bison priscus	6	*0.5*		1		2		3
Bos/Bison	29	*2.3*						
Capra ibex	46	*3.7*		1		2	1	4
Rupicapra rupicapra	68	*5.4*		1		4	1	6
Caprinae	19	*1.5*						
Total NISP	**1259**	***100***	**1**	**14**	**5**	**44**	**8**	**72**

Figura 4.7 Specie animali nell'insieme faunistico dell'A9: numero di resti identificati e numero minimo di individui per età (Fonte: Romandini et al, 2014).

(1,8%). Questa disuguaglianza diventa evidente per i grandi cervidi (alci e megaceri), e ancora più pronunciata nel caso di bisonti e uri, ma si nota anche nei più piccoli stambecchi e camosci.

Pertanto, i dati faunistici suggeriscono che il sito fosse utilizzato come luogo di abitato in cui il processamento delle carcasse era portato a termine dopo essere stato avviato sul sito di abbattimento. Ciò è chiaramente indicato dal modello di conservazione degli elementi scheletrici, da cui è possibile dedurre che gruppi di esseri umani trasportavano nel sito selezionate porzioni anatomiche ad alto valore nutrizionale (sia di midollo che carneo), come gli arti, in particolare i posteriori, e in misura minore il cranio, in un'ottica economica nel rapporto tra benefici e costi energetici legati al trasporto.

4.1.4 Ambiente e cronologia

Diverse fonti di dati hanno contribuito alla ricostruzione del quadro ecologico della sequenza del tardo Musteriano di Grotta di Fumane. I dati relativi ai micro-mammiferi e ai grandi mammiferi mostrano condizioni temperate e relativamente umide accompagnate da un'espansione di copertura arborea e habitat boschivi da A11 a A9, come dimostrato dall'abbondanza di specie di ungulati, cervi e caprioli europei (Fiore et al. 2004; López-García et al. 2015; Romandini et al. 2014). La struttura ecologica mostrata dall'insieme avifaunistico riflette diversi ambienti, tra cui pareti rocciose e praterie alpine, zone montuose e stagni, boschi di alta montagna e foreste subalpine (Fiore et al. 2016). Inoltre, un'indagine antracologica condotta sui carboni dell'A9 attesta la presenza di larici, abeti rossi, pini e betulle (Basile et al. 2014). In particolare, la sequenza da A11 a A9 mostra un picco di ambienti umidi in A10 ed un picco delle temperature in A9 (Fig. 4.8).

Considerando le date in 14C ottenute dalle unità sovrastanti, le note imprecisioni dovute alla contaminazione del campione in questa fascia di età e il risultato ESR, è probabile che la più vecchia delle sei date in 14C (47.600 anni calibrati BP) sia l'età minima più affidabile per Unità

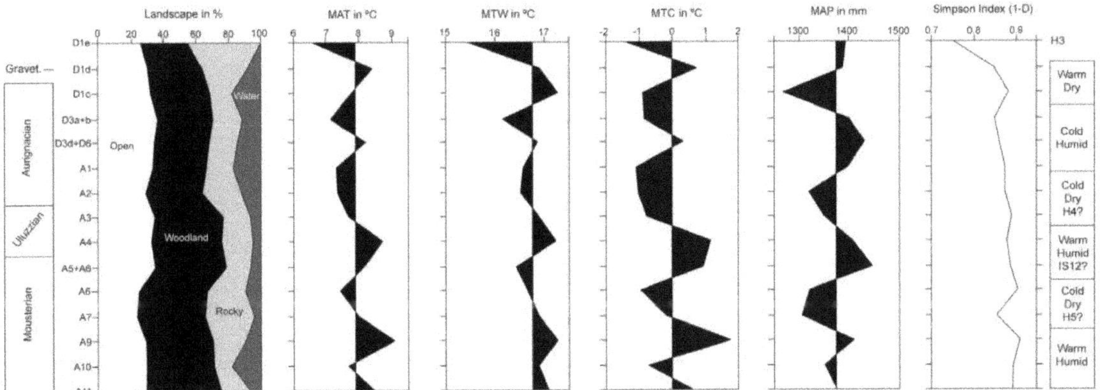

Figura 4.8 Sequenza di Fumane: rappresentazione del paesaggio in percentuale, temperature medie annuali (MAT), temperature media del mese più caldo (MTW), del mese più freddo (MTC), precipitazioni medie annuali (MAP) e indice Simpson di diversità dei micromammiferi (1-D) (Fonte: Lopez-Garcia et al, 2015).

A9 (Peresani et al. 2008). Una campagna di campionamento al fine di ottenere nuove datazioni da diversi metodi è attualmente in corso, e comprende sia le unità A inferiori (A9 – A10 – A11) sia le unità BR sottostanti.

L'unità A9 ha anche conservato una conchiglia marina fossile frammentaria da formazioni miocenico-plioceniche, *Aspa marginata*. Secondo dati paleontologici e tafonomici, è stato accertato che la conchiglia fu raccolta dai Neandertal in una zona probabilmente situata a più di 110 km dal sito, sugli affioramenti del Miocene e del Pliocene lungo la fascia pedeappenninica a sud della Pianura Padana. Le conchiglie fossili di Aspa marginata più vicine sono anche segnalate come reperti occasionali nel Veneto, vicino a Cornuda e Anzano di Vittorio Veneto, e nella regione Lombardia. Tracce di ocra, striature presenti sul labbro interno e altri aspetti suggeriscono che il guscio sia stato modificato e sospeso tramite un "filo" per essere utilizzato come ciondolo (Peresani et al. 2013). Infine, i resti umani (due incisivi decidui da A9 e un molare deciduo da A11) dimostrano la presenza di almeno un individuo infantile di Neandertal dall'A9 e di un individuo giovane dall'A11, suggerendo a più riprese la presenza del gruppo umano al completo (Benazzi et al. 2014).

4.2 Materiali analizzati e risultati dell'unità A9

Dalle unità A9 e A8 provengono 341 reperti, di cui 301 provenienti dalla macro-unità A9 e 40 dall'unità A8. Questi sono stati selezionati da un insieme di generici "pezzi a dorso" (naturali o di scheggiatura) che ammonta a circa 1500 manufatti per i livelli citati. La selezione è stata effettuata in maniera empirica sulla base dei prodotti maggiormente funzionali, regolari e utilizzabili tra quelli classici di produzione Discoide. Sono stati perciò selezionati i prodotti che sono stati definiti di "pieno *débitage*", scartando i prodotti tecnici, di gestione delle convessità, i sotto-prodotti e gli errori. I manufatti scelti a campione sono suddivisi equamente (in rapporto alla loro effettiva presenza ponderale nel livello A9) per materia prima e per categoria tecno-tipologica. Tali categorie sono riassunte genericamente dalle schegge debordanti con dorso di scheggiatura (Fig. 4.10), punte pseudo-Levallois (Fig. 4.12), schegge con dorso naturale e schegge debordanti di tipo-Kombewa (Fig. 4.15). Inoltre, tra i criteri di selezione si segnalano anche le macro-tracce presenti sui dorsi: dal ritocco erto diretto, all'abrasione, all'assottigliamento del dorso fino a macro-distacchi in apparenza dovuti all'uso. Tutti questi pezzi sono stati inseriti in database dopo un'analisi tecnologica, tecno-morfologica e tecno-funzionale. Di ben 171 manufatti sono stati ottenuti i modelli tridimensionali per le analisi interattive e morfometriche. Inoltre, al fine di ricostruire la funzionalità e il significato tecnico degli strumenti a dorso preparato o configurato con ritocco parziale, è stato sviluppato un protocollo di analisi tracceologica su parte dei manufatti (circa 60) accompagnato da attività di sperimentazione di riproduzione ed utilizzo di strumenti analoghi.

4.2.1 Tecno-tipologia

Le condizioni fisiche dei manufatti sono generalmente abbastanza buone: i pezzi si presentano per la grande maggioranza integri, con leggere patine biancastre che colpiscono soprattutto alcune materie prime (come la selce Eocenica) e sbrecciature e pseudo-ritocchi particolarmente diffusi solo sui reperti che provengono dalla zona interna alla galleria B. Fattore importante per le analisi sulle tracce d'uso svolte su una parte del campione, le superfici recano lucidature (*soil sheen*) correlate alla deposizione in suolo acido.

Il metodo di scheggiatura Discoide, di cui l'unità A9 rappresenta uno degli esempi meglio conosciuti e studiati d'Europa per quanto riguarda la fase finale del Paleolitico Medio (Peresani 1998), è ben noto nella sua variabilità. Quando viene adottato per la riduzione dei supporti su scheggia viene chiamato Discoide di tipo-Kombewa, seguendo la dicitura applicata originariamente al metodo Levallois su scheggia (Dauvois 1981) e nota in altri contesti europei coevi (Bourguignon & Turq 2003). Ad esempio, lo sfruttamento avviene principalmente sulla faccia

Tabella 4.1 Rappresentazione tecno-tipologica dei manufatti a dorso selezionati dall'unità A9

	Discoide	Tipo-Kombewa	Indeterminato	Altro	TOT
Schegge debordanti	110	53	21	6	190
Punte *dejeté* con dorso	65	6	3	1	75
Schegge a dorso naturale	23	\	31	2	56
Schegge a dorso preparato	3	2	8	\	13
Prodotti indiff. / altro	\	2	3	1	6

ventrale partendo dal bulbo, area di maggiore convessità; successivamente la scheggiatura si sposta lungo il margine del supporto che viene ad identificare la cresta tipica dei nuclei discoidi, e ruotando il supporto la scheggiatura può svilupparsi secondo un pattern semi-centripeto e, più raramente, anche bifacciale staccando prodotti anche dalla faccia dorsale (Peresani 1998).

Tra i manufatti selezionati, 201 mostrano chiare evidenze che richiamano il sistema tecnico discoide classico "in senso stretto" (Mourre 2003) (Fig. 4.10, 4.12), mentre 63 richiamano la variante "tipo-Kombewa" applicata ai supporti su scheggia (Fig. 4.15). Tra gli altri pezzi, 67 risultano provenienti da metodo di scheggiatura indeterminabile o indifferenziato a causa principalmente dell'appartenenza ad una fase estremamente iniziale della sequenza operativa, mentre tra i sistemi tecnici di scheggiatura meno utilizzati si segnalano 7 supporti Levallois. Questi, data la loro estraneità con il resto dell'insieme e la presenza di tracce di ritocco sui margini taglienti in 4 casi su 7, potrebbero rappresentare pezzi importati nel sito dopo fasi di utilizzo esterno e di trasporto.

Lo schema di ottenimento dei supporti mostra un pattern ortogonale-centripeto per la maggior parte dei supporti Discoidi: stacchi centripeti sono riconoscibili solo nei pezzi più grandi che asportano parte della convessità centrale o in quelli staccati ad una fase relativamente avanzata della sequenza di riduzione, mentre quasi tutti i supporti mostrano stacchi ortogonali in sequenza. Lo stesso schema, anche se molto meno sviluppato, si può intuire dall'applicazione del metodo Discoide su scheggia, mentre gli altri sistemi tecnici mostrano schemi più rivolti allo sfruttamento unidirezionale o ortogonale delle superfici (Peresani 1998).

I prodotti a dorso ottenuti, che qui prendiamo in esame, sono esclusivamente schegge, così distinte (Tab. 4.1): 190 schegge debordanti, ovvero prodotti con dorso di scheggiatura (Fig. 4.10); 75 schegge a punta *dejeté*, con asse morfologica dello strumento non in linea con l'asse tecnologica di scheggiatura ma caratterizzati da una punta spostata su un lato ed opposta ad un dorso (prevalentemente di scheggiatura) (Fig. 4.12); 56 schegge a dorso naturale o corticale (Fig. 4.15); 13 schegge con dorso esclusivamente preparato per mezzo di ritocco, che verranno abbondantemente trattate di seguito insieme ad altre recanti ritocco più parziale; 6 prodotti di altro tipo, tra cui schegge indifferenziate sprovviste di dorso tecnico o naturale, e una lama.

Il metodo di scheggiatura Discoide, applicato in "senso stretto", è infatti particolarmente specializzato per la produzione di schegge debordanti e punte pseudo-Levallois o schegge con punta/margine convesso laterale (Mourre 2003). Nelle prime fasi si producono anche schegge a dorso naturale a partire da creste corticali solo parzialmente messe in forma. La variante di tipo-Kombewa è particolarmente orientata verso la produzione di piccole schegge debordanti, ma solo raramente verso la produzione di punte pseudo-Levallois (in contrasto con alcuni siti francesi e spagnoli: Bourguignon & Turq 2003), e non produce mai schegge con dorso corticale (Fig. 4.15g-n). Questi ultimi prodotti sono spesso ottenuti in fasi iniziali dello sfruttamento, quando il sistema tecnico non è ancora ben definito. Anche i prodotti a dorso preparato sono confezionati su supporti indifferenziati e poco tipici, siccome non provvisti in origine di dorso di scheggiatura. Si sottolinea, tuttavia, il fatto che il metodo Discoide, nell'unità A9 di Grotta di Fumane, attesta anche la produzione di schegge centripete ed unidirezionali sprovviste di dorso o prodotti dalla differente tecno-funzionalità di base, fattore che ha determinato la sua correlazione con il metodo Discoide "in senso lato" (Peresani 1998). Tra gli strumenti ritoccati, oltre ai ritocchi sul dorso si segnalano pochi raschiatoi perlopiù semplici convessi, qualche raschiatoio doppio, e pochissimi strumenti denticolati isolati.

Le caratteristiche tecniche dei supporti confermano la quasi totale assenza, nel metodo Discoide, di preparazione del punto di percussione (Fig. 4.9): i talloni sono dominati dai lisci (251), mentre seguono a grande distanza i faccettati (18), che comprendono i pochi prodotti Levallois; in minor misura sono presenti talloni lineari, naturali, puntiformi e diedri. I supporti hanno angoli di scheggiatura generalmente aperti, in media poco sotto i 110° (109,4°). Analizzando le stigmate tecniche correlate al distacco del supporto, si conferma che la tecnica di scheggiatura utilizzata è perlopiù la percussione diretta con percussore duro (258 casi riconoscibili), mentre in 68 casi la percussione è probabilmente svolta con percussore in pietra morbida. Quest'ultima tecnica è poco usata per i metodi Discoide e tipo-Kombewa ma più presente nei supporti indeterminabili/a dorso naturale (17 con pietra tenera e 40 con pietra dura); una spiegazione sommaria

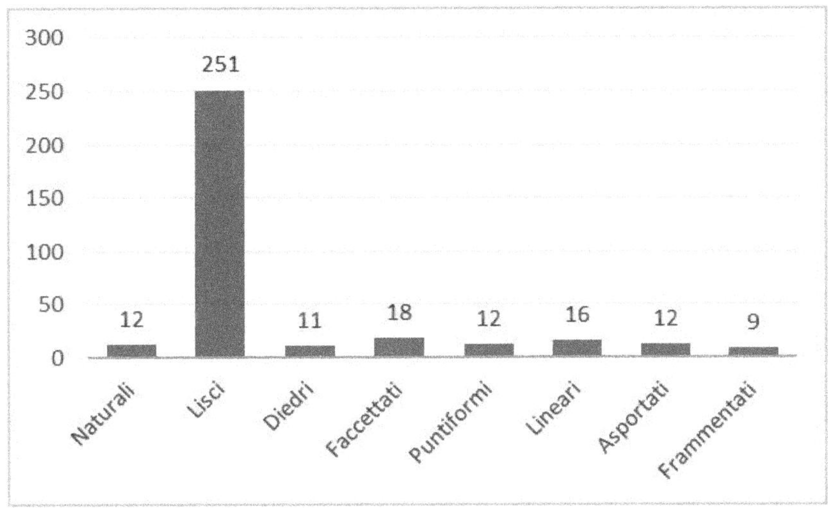

Figura 4.9 Talloni dei supporti su scheggia selezionati dall'unità A9.

potrebbe derivare dal fatto che in alcune fasi iniziali del processo di scheggiatura, percussori in calcare possano essere stati maggiormente utilizzati, anche per testare i blocchi, in assenza di strumenti specifici.

4.2.2 Materie prime

Le materie strettamente locali, derivate da formazioni Cretacee, sono state sfruttate per ben il 94% dei pezzi totali (Delpiano et al, 2018); pertanto, anche nel presente campione il loro rapporto, che somma le formazioni della Maiolica o Biancone (Bi), della Scaglia Rossa (SR) e della Scaglia Variegata Alpina (SVA), è di oltre il 90% (Tab. 4.2). Tra le materie prime semi-locali, affioranti oltre la distanza chiave di 5 km in linea d'aria, sono presenti 16 prodotti in selce delle formazioni Eoceniche Pietra d'Avesa o Pietra Gallina (Eoc) e 8 in selce Oolitica della Formazione di Tenno (Ool). Ci sono poi alcuni casi di sfruttamento di materie prime alloctone come i 3 supporti in Rosso Ammonitico, affiorante negli alti Monti Lessini o sotto forma di ciottoli nella piana dell'Adige, e il manufatto prodotto con selce esotica della formazione lombarda del Rosso ad Aptici, affiorante ad almeno 80 km in linea d'aria verso ovest.

Per l'unità A9 è testimoniata una certa frammentazione spaziale delle catene operative di scheggiatura, oltre ad una mobilità sostenuta associata a trasportabilità dei supporti. Meno della metà dei pezzi (39,3%), reca tracce di cortice sulla faccia dorsale; questa percentuale è in linea con la materia prima più usata, Bi, che attesta in 31 casi un approvvigionamento estremamente locale e correlato al torrente a poca distanza dal sito, mentre 38 pezzi corticali tradiscono l'utilizzo di fonti primarie e 12 di fonti secondarie da paleosuolo. Il rapporto di pezzi corticali nella Scaglia Rossa scende a poco più di un terzo dei prodotti selezionati, correlato alla sua raccolta esclusivamente da fonti primarie, mentre solo i prodotti in SVA sono in maggioranza corticali. Le materie semi-locali mostrano una grande frammentazione nelle sequenze di riduzione, testimoniata dalla quasi assenza di tracce di cortice sulle superfici; questo dato è in linea con quanto riconosciuto dall'analisi tecno-economica dell'insieme (Delpiano et al, 2018), per cui la selce eocenica e quella Oolitica arrivano in fasi piuttosto avanzate della riduzione, talvolta sotto forma di grosse schegge. Tra le materie prime alloctone, Il Rosso Ammonitico viene raccolto nelle fonti secondarie in pianura (15-20 km a S), mentre il pezzo in Rosso ad Aptici conserva tracce del suo lungo viaggio su margini e superfici, come verrà trattato in seguito (Fig. 4.11). Sono infine presenti due pezzi con doppia patina (fabbricati su selce della Maiolica) che testimoniano il riciclo di materia prima in sito a partire

Tabella 4.2 Rappresentazione dei manufatti dall'unità A9 in materie prime e classi di quantità di cortice

Materia prima	TOT	No cort.	Corticale	1-25%	26-50%	51-75%	76-100%
Bi	208	127	81	63	16	2	\
SR	57	37	20	18	2	\	\
SVA	46	21	25	18	6	1	\
Eoc	16	13	3	3	\	\	\
Ool	8	5	3	2	1	\	\
Alloctone	4	2	2	\	1	1	\
Indet.	2	2	0	\	\	\	\
TOT	341	207	134	104	26	4	\

Figura 4.10 Schegge debordanti dall'unità A9 di Fumane con sezione trasversale ottenuta dal modello 3D.

Figura 4.11 Provenienza delle materie prime locali, semi-locali ed alloctone utilizzate nell'unità A9 di Fumane.

da vecchi supporti abbandonati (Peresani et al, 2015; Delpiano et al, 2018).

4.2.3 Morfometria

I pezzi provenienti dall'unità A8-A9 sono generalmente di piccole dimensioni soprattutto per quanto riguarda l'asse maggiore di sviluppo (Tab. 4.3). La selezione del campione ha riguardato equamente tutte le classi dimensionali dei pezzi, non andando al di sotto dei 20 mm di lunghezza, taglia che è stata determinata come criterio di selezione negli insiemi Discoidi per ragioni funzionali ed ergonomiche (Martinez et al. 2003). La lunghezza media dei reperti si attesta sui 36,4 mm, da un minimo di 20 mm ad un massimo di 65 mm. La larghezza media si attesta sui 25,5 mm, mentre lo spessore è in media 10,5 mm. In 24 casi i manufatti superano lo spessore, consistente, di 1,5 cm. La distribuzione dimensionale si presenta piuttosto continua, e non sono rilevabili sotto-gruppi definiti su base dimensionale (Fig. 4.13).

L'indice di laminarità, calcolato sul rapporto tra lunghezza/larghezza massime, risulta piuttosto basso, attestandosi in media su un valore di 1,47. Solo 28 pezzi su 341 hanno indice superiore a 2, pari al minimo per i prodotti laminari. L'Indice di carenaggio (larghezza massima / spessore massimo) è pari a 2,54, con range tra 1,27 e 5,63.

I prodotti in selce Ool si presentano leggermente più laminari, così come mediamente più allungati sono quelli in SR e SVA, anche se si rilevano poche differenze in base alla materia prima usata (Fig. 4.14a). Se si incrociano le dimensioni con la quantità di cortice residuo sui manufatti, si registrano dati interessanti (Fig. 4.14b): i pezzi corticali (a dorso naturale o indifferenziati) sono mediamente più lunghi, mentre i prodotti prettamente Discoidi (schegge debordanti e a dorso preparato), ottenuti da fasi più avanzate della catena operativa, sono generalmente più larghi e corti (Fig. 4.14c); sono corte e larghe le punte pseudo-Levallois e soprattutto i prodotti di tipo-Kombewa (Fig. 4.14d).

Il peso medio degli strumenti si attesta su 8,5 grammi, con range da 1,7 g a 65,3 g. Non si registrano differenze sostanziali tra le materie prime: solo le semi-locali producono manufatti in media poco più leggeri, dato

Tabella 4.3 Riepilogo con statistica descrittiva univariata delle dimensioni dei manufatti di A9

	Lunghezza	Larghezza	Spessore	**Peso**
Min	20 mm	14 mm	5 mm	1,7 g
Max	65 mm	50 mm	20 mm	65,3 g
Media	36,43 mm	25,54 mm	10,50 mm	8,45 g
Deviazione Standard	8,114214	5,914895	2,706377	5,965343
Mediana	36	25	10	6,9
25 percentile	31	21	9	4,725
75 percentile	41	29	12	10,325

Figura 4.12 Punte pseudo-Levallois dall'unità A9 di Fumane con sezione trasversale ottenuta dal modello 3D.

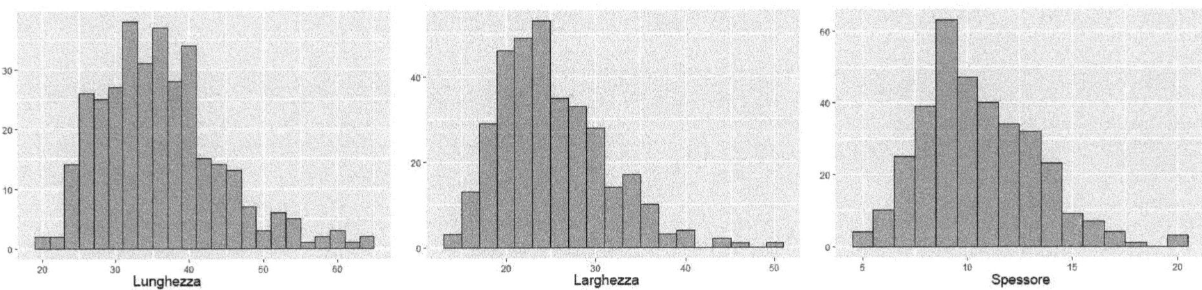

Figura 4.13 Distribuzione dimensionale dei manufatti di A9.

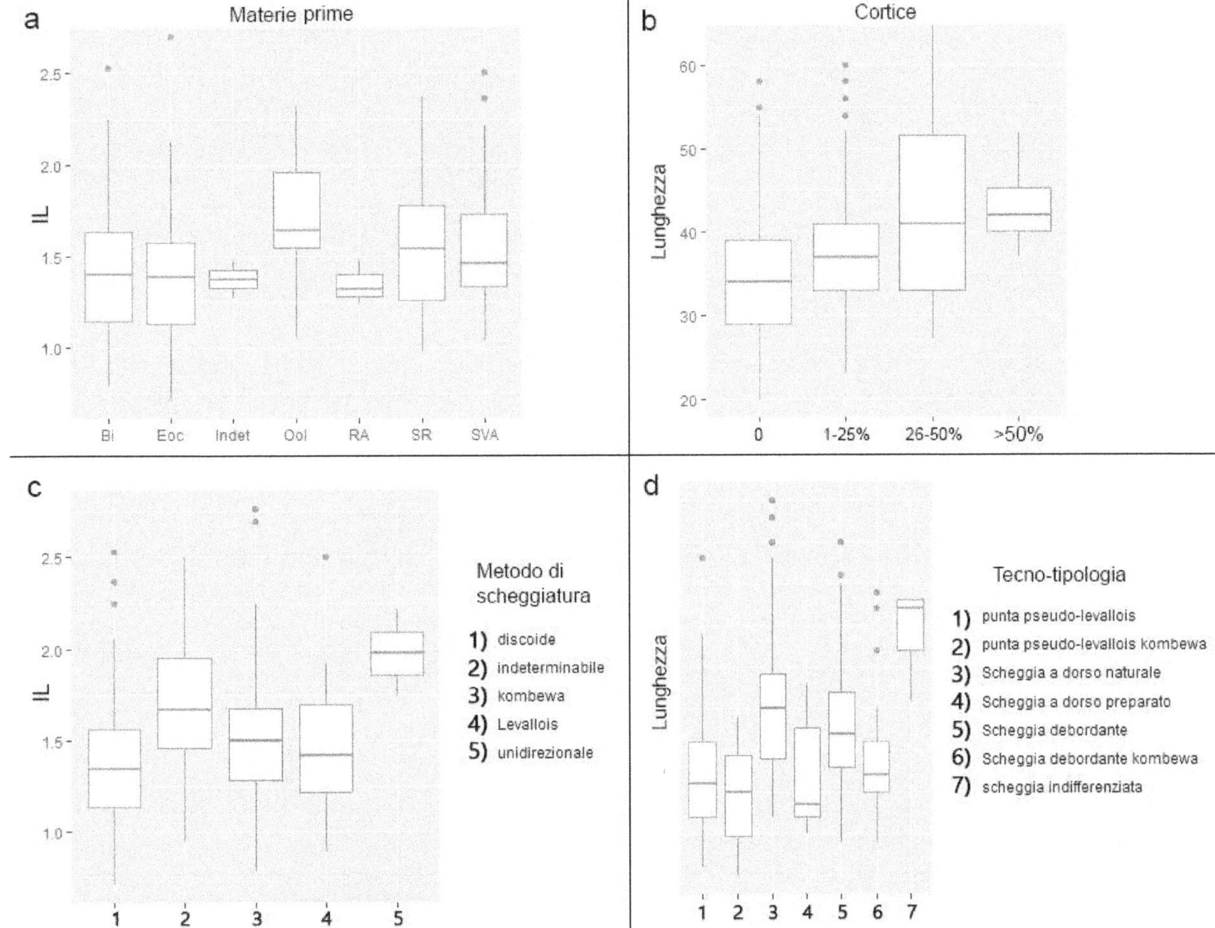

Figura 4.14 Indice di laminarità dei manufatti dell'unità A9 per materia prima (a) e per metodi di scheggiatura (c); lunghezza dei manufatti dell'unità A9 per classi di cortice (b) e tecno-tipologia di supporto (d).

viziato dal maggior impatto che ha la tecnologia di tipo-Kombewa su queste materie. I prodotti di tipo-Kombewa sono infatti decisamente più leggeri.

4.2.4 Tecno-funzionalità degli strumenti

Contatto Prensivo - CP

I dorsi dei manufatti dell'unità A9 si estendono in media per 32,9 mm (lunghezza cordale), diventando 36,9 mm se si considera la lunghezza effettiva dell'arco, con una convessità media del 12,2%; la convessità arriva al 16,3% per i pezzi di tipo-Kombewa. I dorsi sono rettilinei o abbastanza rettilinei in 158 casi, convessi in 116, più rare le altre forme. Lo spessore medio è 8 mm (con intervallo tra 2 mm e 16 mm), mentre gli spessori minimi si attestano sui 4,8 mm e i massimi sui 10,2 mm.

Per quanto riguarda l'origine tecnologica del dorso, i prodotti Discoidi sono caratterizzati quasi sempre dal dorso di scheggiatura, in quelli di tipo-Kombewa aumenta la frazione di dorsi naturali, i quali sono la maggioranza nei pezzi indeterminabili (Tab. 4.4). I manufatti di tipo-Kombewa sono scelti inoltre per la produzione di dorsi ritoccati. Tra le materie prime, la SVA vede una maggiore influenza dei dorsi con origine naturale.

Tabella 4.4 Origine tecnologica dei CP nei manufatti dell'A9 per materia prima.

	Bi	SR	SVA	Eoc	Ool	Alloct.	Indet.	TOT
Scheggiatura	134	42	22	15	5	1	1	220
Naturale	35	9	16	1	2	\	\	63
Semi-naturale	34	5	5	\	1	2	\	47
Preparato	5	1	1	\	\	1		8
Parzialmente preparato	\	\	1	\	\	\	1	2

Quando sono stati registrati gli angoli inferiore e superiore del dorso in rapporto alle superfici ventrale e dorsale, quello superiore si rivela leggermente più ampio (86°-98°) di quello inferiore (75°-89°). Pertanto, il dorso dei manufatti di A9 si presenta lievemente asimmetrico in sezione trasversale.

Per quanto riguarda la modificazione antropica dei dorsi, dati estremamente rilevanti sono stati raccolti sul materiale proveniente dall'unità A9, grazie all'accurata analisi sulle tecniche di ritocco, e alle analisi tracceologiche combinate a sperimentazioni mirate alla riproduzione e all'utilizzo di pezzi analoghi. Questi approcci e relativi risultati saranno trattati di seguito (capitolo 4.3).

Contatto trasformativo - CT

I margini taglienti dei manufatti dell'unità A9 hanno un'estensione media, misurata sulla lunghezza cordale, di 33,7 mm, con un intervallo che va da 13 mm a 64 mm. La lunghezza dell'arco è in media di 39,4 mm, per un indice di convessità medio del 17,2%. Globalmente, l'andamento è rettilineo in 108 casi, convesso in 181, seguono i margini taglienti ondulati/denticolati (35), i concavi (10) e gli irregolari (2).

L'origine tecnologica è predeterminata in ben 308 casi, mentre negli altri 33 (9,7%) è post-determinata per mezzo di ritocco: in 14 manufatti questi è totale mentre in 19 è parziale. Il ritocco è perlopiù diretto (27), più raramente inverso (5) o alterno (1 caso), di tipo semplice, scagliato o scalariforme e finalizzato a confezionare raschiatoi semplici, mentre rari sono i denticolati e le punte ritoccate.

Gli angoli attivi dei CT oscillano tra i 32,3° (media dei minimi) e i 43,8° (media dei massimi), mentre i medi si attestano sui 38°. I pezzi con tagliente grezzo hanno angoli decisamente inferiori (31,5° minimi, 42,9° massimi e 37,2° i medi) rispetto ai pezzi con CT ritoccato (39,8° minimi, 52,3° massimi e 46,1° i medi). Si rilevano poche differenze negli angoli tra le diverse materie prime, che sembrano rimanere più o meno costanti anche rispetto alle fasi della catena operativa, dato che nessuna differenza si rileva tra i gruppi con diverse quantità di cortice. Allo stesso modo, i diversi metodi di scheggiatura staccano prodotti con angoli analoghi, che non possono implicare variazioni sostanziali dal punto di vista funzionale (Fig. 4.16a). Se si interrogano i diversi tipi di supporto, si notano tendenzialmente angoli più stretti per le punte e leggermente più aperti per schegge indifferenziate o a dorso naturale. I manufatti con dorso preparato da ritocco hanno anch'essi angoli più acuti (Fig. 4.16b).

I biselli hanno valori diversi in base alla faccia inferiore e a quella superiore, il che rivela un'asimmetria del margine tagliente, tuttavia non eccessivamente marcata: la media dei valori è rispettivamente 3,8 e 4,4. Il bisello formato tra il margine tagliente e la superficie inferiore o ventrale è in più di metà dei casi piano (168), ma a volte piano-concavo (75 casi) o piano-convesso (63 casi) e più raramente concavo (22 casi) a seconda della distanza dal bulbo e pertanto dalla convessità e relativa concavità peri-bulbare (Fig. 4.17a). Il bisello formato dall'intersezione del margine tagliente con la superficie dorsale è nella maggior parte dei casi piano-convesso (142) piuttosto che piano (105 casi), piano-concavo (54 casi) o convesso (21 casi), a seconda dell'orientamento dei negativi delle schegge precedenti rispetto al bordo (Fig. 4.17b); un negativo particolarmente marcato può sviluppare infatti un bisello superiore piano-concavo o concavo-convesso (presente in 12 casi).

I valori dei biselli per tipo di supporto mostrano che, mentre quello inferiore varia in maniera indifferenziata, quello superiore registra valori minori per le punte pseudo-Levallois, maggiori per i supporti di tipo-Kombewa (caratterizzati da due facce ventrali e quindi dalla convessità peri-bulbare anche sulla faccia dorsale) così come per i prodotti con dorso naturale (Tab. 4.5).

Osservazioni generali

Gli schemi tecno-funzionali identificati nei pezzi a dorso dell'unità A9 confermano la ricerca di diverse tipologie di prodotti (Fig. 4.18): i più numerosi sono caratterizzati da un margine ricurvo, corrispondente al CP (STF 6: 37 pezzi) o al CT (STF 7: 68 pezzi) con le due unità tecno-funzionali opposte; talvolta queste sono rettilinee e parallele (STF 5: 57 pezzi) o entrambe convesse e convergenti ma senza punta distale (STF 6/7: 35 pezzi); includendo la variante rappresentata dallo schema 6b, con 14 manufatti, questo macro-gruppo conta 211 pezzi.

Meno diffuso ma ben documentato è anche il macro-gruppo degli schemi tecno-funzionali caratteristici di strumenti corti e versatili, a partire dai manufatti con due dorsi e due

Figura 4.15 Schegge a dorso corticale e debordanti di tipo-Kombewa dall'unità A9 di Fumane con sezione trasversale ottenuta dal modello 3D.

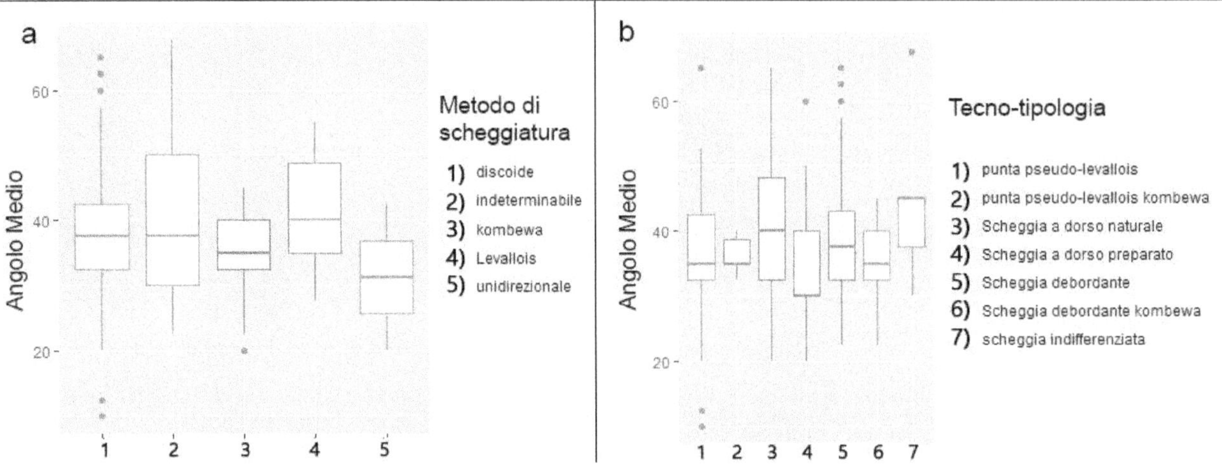

Figura 4.16 Angolo medio dei bordi taglienti dei manufatti di A9 per metodo di scheggiatura (a) e tecno-tipologia di supporto (b).

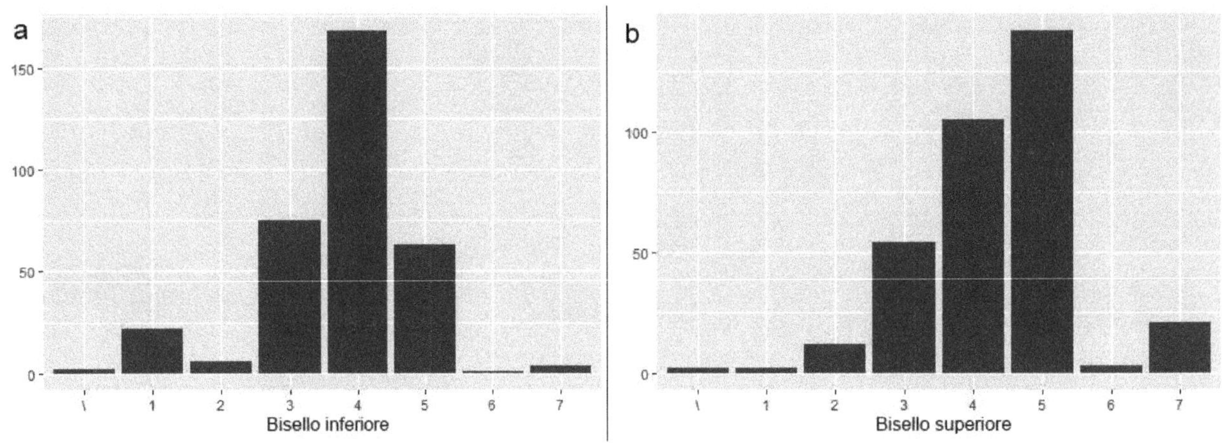

Figura 4.17 Distribuzione in classi dei biselli inferiori (a) e superiori (b) dei manufatti dell'unità A9.

taglienti opposti e adiacenti (STF 4a: 25 pezzi), quelli con due taglienti ortogonali e dorso obliquo ma senza punta (punte tecnologiche ma non funzionali: STF 4b: 44 pezzi) ed infine i manufatti con punta *dejeté* e dorso opposto (le punte pseudo-Levallois, corrispondenti a STF 3, sono 33).

Quasi assente il macro-gruppo dei manufatti sviluppati in lunghezza, con CT e CP laterali e punta distale, rappresentato da pochi pezzi isolati.

Gli schemi 3 e 4b (punte pseudo-Levallois) sono riferibili quasi interamente a supporti ottenuti da metodo Discoide

Tabella 4.5 Valori medi dei biselli dei manufatti dell'unità A9 per classi tecno-tipologiche

	Bisello inferiore	Bisello superiore
Punte pseudo-Levallois	3,6	3,9
Schegge con dorso naturale	3,9	4,7
Schegge con dorso preparato	3,8	4,3
Schegge debordanti	3,8	4,4
Schegge debordanti Kombewa	3,8	4,5

(Fig. 4.18); al contrario, gli schemi 6 e soprattutto 5 sono caratteristici di pezzi ottenuti in fasi iniziali dello sfruttamento, in cui la scheggiatura della superficie, prima del pattern discoide bifacciale, è talvolta unipolare e segue i negativi e le creste naturali. Non esistono scelte preferenziali in base alla materia prima. Per quanto riguarda osservazioni generali sugli schemi, il rapporto tra le curvature di CT e CP appare abbastanza regolare e proporzionato, con una curvatura generalmente maggiore sui margini taglienti.

Se si indaga il rapporto tra la taglia dei manufatti e l'angolo attivo del tranciante, notiamo che l'angolo diminuisce con gli strumenti più piccoli e leggeri (Fig. 4.19). I supporti non sono ridotti in maniera consistente dal ritocco, pertanto l'angolo più acuto per i pezzi di piccole dimensioni deve corrispondere ad una scelta funzionale o semplicemente ad una conseguenza tecnologica. Il rapporto tra larghezza e spessore, che è indicato dall'indice di carenaggio e determina, insieme ad altri fattori, l'angolo del tranciante, non cambia considerevolmente con la taglia dei manufatti dato che i pezzi più piccoli e sottili sono anche meno larghi. L'angolo differenziato non sembra quindi essere una conseguenza tecnologica, bensì una scelta deliberata

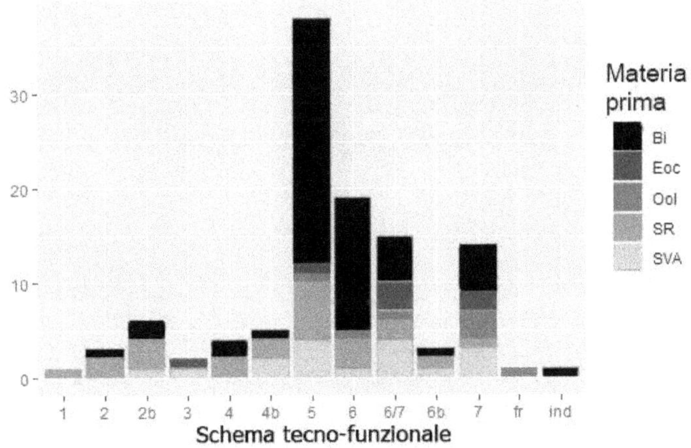

Figura 4.18 Schemi tecno-funzionali nell'unità A9 con indicazione del metodo di scheggiatura.

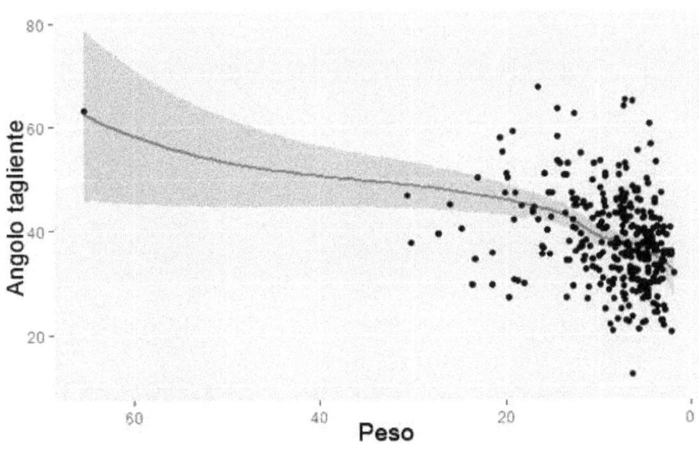

Figura 4.19 Andamento dell'angolo medio in rapporto al peso (in grammi) nei manufatti di A9.

al fine di avere grosso modo a disposizione due grandi categorie di manufatti: piccoli strumenti per attività di precisione e grandi strumenti per attività di potenza.

La lateralizzazione morfologica dei dorsi vede una preponderanza per la localizzazione sul lato destro, con 235 pezzi (71%), mentre quelli sul lato sinistro sono solo 96 (29%). Il rapporto rimane il medesimo se si interrogano le dimensioni e le tecnologie di riduzione; si abbassa tra i soli supporti di tipo-Kombewa dove è 39 vs 20 (66,1% vs 33,9%). Appurato che questi dati non indicano la lateralizzazione nell'utilizzo dello strumento, che può essere ruotato e manipolato a seconda di differenti parametri, questo rapporto preferenziale potrebbe indicare, al contrario, una gerarchizzazione manuale nel corso delle attività di scheggiatura, come proposto anche da Soressi (2002) per il metodo unipolare.

4.3 Modificazioni deliberate del dorso

Come già sottolineato, durante il processo di selezione dei manufatti, sono stati riconosciuti su diversi pezzi alcuni esempi di intervento tecnico intenzionale volto a creare, modificare o intaccare il contatto prensivo; in altri casi, sullo stesso dorso si registrano macro-tracce la cui origine, antropica o naturale, deve essere approfondita dal punto di vista tafonomico.

La presenza di dorsi modificati è stata quindi l'occasione per svolgere un'analisi più dettagliata e mirata, che è partita dall'inquadramento dell'accorgimento tecnico in questione. In seguito, la ricostruzione delle tappe di fabbricazione e l'interpretazione della funzionalità e dell'uso sono state svolte attraverso la riproduzione e l'utilizzo di strumenti analoghi e attraverso l'analisi delle micro- e macro-usure sui pezzi archeologici e sperimentali.

La modificazione deliberata del supporto originale si verifica a seguito di una vasta gamma di interventi e accorgimenti tecnici, progettati al fine di creare o perfezionare una porzione spessa e smussata sul supporto, localizzata sul bordo opposto al margine attivo funzionale. Questi interventi sono stati differenziati in 5 "tipi", come segue (Fig. 4.20).

- TIPO 1. In 17 casi il dorso del manufatto viene chiaramente confezionato per mezzo di ritocco erto o semi-erto, diretto e continuo, posto solitamente dove

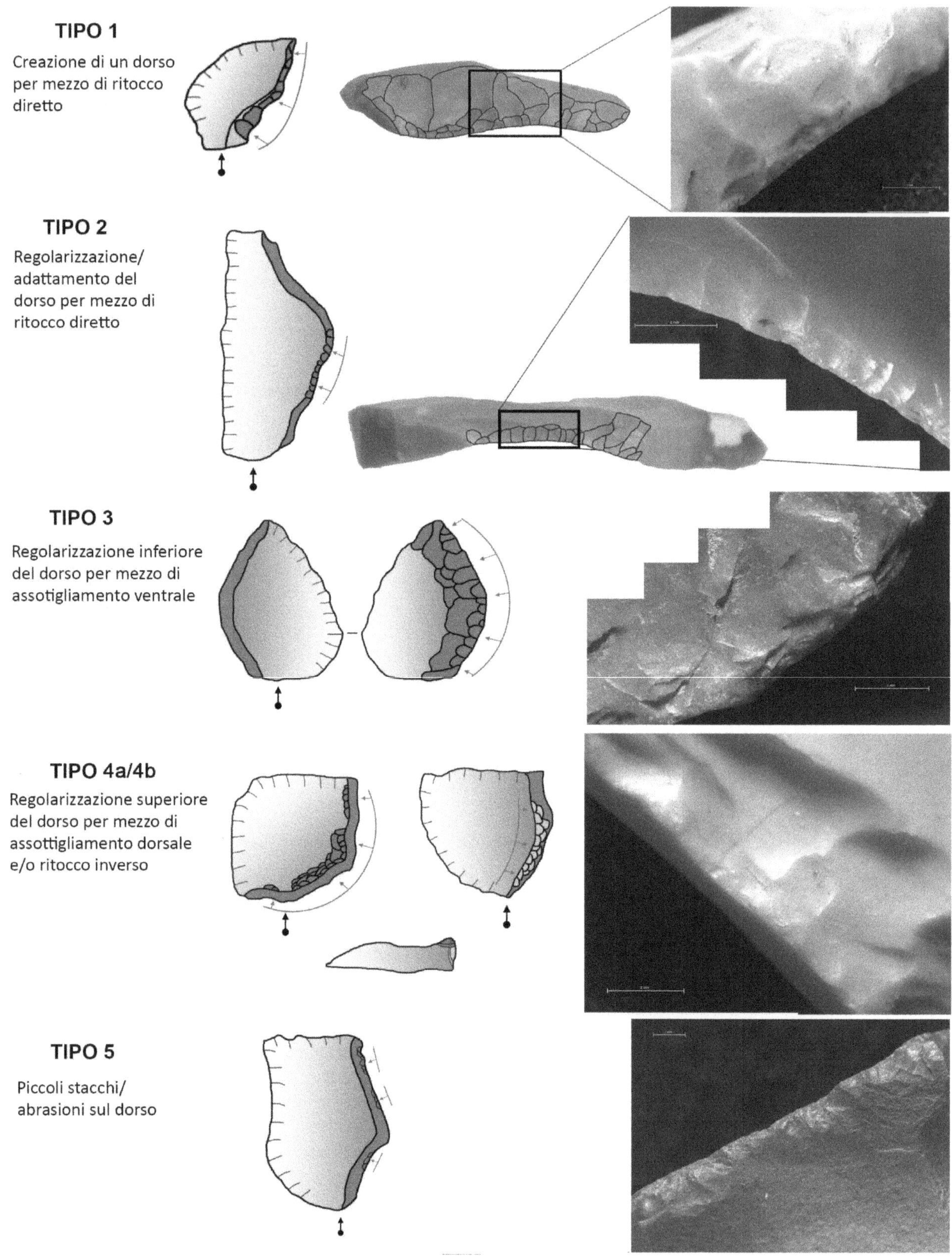

Figura 4.20 Variabilità degli interventi antropici sui dorsi attestati nell'unità A9, con rappresentazioni schematiche, grafiche e fotografiche.

un dorso naturale o di scheggiatura non è presente (Fig. 6.24). Piccole schegge di tipo-Kombewa (7 casi) vengono talvolta selezionate a questo proposito: ad esempio, la scheggia #3842 è caratterizzata da un dorso esteso ottenuto con ritocco diretto e profondo (3-9 mm) che ha l'intento di sagomare un profilo erto (70-80°) e leggermente sinuoso; la scheggia #5045 è stata modificata per mezzo di ritocco erto inverso svolto su incudine e, in un secondo momento, raffinato e regolarizzato con semplice abrasione, dimostrando così che il dorso è stato appositamente configurato dopo il distacco della scheggia. In generale, metà dei dorsi sono stati fabbricati con percussione diretta sulla faccia superiore e quindi utilizzati senza ulteriori interventi; d'altra parte, i dorsi rimanenti sono stati fabbricati mediante ritocco erto su incudine (come il dorso con stacchi bipolari sul supporto #4699) e quindi ulteriormente rettificati attraverso un'abrasione estesa al fine di rimuovere le parti irregolari del bordo. Normalmente, il ritocco "Tipo 1" modula lo spessore del dorso, in media, a 7,8 mm (con un intervallo da 1 a 17 mm), con profili prevalentemente da sub-rettilinei a leggermente ondulati/convessi e angoli inferiori che oscillano da 70° a 90°. In particolare, la percussione diretta crea angoli medi di 72°, con ampi distacchi che sagomano un profilo trasversale del dorso poco convesso. La percussione su incudine, invece, crea angoli più erti (85° in media) e dorsi con profili trasversali rettilinei.

- TIPO 2. Diverse schegge (25) sono state ritoccate in maniera marginale e parziale sui dorsi al fine di regolarizzare e correggere sporgenze e irregolarità o di adattare la morfologia in base ai requisiti prensivi (Fig. 6.25). Le tecniche di ritocco comprendono: percussione diretta, percussione su incudine (di solito senza ulteriore regolarizzazione) e, più raramente, la sola abrasione. I supporti originali sono schegge quadrangolari discoidi, punte pseudo-Levallois o, talvolta, schegge debordanti allungate e solo raramente prodotti di tipo-Kombewa. Come esempio, la scheggia #44 è un raschiatoio ottenuto da un prodotto allungato, dotato di un dorso convesso parzialmente ottenuto dalla scheggiatura ad eccezione della sua porzione mesiale, originariamente sottile e tagliente, che è stata modificata da ritocco semi-erto (70° - 80°) e marginale (2 - 3 mm di spessore). Vale la pena notare che sia il CP che il CT sembrano essere stati ritoccati mediante percussioni dirette con percussore/ritoccatore in materia organica. Il manufatto #665 è una piccola scheggia allungata che è stata parzialmente modificata su incudine lungo la porzione mesiale del dorso al fine di smussare il bordo, estendere il dorso di scheggiatura e creare un incavo che lascia grezza la porzione distale. Infine, #1866 e #5824 sono due punte pseudo-Levallois con dorsi di scheggiatura, che sono stati rettificati da ritocco erto parziale. Questo ritocco diventa più profondo (5-8 mm) su alcune parti dell'utensile, in cui serve a raddrizzare un dorso naturalmente concavo ed aumentare l'angolo inferiore da 70° fino a 80°-90°.
- TIPO 3. La superficie ventrale di 17 manufatti è stata assottigliata usando il dorso come piano di percussione o, in alternativa, mediante distacchi dalla porzione basale dell'utensile, incidendo parzialmente e indirettamente sul dorso (Fig. 6.28). Questi interventi, mirati a modificare il profilo inferiore del CP, sono stati osservati frequentemente su punte pseudo-Levallois, piccole schegge di tipo-Kombewa e schegge debordanti larghe e parzialmente corticali. Ad esempio, #3613 è una scheggia debordante allungata con dorso parzialmente di scheggiatura e parzialmente corticale; l'assottigliamento colpisce la porzione meso-prossimale del dorso attraverso stacchi piccoli e marginali che spostano il bordo inferiore sollevandolo di alcuni millimetri. Il dorso e il tallone corticali della scheggia #1984 sembrano essere stati modificati da negativi di stacchi continui e invasivi (coprono oltre la metà della scheggia) al fine di produrre una punta e modificare il profilo trasversale originale ampliando l'angolo formato dal dorso con la superficie ventrale.
- TIPO 4. Circa 40 manufatti sono caratterizzati da distacchi continui e ripetuti che si originano dal bordo superiore del dorso e si sviluppano lungo la superficie dorsale (sottotipo 4a, più frequente) o sul dorso stesso (sottotipo 4b, più raro) (Fig. 6.28). Sebbene alcuni di questi accorgimenti possano essere riferibili all'abrasione e preparazione della cornice periferica del nucleo prima del distacco della scheggia, sono state identificate sequenze diacritiche specifiche nell'ordine dei negativi che indicano il contrario, così come suggeriscono le incongruenze vigenti nella concezione dello sfruttamento del nucleo discoide, non affetto da questo tipo di preparazione al contrario dei nuclei Levallois. Ad esempio, #4855 è una scheggia unipolare con dorso "assottigliato" sulla faccia superiore, interpretato come un espediente per regolarizzare la cresta superiore lungo il dorso. Inoltre, questo particolare intervento contribuisce a cancellare parzialmente la sinuosità della cresta periferica tipica dei nuclei discoidi e ad uniformare il profilo e lo spessore del dorso (ad esempio nei manufatti #314 e #335).
- TIPO 5. Alcuni dei pezzi selezionati (una trentina) recano sul dorso piccoli e discontinui distacchi o abrasioni a partire dalla faccia inferiore. Queste modifiche richiedono ulteriori studi, come la combinazione di analisi tecnologiche e tracceologiche, al fine di stabilire se siano il risultato di accorgimenti tecnici puntuali di origine antropica intenzionale, di utilizzi funzionali delle presunte porzioni passive (origine antropica non intenzionale) o di alterazioni post-deposizionali (origine non antropica).

Un gran numero di prodotti mostra una combinazione degli interventi sopra descritti, posizionati su porzioni diverse del supporto e ideati per soddisfare una varietà di funzioni o fabbricati congiuntamente per contribuire allo stesso obiettivo. Ad esempio, il manufatto #1333 mostra tracce di una doppia modifica sulla piccola porzione conservata del dorso (Fig. 6.24g): il ritocco diretto, che crea un bordo smussato ed erto (Tipo 1), seguito da un assottigliamento ventrale, che è stato condotto sulla stessa area (Tipo 3). Inoltre, piccoli distacchi regolari (tipo 5) compaiono su una frattura distale che potrebbe essere servita come secondo CP. Il manufatto #501, invece, è una grande scheggia unipolare con dorso ricurvo che reca, sulla sua porzione mesiale, una preparazione combinata che comincia dal bordo superiore e si estende sia sulla faccia dorsale che sul dorso stesso (Tipo 4a + 4b), oltre a qualche stacco di assottigliamento sulla faccia ventrale (tipo 3). Inoltre, abrasioni diffuse sono chiaramente visibili nell'area distale del supporto (Tipo 5).

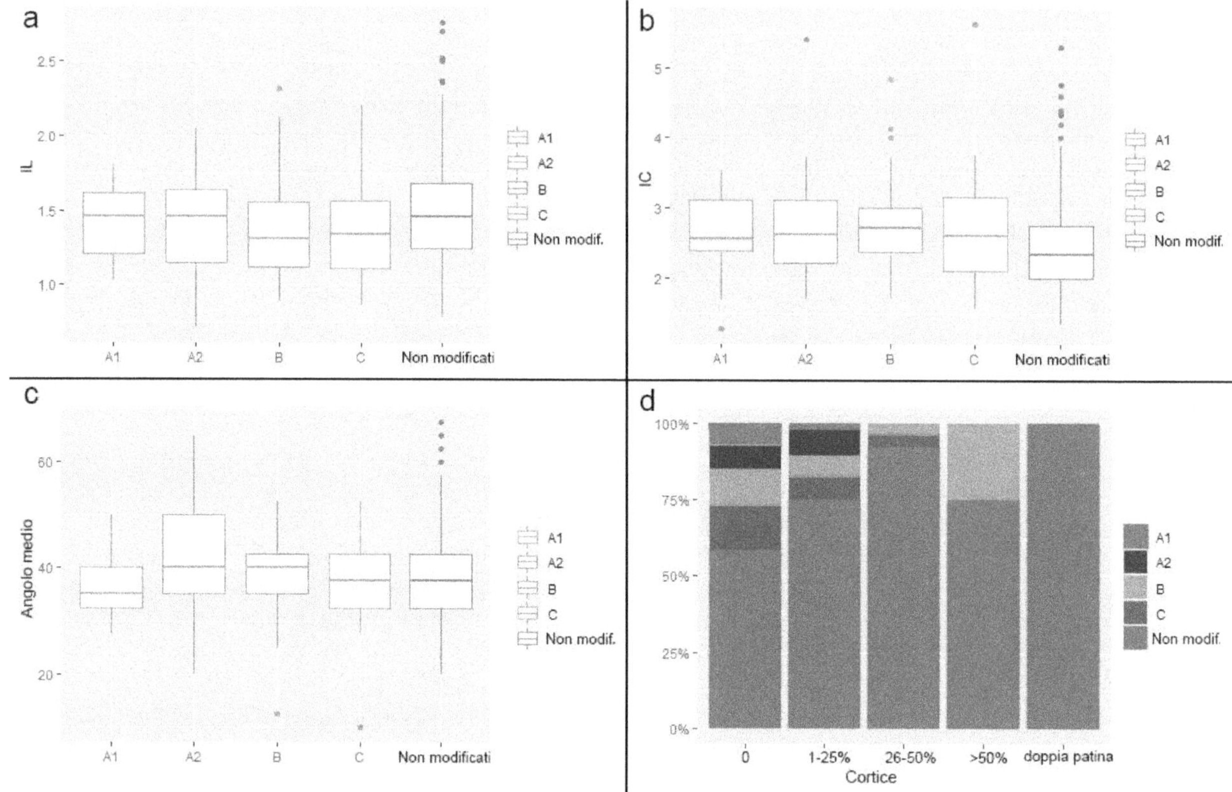

Figura 4.21 Distribuzione dei manufatti dell'A9 per indice di laminarità (a), indice di carenaggio (b), angolo medio (c) e distribuzione percentuale in classi corticali per macro-gruppi di strumenti definiti sulla base della modificazione del dorso.

In base al tipo e all'estensione dell'intervento antropico attestato, questi pezzi sono raggruppati e analizzati dal punto di vista tecno-funzionale attraverso la combinazione in quattro gruppi:

- A1: Manufatti con dorso creato/abbattuto con ritocco erto/semierto
- A2: Manufatti con dorso modificato/adattato con ritocco erto o semierto
- B: Manufatti con dorso modificato nel profilo laterale con assottigliamento ventrale o dorsale
- C: Manufatti che presentano stacchi minori ed abrasioni

Le dimensioni dei pezzi scelti per essere modificati sul dorso sono generalmente medio-piccole ma rientranti nella media dell'insieme litico di A9 e dei pezzi a dorso non ritoccati. Tali supporti, selezionati per questo uso specifico, sono poco allungati (specialmente i gruppi B e C) e poco meno carenati rispetto al resto dell'insieme, pertanto maggiormente regolarizzati nello spessore e nel profilo (Fig. 4.21a-b).

Gli angoli attivi dei trancianti sono in linea con il resto dell'insieme a parte una certa tendenza per gli angoli acuti all'interno del gruppo A1, che si attestano in media sui 35° (Fig. 4.21c). I biselli inferiori sono piuttosto piano-convessi mentre quelli superiori evidenziano una maggiore varietà che comprende tipi concavi e convessi correlati ai supporti di tipo-Kombewa; si ricerca un bisello generalmente simmetrico o poco asimmetrico rispetto al diedro. I manufatti sono selezionati perlopiù tra i supporti non corticali e registrano un maggiore utilizzo ponderale delle materie prime semi-locali o alloctone (Fig. 4.21d). Gli schemi tecno-funzionali preferiti sono i soliti dell'insieme litico dell'A9, con una predilezione per gli schemi 6 e 7 nel gruppo A1, per gli schemi 5, 6/7 e 7 nel gruppo A2 e per gli schemi 3 e 4b nel gruppo B.

4.3.1 Attività sperimentali di replicazione ed utilizzo

È stato sviluppato un protocollo sperimentale, basato sulla replicazione degli strumenti a dorso archeologici e sul loro impiego, al fine di valutare e migliorare i risultati ottenuti dalle analisi tecnologiche, tecno-funzionali e tracceologiche dell'insieme. Sono stati prodotti oltre 30 strumenti a dorso con selce lessinica disponibile nell'area circostante la grotta di Fumane (principalmente selci della Maiolica, Scaglia Rossa e Scaglia Variegata Alpina) applicando il sistema tecnologico Discoide su blocchi e arnioni di piccole/medie dimensioni. Sui supporti prodotti sperimentalmente, riferibili principalmente a schegge debordanti, punte pseudo-Levallois e qualche scheggia centripeta, si è intervenuto attraverso ritocco creando, regolarizzando o modificando il dorso (Fig. 4.22). Il ritocco è stato effettuato principalmente mediante percussioni dirette utilizzando ritoccatori/percussori di pietra o in materia organica e mediante abrasione volta a regolarizzare il profilo. In alcuni casi, si è utilizzata la tecnica del ritocco bipolare su incudine. Alcuni manufatti sono stati infine utilizzati senza ritocco ulteriore sul bordo.

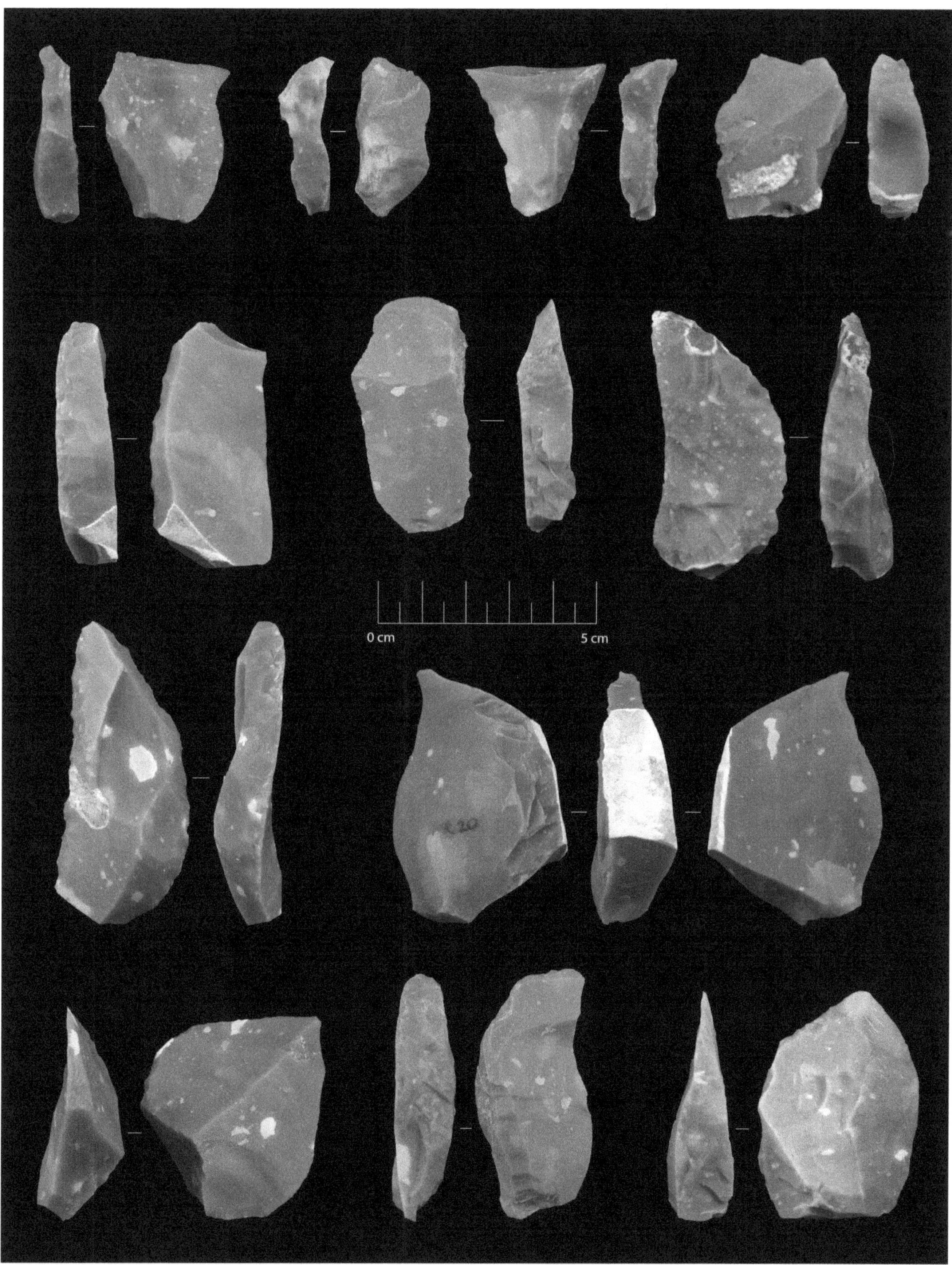

Figura 4.22 Repliche sperimentali di manufatti con dorso utilizzati per diversi tipi di attività

Tabella 4.6 Caratteristiche dei pezzi a dorso sperimentali utilizzati durante la sperimentazione. I valori delle taglie sono in mm, il tempo di lavorazione in minuti. "CaD": Coltello a dorso; "Deb": Scheggia debordante; "PPL": Punta pseudo-Levallois; "Cx": Convesso; "Cv": Concavo; "P": Piano; "Cut": Taglio; "Scr": Raschiatura; "D": Dorsale; "V": Ventrale. (Tabella riprodotta per gentile concessione di Andrea Zupancich).

#	Tipo di strumento	Modifica sul dorso	Lung.	Larg.	Spess.	Forma CT	Sezione	Angolo CT	Attività	Movimento	Materiale lavorato	**Stato del Materiale lavorato**	**Angolo di contatto**	**Superficie di Contatto**	**Manipolazione Strumento**	**Efficienza**	**Tempo di lavoro**
21	CaD	1	50	24	12	Rett.	P-P	35	Cut	Bdi	Carne	Fresco	75	D + V	Manuale	Alta	40
32	Deb	2 + 4	30	22	7	Irreg.	P-P	30	Cut + Scr	Misto	Tessuti animali	Fresco	50	V	Manuale	Media	30
4	PPL	2 + 4	50	40	15	Rett.	P-Cx	35	Cut	Bdi	Tessuti animali	Fresco	90	D + V	Manuale	Media	45
29	CaD	2 + 4	48	24	11	Irreg.	P-P	35	Cut	Bdi	Carne	Fresco	75	D + V	Manuale	Media	30
16	CaD	1	50	23	11	Irreg.	P-Cx	40	Cut	Uni	Carne	Fresco	65	D + V	Manuale	Molto Alta	35
1	CaD	1	64	27	12	Rett.	P-Cx	55	Scr	Bdi	Carne	Fresco	40	V	Manuale	Molto Alta	38
12	Deb	3	28	25	7	Rett.	P-Cx	35	Cut	Bdi	Tessuti animali	Fresco	40	D + V	Manuale	Alta	25
30	Deb	2	45	30	14	Cx	P-P	50	Cut	Bdi	Pelle	Secco	90	D + V	Manuale	Bassa	10
24	Deb	grezzo	36	30	16	Irreg.	P-P	45	Cut	Bdi	Pelle	Secco	90	D + V	Manuale	Molto Alta	18
20	Deb	3	57	41	16	Irreg.	P-Cx	45	Cut	Bdi	Legno	Bagnato	90	D + V	Manuale	Molto Alta	42
19	CaD	4	57	27	10	Cv	P-Cx	38	Cut	Bdi	Legno	Bagnato	90	D + V	Manuale	Alta	60
22	PPL	grezzo	45	36	16	Cx	P-P	38	Cut	Uni	Vegetali	Fresco	90	D + V	Immanicato	Molto Alta	30
5	Deb	4b	43	23	11	Rett.	P-Cx	42	Cut	Uni	Pelle	Fresco	90	D + V	Immanicato	Molto Alta	25
13	Deb	2	52	26	14	Rett.	P-Cx	50	Scr	Uni	Legno	Secco	60	D	Manuale	Media	35

Quattordici delle trentadue repliche sperimentali sono state utilizzate per una varietà di attività e per lavorare materiali di diversa natura (Tab. 4.6; Fig. 4.23). Le attività e i materiali sono stati selezionati dopo un esame preliminare dell'insieme archeologico, che ha suggerito che gli strumenti a dorso ritoccato dell'A9 di Fumane potessero essere stati utilizzati per lavorare materie morbide e medio-morbide principalmente attraverso movimenti longitudinali, senza escludere numerosi esempi che riflettono gesti svolti in direzione trasversale al bordo attivo. Le attività sperimentali sono state eseguite dal sottoscritto (destrorso) e dal dott. Andrea Zupancich (mancino) negli spazi del Museo delle Origini al Polo Museale dell'Università La Sapienza di Roma, e hanno incluso la lavorazione di tessuti animali e vegetali principalmente attraverso movimenti longitudinali o misti longitudinali/trasversali, oltre a qualche lavorazione isolata con movimenti trasversali (Tab. 4.6; Fig. 4.23). Durante gli esperimenti, la maggior parte degli strumenti sono stati maneggiati con prensione manuale, con l'eccezione di due (esperimenti n. 5 e n. 22), che sono stati manipolati usando immanicature del tipo "fenduto" e "giustapposto" (Fig. 4.25). Questi esperimenti hanno permesso di testare l'efficienza dei manufatti a dorso in una varietà di attività e nella lavorazione di diversi materiali, di creare una collezione di riferimento per le tracce d'uso, sia per i bordi attivi che passivi (Tab. 4.7), e di valutare meglio l'interpretazione delle tracce identificate sugli strumenti archeologici.

Lavorazione di materie di origine animale

Prima di tutto sono stati svolti esperimenti sulla lavorazione dei tessuti animali, in particolare carne, pelle fresca e pelle secca. La carne è stata rimossa da costole di pecora e da tre omeri di mucca. Durante la lavorazione della gabbia toracica, sono stati utilizzati inizialmente strumenti per separare le costole attraverso movimenti bidirezionali longitudinali. Le zone attive e passive degli strumenti sono risultate estremamente utili: lo spessore del dorso ha permesso una presa molto comoda e sicura durante l'intero test.

In una seconda fase, la carne è stata rimossa da ogni costola. Gli strumenti si sono dimostrati altamente efficienti durante l'intero processo, nonostante una riduzione dell'efficienza della presa. Questo è stato causato dai residui di carne che, aderendo alla zona prensiva, l'hanno resa untuosa e scivolosa. La lavorazione delle ossa di mucca ha consistito nella rimozione della carne e nel taglio del tendine (Fig. 4.23a-b). Carne e tendini sono stati divisi con movimenti longitudinali unidirezionali e bidirezionali. Generalmente, gesti trasversali sono stati eseguiti per rimuovere i più piccoli residui di carne dall'osso (Fig. 4.23d). Queste attività hanno testato il potenziale di questi strumenti in occasione di compiti in cui era richiesta un'alta precisione (ad esempio durante il taglio dei tendini sulle articolazioni o la divisione della carne). Tuttavia, la manipolazione degli utensili diventava sempre più difficile nei momenti in cui sostanze grasse ed untuose venivano lavorate. Inoltre, l'efficienza dell'utensile è diminuita considerevolmente durante la rimozione della carne con movimenti trasversali, come conseguenza del rapido arrotondamento del bordo o della formazione di micro-distacchi causati dal contatto frequente con la superficie ossea.

Sugli strumenti utilizzati per la lavorazione delle costole di pecora si sono rilevati marcati arrotondamenti dei bordi funzionali, nonché micro-stacchi di piccole e medie dimensioni con terminazioni a piuma (*feather*) e a scalino

Tabella 4.7 Caratteristiche morfologiche delle usure formatisi durante il processamento sperimentale dei vari materiali. "Lo": longitudinale; "Tr": trasversale; "V": ventrale; "D": dorsale. (Tabella riprodotta per gentile concessione di Andrea Zupancich).

Materiale a contatto	Attività	Gesti	Grado di arrotondamento del margine	Terminazione micro-stacchi	Orientamento micro-stacchi	Localizzazione micro-stacchi	Distribuzione micro-stacchi	Taglia micro-stacchi
Carne e osso	Separazione costole e rimozione carne da osso	Lo + Tr	Alto	*Step* e *feather*	Obliquo e trasversale	V + D	Regolare ravvicinata	Piccoli
Carne, osso e tendini	Rimozione carne da osso e taglio tendini	Lo + Tr	Medio	*Feather* e *Snap*	Obliquo bidirezionale	V + D	Regolare ravvicinata	Piccoli e medi
Pelle fresca	Taglio strisce di pelle	Lo	Medio - Alto	*Step*	Obliquo unidirezionale	V + D	Regolare ravvicinata	Piccoli e medi
Pelle secca	Taglio strisce di pelle	Lo	Alto	*Step* e *Snap*	Obliquo bidirezionale	D	Irregolare ravvicinata	Piccoli e medi
Legno bagnato	Taglio per manico	Lo	Medio	*Step* e *Snap*	Obliquo bidirezionale	V + D	Regolare ravvicinata	Piccoli
Piante legnose	Taglio	Lo	Alto	*Step* e *Feather*	Obliquo bidirezionale	V + D	Regolare ravvicinata	Piccoli e medi
Legno secco	Raschiatura	Tr	Alto	*Step*	Trasversale	D	Irregolare ravvicinata	Medi e grandi

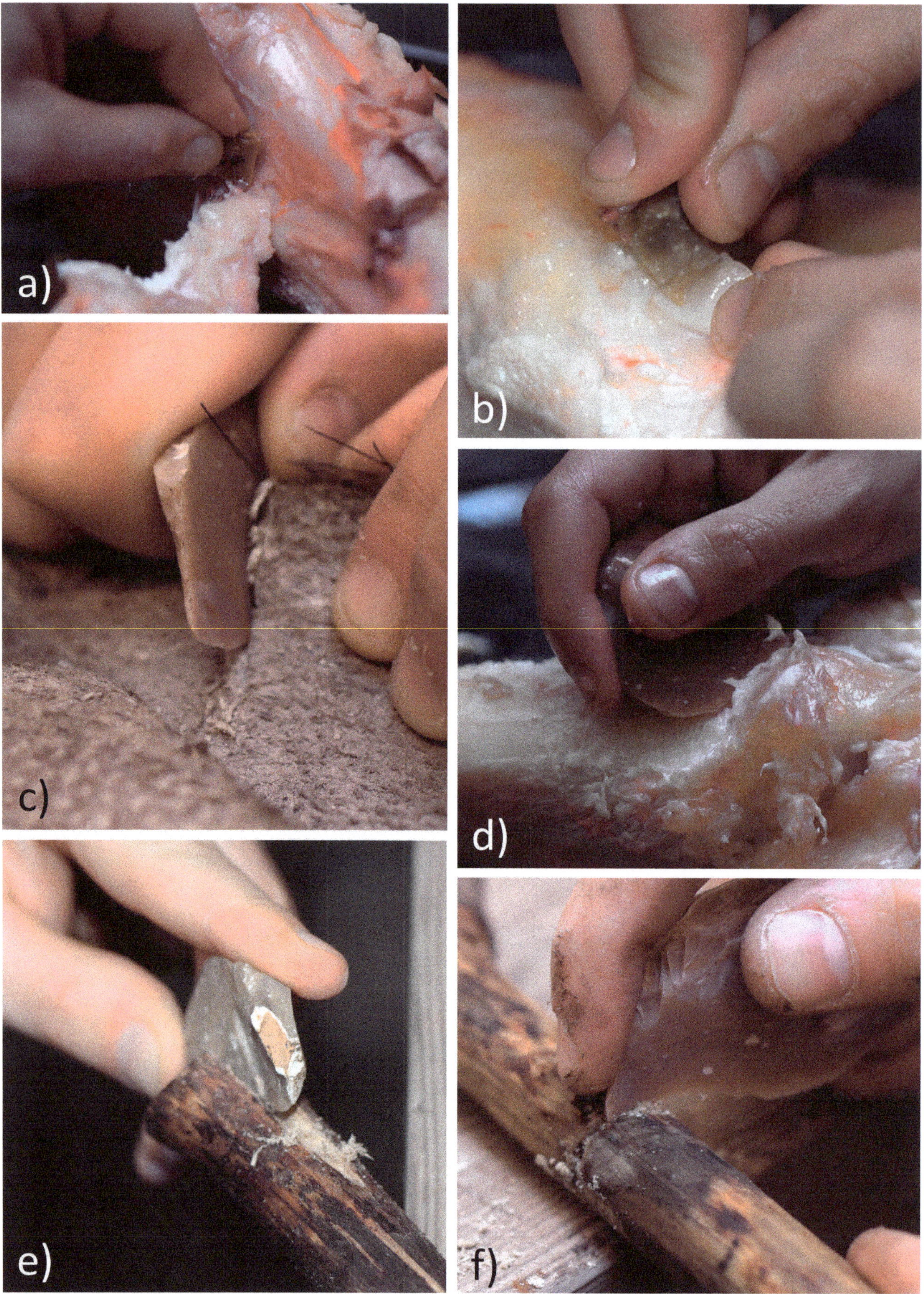

Figura 4.23 Utilizzo sperimentale dei manufatti a dorso con manipolazione manuale per diverse attività: processamento carne (a), taglio di tendini con presa di precisione (b), taglio di pelle secca con presa di potenza (c), pulizia dell'osso e distacco tessuti animali (d), taglio di legno per la fabbricazione di manico fenduto (e) o giustapposto (f).

(*step*), distribuite regolarmente e in maniera ravvicinata sia sulla superficie ventrale che dorsale del bordo (Fig. 4.24a). In questo caso, l'orientamento dei micro-stacchi tende ad essere obliquo e bidirezionale. Le fratture a flessione (*snap-fracture*), dovute al contatto tra lo strumento e l'osso durante la rimozione della carne, hanno inoltre modificato diverse aree funzionali dei bordi.

Gli strumenti utilizzati sulle ossa di mucca hanno subito sbrecciature sul bordo a causa del frequente contatto del margine tagliente con l'osso. La sbrecciatura del bordo si è verificata durante la prima fase dell'esperimento ed è stata seguita da un moderato arrotondamento dell'area fratturata del bordo. Inoltre, piccoli negativi di stacchi con terminazione a scalino e a piuma sono visibili e ben distribuiti sulle stesse porzioni dei bordi. Quando gli strumenti sono stati utilizzati per rimuovere i resti di carne e tagliare i tendini, i micro-stacchi si sono sviluppati secondo un pattern direzionale misto.

Le pelli di cinghiale e di pecora sono state lavorate sia allo stato fresco che secco, attraverso tagli effettuati con movimenti unidirezionali e bidirezionali finalizzati alla produzione di strisce di pelle (Fig. 4.23c). L'efficienza complessiva degli strumenti è stata valutata positivamente durante la lavorazione della pelle secca, anche se, nel caso della pelle secca di cinghiale, la particolare tenacità del materiale non ha permesso un controllo ottimale del processo di taglio, che ha prodotto in diversi casi strisce irregolari. L'efficienza è risultata maggiore sulla pelle di pecora secca, più morbida rispetto a quella di cinghiale. Gli strumenti sono venuti in contatto con il materiale con un angolo compreso tra 75 ° e 90 ° e la manipolazione manuale è risultata molto comoda e solida durante gli esperimenti, incluso l'esperimento n. 24, nel quale lo strumento doveva essere maneggiato in diversi modi a causa del profilo irregolare e ondulato dell'area passiva dello strumento, in questo caso non interessato da ritocco ma testato nella modalità "grezza" con dorso di scheggiatura (Tab. 4.6).

Gli schemi di danneggiamento dei bordi si sono dimostrati simili su entrambi i tipi di materiale (Fig. 4.24b): micro-stacchi di piccola e media grandezza con terminazioni a scalino si sono sviluppati sui bordi, così come diverse fratture a flessione. La lavorazione della pelle di cinghiale ha generato micro-stacchi principalmente sulla faccia dorsale del bordo, mentre la pelle di pecora su entrambe le facce (Fig. 4.24b-c). Questa differenza è probabilmente legata alla variazione dell'angolo di contatto, che era maggiore (circa 90°) nel caso della pelle di pecora. In entrambi i casi, i micro-stacchi sono distribuiti in maniera non uniforme lungo i bordi ed evidenziano un orientamento bidirezionale obliquo. Il maggiore spessore della pelle di cinghiale potrebbe anche aver prodotto differenze nel grado di arrotondamento del bordo degli strumenti.

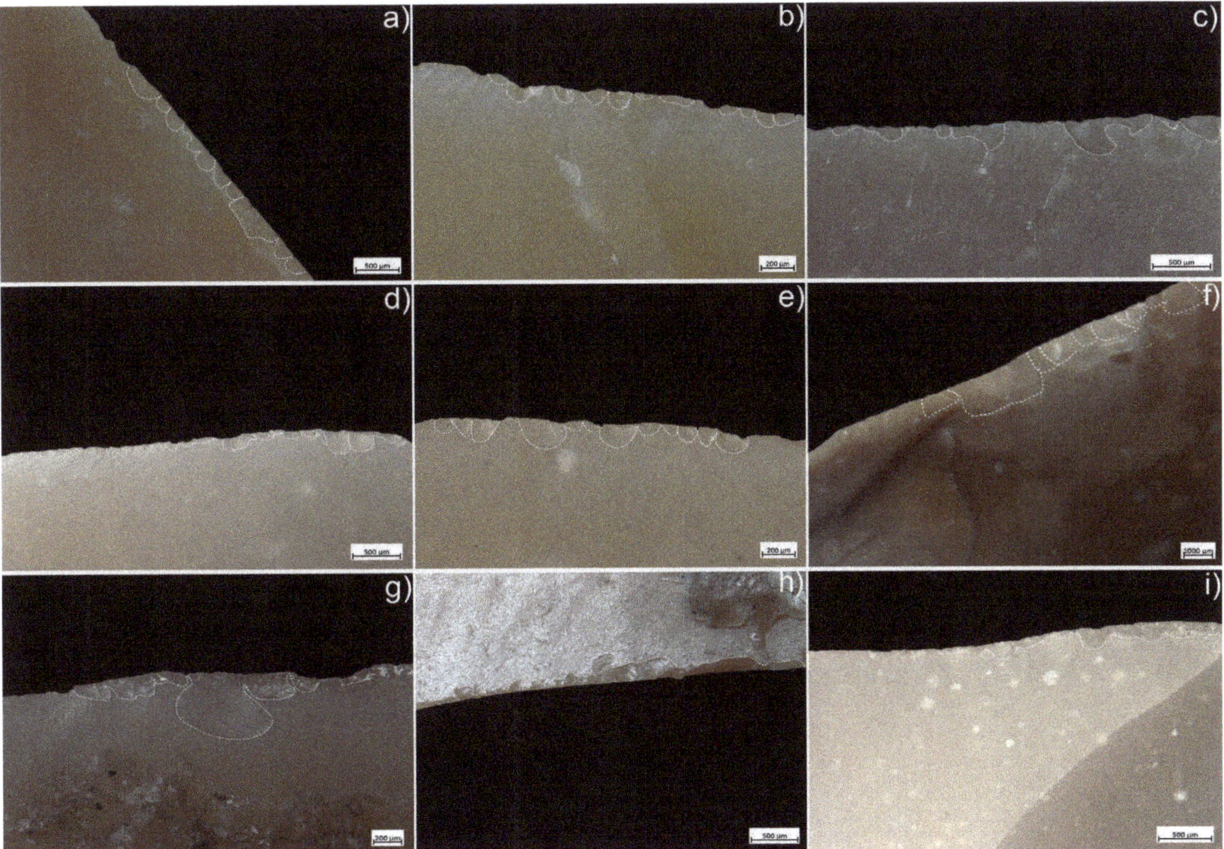

Figura 4.24 Usure sviluppate sui bordi taglienti dei manufatti a dorso usati per lavorare: tessuti animali (a), pelle secca (b), pelle fresca (c), legno bagnato (d), legno secco (e), piante legnose (f); usure sviluppate sui dorsi dei manufatti manipolati: con manico fenduto (g), manico giustapposto (h), manualmente (i) (foto riprodotta per gentile concessione di Andrea Zupancich).

Figura 4.25 Utilizzo sperimentale dei manufatti a dorso immanicati: taglio di pelle fresca di pecora (a), taglio di legno di *Phylirrea angustifolia* (b), dopo l'immanicatura in manici fenduti e giustapposti (c) (Foto riprodotta per gentile concessione di Andrea Zupancich).

Per tagliare la pelle di pecora fresca, uno strumento a margini sottili è stato fissato in un'immanicatura di legno usando una base fenduta (Fig. 4.25a). Sia lo strumento che l'impugnatura si sono dimostrati molto efficienti durante gli esperimenti per un taglio preciso e controllato attraverso movimenti unidirezionali longitudinali, capaci di ottenere sottili strisce di pelle. Dopo l'uso, è stato osservato un grado di arrotondamento medio-alto sul bordo dell'utensile e micro-stacchi di piccole e medie dimensioni con terminazione a scalino si sono originate sulle facce ventrale e dorsale. Il loro orientamento è obliquo e unidirezionale e la loro distribuzione è ravvicinata e regolare lungo il bordo. Si sono registrate inoltre diverse porzioni di bordi con fratture a flessione (Fig. 4.24c).

Lavorazione di materie di origine vegetale

Il legno bagnato è stato tagliato per produrre due diversi tipi di manici: il primo usando la variante "fenduta", mentre il secondo usando una soluzione di manico "giustapposto" (Fig. 4.25c). Il manico fenduto è stato prodotto tagliando il ramo alla lunghezza desiderata dopo la rimozione manuale della corteccia e praticando un'incisione di 15 mm nella parte superiore di un'estremità (Fig. 4.23e). Il manico giustapposto è stato fabbricato tagliando e rimuovendo uno scalino di 13 mm in un'estremità (Fig. 4.23f).

Gli strumenti dotati di dorso regolarizzato si sono dimostrati molto efficienti nella realizzazione di manici. La manipolazione è stata estremamente comoda, in quanto gli strumenti selezionati, aventi dorso ricurvo (vedi esperimento n. 19), hanno permesso una presa salda con maggiore capacità di trasmettere forza e pressione nell'attività. Il taglio del legno è stato eseguito con gesti bidirezionali longitudinali, con un angolo di contatto di 90° tra l'utensile e il materiale, il che significa un'elevata efficienza del bordo, sebbene il profilo sinuoso del manufatto sperimentale n. 20 lo rendesse più scomodo con l'avanzare in profondità dell'incisione. Indipendentemente da ciò, l'attività è stata completata con successo dopo circa 60 minuti di lavorazione. Su entrambi gli strumenti sono stati identificati degli arrotondamenti mediamente sviluppati sui bordi attivi, e lungo il bordo molto sottile di #20 si sono rilevate diverse fratture a flessione. I micro-stacchi sono piccoli e presentano terminazioni a scalino. Il loro orientamento è obliquo e bidirezionale e la distribuzione lungo il bordo è piuttosto regolare (Fig. 4.24d).

Il legno secco è stato invece raschiato, al fine di rimuovere la corteccia dal ramo e creare un oggetto appuntito. L'efficienza complessiva dello strumento è media: il bordo si è arrotondato molto velocemente, con un corrispondente decadimento nella sua efficienza. Tuttavia, ciò non ha impedito lo scortecciamento del ramo e la modellazione di una punta su una delle sue estremità. La raschiatura è stata eseguita attraverso un movimento trasversale unidirezionale, con un angolo di contatto di 60° tra il bordo e la materia trattata. Dopo l'uso, micro e macro-stacchi con terminazione a scalino si stati registrati sopra il margine dello strumento. L'orientamento di questi ultimi è trasversale e la loro distribuzione lungo il bordo è piuttosto irregolare (Fig. 4.24e). Inoltre, si registra un elevato arrotondamento dei bordi.

Anche i tessuti di piante legnose (*Phylirrea angustifolia*) sono stati lavorati. In questo caso, lo strumento è stato incluso in un'immanicatura di legno usando la disposizione giustapposta. I rami delle piante sono stati tagliati con movimenti unidirezionali (Fig. 4.25b), registrando prestazioni elevate nell'attività dello strumento e del manico. Il bordo del manufatto ha sviluppato un arrotondamento intenso del bordo, nonché micro-stacchi di piccole e medie dimensioni con terminazioni a scalino e a piuma su entrambe le facce, ventrale e dorsale, del bordo (Fig. 4.24f). Il loro orientamento è obliquo e unidirezionale e la loro distribuzione è uniforme e regolare lungo il bordo.

Tracce di prensione e immanicatura

Tutti gli strumenti a dorso sperimentali, durante le attività di utilizzo, sono stati tenuti direttamente in mano senza materiali intermedi o imbottiture (Fig. 4.23), ad eccezione dei due pezzi immanicati (Fig. 4.25). Sono stati identificati diversi schemi nelle usure dei dorsi: ad esempio, sui dorsi ritoccati i margini dei negativi di ritocco sono stati intensamente arrotondati. Poiché questo fatto si è registrato particolarmente sugli strumenti utilizzati per rimuovere la carne e tagliare i tendini, si suggerisce che il grasso animale potrebbe aver aumentato il grado di arrotondamento del margine. Questo arrotondamento, infatti, è stato rilevato anche sul dorso di strumenti che sono stati usati per lavorare materiale vegetale e pelle secca, ma in misura notevolmente minore.

Al contrario, i micro-stacchi sono stati identificati su strumenti con dorsi non ritoccati. Questi stacchi sono di dimensioni molto ridotte, con una distribuzione regolare ravvicinata e terminazioni a piuma (Fig. 4.24i). Per quanto riguarda i manufatti sperimentali immanicati, nel caso del n. 22, dotato di manico giustapposto, ha sviluppato sul dorso distinti raggruppamenti di micro-stacchi di piccole e medie dimensioni con morfologia triangolare e scalare (Fig. 4.24h). Stacchi con morfologie oblique e da strette a larghe (che si allargano in profondità) (Fig. 4.24g) sono stati identificati sul dorso dello strumento con manico fenduto (n. 5). Sono anche visibili raggruppamenti distinti che presentano diversi schemi costituiti da micro-stacchi con terminazione semplice, in linee ben definite. Nel complesso, i modelli di usura osservati sul campione sperimentale e relativi alla modifica del dorso causato da prensione manuale o con manico sono molto specifici in termini di morfologia, modelli di distribuzione e orientamento. La loro distinzione dall'usura osservata sulle aree attive degli strumenti, come ha affermato Rots (2010), può essere svolta con un certo grado di confidenza.

4.3.2 Tracce d'uso sui manufatti archeologici

Al fine di identificare tracce di usura nell'unità A9, sono stati analizzati 56 manufatti a dorso da parte del dott. Andrea Zupancich presso il Laboratorio DANTE per lo studio della dieta e tecnologia antica, nell'Università di Roma-La Sapienza. Tra questi manufatti, sono state osservate usure diagnostiche correlate all'uso in 30 casi. Sfortunatamente, tutti i manufatti hanno subito alterazioni post-deposizionali da moderate a intense che si esprimono con superfici lucide dovute al *soil sheen*, le quali ostacolano l'osservazione delle micro-usure visibili ad alto ingrandimento. Tuttavia, i dati ottenuti dall'analisi delle tracce d'uso sui bordi effettuate a basso ingrandimento hanno fornito informazioni sull'utilizzo degli strumenti, in particolare sulla durezza dei materiali lavorati e sulle attività svolte (Fig. 4.26).

Le micro-sbrecciature sono caratterizzate principalmente da pattern di orientamento obliquo e trasversale, tra i quali il primo è il più rappresentato. Questo dato suggerisce che gli strumenti sono stati utilizzati per eseguire movimenti longitudinali e trasversali attribuibili alle attività di taglio e raschiatura. La maggior parte delle micro-sbrecciature correlate all'uso presenta terminazioni a scalino che sono spesso associate ad arrotondamenti dei bordi da moderati ad intensi, evidenza che indica che la maggior parte dei manufatti a dorso analizzati è stata concepita per lavorare materiali di media durezza. Inoltre, sono state rilevate evidenze anche della lavorazione di materiali morbidi e moderatamente morbidi; diversi strumenti sono infatti caratterizzati da stacchi derivati da usura con terminazioni a piuma e arrotondamento leggero del

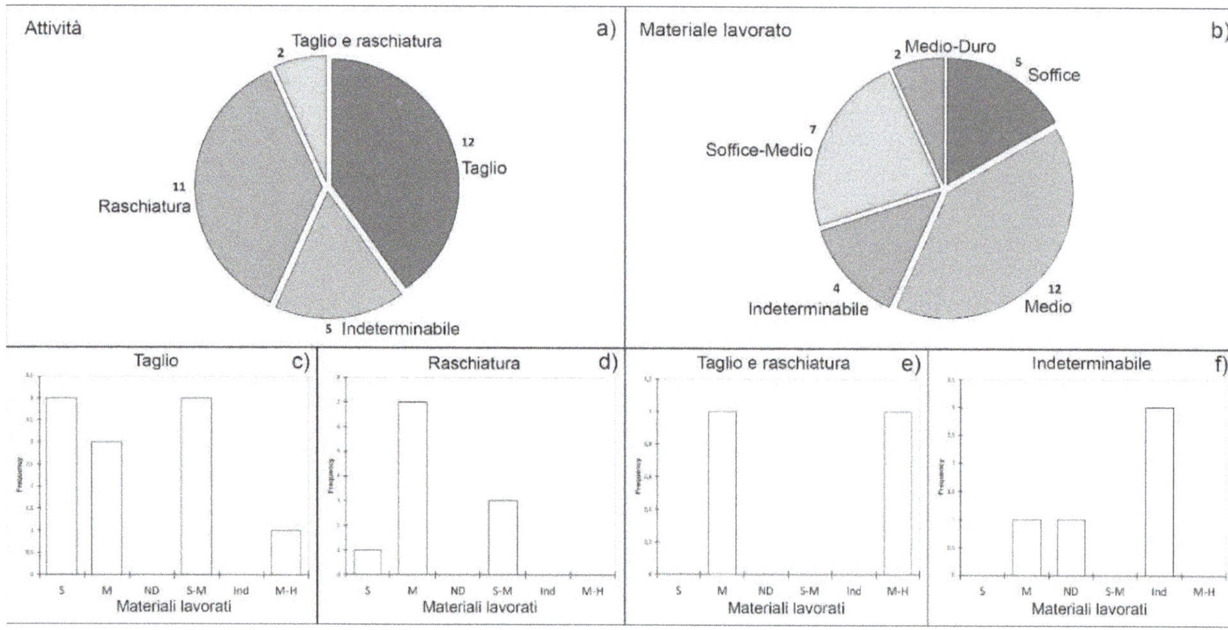

Figura 4.26 Attività riconosciute per i manufatti dell'unità A9 (a) in base alla durezza dei materiali lavorati (b-f). "S": soft; "M": medium; "S-M": soft-medium; "M-H": medium-hard (foto riprodotta per gentile concessione di Andrea Zupancich).

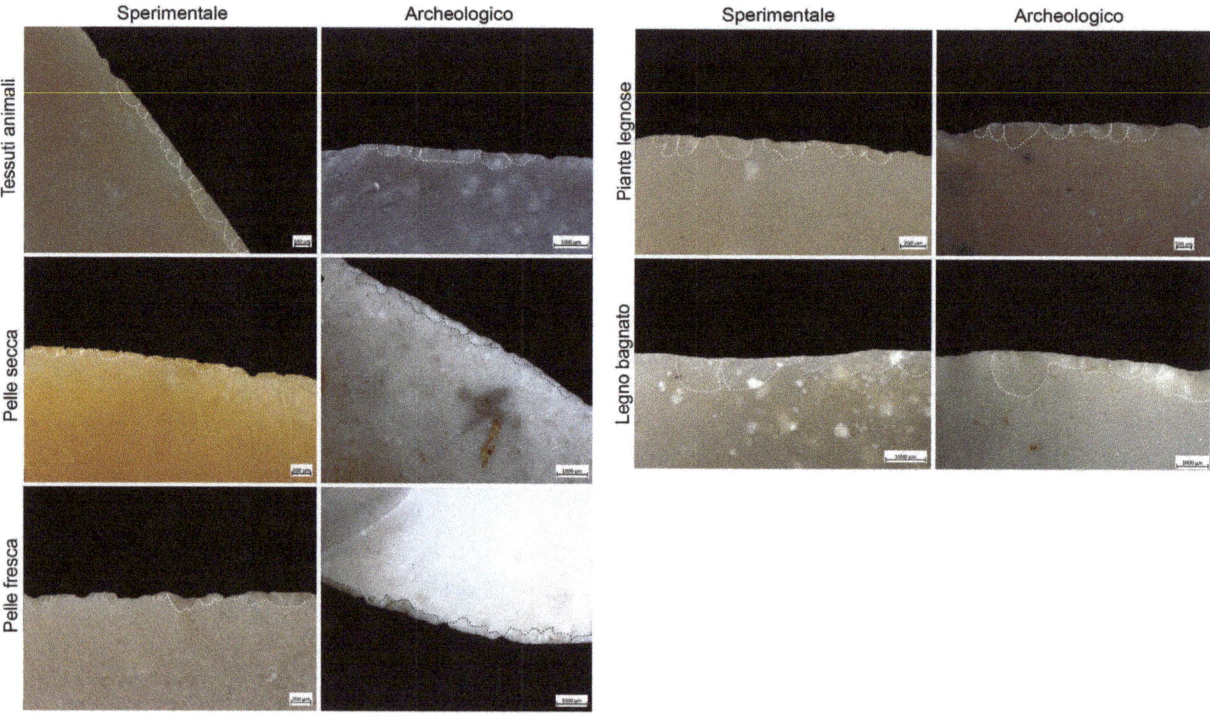

Figura 4.27 Confronto tra le usure ai margini osservate sui campioni sperimentali e sui manufatti archeologici dell'unità A9 (foto riprodotta per gentile concessione di Andrea Zupancich).

bordo (Fig. 4.27). Considerate le somiglianze tra le usure ai bordi osservate su numerosi pezzi archeologici e sulle repliche sperimentali che sono state utilizzate per lavorare pelle fresca, pelle secca e carne, si suggerisce che gli strumenti a dorso dell'unità A9 siano stati impiegati nella lavorazione di materie animali di durezza media e medio-morbida. I casi in questione sono in particolare i manufatti archeologici #314, #501 e #5824 (Fig. 4.28a; b; f). Inoltre, nel caso di #705 si può ipotizzare la lavorazione della pelle fresca, mentre la lavorazione della pelle secca è suggerita per #333 e #411. In entrambi i casi, il danno ai bordi è simile a quello sviluppato durante la lavorazione della pelle di pecora (sia asciutta che fresca). Si può pertanto suggerire che la pelle trattata fosse relativamente sottile. Infine, l'usura dei bordi paragonabile a quella associata alla lavorazione di materie vegetali e, in particolare, alla lavorazione delle piante legnose, è stata identificata su #1886 e #3613 (Fig. 4.28d-e).

Figura 4.28 Selezione delle tracce d'uso identificate sul campione archeologico dell'A9: manufatto #501, tracce di lavorazione di materiale medio-morbido con movimento trasversale (a); #314, lavorazione di materiale medio-morbido con movimenti trasversali (b); #1333, lavorazione materiale medio e usure correlate ad immanicatura (c); #3613 e #1886, lavorazione di materiale medio-morbido con movimenti trasversali e arrotondamento localizzato sul dorso, correlato a prensione manuale (d-e); #5824, lavorazione di materiale morbido con movimenti trasversali e arrotondamento localizzato sul dorso (f) (foto riprodotta per gentile concessione di Andrea Zupancich).

Quando si confrontano i materiali lavorati e le attività svolte, ciò che emerge è che la raschiatura è stata utilizzata quasi esclusivamente su materiali di media durezza e, in alcuni casi, su materie medio-morbide (Fig. 4.26). D'altra parte, il taglio è stato eseguito principalmente su materiali morbidi e medio-morbidi, con materie di media durezza leggermente meno rappresentate (Fig. 4.26). Inoltre, quando le attività eseguite vengono confrontate con il piano del margine, ciò che emerge è che i bordi dritti sono più spesso correlati alle attività di taglio rispetto ai bordi convessi (Fig. 4.29). Inoltre, sia i bordi convessi che quelli dritti vengono sfruttati con movimenti trasversali. Un modello interessante riguarda il significato funzionale del ritocco.

Dalle analisi effettuate finora, siamo stati in grado di osservare che l'usura è nella maggior parte dei casi distribuita su zone funzionali non ritoccate e che il bordo ritoccato corrisponde solo raramente all'unità tecno-funzionale trasformativa dell'oggetto. In ogni caso, si intende un'unità trasformativa non situata sul dorso ma su un margine tagliente opposto o adiacente al dorso. Di conseguenza, si suggerisce che, tra questi strumenti, l'obiettivo principale del ritocco potrebbe essere stato quello di migliorare la prensione dello strumento, piuttosto che aumentare il potenziale o l'efficienza di taglio del bordo.

A questo proposito, tali esperimenti dimostrano come un dorso ritoccato aumenti il potenziale di presa degli strumenti, specialmente durante attività in cui le mani si ricoprono velocemente di materia grassa o untuosa, come si registra durante la lavorazione di materie di origine animale. Sebbene l'alterazione delle superfici degli utensili non abbia permesso un'analisi esaustiva delle micro-usure prodotte da manici e prensione manuale, si è potuto fornire nuove intuizioni grazie alle osservazioni effettuate a basso ingrandimento. Arrotondamenti localizzati da moderati ad intensi sono frequenti sui dorsi degli strumenti, specialmente quando questi sono ritoccati

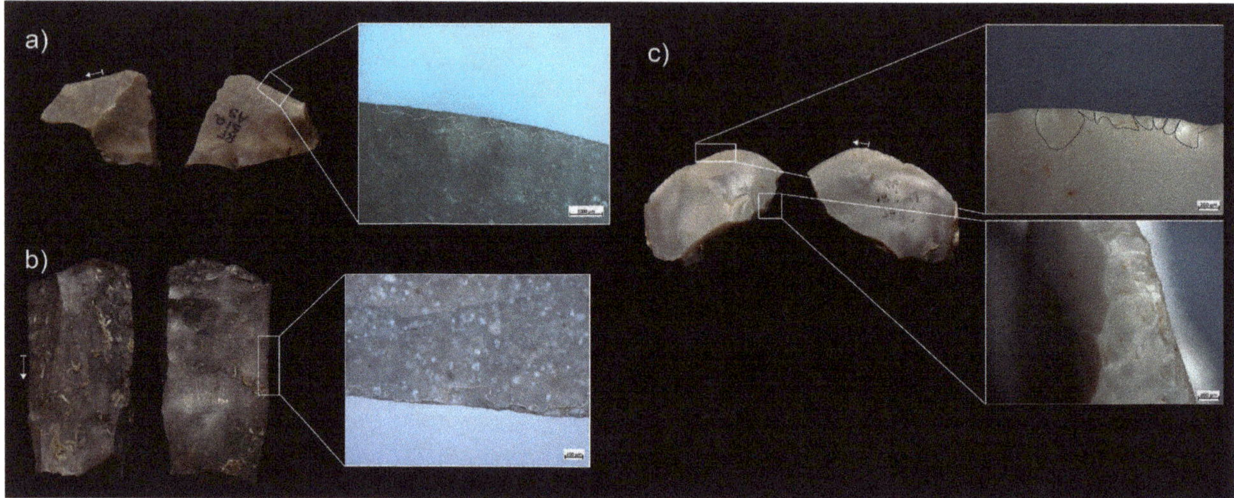

Figura 4.29 Pezzi a dorso archeologici con usure associate ad attività di taglio: il pezzo #1649 mostra stacchi con terminazioni a piuma associate a medio arrotondamento causato dal taglio di materiale soffice (a); #4855 mostra stacchi con terminazioni a scalino e a piuma associate a inteso arrotondamento causato dal taglio di materiale soffice-medio (b); #3842 mostra stacchi con terminazioni a piuma associate a inteso arrotondamento causato dal taglio di materiale soffice; il pezzo reca intenso arrotondamento anche sul dorso (c) (foto riprodotta per gentile concessione di Andrea Zupancich).

(n. 8 manufatti). Ciò suggerisce un ritocco / modificazione intenzionale del dorso per migliorare la presa e la presenza di superfici arrotondate supporta chiaramente questa ipotesi. L'arrotondamento avviene in maniera paragonabile sui negativi di ritocco delle repliche sperimentali, in particolare quelle utilizzate per la lavorazione di materie animali (Fig. 4.30). Al fine di escludere un'origine post-deposizionale dell'arrotondamento del dorso, è importante sottolineare che si verifica solo su questa specifica porzione dell'utensile e non è osservata altrove (ad esempio sul CT). L'arrotondamento causato dalle modifiche post deposizionali altera la superficie dello strumento quasi interamente ed è associato a stacchi da impatto che non sono stati identificati su nessuno dei campioni analizzati. Inoltre, il fatto che l'arrotondamento dei bordi dei dorsi sia stato associato a strumenti che sono stati utilizzati per lavorare materiali morbidi e medio-morbidi di probabile origine animale, conferma il fatto che questa modifica è correlata all'uso e, come osservato nelle nostre repliche sperimentali, al contatto tra mano e materiali grassi.

La preferenza per la manipolazione a mano libera degli strumenti a dorso nell'unità A9 di Fumane è anche indicata dalla scarsità di usure sui bordi associabili all'immanicatura, che è stata osservata solo su due manufatti (#335 e #1333). In particolare, sul pezzo #1333, negativi di stacchi rettangolari sovrapposti di piccole e medie dimensioni, attribuibili all'inserimento del pezzo in un manico, sono visibili sul dorso, che è stato ritoccato ed assottigliato (Fig. 4.28c). Uno schema simile è visibile sul pezzo #335, dove si rilevano piccoli negativi di stacchi rettangolari che si sviluppano su tutto il dorso dello strumento, indicando un la possibile associazione di questo pezzo con un manico. Sfortunatamente, l'usura identificata sui bordi dei dorsi per questi due esempi non trova alcuna somiglianza con quella osservata sulle repliche sperimentali utilizzate con manico in legno. Ulteriori test, incentrati sulle soluzioni potenziali di immanicatura e sui possibili materiali utilizzabili per i manici (ad es. materie dure animali) devono essere eseguiti al fine di indagare in maniera più approfondita il possibile uso di pezzi a dorso come strumenti immanicati a Fumane. In questa fase della sperimentazione, si può solo sottolineare l'elevata funzionalità di questi strumenti se inseriti in un manico.

4.3.3 Morfometria geometrica 3D

Le analisi di morfometria geometrica (PCA) sui pezzi a dorso dell'A9 indicano che la variabilità morfologica del campione è sostenuta. Questo dato è mostrato anche nella visualizzazione del grafico a dispersione che presenta la distribuzione dei manufatti lungo le prime due componenti principali, che da sole spiegano il 51,63% della variabilità totale.

Sono stati inseriti diversi attributi dei manufatti, poi interrogati nella PCA, al fine di rispondere ad alcune questioni cardine:

- È avvenuta una selezione di alcune forme al fine di ritoccare o modificare i pezzi a dorso?
- La scelta della materia prima influisce sulla forma dei pezzi a dorso?
- Discoide e altre tecnologie meno utilizzate producono supporti morfologicamente differenti?
- Esiste una variabilità morfologica dei manufatti a dorso a seconda della fase di ottenimento del supporto e del cortice residuo sulle superfici?
- Qual è la variabilità interna dei diversi tipi di supporto?

Oltre a questi attributi, sono anche stati interrogati quelli relativi agli schemi tecno-funzionali, alla lateralizzazione del dorso, al tipo di angolo attivo, la tecnica di distacco, gli schemi di ottenimento dei supporti. Il tutto finalizzato

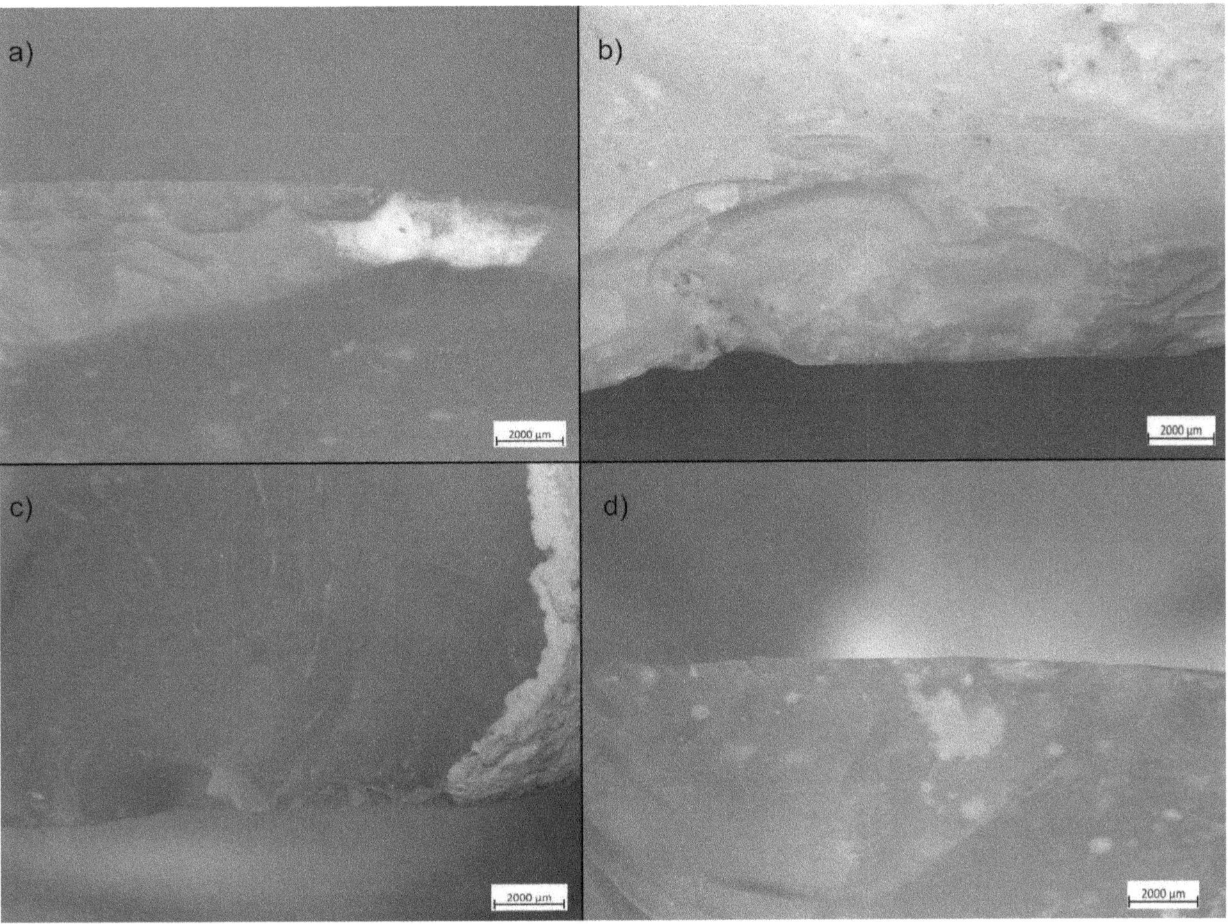

Figura 4.30 Dorsi sperimentali. Confronto tra diversi gradi di arrotondamento sul CP in base al tipo di sostanza lavorata sul CT: taglio di tendini e rimozione carne da omeri di bovino (a), rimozione carne da costole di ovino (b), taglio di pelle secca (c), taglio di legno bagnato (d). Si nota che un più alto grado di arrotondamento è presente sui dorsi dei pezzi usati per processare materie animali fresche. Tutte le foto hanno lo stesso ingrandimento (7x) (foto riprodotta per gentile concessione di Andrea Zupancich).

a cercare di comprendere le origini della differenziazione formale.

Come prima cosa, si può notare che i pezzi che hanno subito i diversi interventi tecnici sul dorso sono molto variabili, e la loro variabilità è perfettamente sovrapponibile al resto dell'insieme (Fig. 4.31). Esiste pertanto la conferma statistica che tali strumenti non sono morfologicamente standardizzati, come già è stato sottolineato; in più, sembra che essi siano stati prelevati tra i prodotti disponibili indipendentemente dalla forma iniziale. L'intervento antropico è andato infatti a modificare, di volta in volta, porzioni specifiche in seguito ad un adattamento al supporto.

Se si interrogano i supporti, si evince che le punte sono notevolmente variabili, mentre le punte da metodo tipo-Kombewa, essendo meno numerose, risultano essere meno variabili ma ben delineate nella medesima direzione. Gli altri tipi di supporti sono morfologicamente paragonabili, con i manufatti a dorso preparato leggermente più variegati rispetto a schegge debordanti e schegge a dorso naturale. Queste differenze sono riprese dagli schemi tecno-funzionali riconosciuti, con il gruppo degli STF 3, 4a e 4b nettamente differenti dal resto dell'insieme e caratterizzati da più variabilità. Leggermente più standardizzati e simili tra loro gli STF 5,7 e 6/7. Del resto, questi schemi sono caratterizzati da convessità dei bordi piuttosto limitate.

Se si interrogano i dati in relazione alle materie prime, non si denota alcuna differenza morfologica nei pezzi. Le diverse materie producono la stessa variabilità di prodotti, soprattutto quelle maggiormente utilizzate, caratterizzate da una relativa bassa variabilità interna. Sorprendentemente, con soli 4 manufatti, le materie prime alloctone registrano una notevole variabilità perché tali supporti, come conseguenza del loro lungo trasporto, sono andati incontro a diverse fasi di riutilizzo e rimessa in forma (Tab. 4.8).

Infine, i diversi metodi di scheggiatura non producono, apparentemente, prodotti morfologicamente molto differenti. Il metodo tipo-Kombewa, come si è già sottolineato, appare come una variante del Discoide applicata a supporti su scheggia. Pertanto, i prodotti ottenuti richiamano morfologicamente quelli più classici del Discoide. I pochissimi supporti ottenuti da tecnologia Levallois non sono statisticamente significativi e

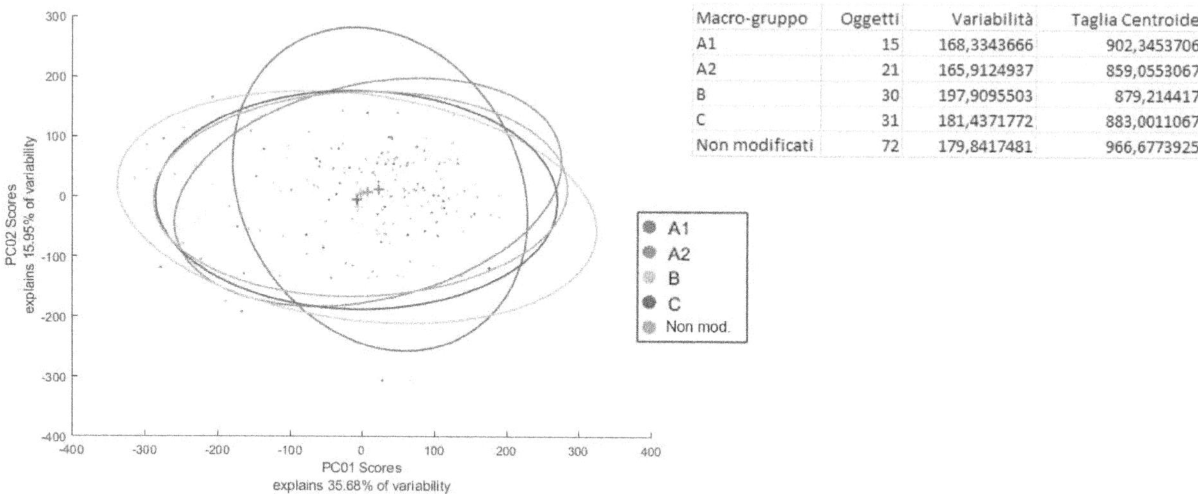

Macro-gruppo	Oggetti	Variabilità	Taglia Centroide
A1	15	168,3343666	902,3453706
A2	21	165,9124937	859,0553067
B	30	197,9095503	879,214417
C	31	181,4371772	883,0011067
Non modificati	72	179,8417481	966,6773925

Figura 4.31 Variabilità morfologica in macro-gruppi dei manufatti dell'A9 definiti sulla base della modificazione del dorso.

Tabella 4.8 Variabilità morfologica dei manufatti dell'A9 mostrati per tecno-tipologia dei supporti

Tipo di supporto	Oggetti	Variabilità	Taglia centroide
debordante	66	155,0512951	954,9091881
debordante kombewa	13	128,5471634	884,768879
dorso naturale	23	143,1846878	1024,279512
dorso preparato	13	141,8130338	782,7097009
indifferenziata	6	143,3460057	1092,457747
punta	42	230,2753193	828,4415144
punta kombewa	5	151,1528238	799,0808961

quelli indeterminabili si riferiscono principalmente a dorsi naturali che ricalcano nella morfologia i dorsi di scheggiatura.

4.4 Materiali analizzati e risultati delle unità A10-A11

Da questi macro-livelli sono stati selezionati 112 manufatti con dorso (Figg. 4.34 e 4.37), mentre l'acquisizione tridimensionale ha interessato 69 pezzi. Si tratta di un numero minore rispetto ad A9 per diversi motivi: innanzitutto le unità A10-A11 sono state indagate su circa 20 mq, posti prevalentemente nella zona sud-orientale della grotta, contro i 60 mq di A9 (Fig. 4.32). Inoltre, si è qui notata una minore incidenza dei pezzi provvisti genericamente di un dorso, indistintamente dalla loro presunta funzionalità, fase o tecnologia di ottenimento, che sono 431 nelle unità A10-A11 su un totale di 2605 reperti, pari al 16,5%. Tuttavia, molti di questi sono scarti, sottoprodotti o manufatti che sono stati ottenuti nelle prime fasi di messa in forma dei nuclei, da sistemi tecnici ancora non ben definiti. Tra i prodotti strettamente Levallois, solo 176 manufatti su 650 (pari al 27,1%) presentano un dorso anche solo accennato. Se si confronta con l'unità A9, qui tra 7934 resti circa 1500 (18,9%) sono provvisti di dorso; tuttavia, tra i manufatti discoidi ottenuti nelle fasi di piena produzione, ben 1133 pezzi su 1831 (61,9%) sono caratterizzati dalla presenza di dorso naturale o di scheggiatura. Da questi dati è evidente come nel sistema tecnologico Discoide la frequenza di questo tipo di prodotto sia decisamente più elevata. Il metodo di scheggiatura Discoide si sviluppa principalmente attorno ad una cornice, un margine sinuoso da cui sono staccati dei prodotti solitamente in maniera alternata su entrambe le superfici del nucleo. Lungo questa cornice vengono staccati gran parte dei prodotti, per regolare le convessità e permettere una concatenazione della produzione, asportando parte della superficie di percussione che verrà a formare il dorso. Al contrario, il metodo Levallois mira a sfruttare la superficie di scheggiatura senza una necessaria concatenazione della produzione ma attraverso riconfigurazioni della superficie che possono comprendere anche le convessità laterali; in questo modo c'è la possibilità di produrre schegge debordanti intenzionali e funzionali ma anche di asportare le cornici dei nuclei attraverso prodotti tecnici, "predeterminanti" e quindi non funzionali. Per questi motivi la quantità di prodotti con dorso negli insiemi Levallois è mediamente inferiore rispetto alla stessa quantità negli insiemi Discoidi, e Fumane (27,1% vs 61,9%) ne è un chiaro esempio. Infine, Un altro fattore che ha limitato la selezione dei pezzi a

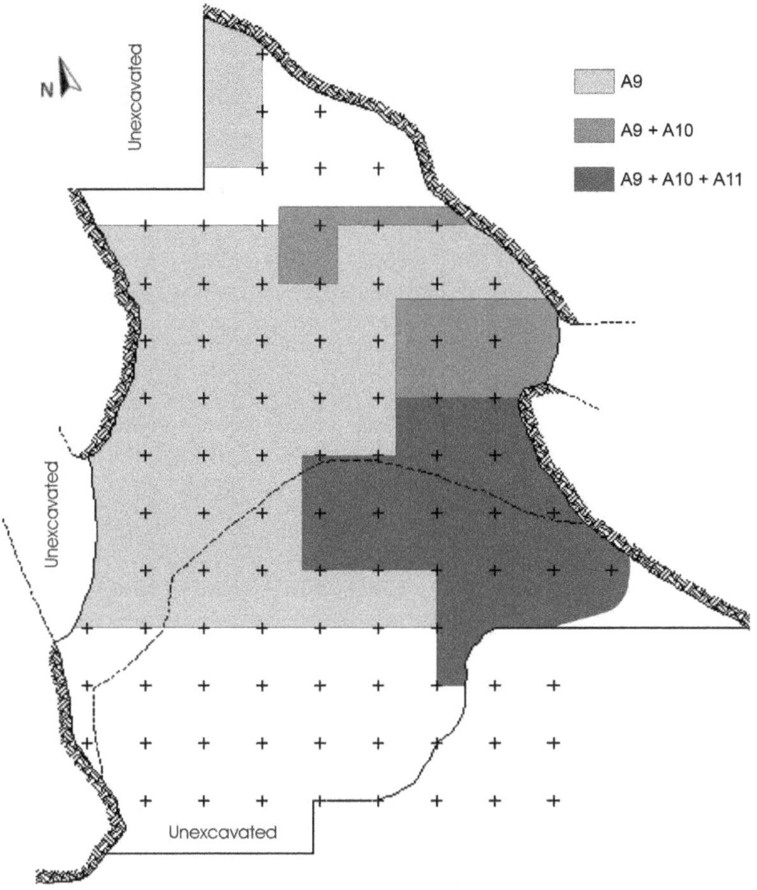

Figura 4.32 Areale di Grotta di Fumane, con indicate le aree in cui le unità A9, A10 e A11 sono state indagate.

dorso è la presenza di diversi sistemi tecnici di produzione litica nelle unità A10-A11. Come già sottolineato, il metodo Discoide è presente, anche se minoritario; tali prodotti sono stati esclusi da questo studio, al contrario di pezzi a dorso ottenuti attraverso tecnologie Levallois, unidirezionali o di tipo-Kombewa applicate a nuclei su scheggia. Questi ultimi prodotti sono stati selezionati in un piccolo numero, così come già effettuato per l'unità A9.

Il campione proviene in gran parte dall'unità A10, che ha fornito 84 pezzi contro i 28 dell'unità A11, scelti tra quelli sufficientemente regolari, funzionali, e di dimensione adeguata (minimo 2,5 cm). La maggior parte dei manufatti è stata raccolta da un'area vasta circa 20 metri quadri e posta all'imboccatura della grotta nella zona sudorientale della cavità. La parte più esterna (fasce dei quadrati 50-60-70) è stata indagata durante gli anni 80-90 negli scavi diretti da M. Cremaschi tra 1988 e 1991; questa zona ha fornito 43 degli strumenti a dorso campionati. La parte più interna (fasce dei quadrati 80-90-100-110) è quella indagata negli ultimi anni (a partire dal 2014) con gli scavi diretti da M. Peresani, ed ha fornito 69 manufatti tra quelli selezionati (Tab. 4.9).

4.4.1 Tecno-tipologia

I pezzi si presentano generalmente in buone condizioni fisiche. Si tratta di reperti in gran parte integri, con leggere patine e rare sbrecciature sui margini, che si fanno più comuni quando i reperti provengono dalle zone più interne. 9 pezzi si presentano fratturati, ma sono stati ugualmente selezionati per il possibile ruolo che la frattura può aver avuto nello schema prensivo dello strumento: il pezzo può infatti essere stato riciclato dopo la frattura utilizzando la stessa come dorso in opposizione al tranciante.

Dal punto di vista della tecnologia di scheggiatura, i manufatti rispecchiano quello che è il substrato tecnologico delle unità in esame, a maggioranza Levallois. Pertanto, tra i 112 pezzi selezionati, 58 mostrano chiare evidenze tecniche associate alla tecnologia Levallois. Tra gli altri, 14 pezzi sono stati ottenuti dallo sfruttamento di schegge, secondo una tecnologia di tipo-Kombewa a sfruttamento superficiale principalmente della faccia ventrale del supporto-matrice; questa tecnologia di ottenimento di supporti può ricordare sia i sistemi Discoidi che Levallois per il pattern centripeto di sfruttamento e per la morfometria dei prodotti ottenuti. Oltre a questi, 6 pezzi sono stati ottenuti da un metodo di tipo unidirezionale non definibile o apparentemente diverso dal Levallois, e uno attraverso il metodo laminare volumetrico. Infine, 33 supporti provengono da fasi iniziali della catena operativa la quale, non avendo ancora maturato parametri tecnici diagnostici, rende impossibile l'associazione ad un determinato metodo di scheggiatura, se non ad un generico

Tabella 4.9 Numero di manufatti con dorso campionati da Grotta di Fumane nelle unità A10-A11 divisi per US e per campagne di scavo.

	Campagne 2014-2016	Scavi Cremaschi	Totale
A10	1	9	10
A10I	28	3	31
A10III	23	\	23
A10IV	14	1	15
A10V	\	5	5
A11	3	25	28
Tot	69	43	112

metodo integrato *Boëda sensu* (Boëda 2013) a sfruttamento superficiale e a produzione di schegge allungate.

Il metodo Levallois è applicato esclusivamente nella sua variante ricorrente, e secondo uno schema di ottenimento dei supporti e gestione delle convessità prettamente unidirezionale. In qualcuno di questi casi la direzione degli stacchi è bipolare, ma nella gran parte dei casi si tratta di unidirezionale unipolare, o con direzione degli stacchi leggermente convergenti. Sono presenti anche supporti che registrano stacchi ortogonali di gestione o presumibilmente volti a ottenere supporti predeterminati, mentre lo schema centripeto è registrato in soli 3 supporti selezionati, rappresentando in maniera chiara ed esaustiva quella che è la tecnologia litica già analizzata delle suddette unità (Peresani et al, 2017).

Incentrandoci sulla tecno-tipologia del campione di manufatti, salta all'occhio quanto la categoria maggiormente rappresentata sia quella delle schegge debordanti a dorso naturale (45 pezzi più 2 semi-corticali) (Fig. 4.37); questo dato conferma la produttività già dalle prime fasi di lavorazione del nucleo dei diversi sistemi tecnologici utilizzati, e suggerisce l'elevata funzionalità delle porzioni corticali come parti prensive, ipotesi che tuttavia deve essere sufficientemente testata e comprovata. Seguono le schegge debordanti a dorso di scheggiatura, presenti nel numero di 39, a cui vanno aggiunte 9 schegge debordanti di tipo-kombewa (Fig. 4.34). Tra i supporti, sono state selezionate anche 5 schegge sorpassate, 3 punte *dejeté* con dorso opposto alla punta, 4 schegge con dorso di frattura, 3 incidenti di *siret*, una scheggia a cresta naturale ed infine due coltelli a dorso preparato. Si ha a che fare pertanto con un campione rappresentato da un vasto panorama tecnico, con pezzi più puramente di prima scelta ed altri che associano la funzionalità e l'intenzionalità con chiari obiettivi di gestione delle superfici e delle convessità. Tuttavia, i prodotti debordanti naturali e di scheggiatura rappresentano la grande maggioranza del campione (85%), con le schegge che sovrastano le punte.

Poco numerosi gli strumenti ritoccati, con una ventina scarsa di manufatti; si tratta generalmente di raschiatoi semplici rettilinei o convessi (6 casi), 4 strumenti denticolati, un raschiatoio/punta, un incavo, una punta Musteriana *dejeté* e 5 schegge a ritocco parziale. Presenti, come detto, anche due pezzi con dorso ritoccato.

Per quanto riguarda le altre caratteristiche tecniche dei supporti, i talloni sono in gran parte faccettati (54), seguiti dai lisci (28), naturali (9), lineari (6), diedri (5) e puntiformi (3), mentre in 7 casi sono stati asportati (Fig. 4.33). Gli angoli di scheggiatura (misurati tra tallone e faccia ventrale) si attestano in media attorno ai 99°, mentre attraverso la registrazione delle stigmate tecniche conseguenti al distacco del supporto (punto d'impatto, presenza di labbro e tipo di bulbo, *bulb-splitting* ecc.) si ritiene che la tecnica di scheggiatura utilizzata sia esclusivamente la percussione diretta, applicata con diversi tipi di percussore, ascrivibile in 73 casi ad un percussore in pietra dura e in 31 casi ad uno in pietra tenera.

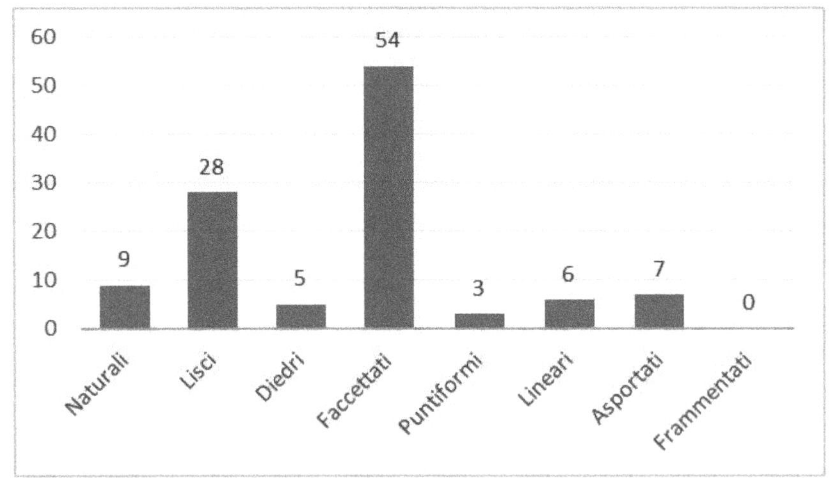

Figura 4.33 Talloni dei supporti su scheggia selezionati dall'unità A10-A11.

Figura 4.34 Schegge debordanti Levallois dall'unità A10-A11 di Fumane con sezione trasversale ottenuta dal modello 3D.

Tabella 4.10 Rappresentazione dei manufatti dall'unità A10-A11 in materie prime e classi di quantità di cortice

Materia prima	TOT	No cort.	Corticale	1-25%	26-50%	51-75%	76-100%
Bi	58	22	36	23	12	1	\
SR	23	12	11	10	1	\	\
SVA	17	8	9	5	4	\	\
Ool	7	4	3	2	1	\	\
Eoc	6	1	5	5	\	\	\
TOT	111	47	64	45	18	1	\

4.4.2 Materie prime

le materie prime più utilizzate sono ancora una volta quelle strettamente locali, riferibili alle formazioni Cretaciche: Bi (Maiolica), SR (Scagli Rossa) e SVA (Scaglia Variegata Alpina) (Tab. 4.10). Sono ben rappresentate anche le materie prime semi-locali, affioranti in un raggio tra 5 e 10 km in linea d'aria dal sito: Ool (selce Oolitica) ed Eoc (selci di formazioni Eoceniche).

La maggioranza dei pezzi conserva tracce di cortice sulla superficie dorsale (57,7%); in particolare gli strumenti a dorso fabbricati con selce della Maiolica sono maggiormente corticali, con punte del 62,1% e con ben 12 pezzi che presentano cortice su poco meno della metà della superficie (Tab. 4.10). Le altre materie prime registrano incidenze corticali minori eccetto i manufatti in selce eocenica che tuttavia recano tracce più limitate di cortice (<25% della superficie). Interessante notare come su 10 supporti ottenuti in selce della Maiolica si registrano tracce di acciottolamento di origine fluviale, fattore assente nelle altre materie prime se si esclude un manufatto in selce Eocenica. Come già appurato con lo studio dell'unità A9, la selce della Maiolica (e, in minor misura, quella della SVA) si può facilmente recuperare a poche centinaia di metri dal sito, a valle del Progno di Fumane, costituendo il supporto perfetto in caso di necessità impellente (Delpiano et al, 2018).

Questi dati confermano la produzione di manufatti a dorso funzionali già nelle prime fasi della catena operativa, soprattutto per quanto riguarda i blocchi o i ciottoli raccolti nelle vicinanze del sito. Con l'aumentare della distanza dal luogo di approvvigionamento e l'avanzare della catena operativa di scheggiatura, le porzioni corticali diminuiscono anche se rimangono specialmente su quelle materie prime caratterizzate da blocchi di piccole dimensioni (come la selce Eocenica).

Per quanto riguarda la tecno-tipologia dei supporti, si nota una particolare incidenza del metodo "tipo-Kombewa" sui supporti in Maiolica (12,1%) e soprattutto in selce Oolitica (3 su 7, pari al 42,9%), materia che veniva trasportata molto probabilmente sotto forma di grosse schegge (Delpiano et al, 2018). Due manufatti in selce Eocenica (1/3 del totale) si caratterizzano inoltre per l'appartenenza ad un sistema tecnico unidirezionale non Levallois che trova molte analogie con lo stesso sfruttamento di questa materia prima nell'unità A9, ed è probabilmente dovuto alla sua particolare natura e qualità fisica, omogenea e regolare e pertanto adatta a produzioni di questo tipo.

4.4.3 Morfometria

I pezzi provenienti dall'unità A10-A11 si presentano mediamente allungati, con una lunghezza strumentale media di 45,8 mm e massima di 80 mm (Tab. 4.11). I reperti provenienti da A11 si presentano decisamente più lunghi (52,7 mm) rispetto a quelli provenienti dall'unità A10 (43,5 mm). Lo stesso rapporto è però mantenuto grosso modo nella larghezza (27,1 mm vs 24,3 mm). La

Tabella 4.11 Riepilogo con statistica descrittiva univariata delle dimensioni dei manufatti di A10 e A11

	A10				A11			
	Lunghezza	Larghezza	Spessore	Peso	Lunghezza	Larghezza	Spessore	Peso
Min	25	14	3	1,5	26	18	4	3,2
Max	75	44	14	33,6	80	45	17	39,1
Media	43,47	24,25	7,96	8,77	52,71	27,10	8,89	13,26
Deviazione Standard	12,619	6,095	2,599	7,170	13,179	6,249	3,359	9,713
Mediana	39,5	23	7	5,95	50	26	8	10,95
25 percentile	35	19,25	6	4,125	46	22,5	6,25	6,725
75 percentile	50	28	10	10,375	59,5	30	11	13,875

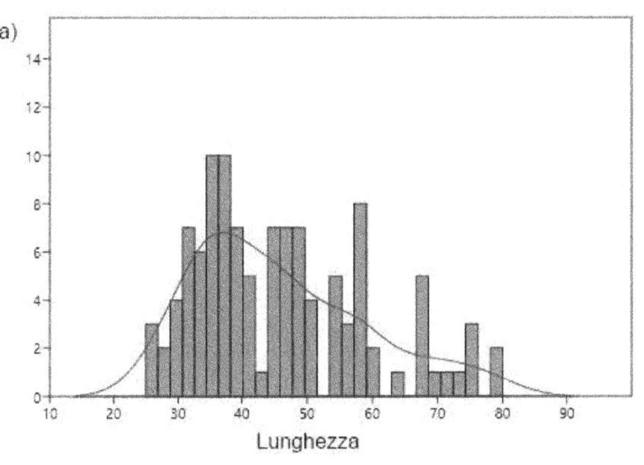

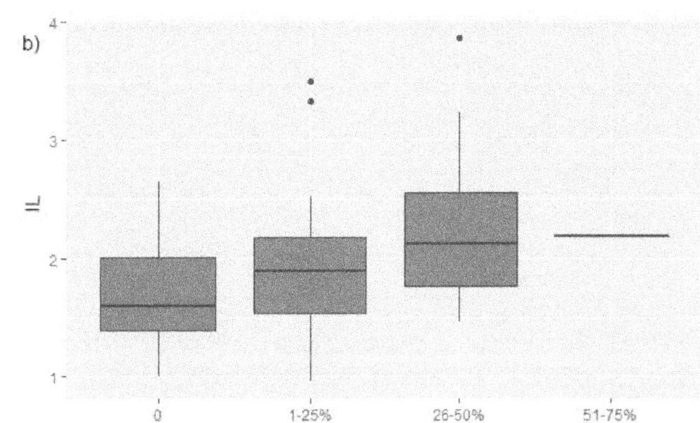

Figura 4.35 Distribuzione della lunghezza dei manufatti di A10-A11 (a); indice di laminarità dei manufatti per classe di presenza corticale sulle superfici (b).

distribuzione dimensionale rivela la presenza di tre gruppi principali di strumenti, quelli di piccole dimensioni (da 25 a 40 mm), di medie dimensioni (da 45 a 60 mm), di grandi dimensioni (da 65 a 80 mm) (Fig. 4.35a).

L'indice di laminarità dei singoli strumenti tradisce una certa laminarità generale, pari a 1,88 di media che aumenta in A11 (1,99) rispetto ad A10 (1,84). Più Nello specifico, ben 45 manufatti su 112 presentano valore uguale o maggiore a 2, attestandosi quindi alla pari dei prodotti strettamente laminari. Di questi, ben 16 provengono dall'unità A11, che presenta quindi il 57,1% dei prodotti laminari tra quelli selezionati.

È interessante notare che i prodotti maggiormente allungati sono quelli che recano ancora porzioni corticali sulla faccia dorsale, mentre i manufatti ottenuti dalle fasi più avanzate della catena operativa, privi di cortice, sono decisamente più corti; questo dato potrebbe essere messo in relazione alle dimensioni dei nuclei, che diminuiscono con l'avanzare delle operazioni di scheggiatura (Fig. 4.35b).

Per quanto riguarda lo spessore e l'indice di carenaggio (larghezza/spessore), i pezzi sono mediamente sottili (8,2 mm), con un intervallo da 3 a 17 mm. L'indice di carenaggio si mantiene in media su valori abbastanza elevati (3,3, intervallo di 1,2-7,5), che attestano ridotto spessore rispetto alla larghezza. Solo 32 pezzi raggiungono uno spessore di 1 cm.

Il peso degli strumenti si attesta in media sui 10 grammi scarsi (9,9), con un minimo di 1,5 g ed un massimo di 39,1 g. Non si notano significative differenze dimensionali per le materie prime, con i manufatti in SVA che sono tendenzialmente più piccoli, sottili e leggeri rispetto agli altri e quelli in Ool aventi un indice di laminarità più elevato (superiore al 2) (Tab. 4.12). Per quanto riguarda i metodi di scheggiatura riconosciuti, si attesta una certa laminarità sui manufatti ottenuti con metodo unidirezionale diverso dal levallois, che ricalcano valori simili ai metodi laminari. Mediamente più bassa è la laminarità dei prodotti Levallois, che attestano anche produzione di schegge quadrangolari od ovalari corte, mentre decisamente di minori dimensioni sono i prodotti ottenuti dal metodo di tipo-Kombewa (Fig. 4.36).

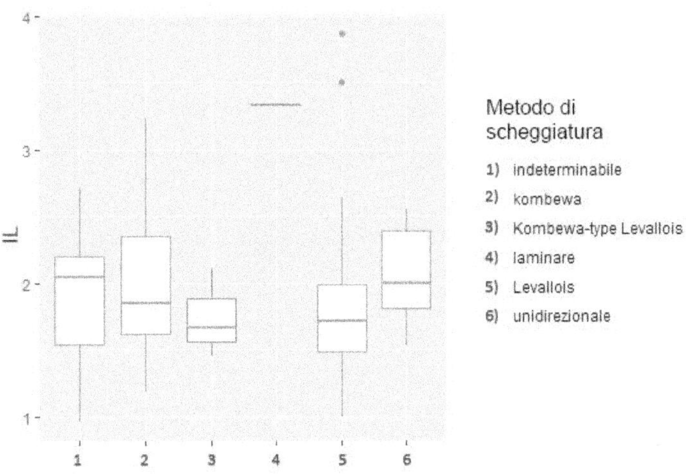

Figura 4.36 Indice di laminarità dei pezzi di A10-A11 per metodo di scheggiatura.

Tabella 4.12 Valori dimensionali e dei principali indici dei pezzi di A10-A11 per materia prima

	Bi	SR	SVA	Ool	Eoc	Media
L (mm)	46,3	47,7	**41,6**	44,7	49,2	45,8
W (mm)	25,0	27,0	23,0	**22,0**	27,0	25,0
T (mm)	8,4	8,7	**6,6**	8,1	9,0	8,2
L/W	1,89	1,81	1,86	**2,04**	1,86	1,88
W/T	5,84	5,89	**6,71**	5,48	5,57	5,95
Peso (g)	10,5	**12,1**	**6,3**	7,2	10,4	9,9

Si registra infine che i prodotti staccati con percussore morbido non si sviluppano maggiormente in lunghezza (43,2 mm di media) ma si presentano decisamente snelli e sottili, con un peso medio di soli 6,9 grammi e uno spessore di poco più di 7 mm.

4.4.4 Tecno-funzionalità degli strumenti

Contatto Prensivo - CP

I dorsi o contatti prensivi dei manufatti delle unità A10-A11 presentano una lunghezza cordale media di 38,5 mm, mentre la lunghezza dell'arco si estende in media a 41,4 mm. L'indice di convessità medio è pertanto pari al 7,5%. I dorsi sono rettilinei o abbastanza rettilinei in 50 casi, convessi in 47 casi, concavi in 9 casi. Lo spessore medio è 5,5 mm (con intervallo tra 1 mm e 13 mm), gli spessori minimi si attestano sui 3,3 mm (intervallo tra 1 e 11 mm) e i massimi a 7,3 mm (intervallo tra 1 e 17 mm).

L'origine tecnologica del dorso è divisa equamente tra quelli tecnici di scheggiatura (45) e quelli completamente naturali (40), mentre quelli semi-naturali sono 16 e sono seguiti da quelli originati da frattura (7) e infine da quelli preparati, uno totale e 3 parziali. I dorsi di scheggiatura rappresentano la grande maggioranza tra i prodotti Levallois e tipo-Kombewa, mentre i prodotti ottenuti da metodo unidirezionale o indeterminabile (senza l'applicazione sistematica dei criteri Levallois) hanno quasi tutti dorsi naturali. Tra le materie prime, sono presenti molti più dorsi naturali in Maiolica e in selce Eocenica, mentre quelli di scheggiatura sono la maggioranza assoluta nelle altre (Tab. 4.13).

Contatto trasformativo - CT

I margini taglienti attivi o Contatti Trasformativi (CT) dei manufatti selezionati dall'unità A10-A11 registrano una lunghezza cordale media di 40,9 mm (intervallo tra 21 mm a 73 mm), mentre quella misurata sull'arco si attesta sui 45,4 mm medi (da 22 a 77 mm di intervallo), per un indice di convessità medio dell'11%. L'andamento dei CT è rettilineo o abbastanza rettilineo in 34 casi, convesso in 47 casi, seguono i margini taglienti ondulati/denticolati (20), i concavi (9) e gli irregolari (2).

L'origine tecnologica del CT è predeterminata in 92 casi, mentre negli altri 20 è post-determinata dalla presenza di ritocco che va a modificarne le proprietà originarie; il ritocco è parziale (12 casi) o totale (8 casi). In questi casi il ritocco è perlopiù diretto, in soli 2 casi inverso e in altri 2 alterno, e di tipologia scalariforme-scagliata o semplice marginale. Tra gli strumenti ottenuti, ci sono 6 raschiatoi semplici convessi, due denticolati e una punta Musteriana.

Gli angoli attivi dei margini taglienti oscillano dai 29° in media per i valori minimi ai 40,7° per quelli massimi, mentre i medi si attestano sui 34,8°. Tra i pezzi con tagliente non ritoccato gli angoli sono leggermente inferiori (28° minimi,39,1° massimi e 33,6° medi) che tra quelli con tagliente post-determinato (33,3° minimi, 47,8° massimi e 40,5° medi). Non si rilevano grandi differenze tra le diverse materie prime (Fig. 4.38a), mentre tra i metodi di scheggiatura i pezzi di tipo-Kombewa presentano angoli decisamente più acuti (Fig. 4.38b). Si registrano infine angoli particolarmente acuti per i manufatti con schema 2b e 4b.

Tabella 4.13 Origine tecnologica dei CP nei manufatti dell'A10-A11 per materia prima.

	Bi	SR	SVA	Ool	Eoc	Indet	TOT
Scheggiatura	21	11	8	4	1	\	45
Naturale	27	6	3	1	3	\	40
Semi-naturale	4	4	4	2	2	\	16
Frattura	4	1	1	\	\	1	7
Preparato	\	\	1	\	\	\	1
Parzialmente preparato	2	1	\	\	\	\	3

Figura 4.37 Schegge debordanti a dorso naturale dall'unità A10-A11 di Fumane con sezione trasversale ottenuta dal modello 3D.

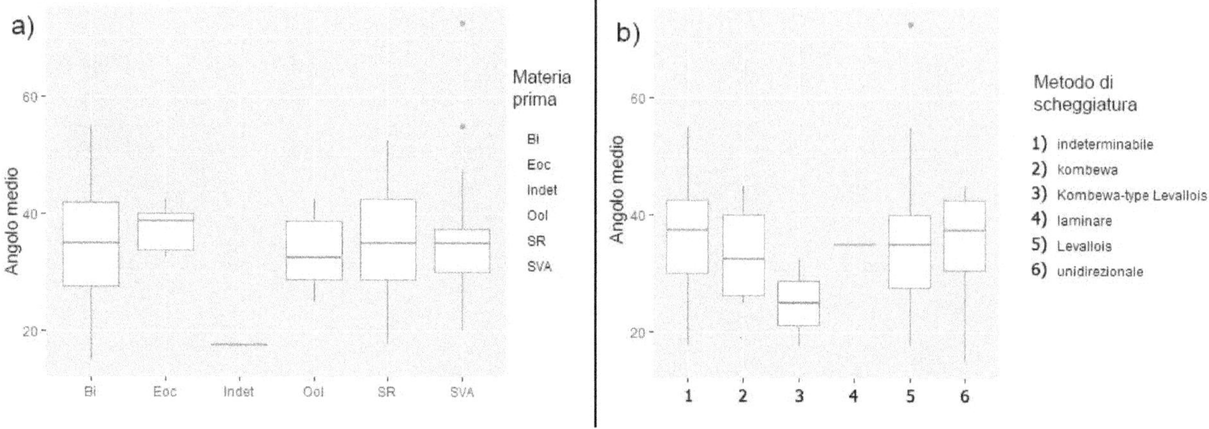

Figura 4.38 Angolo medio dei bordi taglienti dei manufatti dell'unità A10-A11 per materia prima (a) e metodo di scheggiatura (b).

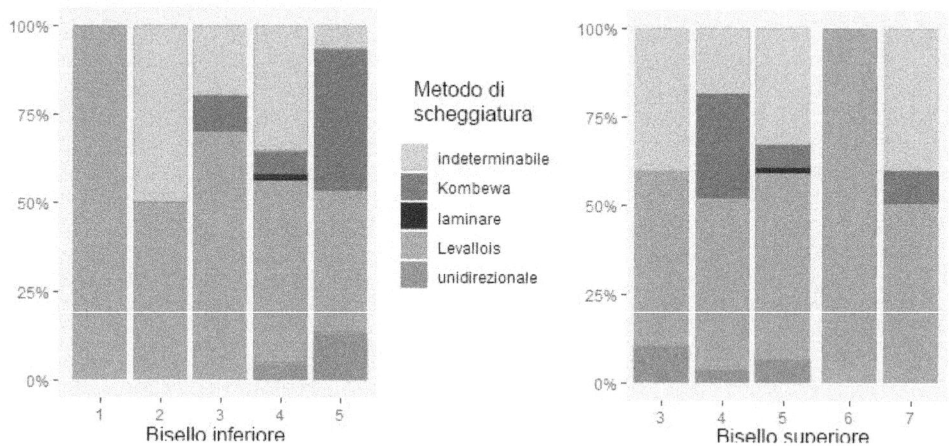

Figura 4.39 Distribuzione dei biselli nei manufatti di A10-A11 a seconda del metodo di scheggiatura.

I biselli presentano valori medi pari a 4 (bisello inferiore) e 4,8 (bisello superiore), evidenziando una certa asimmetria e standardizzazione in sezione che si esprime con un bisello inferiore maggiormente piano (82) o piano-concavo (10), piano-convesso (15) o raramente più concavo (3). Quello superiore è invece maggiormente piano-convesso (61), seguito da piano (27), convesso (10), piano-concavo (10) o convesso-concavo (2). Tra i supporti, si notano specializzazioni dei biselli per quanto riguarda i pezzi di tipo-Kombewa, con una certa simmetria o asimmetria inversa: i superiori sono maggiormente piani o piano-convessi mentre gli inferiori piani. (Fig. 4.39)

Osservazioni generali

Un veloce confronto tra le estensioni dei CT e CP sugli stessi manufatti rivela che i pezzi conservano un margine tagliente che è mediamente più sviluppato della rispettiva parte prensiva (Fig.4.40a). Tuttavia, questo rapporto è diversificato nei vari supporti e dipende dalla taglia del manufatto, dato che specialmente i supporti di piccola dimensione sono caratterizzati da margine tagliente più sviluppato e dorso piccolo, forse da relazionare ad una presa di precisione tipica dei piccoli manufatti. Tra i supporti di maggiore dimensione, invece, è vero il contrario, con il dorso più sviluppato (essendo più convesso), possibilmente per facilitare la prensione manuale e una comoda manipolazione per strumenti più "di potenza" (Fig. 4.40b).

Gli schemi tecno-funzionali confermano la ricerca preferenziale di prodotti allungati, sprovvisti di punta ma con le due unità tecno-funzionali laterali aventi funzioni opposte; queste sono raramente collegate o convergenti. In particolare, gli schemi riconducibili a questo macro-gruppo (si veda STF 5, 6, 6b, 6/7 e 7) rappresentano la grande maggioranza dei pezzi (89 su 112), con una prevalenza dei prodotti con margini paralleli e rettilinei o sub-rettilinei (STF 5, rappresentato da 38 pezzi, oltre 1/3 del totale). Seguono i manufatti con dorso convesso e tranciante rettilineo (STF 6: 19 pezzi) e quelli con tranciante convesso e dorso rettilineo (STF 7: 14 pezzi) o con margini leggermente convessi e convergenti (schema 6/7: 15 pezzi). Balza all'occhio la pressoché assenza di schemi con unità TF di punta atta a perforare (6 manufatti). Pochi anche gli strumenti corti, quadrangolari, caratterizzati da diverse unità tecno-funzionali adiacenti.

Tuttavia, questi schemi non sono equamente suddivisi nelle catene operative di produzione: infatti, si notano

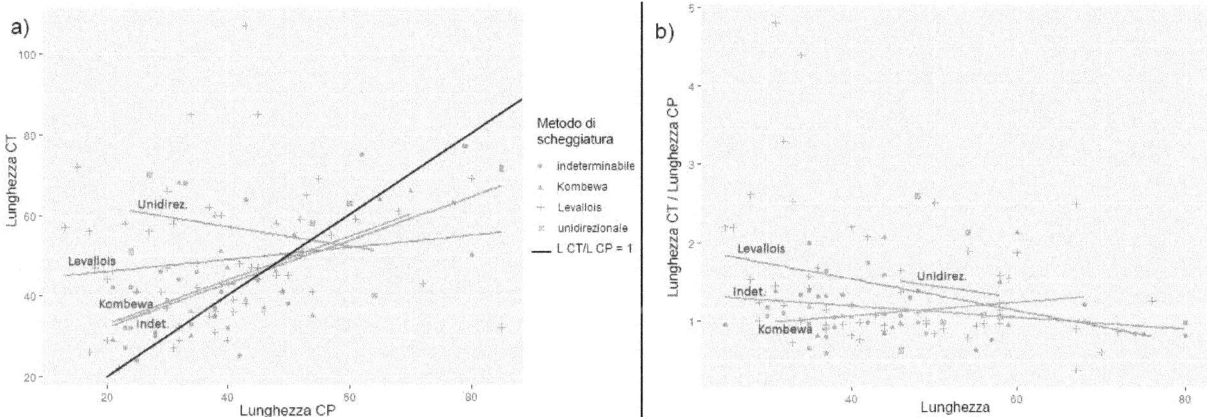

Figura 4.40 Rapporto tra lunghezza del CT e lunghezza del CP nei manufatti dell'unità A10-A11 per metodo di scheggiatura (a), e correlato alla lunghezza dei manufatti (b).

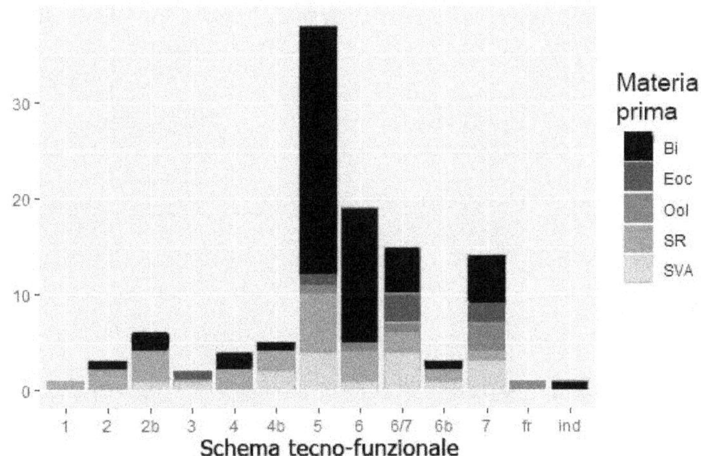

Figura 4.41 Schemi tecno-funzionali nell'unità A10-A11 con indicazione della materia prima (a) e per metodo di scheggiatura (b).

differenze notevoli nella composizione tecno-funzionale delle materie prime utilizzate. Se il comportamento sopra descritto è particolarmente accentuato per i manufatti in Maiolica, la Scaglia Rossa sembra essere stata scelta per fabbricare strumenti a dorso dalla maggiore varietà, che comprendono anche prodotti corti, tri- o quadrangolari o con punta distale (Fig. 4.41). Inoltre, questi manufatti sono stati fabbricati quasi soltanto applicando il metodo di scheggiatura Levallois quando i criteri volumetrici e tecnici sono riconoscibili. Al contrario, i metodi tipo-Kombewa, unidirezionale e laminare sono adottati per ottenere esclusivamente manufatti allungati e con unità opposte, parallele e rettilinee o convesse.

Per quanto riguarda la lateralizzazione tecnologica dei dorsi, questi si collocano sul bordo destro in 65 casi (58,6%) e su quello sinistro in 46 casi (41,4%), proporzione che rimane la stessa anche a seconda della dimensione dei manufatti. Si rileva pertanto una gerarchizzazione manuale nelle attività di scheggiatura meno marcata rispetto all'unità A9, forse da relazionare al metodo Levallois, il quale implica movimenti maggiormente diversificati e probabilmente meno legati alla lateralità dello scheggiatore.

4.4.5 Morfometria geometrica 3D

Le analisi di morfometria geometrica (PCA), svolte su 70 manufatti, sono mostrate nel grafico a dispersione con le due componenti principali che evidenziano il 50,11% della variabilità totale.

I manufatti sono stati interrogati nei propri attributi intrinseci e dedotti dalle precedenti analisi tecno-funzionali, come la materia prima, il metodo di scheggiatura, il tipo di supporto, l'unità stratigrafica di riferimento, il pattern di ottenimento del supporto, lo schema tecno-funzionale. Il tutto per rispondere agli stessi interrogativi posti per l'insieme analizzato di A9.

I risultati evidenziano pochissima variabilità tra queste diverse categorie di manufatti: in particolare, le materie prime utilizzate non influenzano considerevolmente la morfologia dei pezzi, come nemmeno la fase di ottenimento ricavata dal cortice residuo. Allo stesso modo, tra i diversi tipi di supporti non si registra molta variabilità perché schegge debordanti o schegge a dorso naturale mostrano complessivamente le medesime tendenze morfologiche.

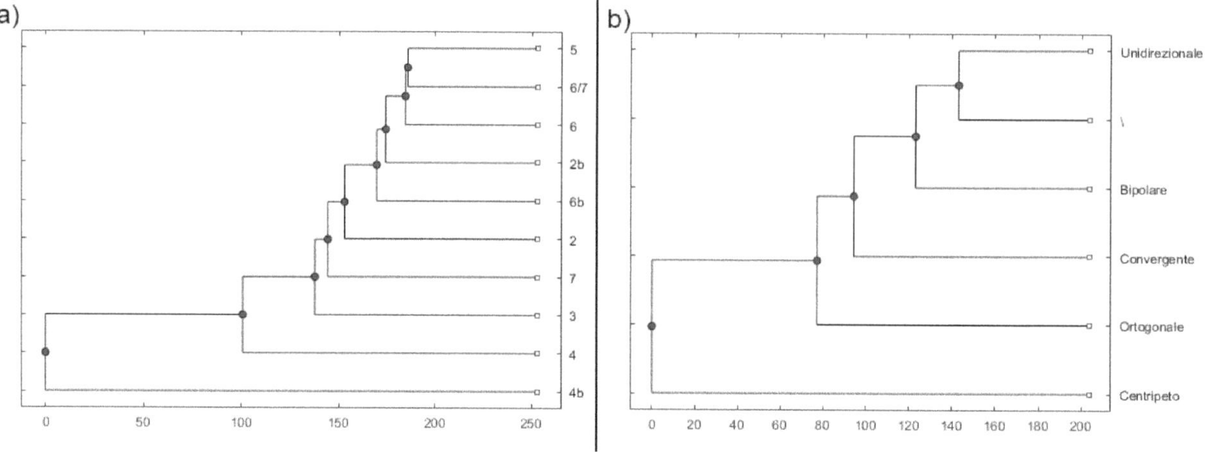

Figura 4.42 Distanza euclidea tra i gruppi di manufatti dell'unità A10-A11 sulla base degli schemi tecno-funzionali (a) e del pattern di ottenimento dei supporti (b).

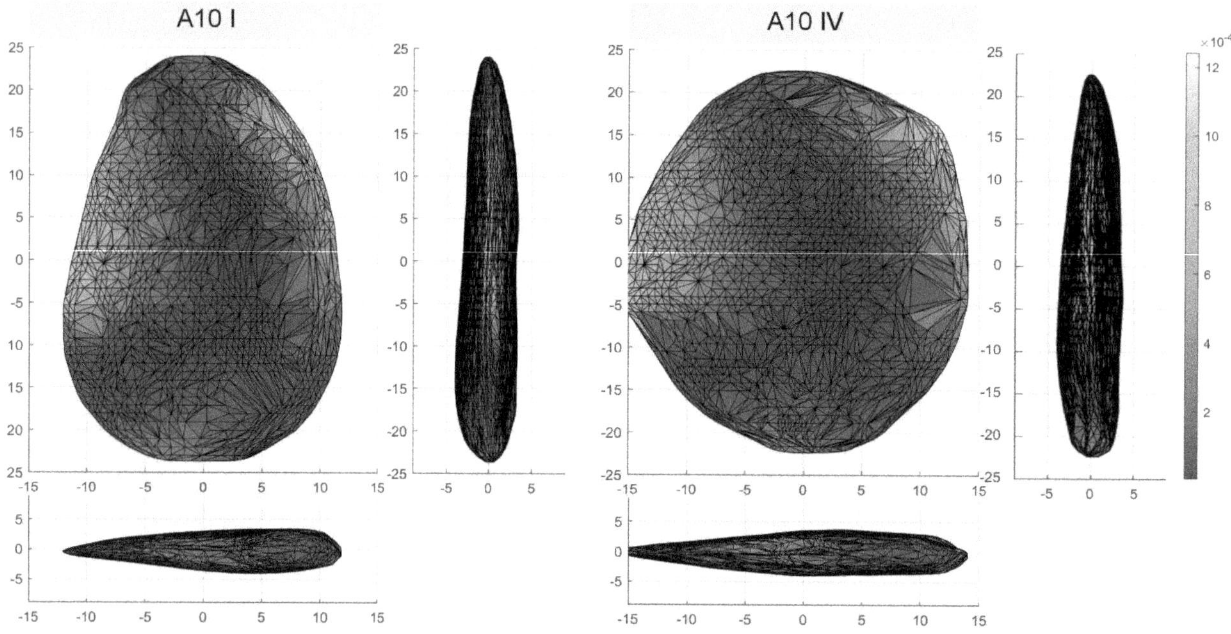

Figura 4.43 Morfologie tridimensionali medie dei manufatti dei livelli A10I e A10IV.

Gli schemi tecno-funzionali non evidenziano particolari differenze se non con il gruppo dei manufatti corti o appuntiti, che tuttavia sono in un numero esiguo nell'unità A10 (Fig. 4.42a).

Se si interrogano i metodi di scheggiatura e i pattern di ottenimento dei manufatti, si notano nel primo caso gli stessi obiettivi morfologici, ma nel secondo una conferma: i prodotti genericamente "unidirezionali", nonostante siano la grande maggioranza, sono quelli che mostrano un certo grado di standardizzazione e minore variabilità data la loro natura di obiettivo principale delle sequenze di produzione. Allontanandoci da questi, le somiglianze più nette si trovano nei manufatti bipolari (variante dell'unidirezionale) e gradualmente più diversificati sono i supporti con pattern convergente, ortogonale e infine centripeto, che produce supporti decisamente variabili anche se numericamente poco rilevanti (Fig. 4.42b).

Se si incrociano i pattern con i metodi di scheggiatura si nota che i secondi variano in funzione dei primi. Infine, i dati presentati attraverso la distribuzione stratigrafica dei manufatti evidenziano un certo apparentamento tra le US A10 I e A11, entrambe orientate verso una produzione unidirezionale piuttosto laminare, con pezzi molto snelli soprattutto in A11. Una certa differenza si registra in A10 IV, che registra obiettivi più diversificati con un conseguente "allargamento" della morfologia media dei manufatti (Fig. 4.43).

5

La Rochette

La Rochette is a rock-shelter located in Dordogne (Vézère valley), whose archaeological deposit was the subject of archaeological research from the early 1900s to the 1960s, the latter by H. Delporte. The archaeological material from Mousterian occupations (layers 6 to 10) was recently reassessed by M. Soressi in her review of MTA techno-complex; in particular, layers 8b-9 would belong to the inner-phase A, while layers 8a to 6 (especially the richest layer 7) to the phase B. Layer 7, analysed in the present work, is framed in an ancient phase of MIS 3. The lithic assemblage records a dominant volumetric unipolar knapping method, alongside the weak adoption of Levallois and Discoid technologies. The former is organized in a semi-turning *débitage* starting from the exploitation of a dihedral on a narrow front, then expanding on the adjacent surfaces. Backed knives with a natural back are produced in the early stages, but the typical elongated flakes are characterized by a symmetrical triangular section; in order to directly use them, it is necessary to create a back by blunting a lateral edge. Therefore, the abrupt retouching serves to increase the number of pieces that can be manipulated.

From the layer 7 of La Rochette, 117 backed artefacts were selected for this study. In particular, all the retouched MTA backed knives have been selected: these have been divided in typical backed knives (having a total retouched back) and atypical ones (having partially retouched back), for a total of 77 tools. A number of cortical backed knives and knapping backed tools (core-edge-removal flakes), mainly obtained with the same method, were also selected; in some cases, these have certainly been used, as proven by macro-wear traces identified also by M. Soressi. Some artefacts obtained with other knapping methods, such as the Discoid, are also present. Also in this case, a database was produced after technological, techno-morphological and techno-functional analysis, with the 3D documentation only attempted on a dozen artefacts.

Results show that the blanks are obtained with direct percussion, carried mainly with hard hammer and lacking the preparation of the striking platform; the knapping angles are rather open (107° on average). The raw materials are local (mostly Senonian flint), with rare use of different lithofacies especially for the few discoid blanks. There is a low degree of spatial fragmentation within the *chaîne opératoire*: almost 2/3 of the blanks record cortical surfaces on the dorsal face. La Rochette backed artefacts are medium to big-sized (58.6 x 36.4 x 13.5 mm on average); in particular, several groups of blanks are defined on laminarity: short flakes (Laminar Index between 1.2 and 1.6), elongated flakes (LI between 1.7 and 1.9) and laminar flakes (LI > 2). The unipolar method produces laminar flakes especially among the cortical blanks, then among the typical backed knives; conversely, atypical backed knives are manufactured on the least laminar (widest) blanks. The tools are characterized by very convex backs, especially among typical backed knives; the backs are also denoted by limited thickness: the maximum tool thickness is located in the middle of the blank, while the edges are usually thin. The technological origin of the backs confirms the high incidence of retouching: in 32 cases the back is fully prepared (consistent with Type 1 of Fumane unit A9), in other 45 is partially prepared (similar with Type 2). When the retouching of the back is partial, its distribution is preferential on the length of the edge: in the blanks having curved back, the retouching mainly affects the distal and mesial-distal portions; in those having a straight back, it is mainly located on the mesial or mesial-proximal part. The prehension scheme, therefore, changes according to the convexity of the CP, and the retouch on the back is produced consequently to the conceived handling scheme. The cutting edges, on the contrary, are mostly straight and used without retouching. The cutting angles are 40° on average, and bevels have a slight asymmetry especially among typical backed knives; however, they tend to the "classic" flat and flat-convex configuration. The techno-functional schemes confirm a certain frequency of schemes 6, 5 and 6/7, while the Discoid method also produces short pieces. The tip is almost always lacking, but many tools bear a thick protrusion at the apex, shaped by two edges converging at 90°, which could be functional for carving or opening a cut. Unlike Fumane, in La Rochette the cutting-edge angles don't depend on the tool-size but are quite stable (around 40°). The backs, with respect to the technological axis (not the functional one), are almost equally lateralized. However, considering the asymmetries of the bevel and the presumed handling schemes, the tools for right-handed would be almost double if compared to the left-handed ones.

5.1 Sito e contesto

Il riparo di La Rochette è situato nel comune di Saint-Léon-sur-Vézère, in Dordogna (Fig. 5.1). La storia delle ricerche inizia nella prima metà del XX secolo, con scavi diretti prima da Otto Hauser e poi da M. Coutier: il giacimento viene però parzialmente asportato anche da una adiacente cava di pietra. Delporte, negli anni 60, lo definisce una "rovina archeologica": intreccio di trincee, buchi, imbuti, tunnel e brandelli di strati archeologici,

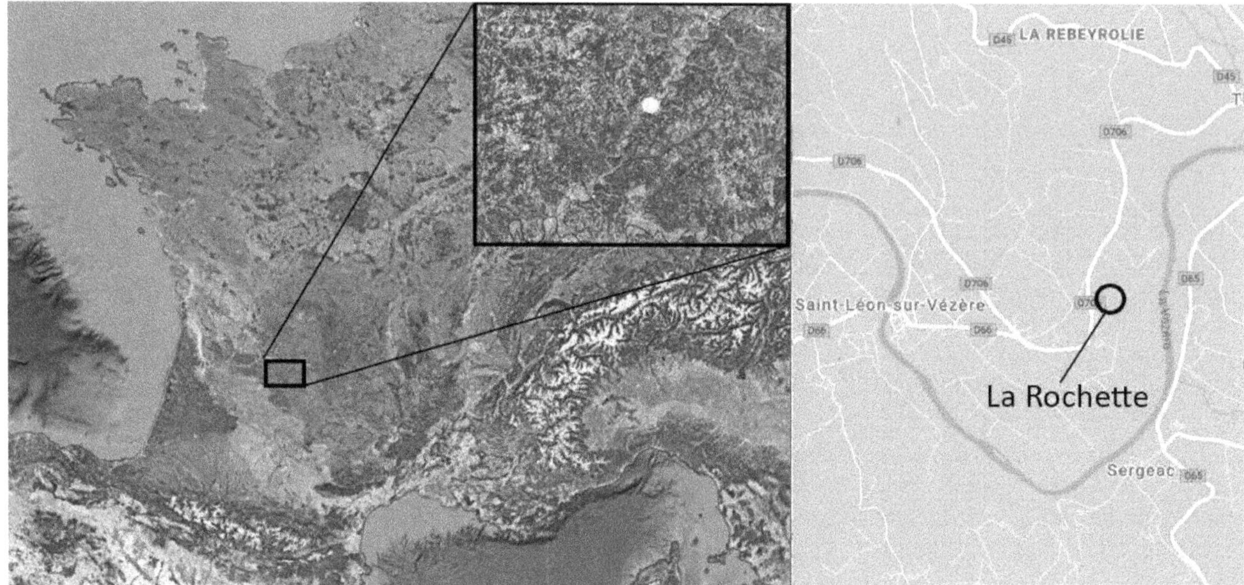

Figura 5.1 Localizzazione del sito di La Rochette nel sud-ovest della Francia e nella valle del Vézere.

situazione conseguente anche ai frequenti scavi non autorizzati.

5.1.1 Stratigrafia

Si tratta di un giacimento esteso e ricco, di cui principalmente il riparo centrale (settore B da Delporte, 1962) è stato oggetto di scavi. La sequenza stratigrafica, spessa circa 3,5 metri nel settore centrale, comprende anche suoli recenti, il parziale crollo della volta del riparo e il "tunnel" oggetto degli scavi di Otto Hauser (Fig. 5.2).

Le ricerche di Delporte hanno definito una stratigrafia complessa che comprende livelli databili al Paleolitico Superiore e Medio; in particolare, sotto al livello 1 (terriccio moderno) e 2 (massi di crollo) gli strati 3, 4 e 5 appartengono ad un presunto Aurignaziano evoluto (Aurignaziano II), con grattatoi carenati con tendenza a muso, circolari e nucleiformi, abbondanti bulini senza becchi tipici e, tuttavia, lamelle dufour, molte delle quali con ritocco alterno (Delporte 1963). A sud, L. Coutier aveva invece rinvenuto un Aurignaziano I, con lame aurignaziane, lame strozzate, zagaglie a base fenduta e a losanga, ma questo livello di occupazione, spesso 20 cm, diminuiva rapidamente verso est. Sempre a sud, l'Aurignaziano era coperto da un livello Gravettiano a bulini di Noailles (Perigordiano superiore di Peyrony), con elementi forse troncati, mentre D. de Sonneville Bordes avrebbe segnalato la presenza di strumenti Solutreani (Soressi 2002).

Al di sotto di questi, vi sono i livelli Musteriani riferibili al Paleolitico Medio:

- Livello 6: strato giallastro consolidato in brecce, con piccoli noduli neri e rossi. presenza di elementi calcarei arrotondati, così come la selce che è lucida e con tracce di rotolamento e schiacciamento. queste evidenze fanno pensare che uno sconvolgimento post-deposizionale di tale livello, come il ruscellamento, sia alla base della sua formazione. L'industria litica indica uno stretto apparentamento con il sottostante livello 7, dalla cui parte alta probabilmente provengono i pezzi archeologici (Delporte & David 1966).
- Livello 7: si tratta di un potente strato nero, spesso tra i 15 e i 20 cm, contenente alcuni elementi globulari semi-calcarei disaggregati. La litica è generalmente in buone condizioni ma localmente esistono pezzi smussati e con patina chiara; comuni le selci termoalterate, talvolta fratturate dal calore. L'industria è collocata all'interno del Musteriano di tradizione Acheuleana di tipo B (MTA-B) (Delporte & David 1966).
- Livello 8: strato argilloso di colore scuro, corrisponde al tetto di un'unità spessa 15-20 cm e suddivisa in ulteriori livelli sulla base di variazioni nella colorazione e nella struttura del sedimento. La fauna è pressoché assente e la litica, lucida e smussata, minore rispetto al soprastante livello 7, di cui tuttavia ricalca le caratteristiche, inquadrandosi quindi nel MTA-B.
- Livello 8a: strato più chiaro a matrice maggiormente sabbiosa con scheletro di brecce arrotondate e poche selci che presentano chiare tracce di movimenti post-deposizionali; il materiale potrebbe provenire dal tetto dello strato sottostante e dalla base del livello 8. Forse per questo motivo, l'industria ricorderebbe il livello 5 di Pech de l'Azé I, caratteristica di una transizione tra MTA-A e MTA-B. Potrebbe corrispondere al livello sterile nella stratigrafia di O. Hauser.
- Livello 8b: livello bruno con zona indisturbata caratterizzata dalla probabile presenza di un focolare. L'industria litica richiama più distintamente il Musteriano di tradizione Acheuleana di tipo A.
- Livello 9: strato di colore giallo a matrice argillo-sabbiosa con piccola ghiaia arrotondata. Spesso dai 16-22 cm, presenta delle lacune. L'industria, omogenea e fresca, ricalca la tradizione del MTA-A, pur essendo abbastanza povera.

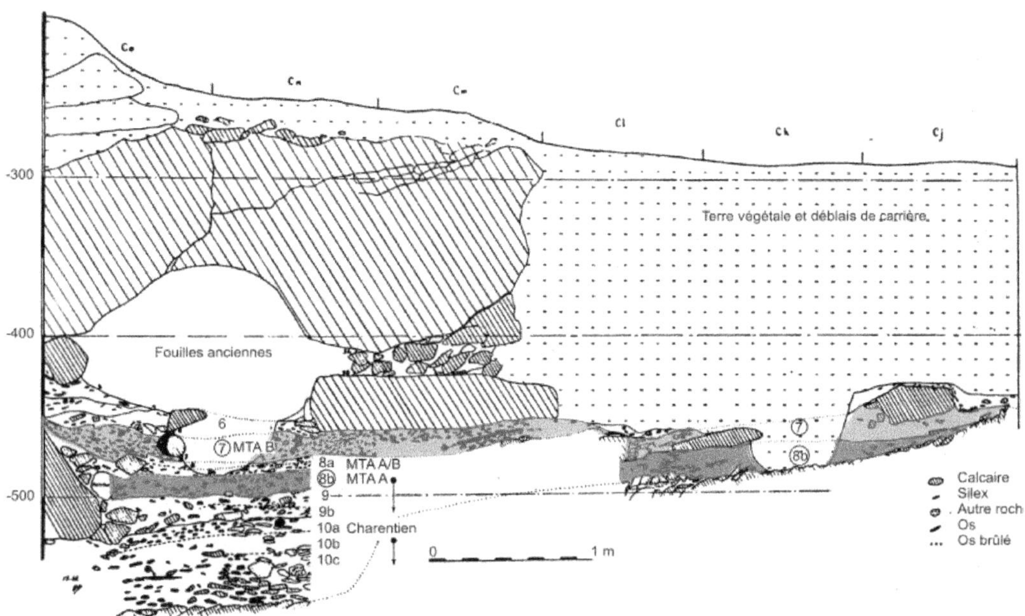

Figura 5.2 Sezione stratigrafica del riparo de La Rochette. (Fonte: Soressi, 2002 dopo Delporte, 1963).

- Livello 10: strato sabbioso dal colore bruno-rossastro, presenta limiti netti con il livello soprastante, marcati anche dalla presenza di un livello a placchette calcaree. Acquisisce uno spessore importante (55 cm) verso NW, dove è stato suddiviso in tre sotto-unità: 10a, 10b e 10c. l'industria litica è notevolmente fresca e registra un Musteriano di tipo Charentiano, in netto contrasto con la serie superiore.

5.1.2 Ambiente e Cronologia

Le prime datazioni 14C del livello 7 risalgono agli anni 60 del '900, ma sfortunatamente sono state ottenute da osso bruciato, notoriamente poco adatto ad analisi di questo tipo. Queste date farebbero risalire l'occupazione a 36.000 anni ± 550 (GrN 4362) e 30.700 anni ± 400 (GrN 4345) (Vogel & Waterbolk 1967). Successivamente, ulteriori date sono state ottenute su campioni di ossa non combuste (frammenti di diafisi di grande mammifero) dal livello 7, in una zona (quadrato Cm 7) in cui il livello 7 è sigillato da grosse lastre di calcare e quindi maggiormente attendibile, anche per la ricchezza del materiale. Le date si piazzano ai limiti estremi del metodo del C14, con una che arriva persino a 52.500 ± 3400 anni calibrati BP, la quale dovrebbe essere la data più vicina all'occupazione neandertaliana. Il livello 7 dovrebbe possedere circa 50.000 anni, e rappresenta l'ultimo livello di occupazione neandertaliana documentato in sito, data la scarsità di materiale del livello 6, il quale sembrerebbe in connessione con il livello 7.

Dal punto di vista paleoambientale, al momento sono praticamente assenti i dati provenienti dalla fauna e dai resti botanici, così come dalle analisi geomorfologiche (Delporte 1962). Nel livello 7 è documentata scarsa presenza di fauna: sono presenti resti di renne (anche se ancora minoritaria) e bovidi in maggior misura. La renna, infatti, diventa dominante nell'Aurignaziano. Anche nel livello 10 è documentata scarsa presenza di renna, mentre ci sono cavalli e buoi. La natura del sedimento tende a suggerire la formazione in un ambiente abbastanza umido. L'occupazione MTA del livello 7, in accordo anche con la cronologia disponibile, dovrebbe essere avvenuta in un momento abbastanza precoce dello stadio isotopico 3, forse a cavallo tra gli eventi Heinrich 6 (H6 – circa 54.000 anni) e H5 – circa 45.000 anni. In questa fase non ci dovrebbero essere stati cambiamenti paleoambientali bruschi nella zona della Dordogna, che come può suggerire l'alta densità di siti archeologici coevi, dovrebbe aver fornito una gran quantità di risorse naturali, che spaziano dalle risorse litiche a quelle alimentari sotto forma di grossi ungulati.

5.1.3 Produzione litica e mobilità Musteriana

Hauser aveva distinto due livelli inferiori, uno a bifacciali e uno senza. Il primo è stato inquadrato come Acheuleano anche perché all'epoca l'MTA non era ancora stato definito, ma verrà suggerito qualche anno dopo da Peyrony. Il secondo è stato inquadrato come Musteriano, poi corretto in Musteriano tipico dallo stesso Peyrony. Soressi (2002), nella sua tesi di dottorato, ha suggerito che il livello Acheuleano di O. Hauser possa corrispondere, con tutta probabilità, ai livelli 8b et 9 di Delporte e che il livello Musteriano riconosciuto da O. Hauser corrisponda ai livelli 7 et 8 stabiliti da Delporte, forte anche l'adiacenza dei due settori scavati.

Nell'MTA-A (livelli 8b e 9) sono presenti soprattutto gli strumenti bifacciali, in un numero superiore alle 200 unità solo nella collezione di O. Hauser. Questi erano fabbricati anche su grosse schegge, e a loro volta permettevano una produzione di schegge utilizzabili che servivano anche a mettere in forma lo strumento (più di 50 per bifacciale).

Le più lunghe erano infatti ritoccate in raschiatoi, oggetti specializzati per attività di bassa potenza mentre i bifacciali fungevano da supporti mobili e multifunzionali. Già in questi livelli, tra i metodi di produzione di schegge, sono attestati il metodo unipolare semi-tornante e una sorta di Discoide "semplificato" con sfruttamento facciale secante.

Anche nell'MTA-B e soprattutto nel livello 7, che testimonia l'occupazione maggiormente ricca di materiale, il *débitage* Levallois è scarsamente rappresentato; i talloni sono generalmente lisci anche tra gli strumenti ritoccati, mentre pochi sono quelli faccettati. Gli angoli di distacco sono piuttosto aperti mentre i supporti su scheggia sono spessi e con tendenza laminare. I nuclei levallois, esattamente come per i prodotti della scheggiatura, sono quasi assenti, mentre quelli discoidali sono presenti così come quelli globulari o irregolari. Tra gli strumenti sono rari i raschiatoi, assenti o quasi (a differenza dell'MTA-A) gli strumenti bifacciali, mentre sono presenti e comuni gli strumenti denticolati, le punte pseudo-Levallois e soprattutto i coltelli a dorso, sia tipici (preparati), parziali che naturali, prodotti su scheggia e lama attraverso ritocco sia profondo che marginale. Si segnala anche la presenza, seppur minoritaria, di strumenti leptolitici, come i bulini atipici e qualche troncatura.

La profonda analisi di Soressi (2002) ha definito meglio il sistema di *débitage* più ricorrente nel MTA e soprattutto nel livello 7 di La Rochette: vale a dire il metodo unipolare volumetrico, che in una concezione semi-tornante parte dallo sfruttamento di un diedro su un fronte stretto per poi espandersi sulle adiacenti superfici. Esistono schegge debordanti staccate trasversalmente che permettono di asportare parte delle cornici e delle convessità distali e di ripartire con altre serie unipolari trasversali rispetto alla precedente, fino a formare nuclei poliedrici-globulari. A volte la produzione termina con un *débitage* ortogonale o centripeto. La scheggiatura è sempre svolta con percussione diretta a percussore duro, e le schegge utilizzate (principalmente schegge lunghe, laminari, a sezione triangolare, per metà simmetriche e metà asimmetriche) sono trasformate talvolta in strumenti ritoccati: approssimativamente un terzo sono incavi, un terzo denticolati (fabbricati sulle schegge più larghe e meno lunghe) e un terzo coltelli a dorso (fabbricati su lame o schegge unipolari simmetriche). Schegge utilizzate (definite sulla base di macro-tracce) sono state prelevate però anche dai prodotti corti, larghi, asimmetrici e/o ortogonali/centripeti. La conclusione di Soressi (2002) è che venga utilizzato un ampio set di supporti, anche molto diversi tra loro, in maniera mirata e differenziata. Per utilizzare i prodotti allungati, sufficientemente larghi e a sezione triangolare simmetrica, si rende necessario l'abbattimento del dorso in maniera talvolta solo marginale. Esistono coltelli a dorso naturali ottenuti dalle prime fasi di scheggiatura dei blocchi, in cui il sistema unipolare è però già evidente, così come coltelli a dorso di scheggiatura derivati dalla gestione delle convessità e dalla produzione unipolare o ortogonale-centripeta sui nuclei. In questi casi il cortice e la superficie spessa di scheggiatura rendono possibile la prensione, cosa non possibile per i supporti unipolari caratterizzati da due margini grezzi taglienti laterali. Il ritocco erto serve quindi per aumentare la quantità di pezzi manipolabili.

Per quanto riguarda la mobilità nel territorio, l'industria litica non fornisce particolari spunti in quanto prodotta esclusivamente su materia prima strettamente locale, principalmente selce Senoniana (in qualche caso selce grigia e quarzo) che viene dalle alluvioni del Vézère. Infatti, tracce di cortice fluviale sono state riconosciute in diversi casi (42% dei pezzi in Soressi, 2002). Si registra anche la presenza di molti pezzi corticali o semi-corticali, tra cui *entame*, il che indica lo svolgimento di tutte le fasi della scheggiatura in loco, e l'introduzione di blocchi grezzi o testati/leggermente sbozzati. In questo caso si registra una differenza con i livelli con industria MTA-A, nei quali è attestata una organizzazione delle attività di scheggiatura nel territorio, dovuta soprattutto all'introduzione e all'abbandono di supporti altamente mobili e con alto potenziale di utilizzo come i bifacciali. In quel caso la pianificazione a lungo termine delle attività si concretizza nella frammentazione della scheggiatura nel territorio, mentre nel MTA-B questa organizzazione è a breve termine, e dalla natura più locale e immediata.

5.2 Materiali oggetto di studio e Risultati

Dal sito francese sono stati selezionati per l'analisi 117 manufatti provenienti totalmente dal livello 7, uno dei principali insiemi litici che definiscono il Musteriano di Tradizione Acheuleana di tipo B, forte di oltre 3000 reperti. I tipici coltelli a dorso abbattuto (ritoccato), particolarmente importanti alla luce del presente studio, sono stati esaminati nella loro totalità (77 pezzi). A questi sono stati aggiunti un certo numero di coltelli a dorso naturale e diversi dorsi di scheggiatura, anche al fine di inquadrare le dinamiche di produzione dei coltelli a dorso abbattuto e comprendere la selezione dei supporti utili a questo scopo (Tab. 5.1).

La maggior parte di questi manufatti è tendenzialmente ottenuta dal medesimo sistema tecnico di produzione, quello unipolare laminare (Tab. 5.2): a questo metodo sono riferibili 75 manufatti su 117, prodotti su superfici non preparate in precedenza, secondo un'ottica di concatenazione dei prodotti grazie alla sezione triangolare

Tabella 5.1 Numero di manufatti con dorso campionati dal livello 7 di La Rochette suddivisi per tecno-tipologia del supporto.

Tipo	N°
Coltelli a dorso tipici	36
Coltelli a dorso parziali	41
Coltelli a dorso naturale	24
Coltelli a dorso parzialmente naturale	2
Coltelli a dorso di scheggiatura	14

Tabella 5.2 Manufatti a dorso del livello 7 di La Rochette per metodo di scheggiatura e tecno-tipologia del supporto

Metodo di scheggiatura	TOT	Coltelli a dorso tipici	Coltelli a dorso parziali	Schegge debordanti	Schegge a dorso naturale
Unipolare	75	32	24	4	15
Discoide	12	\	5	7	\
Tipo-Kombewa	2	\	\	1	1
Levallois	1	1	\	\	\
Indeterminabile	27	3	12	2	10
TOT	117	36	41	14	26

Figura 5.3 Schegge debordanti di gestione del metodo unipolare, con asse di scheggiatura ortogonale agli stacchi unipolari.

simmetrica delle schegge laminari distaccate (Figg. 5.5, 5.7, 5.10). Alcuni dei prodotti presenti (5 pezzi) sono riferibili allo stesso metodo ma sono prodotti che originariamente dovevano avere una funzione di gestione delle convessità, asportando la cornice superiore o distale del nucleo; in questo modo vengono prodotte delle schegge tipo-debordanti con stacchi unipolari sulla superficie dorsale ma ortogonali all'asse del pezzo di gestione (Fig. 5.3).

Il metodo unipolare è seguito da 27 pezzi in cui la tecnologia di scheggiatura è indeterminabile o ancora non evidente perché prodotti in una fase iniziale della riduzione del nucleo. Sono presenti anche 12 supporti originati da scheggiatura con metodo centripeto-discoide, che come già comprovato era talvolta utilizzato nel livello 7, anche per esaurire i nuclei laminari unipolari. Presenti molto sporadicamente il metodo di tipo-kombewa applicato alla riduzione di schegge (2 pezzi) e il metodo Levallois (1 pezzo).

Il metodo unipolare, come già sottolineato, è orientato alla produzione maggioritaria di schegge simmetriche e con margini laterali paralleli e solitamente entrambi taglienti. Queste schegge (spesso laminari) devono perciò subire un intervento addizionale per produrre una parte prensiva/passiva estesa. I coltelli a dorso abbattuto sono appunto definiti dal ritocco continuo o parziale, erto o semierto, che abbatte un bordo del supporto solitamente opposto al bordo funzionale attivo. Tendiamo a identificare quelli con ritocco continuo sulla totalità del bordo come coltelli a dorso tipici (Bordes 1961) o schegge con dorso preparato; 36 manufatti di La Rochette, tra i quali è presente anche una punta, presentano questa lavorazione del dorso (Fig. 5.5). Alcuni di questi sono fabbricati su scheggia laminare, mentre altri richiamano altresì la definizione di "Coltelli di Abri Audi", su scheggia larga (De Sonneville-Bordes & Perrot 1956); in entrambi i casi, il dorso abbattuto è perlopiù ricurvo e marginale. I manufatti in cui il ritocco è parziale sul bordo (in zona latero-prossimale, mesiale o distale) sono generalmente definiti coltelli a dorso atipici o parziali (Bordes 1961; Slimak 2008b) o schegge con dorso parzialmente preparato; queste ammontano a 41 pezzi (Fig. 5.7). Particolarmente importanti in questo insieme litico sono inoltre i coltelli a dorso naturale, selezionati nel numero di 26, che in alcuni casi sono stati certamente utilizzati come comprovato da macrotracce (Soressi 2002), e che quindi dovettero rappresentare un obiettivo della scheggiatura o, in ogni caso, oggetti altamente funzionali. Il dorso è rappresentato in questi casi dalla porzione corticale rimasta sul nucleo al momento del distacco, che sul supporto è anche in questo caso opposta al tranciante (Fig. 5.10). Per queste categorie di strumenti si parla quindi di strumenti in senso stretto, dove investimento tecnico o macro-tracce identificano l'uso che deve esserci stato da parte dell'uomo, e quindi l'intenzionalità nella loro produzione come prodotti di prima scelta. Infine, come sottolineato, sono stati selezionati anche alcuni supporti a dorso di scheggiatura, dove anche in questo caso il dorso corrisponde a porzione della superficie del

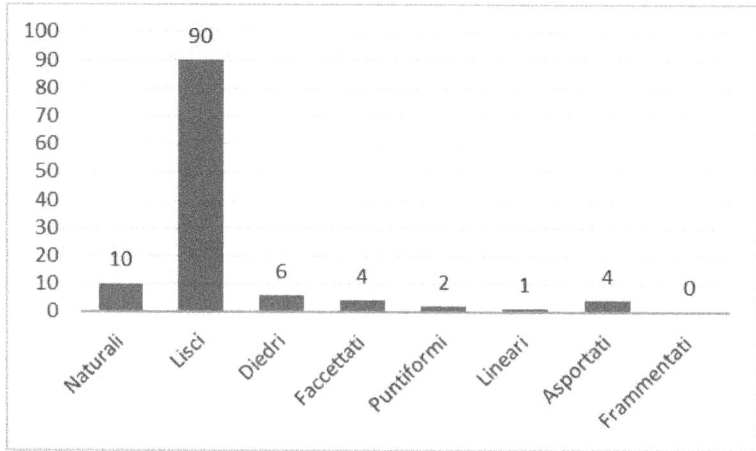

Figura 5.4 Talloni dei supporti su scheggia selezionati dal livello 7 di La Rochette.

piano di percussione asportata insieme alla scheggia, preventivamente preparata con stacchi opposti. In questo caso le schegge sono debordanti e vengono distaccate trasversalmente alla produzione unipolare per motivi di mantenimento delle convessità. Sono altresì presenti supporti debordanti ottenuti da diversi sistemi di *débitage* come il Discoide, i cui prodotti e nuclei sono stati identificati in qualche caso nel livello 7 (Tab. 5.2).

I manufatti sono generalmente in buone o ottime condizioni fisiche: i margini sono quasi sempre freschi, a parte una quindicina di reperti che presentano leggeri pseudo-ritocchi diffusi. Allo stesso modo, una quindicina di pezzi presenta patine biancastre piuttosto leggere sulle superfici. Si segnalano anche un paio di manufatti con tracce più intense di fluitazione ed uno termoalterato. Oltre ai coltelli a dorso, sono presenti una dozzina di altri strumenti ritoccati sul margine tagliente, in molti casi riferibili a denticolati o incavi, oltre a qualche scheggia con ritocco parziale.

I talloni lisci caratterizzano la grande maggioranza dei supporti (90); come è noto, in questi metodi di scheggiatura il piano di percussione viene raramente predisposto, se non con un unico stacco piatto (Fig. 5.4). Infatti, seguono in ordine di importanza i talloni naturali (10), mentre sono poco attestati i talloni diedri (6), faccettati (4), puntiformi (2) e lineari (1). In 4 casi il tallone è asportato. Gli angoli di scheggiatura dei supporti sono tendenzialmente aperti, attestandosi in media sui 107,1°; non esistono differenze sostanziali a seconda del metodo utilizzato o del tipo di supporto prodotto.

5.2.1 Materie prime

La materia prima utilizzata è sempre di origine locale (Soressi 2002). Tuttavia, si notano alcune peculiarità in quanto il metodo unidirezionale registra l'uso quasi esclusivo della selce Senoniana, e in soli 2 di diverse litofacies. Il metodo Discoide registra invece l'utilizzo della selce senoniana in 7 casi mentre altri 5 supporti sono prodotti in un diverso litotipo di selce grigia. È quindi probabile che il metodo Discoide sia stato applicato anche su blocchi di materia prima e nuclei differenti rispetto al metodo unipolare, non rappresentando di regola lo sfruttamento finale degli stessi blocchi.

La presenza di cortice su gran parte dei manufatti indica il relativamente basso grado di frammentazione delle catene operative nello spazio. I prodotti funzionali venivano staccati già dalle fasi iniziali della riduzione dei nuclei. Infatti, quasi i 2/3 dei supporti presenta superfici corticali sulla faccia dorsale (61,5%). Ben rappresentate anche le categorie molto corticali, con 7 prodotti che recano cortice su 51-75% della superficie e due prodotti quasi totalmente corticali (76-100%), anche se già funzionali. Questi rapporti sono mantenuti all'interno della distribuzione della selce Senoniana mentre la selce grigia registra la presenza maggioritaria di prodotti non corticali (6) rispetto a quelli corticali (3), anche se il basso numero di pezzi totali non lo rende un ammontare statisticamente rilevante. Tuttavia, come è già stato rilevato nell'applicazione dei metodi di scheggiatura, questi possono essere relazionati a diverse gestioni della materia prima.

5.2.2 Morfometria

I pezzi a dorso provenienti dal livello 7 di La Rochette sono generalmente di medie-grandi dimensioni, specialmente se confrontati ai prodotti tipici delle industrie litiche su scheggia dei siti in grotta o riparo del Paleolitico Medio. La lunghezza media dei supporti è pari a 58,6 mm, con un intervallo dimensionale che va da 31 a 92 mm; questi sono abbastanza uniformemente distribuiti con la maggior parte dei supporti che si colloca tra 45 e 70 mm. La larghezza media è pari a 36,4 mm (intervallo tra 23 e 58 mm), lo spessore medio si attesta sui 13,5 mm (intervallo da 6 a 25 mm), con ben 42 pezzi su 117 spessi almeno 1,5 cm.

L'indice di laminarità (IL) medio è abbastanza elevato (IL = 1,65) ma non su livelli estremamente alti. Tuttavia, è opportuno notare che la distribuzione dell'indice di laminarità registra dei cluster, di cui uno raggruppa le schegge corte con IL tra 1,2 e 1,6; da queste si distinguono

Figura 5.5 Coltelli a dorso tipici dal livello 7 di La Rochette e dettaglio del ritocco sui dorsi.

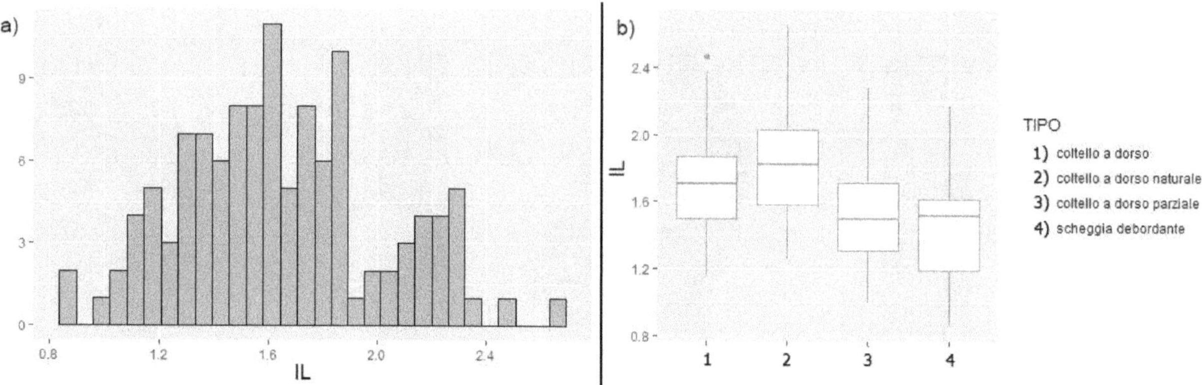

Figura 5.6 Indice di laminarità dei manufatti di La Rochette mostrato in grafico a barre (a) e in box-plot per tecno-tipologia di supporto (b).

le schegge allungate (IL = 1,7 - 1,9), e soprattutto le schegge laminari, che hanno IL > 2 con picco attorno a 2,3 (Fig. 5.6a). Quest'ultimo gruppo comprende 23 prodotti. Incrociando questi dati con i metodi di scheggiatura e i tipi di supporto, si evince che i prodotti unidirezionali sono mediamente più laminari (IL = 1,75) di quelli Discoidi (IL = 1,38), ma che tra questi, i prodotti a dorso naturale sono leggermente più laminari (IL = 1,82) rispetto ai coltelli a dorso tipici (IL = 1,73) o atipici (IL= 1,53) (Fig. 5.6b). L'indice di carenaggio indica invece uno spessore maggiore per i prodotti con dorso naturale rispetto ai coltelli a dorso.

5.2.3 Tecno-funzionalità degli strumenti

Contatto Prensivo - CP

I dorsi (contatti prensivi) si estendono in media per 58,5 mm se misurati sulla lunghezza cordale, la quale diventa in media 72,5 mm considerando la lunghezza effettiva dell'arco. La convessità del dorso raggiunge un valore del 23,9%, salendo nei coltelli a dorso tipici fino al 27,4%, valori estremamente elevati che confermano la natura convessa e ricurva delle porzioni passive di questi supporti. Infatti, i CP sono convessi in 72 casi, mentre i rettilinei o abbastanza rettilinei sono 33, quelli ondulati 7 e i concavi 3. Lo spessore medio si attesta sui 6,5 mm (intervallo tra 1 e 22 mm), mentre gli spessori minimi sui 3,9 mm (intervallo tra 1 e 18 mm), e i massimi sui 9 mm (intervallo tra 1 e 25 mm). La differenza con gli spessori medi dei supporti (13,5 mm) è notevole: come già sottolineato, lo spessore massimo di questi prodotti si trova nel mezzo del supporto, mentre i bordi sono solitamente sottili e la sezione trasversale è piuttosto simmetrica.

L'origine tecnologica del dorso conferma, com'è ovvio l'alta incidenza dei coltelli a dorso abbattuto. Se introduciamo anche in questo contesto la definizione degli investimenti tecnici che sono stati identificati per i manufatti dell'unità A9 di Grotta di Fumane, appare chiaro che i tipi di modificazione che negli altri insiemi litici analizzati sono raramente attestati, nel livello 7 di La Rochette rappresentano la moda comune. Il confezionamento del dorso di questi strumenti rappresenta il parametro necessario per l'accostamento delle definizioni "coltello a dorso tipico" e "coltello a dorso parziale o atipico" caratteristici degli insiemi MTA. Ci si riferisce in particolare al ritocco erto o semi-erto attraverso il quale si crea o si perfeziona il dorso, riassunto nei tipi di intervento tecnico "Tipo 1" e "Tipo 2" (Figg. 5.5 e 5.7). Appare evidente che questo intervento si verifica nella maggior parte dei pezzi analizzati a La Rochette, con precisione in 78 supporti. In quasi tutti i casi il ritocco va a creare il dorso là dove era precedentemente presente un bordo tagliente, al fine di realizzare un contatto tecno-funzionale con valore prensivo e consentire una prensione e manipolazione dell'oggetto modificando pertanto l'ergonomia dello strumento. Questo è vero sia quando il ritocco è continuo e totale, che quando è parziale.

Quando il ritocco del dorso è parziale, la sua distribuzione non è regolare sulla lunghezza del bordo. La distribuzione preferenziale avviene nella porzione distale del bordo, seguita da quella mesiale e dalla combinazione mesiale + distale o prossimale + mesiale (Tab. 5.3). In alcuni casi il ritocco è parziale perché nelle altre zone del margine non si rivela necessario, essendo già presente un dorso di scheggiatura o una porzione di cortice già adatto alla manipolazione. In diversi casi, tuttavia, è interessante notare che dove il ritocco va a interessare le porzioni distali, meso-distali o persino prossimale e distale, ciò avviene in quei manufatti con dorso convesso o ricurvo. Al contrario, se il ritocco va a interessare principalmente la sola parte mesiale o al massimo le parti prossimale e mesiale, questo

Tabella 5.3 Distribuzione del ritocco erto o semi-erto parziale sui CP del supporto

Posizione ritocco	N° pezzi
Distale	16
Mesiale	8
Prox + Dist	2
Prox + Mes	4
Mes + Dist	8

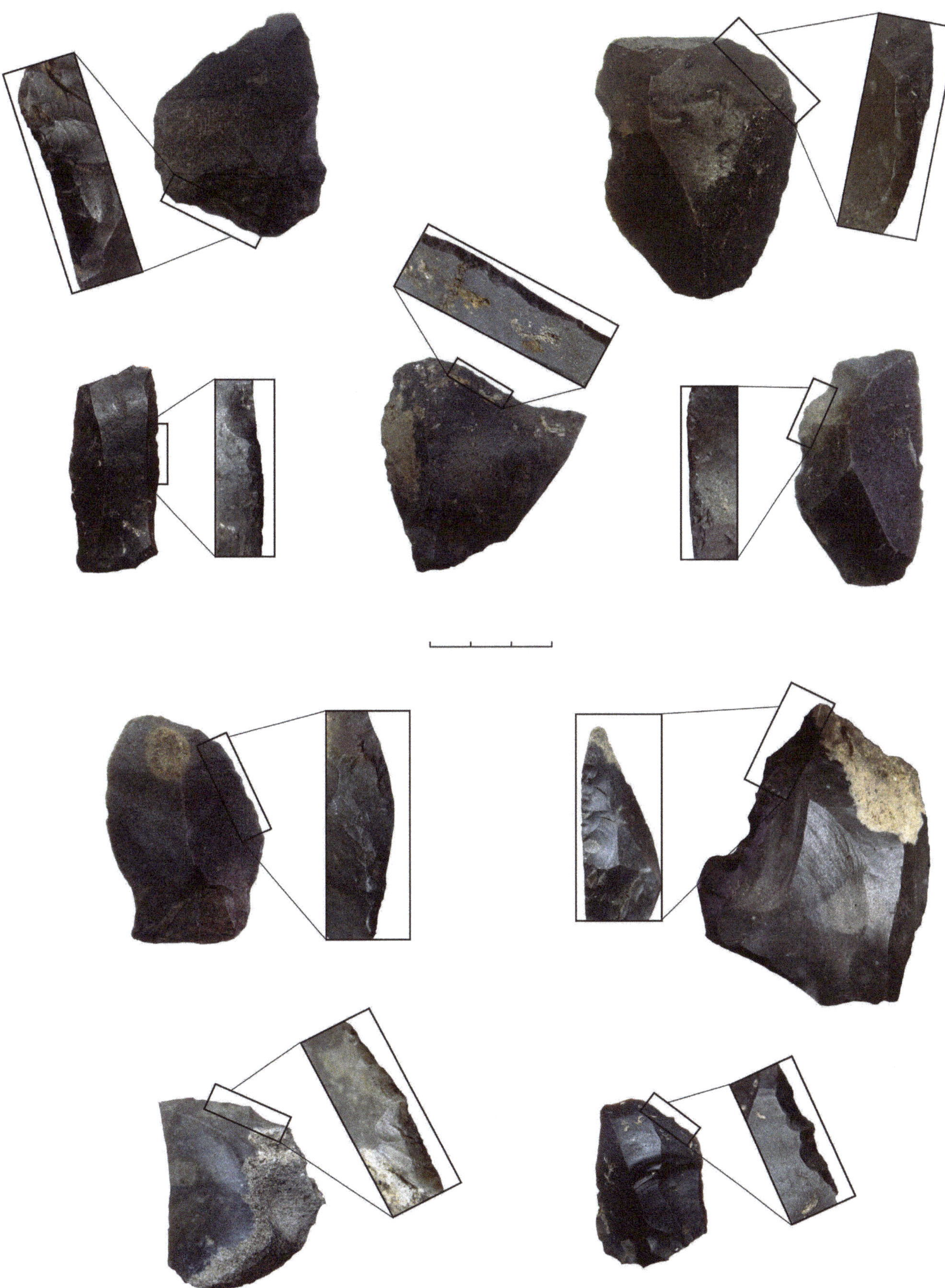

Figura 5.7 Coltelli a dorso parziali o atipici dal livello 7 di La Rochette e dettaglio del ritocco sui dorsi.

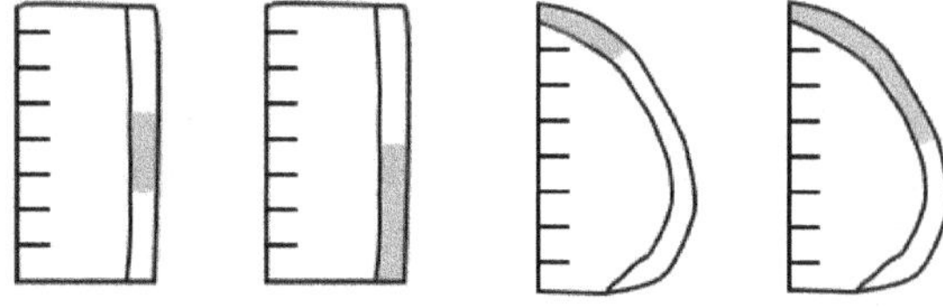

Figura 5.8 Localizzazione del ritocco erto o semi-erto parziale a seconda della morfologia del supporto.

avviene principalmente su manufatti con dorso rettilineo (Fig. 5.8). È evidente che nei due casi lo schema di prensione va a cambiare a seconda della convessità del CP, e il ritocco che crea il dorso viene prodotto di conseguenza allo schema prensivo e di manipolazione concepito.

Contatto trasformativo - CT

I margini taglienti dei manufatti selezionati dal livello 7 di La Rochette presentano una lunghezza "cordale" media di 58,2 mm, mentre la lunghezza complessiva misurata sull'arco è pari a 63,1 mm, per un indice di convessità medio dell'8,4%. L'andamento del profilo del margine è rettilineo in 60 casi, convesso in 31, ondulato o denticolato in 22 casi e concavo in 4. L'origine tecnologica del bordo tagliente è predeterminata al momento della scheggiatura in 104 casi, mentre negli altri 13 è post-determinata per mezzo di ritocco. Questo è continuo e completo sul margine in un solo caso, mentre negli altri 12 supporti è parziale. In questi casi il ritocco è perlopiù diretto sulla faccia dorsale, mentre in un solo pezzo è inverso. La tipologia di ritocco oscilla tra il semplice e lo scagliato, orientato verso la creazione di strumenti denticolati o incavi mentre in un solo caso si fabbrica una punta.

Gli angoli attivi del margine tagliente oscillano tra i 35,3° di media tra i minimi e i 44,6° tra i massimi, mentre i medi si attestano sui 39,9°. I pezzi con tagliente grezzo sono caratterizzati da angoli più stretti (35° i minimi, 43,7° i massimi e 39,3° i medi) rispetto ai pezzi con margine tagliente ritoccato (37,7° i minimi, 51,9° i massimi e 44,8° i medi), soprattutto per quanto riguarda gli angoli massimi. Tra i diversi tipi di strumenti non si registrano differenze sostanziali ma piuttosto lievi: i coltelli a dorso tipici hanno gli angoli più acuti (34,3° minimi, 42,8° massimi, 38,5° medi), mentre quelli a dorso naturale hanno gli angoli più aperti (37,3° minimi, 47,1° massimi, 42,2° medi), probabilmente anche a causa del maggiore spessore medio in rapporto alla larghezza che rende più ripidi i margini (Fig. 5.9).

I biselli attestano valori medi pari a 4,2 per il bisello inferiore e 4,9 per quello superiore, presentandosi relativamente poco asimmetrici. Lo sono ancora meno nel caso dei coltelli a dorso tipici (4,3 e 4,8). Il bisello inferiore è nella grande maggioranza dei casi piano (88), seguito dal piano-convesso (26), mentre quello superiore è frequentemente piano-convesso (73 casi).

Osservazioni generali

Riassumendo, gli schemi tecno-funzionali dei manufatti di La Rochette confermano una certa omologazione di buona parte dei prodotti, che, data la dominanza del metodo unipolare laminare non volumetrico, si confermano sviluppati in lunghezza con la porzione passiva e quella attiva opposte sui due bordi. Questi bordi registrano molto frequentemente una marcata convessità sul margine passivo, che si esprime nello STF 6, il più comune (37 pezzi, più 7 pezzi nella variante 6b). Molti supporti sono caratterizzati da morfologie sub-rettangolari e da margini paralleli e piuttosto rettilinei, associabili allo STF 5 (29 pezzi), mentre i margini convergenti leggermente convessi sono prerogativa dello STF 6/7 (14 pezzi). Solo 7 pezzi hanno il margine attivo decisamente convesso (STF 7); si tratta più che altro di supporti derivati dal metodo Discoide o di schegge di gestione laterale del metodo unipolare. Il metodo Discoide produce anche i manufatti corti e quadrangolari (STF 4 e 4b), mentre sono presenti ma in basso numero i manufatti con unità tecno-funzionale di punta. Non si registrano grandi differenze negli angoli medi rilevati in base agli schemi tecno-funzionali. Differenze sostanziali si registrano sulla lunghezza e la

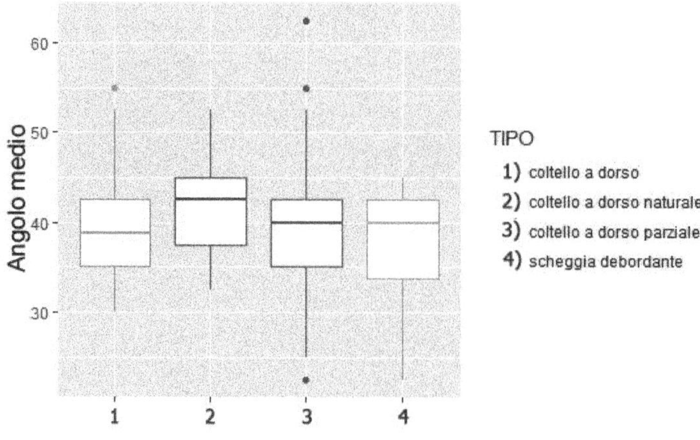

Figura 5.9 Angolo medio dei bordi taglienti dei manufatti di La Rochette per tecno-tipologia del supporto.

Figura 5.10 Coltelli a dorso naturale e schegge debordanti dal livello 7 di La Rochette.

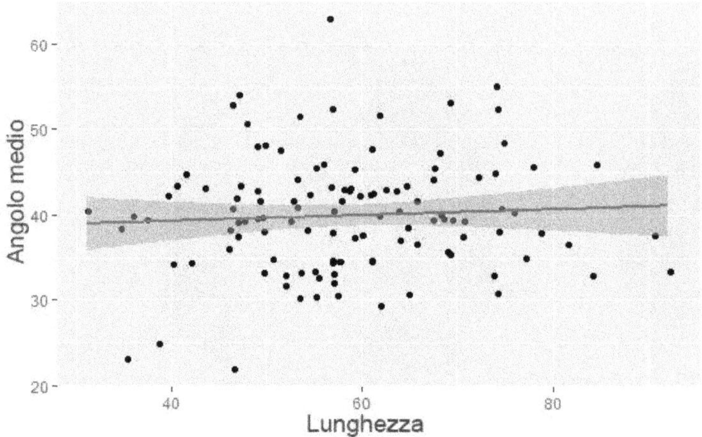

Figura 5.11 Andamento dell'angolo medio nei manufatti di La Rochette a seconda della lunghezza.

laminarità dei prodotti: lo STF 5 si conferma essere il più legato a prodotti laminari, seguito dagli schemi con punta e da quelli con bordi convessi. Come sottolineato, pochi schemi hanno un'unità tecno-funzionale di punta, ma moltissimi strumenti (almeno una trentina soprattutto tra gli schemi 6 e 6/7) presentano, all'apice del CT, una spina a dentello con profilo sporgente formato da due margini convergenti a 90°, che può avere la funzionalità di incidere o aprire un taglio.

Un dato da rilevare, in contrasto con i manufatti da Grotta di Fumane, è lo sviluppo dell'angolo attivo in base alla taglia dei manufatti. A La Rochette l'angolo medio dei prodotti non dipende dalla lunghezza del pezzo ma è grosso modo stabile e si attesta attorno ai 40° (Fig. 5.11).

I dorsi, rispetto all'asse tecnologico (e non funzionale) del supporto, sono lateralizzati quasi equamente: 60 quelli a destra, 56 quelli a sinistra. Se si analizzano solo i dorsi post-determinati (tipici e parziali) il rapporto è di 43 vs 34, mentre tra quelli naturali 8 vs 17, e tra quelli di scheggiatura 9 vs 5. Questi ultimi due casi sono presi ad esempio, dato che la lateralizzazione in questi casi dipende dall'organizzazione delle operazioni di scheggiatura e sfruttamento del nucleo, e non da interventi successivi indipendenti dalla scheggiatura. Come già sottolineato da Soressi (2002) a proposito delle schegge di gestione del metodo unipolare, la scheggiatura si presenta lateralizzata perché le superfici naturali si localizzano soprattutto su un lato dei pezzi.

6

All'interno della complessità neandertaliana: nuove prospettive e discussioni

6.0 Within Neanderthals' complex behaviour: new perspectives and discussion.

First, data on Sesselfelsgrotte G-Complexes are discussed, using the backed tools as a key for a better understanding of the alleged Mousterian-Micoquian dichotomy. The definition of the eponymous tool-type, the *keilmesser*, is debated. Despite a certain standardization, its morpho-functional variability led past scholars to create different subtypes associated with chronological groups, phases of tool-reduction, aesthetic and functional reasons. In this study, *keilmessers* are divided into 3 subtypes having distinct techno-functional value: the group bearing a distal point (the majority), those with a curved back and those with a convex cutting-edge. Data on variability, dimensions and cutting angles are consistent with the assumption of recurrent reduction patterns which lead to the formation of different techno-functional schemes starting from some regular shapes. Scheme 1 and 2 (for chert plaquettes) and 6b (for radiolarite cobbles) could represent the initial ones.

If the working-step analysis is applied, 3 technological groups of tools are evident: the core-tools (*kerngeräte*), the blank-tools, and the exhausted tools. The former had a possible double function of source of raw material from which to obtain small flakes, particularly evident in the centripetal exploitation of lower surfaces and in the preparation of the peripheral surfaces (such as the back) as striking platforms. In these cases, the volumetric knapping conception is comparable to Levallois. The blank-tools are those directly manufactured as bifacial backed tools. Finally, the exhausted tools are extremely reduced blanks, making illegible most of the working-stages. If we look at the diachronic distribution of these three groups within the G-Complexes, we can see that in a first macro-phase the core-tools are more numerous and each techno-functional scheme is attested; therefore, in these phases, high versatility is required to these tools. If we cross the data with J. Richter's inventories, the main discriminant between the initial and consecutive inventories is the proportion of the blank-tools, much more frequent in the latter. In these phases there is less need for versatility opposed to a higher functional specialization, that is consistent with the identified stable occupation, typical of base-camps. The creation of less versatile but directly functional tools is well exemplified by the techno-functional scheme 1, defined by distinct and specialized techno-functional units.

If the inner variability of *keilmessers* can be related to the reasons discussed above, what can be considered *keilmesser* or not is an intricate question. The considered tool-types overlap especially if analysed in their morpho-functional features. The raw materials don't seem to affect the final shape: their choice may derive from specific mobility strategies. Instead, the comparison between the tool-types cutting-edges provides the most interesting element: regarding the cutting angles, there is a strong correspondence when comparing *keilmessers* and scrapers, while backed flakes are provided with more acute edges; among *keilmessers*, the angles increase within the smallest and most exhausted blanks. The *keilmesser* bevels are biased by the necessity for the creation of a cutting-edge; however, they are halfway between flake-tools and scrapers, resembling both types. Moreover, as available use-wear studies attest, they generally are multifunctional tools used for cutting and a wide range of other activities. As a matter of fact, all the data confirm a fluidity in typology, based on isolated features. The major discriminating factor between *keilmessers* and other backed artefacts is the bifacial retouching, combined with their volumetric conception; many bifacial transitional forms exist, but *keilmessers* are blanks with a higher reuse potential. Being basically high-mobile tools with a long use-life and versatile functions (tool and core), their reduction can be interlinked with the production of microlithic tools, that are widespread in G-complexes and were used for precision tasks, meaning where *keilmessers* are unusable. Ultimately, the mental and functional pattern underlying the production of unifacial or bifacial backed artefacts could be roughly the same. The goal is the manufacture of tools for cutting and/or scraping, characterized by three asymmetries. However, the economic choices and maintenance strategies they imply are profoundly different. Therefore, it is proposed that at the basis of this typological division there may be a sort of imitation process: bifacial backed knives could be the strategic and versatile version of regular backed tools on flake. Given this, the *keilmesser* is a suitable element in the tool-kit of mobile hunter-gatherers, recalling the ecological significance of other Middle Paleolithic tool-types.

Therefore, we agree with Richter's interpretation, who recognized a deep connection between Mousterian and Micoquian in his M.M.O. definition. The consequent proposal is that *Keilmessergruppe* could be considered as a techno-complex of Central-Western Europe being part of the well-known variability of late Mousterian assemblages and characterized by the common presence of some specific bifacial tools and multi-purpose blanks. Within the *Keilmessergruppe*, however, the relationship between the Mousterian substrate and the so-called "Micoquian option" is difficult to interpret. *Keilmessers* and the entire Micoquian option emerge in nomadic seasonal occupations related to cold or harsh environmental conditions, characterized by the so-called "mammoth steppe". In these constrained contexts, the raw materials are difficult to supply, and *keilmessers* can represent an excellent strategic answer because of their durability, effectiveness and multifunctionality, as well as for the possibility to act as cores for the production of small and specialized flakes. According to the G-complexes cycles, a gradual decrease of multi-purpose and strategic *keilmessers* is attested in the last phases. There is thus the possibility that the *keilmesser*-type may have gradually assumed a symbolic meaning as a cultural inheritance since the ecological and strategic functions were possibly paramount for its first conception and diffusion.

Despite the different hypotheses, the first *Weichselian* cooling episodes (from MIS 5d until MIS 4) may have been the key moments for the first definition and standardization of these techno-complexes. In these stages, major demographic dynamics following the expansion and contraction of ice covering and related herds of herbivores, may have contributed to separating and distinguishing relict population groups, thus resulting in a widespread techno-cultural regionalization where cultural lineages could have been possibly related to technical objects and technological assemblages. Among these, the Quina techno-complex and the *Keilmessergruppen* are particularly important in this phase, being both a strategic response to demanding habitats.

Then, the discussion shifts to the backed assemblages pertaining to Fumane A9 and A10-A11 units. Here, backed artefacts are compared in order to investigate from this particular point of view the productive dualism and the technological shift between Discoid and recurrent Levallois methods. This debate is deepened in relation to their exclusive or combined presence across Europe, trying to understand if the technological choice is dictated by techno-economic, productive or functional reasons.

When Discoid and Levallois are present in the same assemblages, the two methods are often applied to different raw material spectra. Levallois is generally associated with higher quality and sometimes with exotic cherts, while Discoid is usually applied to strictly local materials regardless of quality, since it is known to be more versatile and suitable, able to maximize productivity from local resources. To be fully productive, Levallois method must be applied to adequate quality raw materials; however, there are examples of Levallois produced on poor quality raw materials throughout Europe. In Fumane, the raw material data are crossed, together with those on the fragmentation of the *chaîne opératoires*, in order to develop models of resource management and land-use. The obtained data are quantitively similar but qualitatively different: A10-A11 Neanderthal groups were more selective towards local cherts, since they relegated the exploitation of stream pebbles only to very few cases. If a fragmentation in the reduction sequence of semi-local cherts is evident in A9 unit, this differentiated use of raw materials according to the distance from the source is not detected in A10-A11. In this case, the chert introduction probably took place always after a first core-shaping and configuration. Having ascertained the existence of different techno-economic strategies, probably linked to a different mobility in the territory but apparently with the same organization of the occupied area (Fumane cave remains a base camp with a similar exploitation of animal resources), it is necessary to understand if these differences are related to the specific needs of the knapping methods or to an unrelated and deliberate choice of the human groups. That's why the method's productivity and the tool's efficiency are investigated.

According to some authors, Levallois technology is quantitatively efficient since it reduces the raw material waste and consequently increases the production of blanks, maximizing the achievement of cutting edges from a given stone volume. Discoid technology is generally known to be more prolific as well as versatile and flexible compared to Levallois, although conceptually less predetermined. If we compare productivity between the A9 and A10-A11 units, it is reasonable to think that through specialized and differentiated management of chert, the two technologies came to satisfy similar productivity ratios, required in base-camp sites, where most of the domestic activities were carried out. The Discoid method fulfils the productive needs mainly through the ramification and diversification of the method, that better adapts to the different raw blocks; moreover, Discoid is immediately efficient by requiring less shape maintenance, and it's easy to apply also to flake blanks. This is quantitively visible in the higher amount of first choice products in relation to maintenance products and in the higher number of blanks derived from the ramification of the reduction sequences. The Levallois meets the productive needs through the planning in the cores' shaping and pre-configuration, as well as with the more targeted selection of quality raw materials, which, as confirmed by experimentations, is necessary to achieve fair productivity without putting into play an exponential increase in the knapper's skills. Furthermore, productivity depends on the volumetric control, which allows the detachment of many products from the same raw block, against a relatively higher waste in maintenance products; thanks to the blanks' regularity, there is higher productivity by volume of stone and higher amount of cutting edges.

A techno-functional comparison between Levallois and Discoid backed artefacts can provide the last degree of information useful for understanding the reasons behind this technological choice. The effectiveness of the methods and the associated products is expresses in different and peculiar features which broaden into the respective techno-complexes. These reasons alone are insufficient to explain Mousterian technological and cultural variability. However, they can provide models of differentiated behaviour in relation to the pursued technological objectives. These are the summary points:

- Discoid method produces blanks with high morphometric variability, but separable into two main macro-groups: elongated *débordant* artefacts and short and wide blanks sometimes with *dejeté* points. These artefacts share a high functional versatility, being efficient for cutting but also for scraping activities, with specific functions relegated to the lateral protrusions or tips. The blanks manipulation is variegated, with optimal manual handling especially where the back is convex. As we will see later, it is sometimes necessary to configure the backs through retouching or thinning in order to improve their performance. This is also due to the irregularity in the blank and in the back thickness.
- Levallois is characterized by high functional efficacy, with products evidencing a higher degree of standardization: they are elongated, thin, and equipped with sub-parallel and rectilinear edges. These are effective blanks for cutting thanks to the angle that varies in relation to the size and thanks to the constant and standardized asymmetry of the bevel. These blanks are efficient with manual handling but also (potentially) suitable for hafting thanks to the regularity and limited thickness.
- Kombewa-type ramification of reduction sequences: this behaviour is more employed within the Discoid technological scenario, with a specialization on semi-local cherts. It allows a high productivity of small blanks for instant use. These products share high versatility in the cutting efficiency thanks to the acute cutting angles, the convexity of the cutting-edges and the distinctive bevel, shaped by the matching of two ventral faces.

The last macro-topic discussed in the book is the manufacture of prepared backed tools in the late Middle Paleolithic, bringing examples from Fumane A9 unit and from the MTA typical backed knives seen in La Rochette layer 7. This is a sensitive topic concerning perspectives of technological innovation and behavioural modernity achieved by Neanderthals. A morpho-dimensional and technological comparison confirms the profound difference between the artefacts from La Rochette layer 7 and Fumane A9. The former is more standardized in shape and technical configuration: MTA backed knives are elongated and characterized by recurrent asymmetrical bevel, while the retouch is mostly continuous, marginal, and shaping a regular and convex back. Conversely, the latter is much more variegated. Artefacts with retouched backs are attested in some French assemblages characterized by Discoid technology. In these contexts, there is a wide adoption of techniques aimed at modifying or adapting the diversified blanks that are already provided with natural or knapping back. In Fumane, this additional technical investment, attested on a few dozen tools, proved useful for shaping or regularizing the passive portion, smoothing a thin edge and increasing the ventral angle or, in two attested cases, arrange the tool for the insertion into a haft.

The use of experimental replicas confirmed the high functionality of these interventions: the edge blunting is useful for protecting fingers and strings; the alteration of the profile relies on the handling pattern, that changes depending on the power put into play with the action. Finally, the abrupt retouch improved grip during butchering activities, attested by use-wear on archaeological pieces. Cutting and scraping actions using small tools are particularly relevant since they imply precision operations especially when performed with manual prehension. Recent studies highlight the ability of Neanderthals to perform precision grips using the thumb and the forefinger. This could also be the case for these experimental and innovative tools, equipped with convex and pointed protrusions functional for cutting tendons, skin and creating slots to direct the cut.

Minor interventions such as back thinning and abrasions are also discussed. Thinning is usually associated with the regularization of the blank and the removal of thick and cumbersome parts (e.g. the bulb). This also includes the morphological adaptations to arrange the insertion in a haft. In A9 lithic assemblage, the regularization of the proximal end occurs in only two cases, while the thinning of the lateral back is much more common. Once again, the experimentations have confirmed the effectiveness of the back thinning when associated with different prehension schemes. There is no standardization but specific modifications that adapt to the tool's morphology and techno-functional scheme. In fact, two different hafting configurations have been recognized in two artefacts, with different and dedicated preparations and blank modifications. Finally, the minor abrasions could have been made in order to eliminate the cutting properties of the edges and protect strings and parts of the hand in contact with the tool. The experiments were therefore useful to interpret their functionality and origin. The manipulation responds differently if the edges are retouched or raw: the contact with retouched edges produces rounding; if the edges are raw, it generates micro-detachments.

Given the apparent overproduction of tools with similar techno-functional schemes in the Discoid assemblage of Fumane, it may be interesting to explore the factors that gave rise to such a refined and time-consuming technical production. The variables that can guide the production of retouched tools are different, such as mobility patterns, food supply strategies, the changing ecological and environmental conditions. The raw Discoid blanks are versatile and multifunctional: they are characterized by a short functional life and, therefore, they appear not to be designed to be part of mobile tool kits. In this sense, a significant data is the low incidence of retouched tools in Discoid assemblages. Although not exclusive, the association of prepared and configurated backs with Kombewa-type *débordant* flakes sheds new light on the possible strategies of flake reduction as a consequence of specific situations, that may have occurred along the way from the source to the site. It can be assumed that some of these tools (kombewa-type and Discoid flakes, whose longer use-life can be directly reconstructed) could belong to the mobile toolkit or, alternatively, they were detached from the Discoid cores, which probably were the preferred transported blank. There is a strong possibility that these peculiar tools have been intentionally modified during daily or seasonal routes and finally abandoned in Fumane.

The production of backed tools represents an innovative technical behaviour, regardless of its unnecessary association with hafting. these tools were part of the Neanderthal repertoire since they are found in different chronological and cultural contexts. However, they appear with an extremely variable incidence and are completely absent in entire regions. In the multi-layered French sites, they are found mainly within the final Mousterian, just before and directly in contact with Chatelperronian occupations. In both MTA or Discoid/Levallois contexts, their appearance is embedded in the variability of MIS 3 techno-complexes. Very few and isolated cases of retouched backed tools are mentioned during MIS 5 in northern Europe, while Fumane is the first case in the Italian peninsula after the partially retouched backed tools of S. Francesco in Sanremo. Therefore, the association of backed tools with Discoid production in Fumane dates back to at least 47.6 ky, coeval with open-air French sites and older than most of sheltered sites.

It is worth mentioning that in Fumane, as well as in the comparable French assemblages, there is no standardization in terms of backing techniques and in shapes. This picture is in contrast with the transitional Middle-to-Upper Paleolithic assemblages, where standardized backed tools are sometimes interpreted as evidence of mechanically delivered weapons. In Fumane and in other Discoid or Levallois contexts, the production process has not been planned on the basis of a conceptual scheme. the tools morphology does not depend on aesthetics; conversely, functional schemes have been fundamental in guiding their design. Further evidence of the ability to conceive elaborate and/or precision implements is the use of organic haft, which is, in this case, a useful even not necessary investment. Therefore, backed tools are the result of technical knowledge, technological skills and an innovative remodulation of already-known techno-functional schemes. This innovation, through technical intervention, is aimed at improving the tools' performance in terms of precision or effectiveness.

6.1 Gli strumenti a dorso come chiave per comprendere la dicotomia Musteriano-Micocchiano

Se ci si concentra sul contesto Micocchiano o *keilmessergruppe* analizzato in questo lavoro, il primo argomento discusso è la definizione del tipo di strumento eponimo e maggiormente caratterizzante, il *keilmesser*, secondo un approccio tecno-funzionale. Come vedremo, le difficoltà interpretative derivano da una loro indubbia varietà che si esprime anche in una certa fluidità verso le forme unifacciali. Proprio la lavorazione bifacciale dei *keilmesser*, che ha forzatamente influito sulle modalità di confezionamento e rimessa in forma, può aver conferito a questi strumenti quel valore funzionale e culturale che è stato unanimemente riconosciuto dagli archeologi.

6.1.1 Uno, nessuno e centomila tipi: i keilmesser *a Sesselfelsgrotte*

Nonostante la conclamata standardizzazione dello strumento *keilmesser* (Jöris 2006; Veil et al. 1994), l'indubbia variabilità nella sua forma e nello sviluppo funzionale di questi strumenti ha determinato la creazione di diversi sottotipi associati talvolta a:

- diversi gruppi umani distinti su base cronologica e/o geografica (Bosinski 1967; Burdukiewicz 2000; Jöris 2004; Ruebens 2013);
- fasi susseguenti nella modificazione e rimessa in forma degli strumenti (Iovita 2014; Jöris 2006; Urbanowski 2003);
- distinte ragioni estetiche e/o funzionali (Jöris 2001, 2006, 2012; Richter 1997; Veil et al. 1994).

A riguardo dell'ultima ipotesi, dati sulle tracce d'uso sui *keilmesser* di Sesselfelsgrotte confermano che, nonostante una predilezione per l'utilizzo come coltelli manuali, sono attestati anche pezzi immanicati così come strumenti con altre funzioni: un raschiatoio/*rabot* e persino un proiettile montato su arma da getto (Rots 2009).

I risultati sulla variabilità geometrica morfometrica 3D confermano una variabilità sostenuta anche se più contenuta rispetto alle altre classi tipologiche. A questo proposito è opportuno superare la classica ripartizione tipologica con cui si usa suddividere i *keilmesser* perché basata principalmente sulla morfologia del contorno, mentre è necessario focalizzarsi sulla storia funzionale di questi strumenti. Incrociando quindi i dati sulla variabilità con gli schemi tecno-funzionali è evidente una certa coerenza: i 7 tipi con varianti possono essere raggruppati in tre macro-tipi tecno-funzionali, sottolineati anche dalla distanza euclidea dei gruppi sulla morfologia 3D (Fig. 6.1a):

1 - il gruppo definito dalla presenza attuale o passata, di una punta distale (schemi 1, 2 e 2b), che rappresenta la grande maggioranza dei pezzi (NR = 38, pari al 65,6%);

2 - il gruppo definito dalla presenza di un dorso ricurvo, convesso o segmentato (schemi 6 e 6b) che comprende 14 strumenti (24,1%);

3 - il gruppo con margine tagliente curvo/convesso (schemi 6/7 e 7), con 5 strumenti (8,6%).

Un chiaro divario dimensionale è evidente quando questi sottogruppi vengono confrontati, con gli strumenti appuntiti mediamente più grandi: tra questi, lo schema 2 è

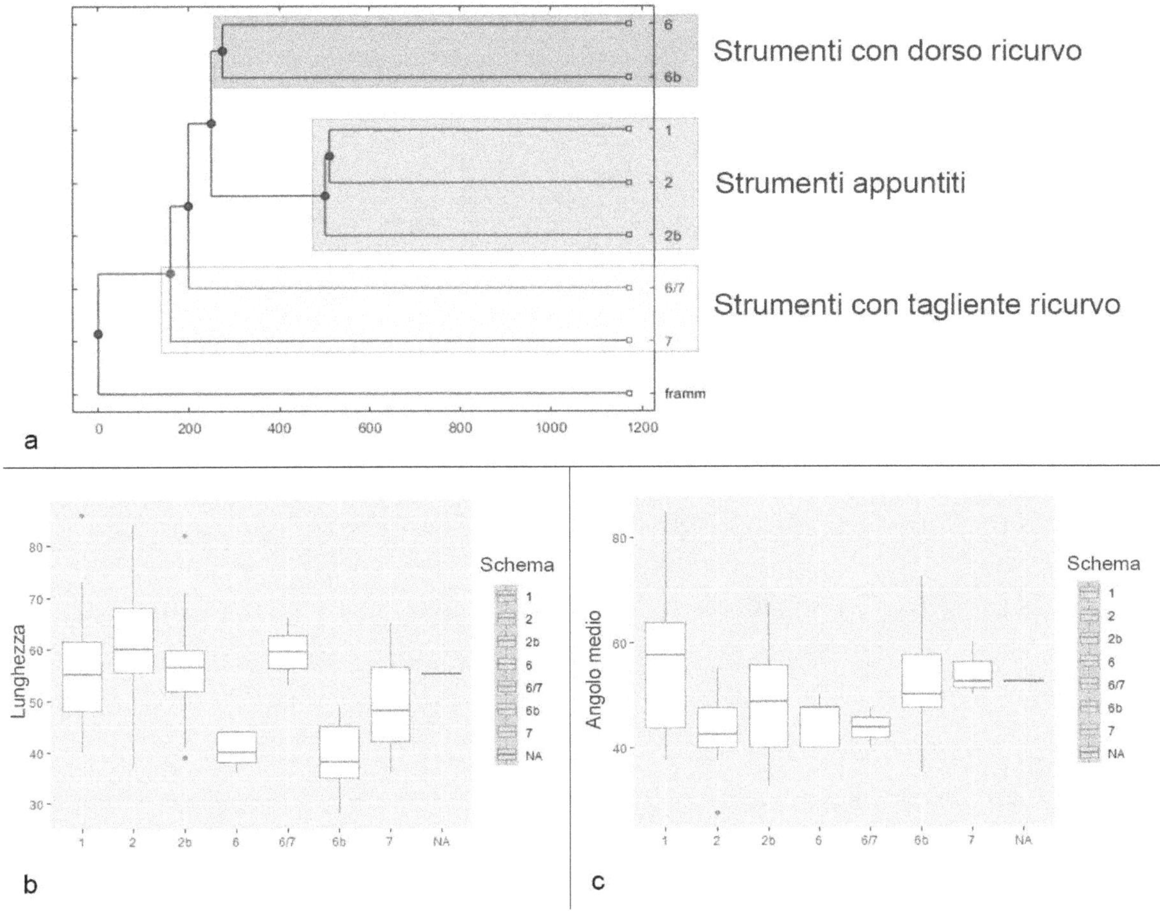

Figura 6.1 Varabilità tra gli schemi tecno-funzionali dei *keilmesser* mostrati attraverso distanza euclidea (a), lunghezza (b) e angolo medio (c).

associato ai pezzi di maggiori dimensioni e con angoli del CT più stretti (Fig. 6.1b-c). Se accettiamo l'interpretazione correlata alle fasi di riduzione, questi dati porrebbero lo STF 2 come schema "iniziale" del tipo *keilmesser*. In questo senso, diverse fasi di rimessa in forma dello strumento possono, in qualche caso, modificare lo schema 2 in 2b: la punta perde la sua funzionalità e viene rimessa in forma con conseguente arrotondamento; alternativamente, *keilmesser* con STF 2 possono essere riconformati in STF 1 attraverso l'indietreggiamento graduale del CT e la rimozione dell'arco distale, seguendo processi di riduzione già noti (Urbanowski 2003). Tuttavia, keilmesser con STF 1 possono anche essere fabbricati direttamente da placchette (Fig. 6.2). Nelle fasi più avanzate della riduzione, la punta scompare completamente e sulla base della forma iniziale del supporto e del dorso – che tendenzialmente non cambia rimanendo grezzo o naturale – si può arrivare agli STF 7 e 6/7 o soprattutto a STF 6 e 6b (Fig. 6.2). Questi infatti sono di gran lunga i pezzi più piccoli, e caratterizzati da angoli del CT piuttosto ampi (Fig. 6.1b-c).

All'interno di ogni gruppo, si nota un aumento dell'angolo attivo con la diminuzione delle dimensioni del supporto, associato quindi con la rimessa in forma del pezzo (Fig. 6.3). Tuttavia, anche nel gruppo caratterizzato da dorso convesso, gli strumenti più grandi (già di taglia mediamente piccola), hanno angoli attivi più acuti, suggerendo che questi strumenti siano stati prodotti direttamente in questa forma e non abbiano subito molte fasi di ritocco e rimessa in forma. Alternativamente, se la rimessa in forma è presente, è probabile che non abbia influito eccessivamente sull'angolo e quindi non necessariamente sullo schema tecno-funzionale. Gli schemi 6 e 6b potrebbero pertanto rappresentare delle varianti di *keilmesser* adatte a supporti e placchette di piccole dimensioni, fabbricati in selce giurassica e particolarmente in ciottoli di Diaspro e Lydite, caratterizzati questi ultimi da taglie piccole, bordi naturali segmentati o fortemente convessi (Fig. 6.4).

Una certa correlazione tra forma dello strumento, tipo di materia prima e dimensioni potrebbe implicare ragioni funzionali ed ergonomiche: gli strumenti più piccoli necessitano, solitamente un dorso ricurvo per facilitare la prensione manuale. Al contrario, *keilmesser* appuntiti sono confezionati su una più ampia varietà di supporti e materie, comprese le selci e quarziti cretacee che, più spesse e pesanti, sono confacenti alla potenza necessaria ad uno strumento tagliente con punta atta a perforare.

Di conseguenza, è possibile che alla base della diversificazione dei *keilmesser* ci siano sia idee tecno-funzionali distinte e correlate ai modi di prensione e di

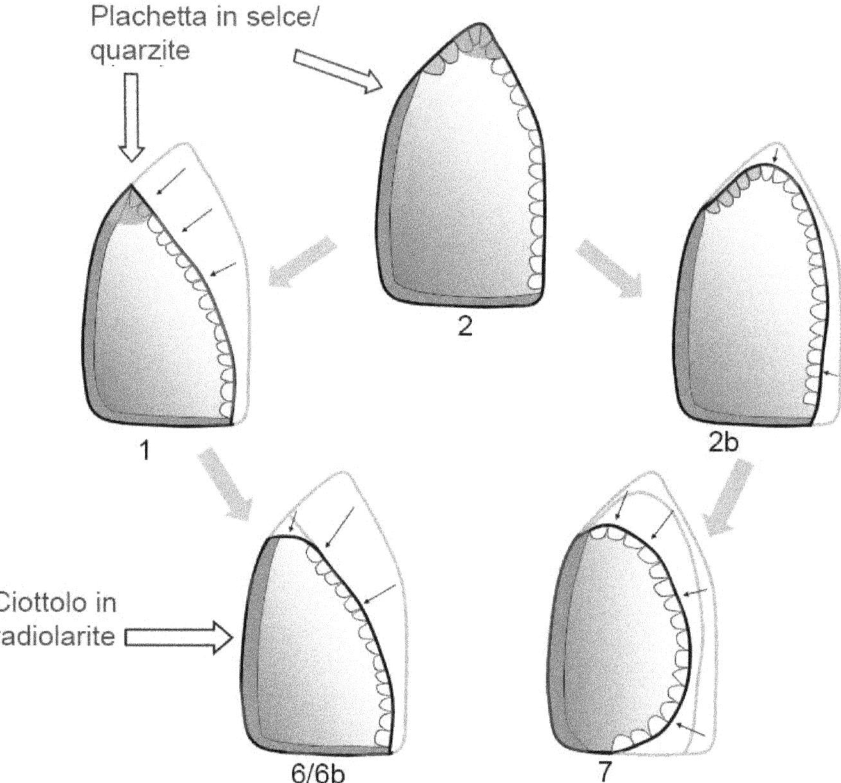

Figura 6.2 Schema proposto per la manifattura dei diversi schemi tecno-funzionali tipici dei *keilmesser*. La natura dei supporti grezzi di partenza e la loro progressiva modificazione attraverso la riduzione e la riconfigurazione potrebbero essere una delle principali ragioni alla base della loro differenziazione.

utilizzo parzialmente adattate a materie prime e supporti, ma anche conseguenze tecnologiche come il mutamento e la trasformazione degli schemi a seconda del riutilizzo e della rimessa in forma. Se si applica una *work-step analysis* (analisi diacritica delle fasi di lavorazione) schematica sulle superfici dei *keilmesser* ricostruendo le (ultime) fasi di produzione e modificazione dei supporti, sono evidenti tre gruppi tecnologici di strumenti:

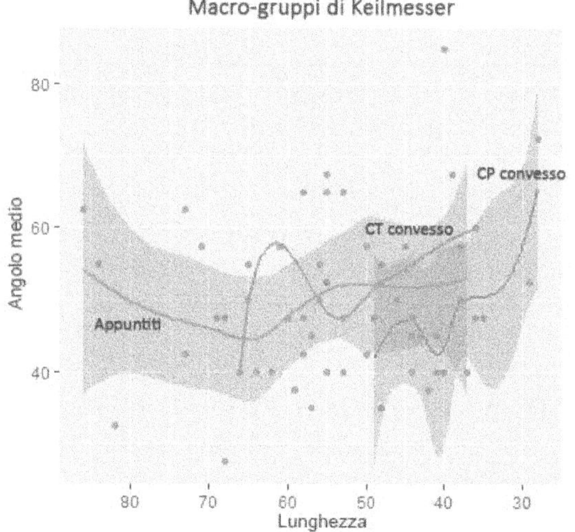

Figura 6.3 Distribuzione degli angoli medi dei gruppi di *keimesser* sulla base della lunghezza del supporto.

- strumenti-matrice/nucleo (*kerngeräte*)
- strumenti-supporto
- strumenti esauriti

Se la prima distinzione in gruppi tecno-funzionali può riflettere una necessità diretta (sia funzionale che ergonomica) così come una conseguenza, la seconda suddivisione riflette necessariamente una necessità in termini di versatilità tecnologica o potenzialità strategica ed economica, che indirettamente influenza l'oggetto e la sua morfometria.

In questo senso, gli strumenti-supporto sono i pezzi in cui l'investimento tecnico sembra essere finalizzato esclusivamente alla produzione di un margine tagliente bifacciale (perlopiù a sezione piano-convessa) opposto ad un dorso; ogni fase di lavorazione identificata concerne la produzione o la ripresa dello strumento (Fig. 6.5).

Al contrario, gli strumenti-matrice sono strumenti-nucleo, manufatti che hanno avuto una funzione probabile anche come fonte di materia prima da cui ottenere piccole schegge utilizzabili. Questa ramificazione tecnologica è stata identificata in 22 supporti su 58, con lo sfruttamento evidente principalmente sulla faccia "inferiore" del supporto, ma occasionalmente anche su quella superiore. Secondo la concezione volumetrica mista, piana/convessa e opposta definita ed esplicata da Boeda (1995), viene creata una superficie piana essenziale anche per fabbricare

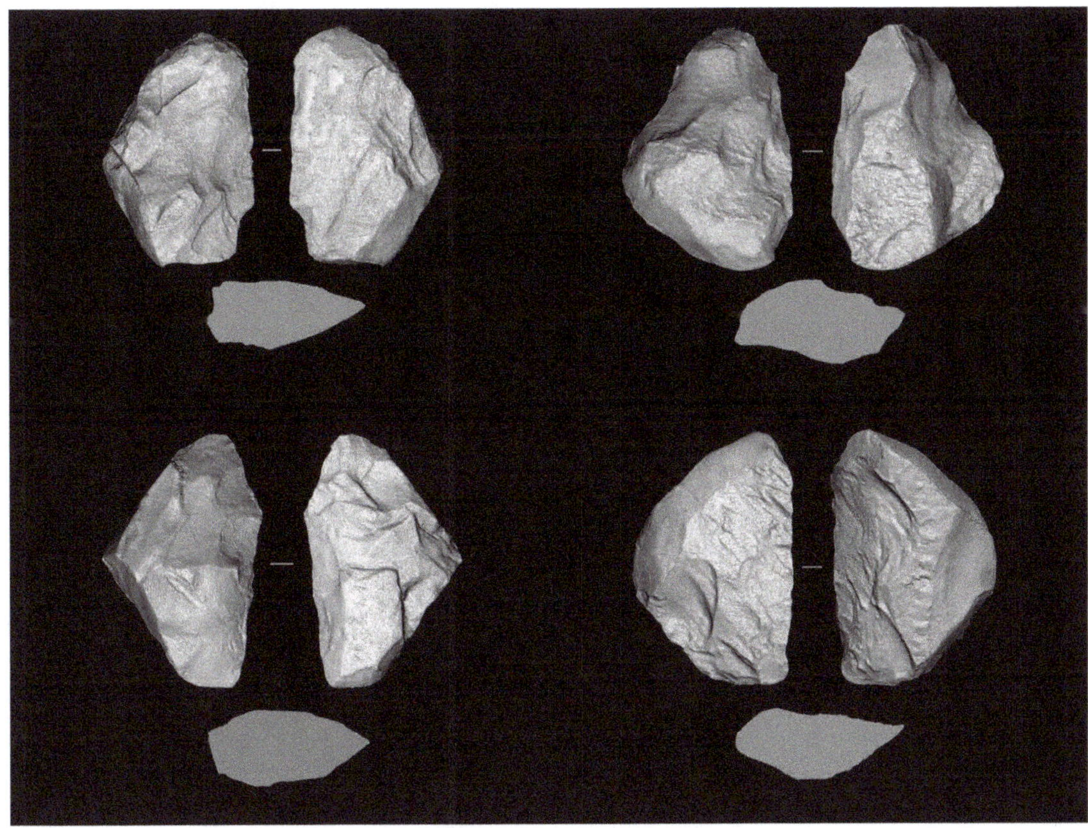

Figura 6.4 Scansioni 3D dei *keilmesser* fabbricati su ciottoli di lydite che appartengono al gruppo con CP convesso e che mostrano lo sfruttamento, a questo scopo, di superfici naturalmente convesse.

Figura 6.5 *Keilmesser* della categoria strumenti-supporto, ovvero supporti lavorati con l'unico obiettivo di fabbricare uno strumento bifacciale asimmetrico con dorso.

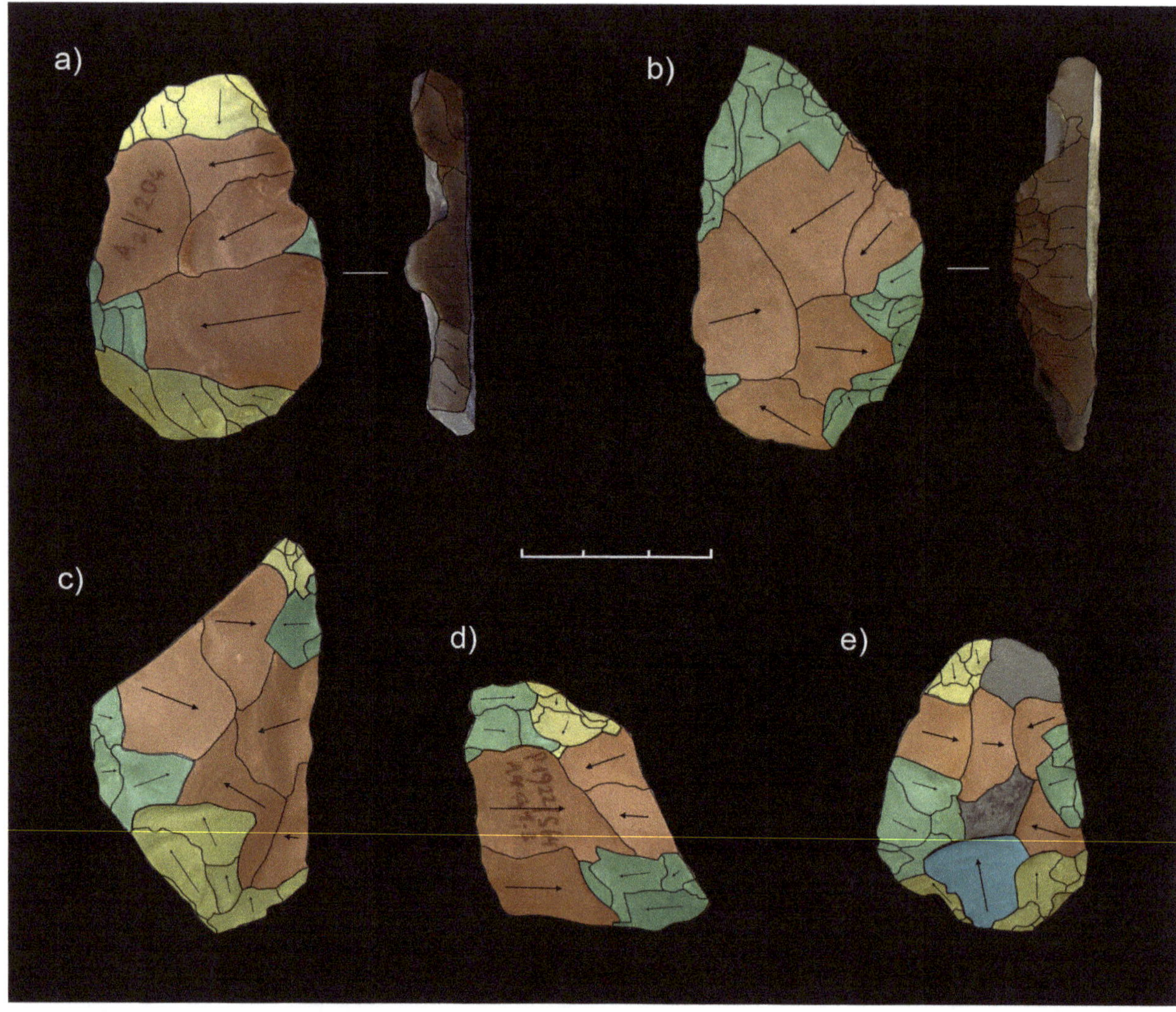

Figura 6.6 Schemi diacritici dei *keilmesser* strumenti-matrice che mostrano le fasi di riduzione e sfruttamento della superficie inferiore e, occasionalmente, la preparazione del dorso utilizzato come piano di percussione. Gli stacchi rossi e blu rappresenterebbero quelli finalizzati all'ottenimento di supporti utilizzabili, mentre quelli gialli e verdi le schegge utili alla gestione delle convessità laterali e alla regolarizzazione della superficie.

il margine tagliente piano-convesso. In questa prima fase si staccano schegge piatte, profonde e ampie a partire dal CT ma alle volte da tutta la periferia del supporto, creando un pattern di sfruttamento superficiale tendente al centripeto che può essere anche finalizzato alla creazione di schegge utilizzabili (Fig. 6.6).

Stacchi larghi e piatti sono anche correlati, nei *keilmesser*, a fasi necessarie per mantenere l'angolo adatto al margine tagliente (Iovita 2014), secondo un metodo applicato anche a strumenti bifacciali di fasi più antiche (Kot 2017). Tale obiettivo tecno-funzionale è stato riconosciuto in questi supporti attraverso la *work-step analysis*. Ad esempio, il manufatto #P1963 registra una prima preparazione del margine piano-convesso del CT, seguito da una ripresa del margine principalmente con stacchi dorsali e che cancellano gradualmente i negativi sulla faccia ventrale (Fig. 6.6a); questa superficie viene sfruttata per ottenere delle schegge ma a partire dal dorso, che assume in questo caso la funzione di piano di percussione. Una evidente irregolarità nello spessore del dorso conferma che l'obiettivo ultimo è stato chiaramente quello di produrre schegge di dimensioni fino a 3 x 2 cm. Anche nel manufatto #P5596 è evidente la lavorazione del dorso a partire dalla faccia inferiore che serve come preparazione del piano di percussione da cui distaccare schegge su piani paralleli secondo una concezione volumetrica che ricorda quella tipica del metodo Levallois (Fig. 6.6c). #P5791, invece, registra uno sfruttamento come nucleo che porta all'esaurimento del volume del pezzo asportando gran parte del dorso, il quale funge anche in questo caso da piano di percussione (Fig. 6.6b).

In questi e diversi altri esempi lo sfruttamento è principalmente da bipolare a centripeto periferico, mentre la concezione volumetrica, paragonabile al Levallois, è enfatizzata dagli stacchi che si sviluppano su piani paralleli al piano secante del supporto, dagli angoli di scheggiatura prossimi ai 90° e dall'accurata preparazione della cornice periferica in corrispondenza del dorso del supporto (Boëda 1994). Questa lavorazione può essere applicata, in alcuni casi, alla superficie opposta grazie alla doppia concezione piano-convessa e invertita dei due bordi (Boëda 1995). I prodotti ottenuti sono schegge ovalari o allungate di piccole/medie dimensioni, particolarmente adatte per attività immediate e di breve durata o di precisione, e pertanto utilizzabili per soddisfare necessità impellenti inquadrabili in situazioni vincolanti con mancanza di risorse litiche. I *keilmesser* sono generalmente noti per la loro funzione di strumenti-nuclei e la loro concezione volumetrica è correttamente esplicata da E. Boëda nel "quarto tipo di volumetria bifacciale" sulla base dei *keilmesser* di Grotta di Kůlna (Boëda 1995). La loro potenzialità produttiva derivata dalla ramificazione nello sfruttamento delle superfici, è stata investigata particolarmente nel Micocchiano della Crimea; qui, la produzione di schegge utilizzabili è ipotizzata durante le fasi di prima conformazione, nel processo di rimessa in forma e anche dopo lo scarto di strumenti esauriti attraverso un riciclo del supporto (Uthmeier 2004b, 2012). Nel Micocchiano dell'Europa Centrale questa pratica è stata riportata più raramente: alcuni *keilmesser* piccoli e intensamente sfruttati provenienti dal sito di Bühlen sono stati riconosciuti come nuclei, funzione assegnatagli solo dopo un abbandono come strumenti ed un conseguente riciclo del pezzo e del volume rimanente; tuttavia, non si menziona la possibile alternanza tra le due finalità (Urbanowski 2003). Strumenti-nucleo sono stati inoltre riconosciuti a Neumark Nord e Königsaue (Mania 2015).

Infine, gli strumenti esauriti corrispondono ai supporti estremamente ridotti in cui la maggior parte delle fasi di lavorazione del supporto sono ormai illeggibili a parte le ultime riferibili alla definitiva e finale messa in forma, fino al completo esaurimento del volume utilizzabile. Molto spesso, tali strumenti sono fabbricati in materie prime non locali e pertanto meno comuni, ma probabilmente caratterizzate già dal principio da supporti di partenza più piccoli e, come già sottolineato, adattabili ad alcuni tipi di riduzione (STF 6 e 6b). Questi manufatti sono presenti in diversi contesti *keilmessergruppe*: già riconosciuti e definiti "*small pradnik knives*" o strumenti sfruttati (al termine del cosiddetto *pradnik cycle*) da Krukowski (1939), con fasi di ripristino che possono arrivare a riorientare il pezzo facendogli assumere, alla fine, morfologie sub-triangolari (Urbanowski 2003).

Se si guarda la distribuzione diacronica di questi tre gruppi tecnologici di *keilmesser* all'interno dei Complessi-G, in una prima macro-fase (dal livello G2 al G5) gli strumenti-matrice sono più numerosi ed ogni schema tecno-funzionale è attestato, dato che testimonia la versatilità richiesta a questi supporti in queste fasi (Tab. 6.1). Gli strumenti esauriti aumentano nel livello G2 e sono predominanti infine nel livello G1, dove la maggiore lunghezza nella vita funzionale dello strumento è probabilmente correlata ad un'alta richiesta di materia prima e ad una maggiore mobilità; tuttavia, pochi strumenti-matrice insieme ai più spessi strumenti esauriti, suggeriscono la minor necessità di *keilmesser* versatili e poli-intenzionali nell'ultimo ciclo. Se si interpreta questo dato tenendo conto degli inventari distinti da Richter (1997), si nota invece che la principale discriminante tra l'inventario iniziale e quello "consecutivo" è la proporzione degli strumenti-supporto, molto più frequenti in questi ultimi (Tab. 6.2). Questo utilizzo diretto ed esclusivo dei *keilmesser* attesta una minore necessità di versatilità ed è legata invece ad una maggiore specializzazione, che ben si inquadra al tipo di occupazione più stabile di campo base con mobilità logistica che è stata riconosciuta in queste fasi (Richter 2001, 2006, 2014). Qui, sia la selezione della materia prima migliore (Richter 1997) così come la creazione di strumenti meno versatili ma direttamente funzionali, sembrano indicare un certo grado di pianificazione finalizzata ad estrinsecare una efficacia maggiore da questi strumenti e dall'intero tool-set. Parallelismi si ritrovano nei *keilmesser* del livello A di Königsaue, raffinati strumenti caratterizzati da diverse fasi di rimessa in forma, introdotti all'interno del sito e qui utilizzati e ravvivati esclusivamente come strumenti in un contesto di mobilità logistica (Picin 2016).

Gli strumenti-supporto recano diversi schemi operativi tecno-funzionali, ma il più rappresentato è di gran lunga lo schema 1. Nell'eventualità che sia stato direttamente fabbricato o raggiunto dopo brevi fasi di rimessa in forma dallo schema 2, è da sottolinearne l'elevata funzionalità,

Tabella 6.1 Distribuzione dei tre gruppi tecnologici di keilmesser per livello archeologico

Livello	Strumenti-supporto	Strumenti-matrice	Strumenti esauriti
G1	5	3	10
G2-G3	5	10	6
G4	5	9	3
G5	1	\	1

Tabella 6.2 Distribuzione dei tre gruppi tecnologici di keilmesser per Inventaar

Inventaar	Strumenti-supporto	Strumenti-matrice	Strumenti esauriti
Initialinventaar	4	8	10
Konsekutivinventaar	12	14	10

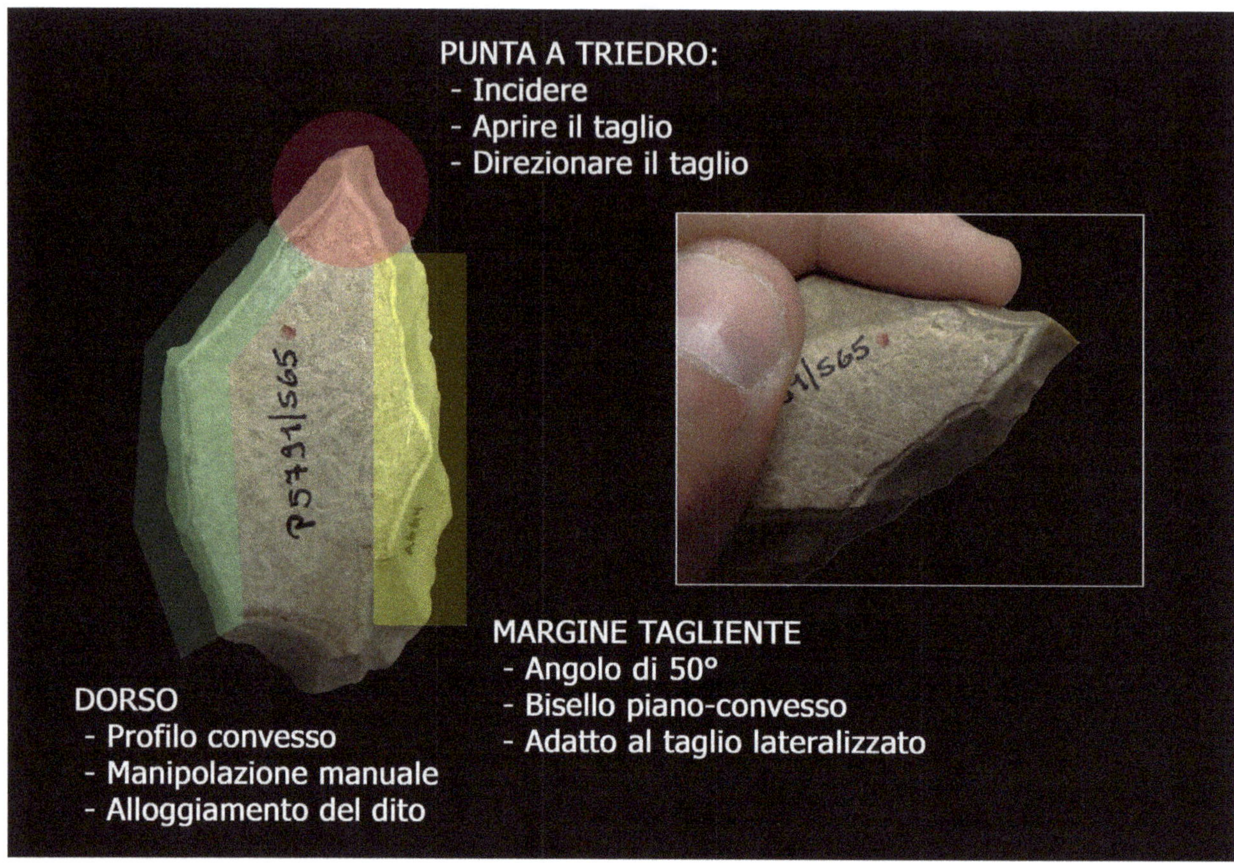

Figura 6.7 Tipo-*keilmesser* con schema tecno-funzionale 1 e illustrazione della funzionalità delle diverse unità.

essendo caratterizzato da unità tecno-funzionali ben distinte e specializzate: la punta robusta a triedro (formata dall'intersezione di tre superfici) atta a incidere, aprire e direzionare il taglio; il tranciante, con angoli mediamente poco superiori ai 50° e il bisello piano-convesso, atto a tagliare e separare la materia lavorata con movimenti longitudinali; il dorso, solitamente caratterizzato da delineazione poco convessa, atto probabilmente ad una prensione perlopiù manuale con il supporto del dito che vi si può appoggiare. Il risultato è uno strumento complessivamente molto efficace fabbricato perlopiù in selce giurassica (Fig. 6.7).

6.1.2 Differenziazione ed imitazione nei **Keilmessergruppen**

Se la variabilità interna ai *keilmesser* può essere relazionata ai motivi discussi in precedenza, cosa si può considerare o no "*keilmesser*" è una questione altrettanto intricata. I limiti di una definizione tipologica netta derivano dal fatto che in molti casi i diversi tipi di strumenti analizzati si sovrappongono con altri tipi, specialmente se analizzati nelle loro caratteristiche morfo-funzionali. Gli schemi operativi tecno-funzionali identificati a partire dai manufatti con dorso sono diversamente rappresentati per classe tipologica, ma in linea teorica ogni schema può essere raggiunto attraverso l'utilizzo di schegge non ritoccate, ritoccate, raschiatoi unifacciali o strumenti bifacciali.

Questo capita anche nel nostro caso studio, dove non esistono schemi esclusivi riservati ai *keilmesser*, anche se ne esistono di chiaramente preferenziali. Questo dato è confermato dall'analisi statistica sulla morfologia, dal momento che nella PCA sviluppata sui modelli 3D dei pezzi analizzati la sovrapposizione è evidente (Fig. 3.19). Se l'indagine e il confronto si spostano al solo dorso di questi manufatti, si può notare una generica differenza nella sua concezione tecnologica anche se la dipendenza dal supporto iniziale è ugualmente importante: le placchette in selce giurassica con dorsi naturali spessi vengono frequentemente lavorate per produrre *keilmesser*, comportamento che sottintende motivi più ampi di gestione economica della materia prima, ma sono altresì usate per altri strumenti bifacciali e raschiatoi con dorso.

Paradossalmente, la materia prima non sembra condizionare molto la forma finale, dal momento che i manufatti prodotti nella varietà più comune di selce Giurassica (Ju01) sono più simili a quelli prodotti in selci e quarziti Cretacee (Kr) che ad altre varietà, similari, di selce Giurassica (come Ju10) (Fig. 6.8a). In ogni caso, è evidente una preferenza tecnologica correlata probabilmente all'approvvigionamento della materia. Tra i *keilmesser* sono presenti anche un discreto numero di materie prime non strettamente locali (diaspri e lyditi) che ad esempio mancano tra gli altri strumenti bifacciali. Si tratta principalmente di pezzi esauriti che possono derivare da lunghe vite funzionali oppure strumenti

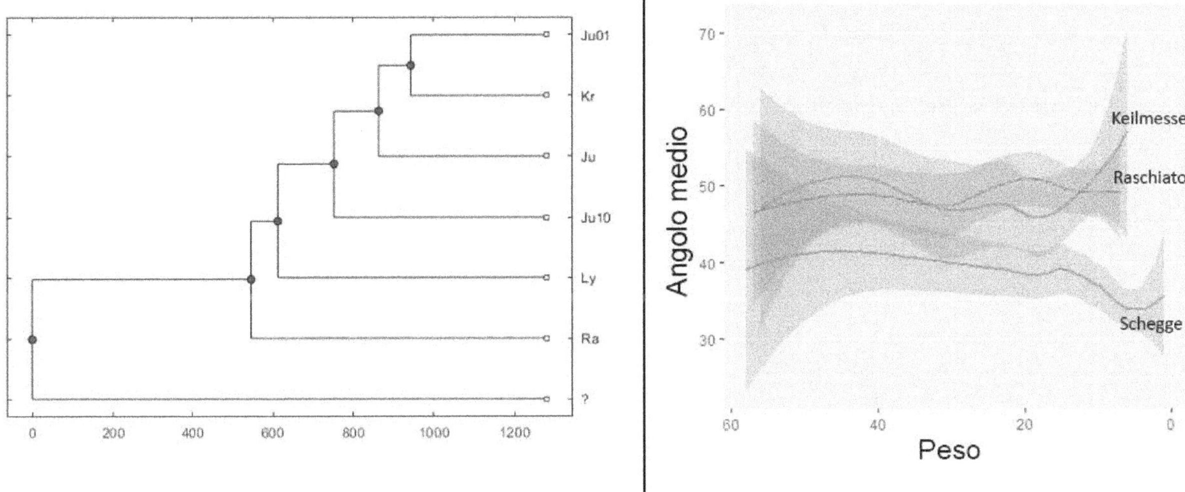

Figura 6.8 Distanza euclidea tra gruppi di manufatti di Sesselfelsgrotte sulla base delle materie prime, che mostra differenze interne tra le varietà di selce Giurassica (a); distribuzione degli angoli medi dei bordi taglienti dei manufatti in rapporto al loro peso, mostrato per tipi di strumenti (b).

semi-locali fabbricati su piccoli ciottoli raccolti in ghiaie fluviali, limitati nelle dimensioni e potenzialità e quindi usati presumibilmente in situazioni di bisogno immediato. Anche un certo numero di raschiatoi è confezionato in radiolariti, ma principalmente la varietà rossa di diaspro mentre la lydite blu è rara: la prima, affiorante nelle alpi, è più probabile che venga esclusivamente raccolta dalle ghiaie semi-locali del Danubio; la seconda invece affiora nella Baviera nord-orientale e veniva probabilmente raccolta da fonti più lontane, dal momento che anche le fonti secondarie sono localizzate a valle rispetto al sito. Pertanto, le strategie di mobilità, correlate ai concetti di riduzione degli strumenti, potrebbero aver determinato questa scelta nella gestione delle materie prime (Richter 1997).

Il confronto tra i margini taglienti delle classi di strumenti, al contrario, fornisce l'elemento di maggior interesse, sia per le implicazioni funzionali che essi sottintendono, che per i mutamenti a cui vanno incontro anche nelle storie funzionali dei singoli strumenti. Gli angoli attivi e i biselli dei margini taglienti sono indicatori indiretti della funzionalità, del potenziale penetrativo e del movimento di utilizzo dei manufatti (Key et al. 2016; Lepot 1993; Viallet 2019). Riguardo gli angoli formati dal contatto tra la superficie superiore e quella inferiore del margine tagliente, c'è una forte corrispondenza quando si confrontano *keilmesser* e raschiatoi, mentre le semplici schegge con dorso sono provviste di angoli più acuti; tuttavia, le prime due classi derivano da fasi di ritocco e rimessa in forma che possono aver modificato l'angolo aumentandolo. Se incrociamo le informazioni sugli angoli dei margini con il peso del supporto, dato che empiricamente può indicare la fase nella riduzione dello stesso, si può notare un aumento notevole dell'angolo nei supporti più piccoli e ridotti, abbandonati perché esauriti nel volume utilizzabile (Fig. 6.8b). A proposito dei raschiatoi, i cui angoli sono del tutto simili a quelli dei *keilmesser*, è visibile solo un aumento lieve che si può correlare alle fasi di ritocco che in questi strumenti sono tendenzialmente minori e meno invasive. Al contrario, le schegge presentano sempre angoli notevolmente più acuti e non registrano alcun aumento ma esattamente l'opposto, esattamente quello che si registra anche negli insiemi su scheggia analizzati da Grotta di Fumane: relazionando questo dato alla scarsa presenza di ritocco, si può asserire che le piccole schegge vengono create direttamente con angolo più acuto probabilmente per la loro alta funzionalità come strumenti di fino e precisione, come si è notato anche per analoghi prodotti Discoidi su scheggia dall'unità A9 di Fumane su cui sono state svolte analisi tracceologiche. I biselli dei margini taglienti evidenziano un'asimmetria generale tra il profilo inferiore e quello superiore. La maggior concavità del bisello inferiore nei *keilmesser* deriva dalla necessità di staccare schegge per la creazione del filo tagliente, e rappresenta pertanto la concavità del negativo dello stacco; a parte questo, il bisello inferiore è tendenzialmente piano così come nelle altre classi di strumenti.

Per quanto riguarda l'intersecazione tra la superficie superiore e il margine tagliente, i *keilmesser* registrano bisello convesso o piano-convesso che si pone a metà strada tra quelli registrati per le schegge a dorso e i raschiatoi. Queste informazioni si sposano bene con la loro presunta multifunzionalità (Richter 1997; Rots 2009; Veil 1995), dal momento che biselli superiori estremamente convessi, asimmetrici e legati ad angoli generalmente maggiori di 60° sembrano prerogative degli strumenti atti a raschiare, mentre quelli più piani e simmetrici o lievemente asimmetrici per strumenti più portati al taglio e al movimento longitudinale (Bertrand & Bertrand 1997; Geneste & Plisson 1996; Lepot 1993; Siegel 1985; Viallet 2019; Wilmsen 1968). Si riconosce tuttavia una certa variabilità interna ed è evidente che nella maggior parte dei casi le caratteristiche morfo-tecno-funzionali dei *keilmesser* si sovrappongono a quelle dei raschiatoi o, in minor misura, delle semplici schegge. A questo riguardo, i dati funzionali sulle tracce d'uso disponibili per il G-Complex di Sesselfelsgrotte attestano la presenza di coltelli immanicati o usati a mano libera documentati tra bifacciali, *keilmesser*, e strumenti Musteriani unifacciali, all'interno di diverse tipologie di strumenti e anche tra pezzi non ritoccati (Rots 2009). Il "tipo" inteso come tipologia di strumento non è mai associato ad un solo tipo di utilizzo, né è vero il contrario. La tipologia non implica necessariamente una funzione o un utilizzo specifico, dato che conferma in via preliminare quanto ipotizzato dall'approccio tecno-funzionale.

In questo senso, la tipologia si conferma essere piuttosto fluida e imperniata su caratteristiche isolate. Il maggiore fattore discriminante tra il *keilmesser* e gli alti strumenti con dorso è pertanto il ritocco bifacciale, combinato alla sua concezione volumetrica che permette un maggior potenziale di riutilizzo (Boëda 1995). Tuttavia, in merito a questa discriminante, già Krukowski (1939) ha posto l'attenzione sui raschiatoi legati ai *prodniks* o *keilmesser*, quali forme transizionali unifacciali tra le due tipologie. Anche Jöris (2006) afferma che non tutti i *keilmesser* sono strumenti-matrice ma possono essere prodotti anche a partire da schegge, ed esiste una variante unifacciale che assomiglia ai raschiatoi ed è pertanto una forma di transizione. A tal proposito, similitudini tra *keilmesser* e raschiatoi nelle fasi di manifattura sono stati evidenziati in altri insiemi litici appartenenti al *keilmessergruppe* (Pastoors 2001; Weiss et al. 2018). Tuttavia, queste forme transizionali unifacciali possiedono una ridotta variabilità, relazionata ai limiti del supporto su scheggia, che implica una potenzialità medio-bassa di rimessa in forma, mentre si tende ad escludere ogni altra velleità multifunzionale o il loro sfruttamento come nuclei. Infatti, il risultato è un coltello/raschiatoio con ritocco semplice o scagliato con morfologia tipo-*keilmesser* ma che differisce da questi per altre componenti: si tratta quindi di una versione semplicistica del *keilmesser* dal momento che molti requisiti sono già soddisfatti dal supporto su scheggia (Weiss et al. 2018). Esistono inoltre raschiatoi che, esattamente come alcuni *keilmesser*, attestano la tecnica del "*tranchet blow*", i c.d. *pradnik scrapers* (Jöris 2001); anche questi sono considerati versioni piccole e di breve durata dei *keilmesser*, alle volte associati alla produzione di scheggiatori meno esperti o persino di bambini (Jöris & Uomini 2017).

I *keilmesser* classici bifacciali, al contrario, sono un supporto-strumento con un alto potenziale di riutilizzo: si tratta generalmente di strumenti dalla lunga vita funzionale, mobili e poli-intenzionali, in base ad indagini di insiemi Keilmessergruppe e alla *work-step analysis* sugli strumenti (Jöris 2001; Pastoors 1999; Richter 1997; Uthmeier 2004a). La forma finale è, come già presentato e confermato dal nostro insieme, una conseguenza di innumerevoli fasi (Iovita 2014; Jöris 2006; Urbanowski 2003). Queste fasi possono portare alla rimessa in forma dello strumento o al suo "rimodellamento", un riciclo che implica una funzione diversa (Frick 2017). A Moravski Krumlov IV viene inoltre ipotizzato che, in insiemi litici Szeletiani e forse anche Micocchiani, forme tipo-*keilmesser* possano costituire una fase nella fabbricazione delle punte foliate non terminate (Neruda & Nerudová 2010), così come in contesti Sreletskayani della Crimea (Uthmeier 2004b).

In ogni caso, è significativo che una buona parte dei *keilmesser* di Sesselfelsgrotte attesti una biografia elaborata che ha compreso, oltre a funzioni differenti, anche obiettivi differenti, dallo strumento alla matrice-nucleo per la produzione di schegge di piccolo-medie dimensioni. Inoltre, queste fasi possono essere state consecutive o alternate (Fig. 6.6). Gli insiemi litici del G-complex sono noti anche per la presenza di una buona componente di strumenti microlitici, principalmente raschiatoi rotondi "ad unghia" o *raclettes* fabbricati su piccole schegge (Fig. 6.9a; (Freund 1968; Richter 1997). Queste schegge sono generalmente ottenute dallo sfruttamento di superfici piatte o poco convesse di placchette di selce, gli stessi supporti grezzi usati per fabbricare i *keilmesser*; c'è quindi la possibilità che le due catene operative di produzione siano interconnesse (Fig. 6.9b). Del resto, in tutti gli *inventaar* in cui questi strumenti microlitici sono più numerosi (A01, A06, A08 e A09) i *keilmesser* del tipo "strumenti-nucleo" sono ben attestati; al contrario, sono poco numerosi negli *inventaar* in cui i *keilmesser*-nuclei sono assenti o isolati. In assenza di rimontaggi, le informazioni tecno-economiche e funzionali evidenziano la produzione di questi piccoli strumenti al di fuori del sito con la funzione decisamente specializzata della lavorazione di materie vegetali (Lass 1994; Richter 1997). Per questo motivo il loro ottenimento è conforme con le possibili fasi di rimessa in forma di supporti altamente mobili come i *keilmesser*, per necessità impellenti correlate ad usi specifici (materie vegetali) in strategie di frequente ma non estesa mobilità. Infatti, nelle fasi di apertura delle placchette tabulari usate per i *keilmesser* o nelle stesse fasi di mantenimento, è sottolineata la produzione di varie morfologie di schegge rotonde, triangolari, laminari od ovalari anche utilizzabili (Richter 1997) (Fig. 6.9b).

L'utilizzo di schegge prodotte con il *façonnage*, la conformazione di strumenti bifacciali, è attestata all'interno di diversi insiemi litici del Paleolitico Medio europeo, dal Micocchiano della Crimea (Chabai & Marks 1998; Uthmeier 2012), al Musteriano di Tradizione Acheuleana del sud-ovest francese (Soressi 2002).

I *Keilmesser* sono il supporto perfetto per l'adattamento a questa concezione bifacciale poli-intenzionale grazie alla facilità con cui i propri schemi operativi funzionali possono essere modificati ed adeguati, attraverso rotazioni dello strumento e invertendo base e punta o le superfici nello sfruttamento volumetrico (Migal & Urbanowski 2006). La stessa versatilità dello schema *keilmesser* permette di riorganizzare lo strumento allungandone la vita e le fasi di rimessa in forma. Inoltre, la concezione doppia piano-convessa/piano-convessa permette di soddisfare entrambi gli obiettivi, quello di strumento e quello di nucleo.

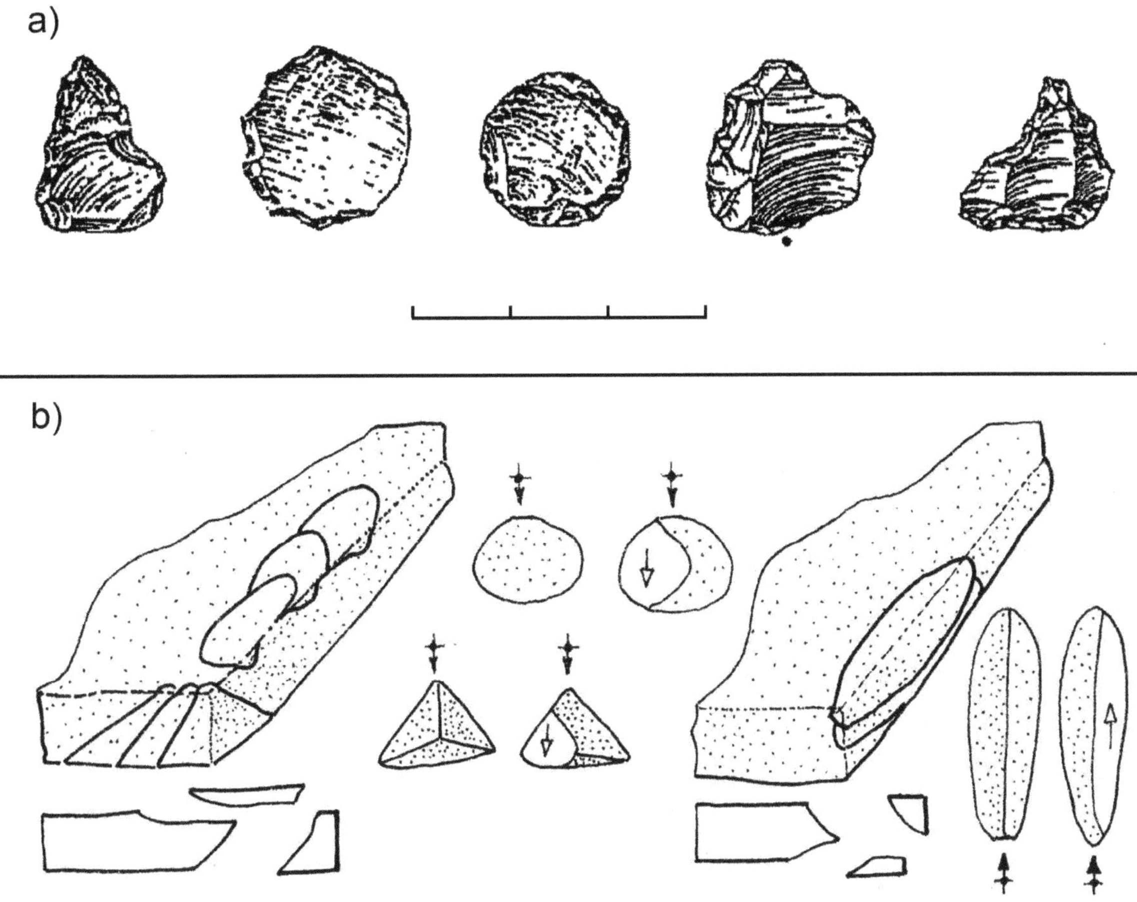

Figura 6.9 Componente di strumenti microlitici riconosciuta nel G-Complex (a); schegge prodotte dall'inizializzazione e dalla messa in forma dei *keilmesser* (b) (Fonte: modificato da Richter, 1997).

In definitiva, lo schema mentale e funzionale che sta alla base della produzione dei pezzi a dorso unifacciali o bifacciali sembra poter essere del tutto simile se non addirittura lo stesso. L'obiettivo è la fabbricazione di strumenti atti a tagliare e/o raschiare caratterizzati da almeno tre asimmetrie (Urbanowski 2003): una longitudinale (base vs punta, se presente), una trasversale (dorso vs margine tagliente), e la terza sul bisello del tagliente (piano-convesso) (Fig. 6.10). Tale schema può includere la maggior parte dei keilmesser, molti raschiatoi e qualche strumento su scheggia. Tuttavia, le scelte economiche ed il mantenimento che implicano sono profondamente diverse.

Pertanto, si propone che alla base di questa ripartizione ci possa essere una sorta di processo di imitazione negli strumenti a dorso bifacciali, nei confronti dei semplici strumenti a dorso unifacciali su scheggia. Boëda (1995) stesso afferma che da un punto di vista morfologico il bordo di uno strumento bifacciale piano-convesso e un bordo di una scheggia di *débitage* si equivalgono. È stato detto che sia gli strumenti unifacciali che bifacciali coprono la stessa sfera intenzionale, pur avendo le proprie specifiche caratteristiche tecno-funzionali (Pastoors 2001). Inoltre, Analisi morfometriche statistiche bi-dimensionali svolte con la *elliptical fourier analysis* hanno dimostrato che la riduzione dei supporti unifacciali e bifacciali nei *keilmesserguppen* seguono spesso traiettorie similari (Iovita 2014). Questo dato è confermato anche per gli strumenti bifacciali a ritocco piatto, comuni negli insiemi litici del tardo Paleolitico Medio Europeo centro-orientale, le cui biografie funzionali sono state associate a quelle di strumenti unifacciali (Bosinski 1967; Kaminska 1995; Richter 2004).

Se è stato affermato che i coltelli a dorso unifacciali possano essere la versione "semplificata" di quelli bifacciali (Weiss et al. 2018), in questo caso si asserisce che i coltelli a dorso bifacciali siano la versione strategica e versatile di quelli unifacciali, che al contrario rappresentano gli strumenti "base". Questa interpretazione derivata da criteri di ecologia comportamentale sottintende lo strumento come un volume sfruttabile, che non si ferma alla sola utilità per il mantenimento dell'angolo (Iovita 2014; Weiss 2020), ma si esprime come supporto multi-funzionale e poli-intenzionale attraverso fasi di lavorazione comuni ed intersecate.

Dopotutto, la struttura stessa del coltello bifacciale, indipendentemente dal contesto, è stata associata a prodotti contemplati per essere ravvivati (Kot 2017; Iovita 2014). Nei contesti *keilmessergruppe* bavaresi, la frequenza di alcuni tipi di strumenti bifacciali e di punte foliate bifacciali

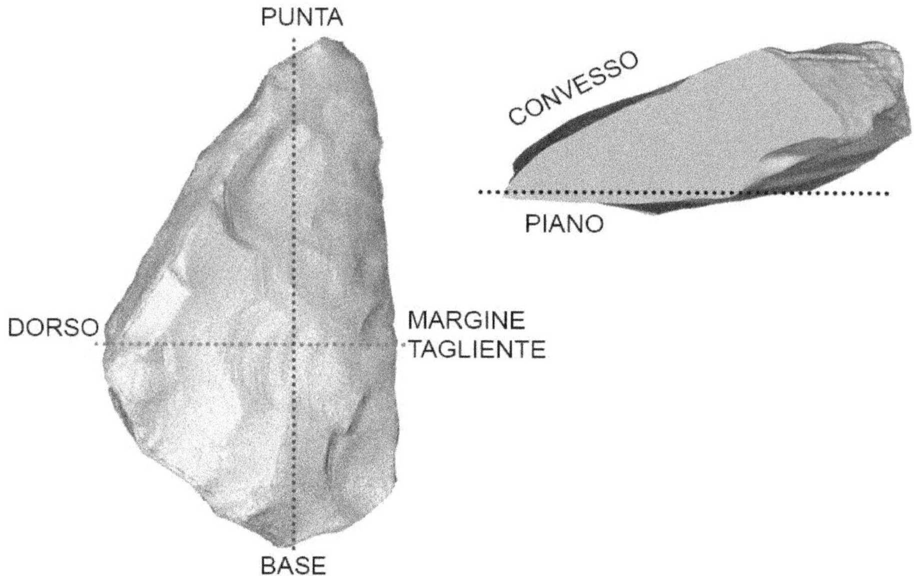

Figura 6.10 Le tre asimmetrie principali che caratterizzano i *keilmesser*: base/punta, dorso/margine tagliente e, in sezione trasversale, superfici piano/convesse.

è strettamente dipendente dalle strategie di mobilità del gruppo umano che li ha fabbricati. Pertanto, può essere maggiore in siti specializzati dove questi strumenti vengono abbandonati dopo il trasporto (Weinberhohle zone 4 e Zeitlarn 1), o in siti ad occupazione più residenziale nei quali vengono ridotti nelle ultime fasi dopo l'uso, o dove possono essere anche prodotti (Uthmeier 2004a). L'idea per cui il pacchetto Micocchiano, che include i *keilmesser*, sia da attribuirsi esclusivamente a campi base caratterizzati da lunga occupazione (Richter 1997) non sembra essere necessariamente attendibile, dal momento che dipende dalle fasi della sequenza di riduzione portate avanti in sito e quindi dal modo in cui questi oggetti vengono introdotti nello stesso. Questo scenario si basa sulla presunzione del fatto che gli strumenti bifacciali sia stati usati regolarmente e indipendentemente dalle rispettive funzioni dei siti; invece, l'ammontare di elementi abbandonati è semplicemente una conseguenza della permanenza in un abitato piuttosto che della lunghezza di vita dello strumento stesso, quindi indipendente dalla sua produzione in sito o, al contrario, dalla sua importazione. Data la sua valenza strategica e versatile, il *keilmesser* si presta ad essere parte del tool-kit dei cacciatori-raccoglitori mobili, e può essere presente o talvolta esclusivo anche in siti specializzati e di breve durata come Lichtenberg e Zwolén. La loro efficienza come strumenti aventi lunga vita funzionale è stata testata sperimentalmente, con una durata stimata di diverse settimane (Urbanowski 2003).

In questo senso il *keilmesser* non è l'unico supporto strategico nel contesto del tardo Paleolitico Medio europeo: esistono altri strumenti che sottintendono simili potenzialità, come le *limaces.* Questo strumento segue un concetto produttivo similare, presupponendo un comportamento anticipatorio e, integrando funzioni multiple, costituisce un modo originale di circolazione della materia prima su lunghe distanze (Slimak 2008a). Le *limaces* vengono talvolta confuse con le punte tipo *Kartstein* (Bosinski 1967), anch'esse caratterizzate da ritocco coprente superiore, chiglia dorsale, sezione piano-convessa e, inoltre, stacchi piatti sulla faccia ventrale quando il supporto di partenza lo rendeva necessario non essendo provvisto di sezione piano-convessa. Questi due tipi sono in parte sovrapponibili (Tafelmaier 2011) e la similitudine con il concetto *keilmesser* è evidente, oltre al fatto che sono comunemente presenti assieme in diversi contesti (Achenheim III, Fischleitenhöhle/ Mühlbach e Obere Klause II/Essing) (Bosinski 1967).

Esistono pertanto, in contesti contemporanei caratterizzati da mobilità elevata e strategica, diverse possibili tradizioni finalizzate alla produzione di strumenti a lungo termine, simili nelle potenzialità ma evidentemente differenti nelle funzionalità: oltre ai *keilmesser*, questo attributo strategico può applicarsi ai raschiatoi Quina, alle *limaces* e persino agli strumenti bifacciali Vasconiani (Deschamps 2017) o MTA (Soressi 2002).

In conclusione, si può affermare che strumenti a dorso unifacciali e bifacciali possono derivare da medesimi concetti operativi tecno-funzionali. La loro differenziazione può al contrario essere una conseguenza ecologica che sottintende una necessità specifica, quella di avere un volume bifacciale versatile da poter sfruttare per scopi diversi. Questa tendenza è evidente in tante forme bifacciali di transizione (come i raschiatoi bifacciali o le *limace*), e infine nelle punte o coltelli foliati, che a loro volta potrebbero essere stati un'ulteriore conseguenza dello sfruttamento prolungato e della riduzione di strumenti-nuclei bifacciali con o senza dorso (Kot 2017; Neruda & Nerudová 2010). Tuttavia, questa variante ecologica non nega la possibile aderenza dei *keilmesser* ad uno schema mentale che, come per altri "tipi" potenzialmente simili e caratteristici di altri tecno-complessi, può avere assunto una forte valenza culturale, possibilmente in una fase più avanzata e tarda dei *keilmessergruppe*.

6.1.3 Implicazioni ecologico-culturali

Dopo l'analisi tecno-funzionale degli strumenti a dorso dei complessi-G di Sesselfelsgrotte viene naturale accordarsi all'interpretazione di Richter (1997) per cui Musteriano e Micocchiano o *Keilmesserguppe* sono profondamente interlacciati come definito nel Musteriano con Opzione Micocchiana (MMO). I *Keilmessergruppen* possono essere pertanto inquadrati all'interno della variabilità Musteriana del Paleolitico Medio finale, dal momento che differenze tipologiche o la presenza della tecnologia bifacciale non rappresentano un fattore discriminante sufficiente dal punto di vista culturale. In questo senso il G-Complex ne è un chiaro esempio, così come diversi altri insiemi litici noti, in cui il substrato tecnologico e tipologico Musteriano è sempre presente o dominante, e assente solo in particolari situazioni associate ad occupazioni brevi e/o specializzate (Richter 2016; Uthmeier 2004a). Questa tesi è supportata da Weiss et al. (2017), che applicando analisi multivariate per indagare la variabilità di questi insiemi, non ha rilevato differenze una volta che gli strumenti-tipo eponimi sono tolti dall'analisi. Per questo motivo si supporta la proposta che i *Keilmessergruppen* possano essere considerati come un tecno-complesso dell'Europa Centro-occidentale correlato alla variabilità del tardo Musteriano e caratterizzato dalla presenza di particolari strumenti bifacciali così come il Musteriano di tradizione Acheuleana (MTA), il "Mousterian with Bifacial Tools – MBT", il Vasconiano e occasionalmente il Musteriano Quina.

All'interno dei *Keilmessergruppen*, tuttavia, Il rapporto tra la "base di fondo comune" Musteriana e la cosiddetta "opzione Micocchiana" è difficile da interpretare. L'ipotesi della lunghezza di occupazione del sito non è sempre adattabile al contesto, perché l'opzione Micocchiana sembra essere relazionata a gruppi umani con frequente/alta mobilità, emergendo in contesti caratterizzati da vincoli ecologici piuttosto marcati ma anche occupazioni di breve durata. Questa dicotomia non può quindi essere spiegata solo con un fattore di riduzione degli strumenti dovuto all'occupazione (Conard & Fischer 2000). Difatti, deve esistere un fattore più profondo di adattamento ecologico e predeterminazione delle strategie comportamentali, entro cui si inserisce un diverso concetto di oggetto tecnico.

Il *keilmesser*, che nella sua varietà di forme e concetti rappresenta il principale elemento tecnico discriminante dei *Keilmessergruppen*, è un preciso fossile-guida ecologico: come abbiamo visto, rappresenta lo strumento versatile, poli-intenzionale, estremamente potenziale e strategico in situazioni estreme o vincolanti. Questo fossile e l'intera "opzione" Micocchiana emergono in occupazioni stagionali a carattere nomade con clima e ambiente rigido caratterizzato dalla cosiddetta "steppa a mammuth", con presenza anche di rinoceronte, renna, cavallo (Jöris 2003; Richter 2016). Tali contesti, decisamente vincolanti per il popolamento umano, rappresentano un minimo comun denominatore delle occupazioni *keilmessergruppen*, mentre quelle più propriamente Musteriane possono essere associate a luoghi geografici e fasi climatiche più estese e diffuse, includendo anche ambienti più miti.

Questo è vero in un contesto globale Pan-Europeo ma anche all'interno degli stessi siti: un esempio in questo senso può essere l'interstratificazione dei siti all'aperto a Konigsaue: Konigsaue-A e Konigsaue-C, caratterizzati da metodo Levallois accanto a *keilmesser* e strumenti bifacciali, sono intervallati da Konigsaue-B, più propriamente Musteriano. Qui, la gestione delle materie prime e altri fattori comportamentali non registrano differenze marcate tra le occupazioni, distinguibili invece sulla base della frequenza delle tecnologie Levallois e bifacciale (Weiss et al. 2017). Sia che la stratigrafia si riferisca all'intero ultimo ciclo glaciale (come per Mania & Toepfer 1973) o ad oscillazioni climatiche all'interno del MIS 3 iniziale (come per Richter 2016), il livello caratterizzato da alta densità di strumenti bifacciali (K–A) registra condizioni più rigide, mentre dove questi sono assenti (K–B) o presenti ma rari (K–C) si registrano condizioni miti con copertura forestale, specialmente in K-B (Mania 2015).

Se invece si analizza un contesto interregionale, all'interno del confronto tra siti Polacchi, Moravi e Slovacchi svolto da Burdukiewicz (2000), migliori condizioni ecologiche caratterizzano la regione a sud dei Carpazi, dove i complessi con bifacciali a dorso sono più rari anche se i siti inquadrabili nel Paleolitico Medio sono molto numerosi. È stata pertanto riconosciuta una preferenza ecologica, con spostamento di gruppi umani verso sud specialmente nei periodi più freddi. Inoltre, in Europa centro-orientale è particolarmente importante la Sequenza della Grotta di Ciemna, esempio-tipo per la Polonia, dove l'inizio del *Keilmessergruppe* è correlato alla rioccupazione della regione in periodi ancora molto freddi tra il MIS 4 e il MIS 3; nelle fasi temperate precedenti, sono presenti solo il Musteriano e il Taubachiano, sorta di micro-Musteriano tipico dell' ultimo interglaciale Eemiano dell'Europa Centro-Settentrionale (Valde-Nowak et al. 2016). A sud dei Carpazi, lo stesso comportamento è registrato nella sequenza chiave della Grotta di Kůlna, in Moravia (Neruda & Nerudová 2014).

Il *keilmessergruppe* è presente anche in zone più temperate e ai margini dell'area principale centro-europea, ma in fasi climatiche particolarmente fredde: nel sud-ovest della Francia, in Dordogna, nel sito dell'Abri du Musée (insieme V, zona II), i *keilmesser* con tecnica del *tranchet blow* appaiono quando arrivano le specie animali di ambiente freddo e aperto di steppa, come le renne ma soprattutto il mammuth (Detrain et al. 1991). I gruppi "Micocchiani" potrebbero essere stati spinti più a sud, a seguito delle mandrie di grandi erbivori, nel MIS 4, quando le pianure dell'Europa Centrale erano per la maggior parte inabitabili e coperte da ghiacci o permafrost (Fig. 6.11). In questi

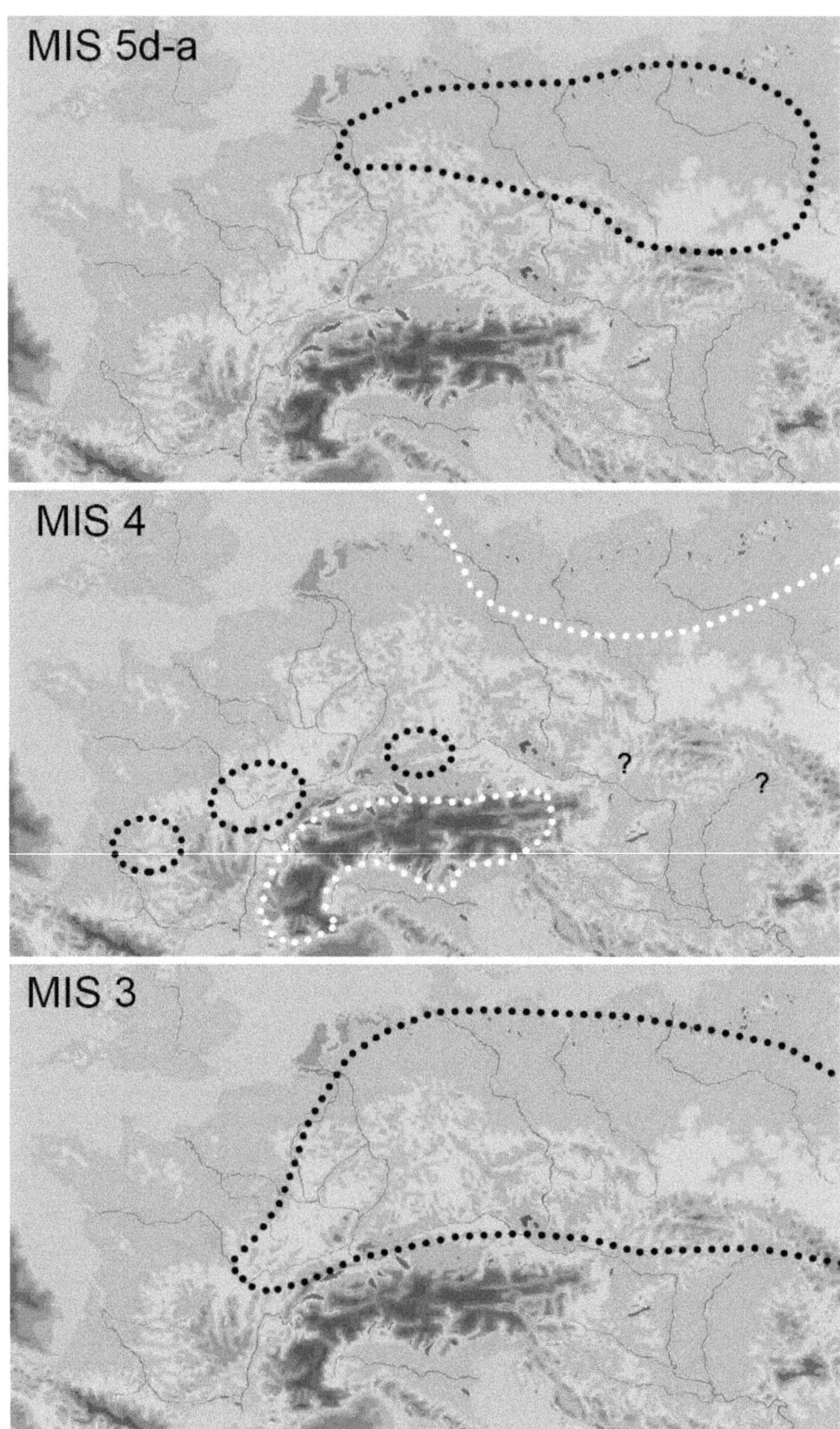

Figura 6.11 Distribuzione areale dei complessi *Keilmessergruppen* nel Weichseliano/Wurmiano antico, tra MIS 5d e MIS 3, indicata in nero. Le zone indicate in bianco erano occupate da ghiacci permanenti.

spostamenti correlati al clima, popolazioni centro-europee possono aver trovato aree rifugio verso ovest e sud-ovest (dalla Borgogna alla Dordogna o in Bretagna) o verso sud-est (nel bacino Pannonico), prima della rioccupazione nelle primissime fasi del MIS 3 (Jöris 2003, 2004; Veil 1995).

Strategie incentrate sulla produzione di strumenti bifacciali tipo-*keilmesser* altamente potenziali e versatili sono adottate anche dai Neandertal di inizio MIS 3 che popolavano l'area estremamente vincolante che dalla pianura ucraina e dalla Crimea, passando per il Caucaso settentrionale, arrivava fino alla zona degli Altai, grazie alla recente scoperta del sito di Chagyrskaya Cave (Kolobova et al. 2020). Ciò che appare è che i *keilmessergruppen* e complessi correlati (Micocchiano orientale) occupassero quasi sempre i limiti di quello che doveva essere il continente euro-asiatico abitabile, vale a dire i luoghi più soggetti a vincoli ambientali estremi: suolo ghiacciato, inverni lunghi, presenza di specie fortemente migratorie.

In questi contesti, le materie prime sono di difficile approvvigionamento, e il *keilmesser* può rappresentare una risposta eccellente per la sua lunghezza di vita, efficienza e multifunzionalità, adattabile per diverse attività di taglio, raschiatura e macellazione di prede. La sua possibile valenza di strumento-nucleo può inoltre implicare la produzione di schegge sottili e taglienti che possono servire là dove il *keilmesser* è inutile o ingombrante (come per attività di precisione) o per produrre piccoli raschiatoi per attività specializzate.

In uno scenario, quello del tardo Paleolitico Medio dell'Europa Centrale e Orientale, in cui "l'opzione – o pacchetto – Micocchiana/o" è generalmente conosciuta, possono essere presenti diverse tipologie di sito: all'interno di alcune occupazioni di breve durata e all'aperto, i *keilmesser* e manufatti correlati possono rappresentare l'intero insieme, con l'assenza di tecnologie di riduzione di nuclei (p.e. a Lichtenberg, Zwolén e Pietraszyn 49a) (Schild 2005; Veil et al. 1994; Wiśniewski et al. 2019); in questi casi la natura strategica di questo manufatto come strumento mobile e multi-funzionale è perfettamente espressa. Al contrario, dopo occupazioni più lunghe o più stabili i *keilmesser* sono accompagnati da prodotti di *débitage* e sono abbandonati dopo vite funzionali più o meno lunghe e votate alla mobilità inter-sito (Pastoors 2001; Richter 1997; Uthmeier 2004a).

Il caso del G-Complex di Sesselfelsgrotte ci racconta che gruppi umani fabbricanti ed utilizzatori di *keilmesser* non sono caratterizzati da schemi di mobilità particolarmente pronunciati sulla lunga distanza quanto sulla frequenza, specialmente negli *Inventaar* iniziali in cui gli strumenti esauriti e gli strumenti-nucleo sono numerosi; tali pattern diventano più logistici ed organizzati negli *Inventaar* consecutivi, dove la disponibilità di risorse è maggiore. Inoltre, con la diminuzione graduale di *keilmesser* strategici poli-intenzionali nelle ultime fasi, c'è la possibilità che il tipo-*keilmesser* possa aver assunto gradualmente un valore simbolico e di retaggio culturale, dal momento che il suo valore ecologico e strategico è stato verosimilmente più importante per la sua prima concezione e diffusione.

Tracciare uno sviluppo evolutivo della forma e della funzione dei *keilmesser* che possa darci informazioni in questo senso è particolarmente complicato; seguendo la distinzione cronologica sviluppata da Jöris (2006), dopo una dibattuta fase A, la fase B è inquadrata nel MIS 4 e caratterizzata dalla tipica tecnica di gestione e rimessa in forma del *tranchet blow*, che potrebbe rappresentare un forte marcatore culturale. All'interno della fase C, appartenente al MIS 3, questa tecnica diminuirebbe considerevolmente, ma questa visione è stata parzialmente rivista e corretta (Frick et al. 2017). Parallelismi con Sesselfelsgrotte si ritrovano nella lunga sequenza della Grotta di Ciemna, dove *keilmesser* con lunga vita funzionale sono tipici soprattutto dei livelli più antichi (strato V) mentre in un secondo momento (strato III) sono poco numerosi e trovati frequentemente assieme a prodotti Levallois (Valde-Nowak et al. 2016). In entrambi i siti, i *keilmesser* correlati a necessità ecologiche sarebbero tipici di una prima fase di sviluppo dei *Keilmessergruppen*.

6.1.4 Ipotesi sull'emergenza dei Keilmessergruppen

Per avanzare ipotesi culturali in questo senso è necessario inquadrare l'intero tecno-complesso e la sua genesi secondo un punto di vista comportamentale. Valoch propose, come origine degli insiemi Micocchiani, contesti datati all'Eemiano come Tata dove strumenti bifacciali simili sono presenti (Valoch 1988). Allo stesso modo, il tardo Acheuleano (*Jüngacheulean*) sarebbe alla base del Micocchiano secondo Bosinski (1967) e Kozlowski (2014), mentre Jöris (2003) afferma che emergerebbero in un primo momento come toolkit di fondo comune in differenti e particolari circostanze. Le diverse tesi dipendono generalmente dall'accettazione della cosiddetta cronologia lunga o breve; ad ogni modo, i primi episodi di raffreddamento del Weichseliano (dal MIS 5d ma soprattutto nel MIS 4) dovrebbero essere i momenti chiave per la prima definizione e standardizzazione di questi tecno-complessi. In questi periodi, sconvolgimenti demografici come lo spostamento e la diminuzione di gruppi umani o meccanismi come colli di bottiglia possono aver contribuito a separare e distinguere gruppi di popolazione relitta e a formare nuovi lignaggi culturali legati ad oggetti tecnici e insiemi tecnologici.

L'Europa occidentale, nel MIS 4, è caratterizzata dalla presenza diffusa del tecno-complesso Quina, associato a modelli di popolamento ad alta mobilità con sfruttamento di specie gregarie e migratorie adattate ad ambienti estremi, come renne e bisonti (Delagnes & Rendu 2011; Discamps et al. 2011; Meignen et al. 2009). Anche la tecnologia e l'economia litica sono finalizzate a queste strategie ad elevata mobilità, con comportamenti tecnici che assomigliano a quelli del *keilmessergruppe*: l'investimento tecnico è applicato in minor misura alle tecnologie di riduzione dei nuclei, che sono poco sviluppate e scarsamente preparate; al contrario, il prodotto della scheggiatura, spesso e asimmetrico, può avere una lunga e complessa biografia: si tratta di un supporto con un elevato potenziale di ritocco e rimessa in forma e, al contempo, una possibile matrice da cui staccare schegge secondo un concetto ramificato (Bourguignon 2001; Bourguignon et al. 2004; Hiscock et al. 2009). Questo strumento, che va a plasmare il raschiatoio Quina, è un supporto mobile con valore strategico e fonte di materia prima. Anche se le sue fasi di riduzione sono diverse rispetto a quelle di uno strumento bifacciale, alla fine del suo utilizzo può arrivare ad essere estremamente ridotto e caratterizzato da ritocco bifacciale, assottigliamento del bulbo e forme triangolari (Bourguignon 1997, 2001; Lemorini et al. 2015; Turq 2000b), pertanto concettualmente simili agli strumenti bifacciali in senso stretto.

L'incontro tra la tecnologia Quina e il pacchetto "Micocchiano" è documentato. Vale la pena notare che i siti del *Keilmessergruppen* con tecnologia Quina si trovano nella Germania meridionale e risalgono a fasi relativamente antiche. Tra questi, i principali sono Bockstein, cronologicamente associato in un primo momento al passaggio tra MIS 5 e MIS 4 (Filzer 1969) ma poi ricollocato tra MIS 4 e MIS 3 (Çep 2014), e naturalmente i livelli più antichi del G-Complex a Sesselfelsgrotte, databili alla rioccupazione dell'area ad inizio MIS 3. Similitudini emergono con la cosiddetta facies *Rhodaniana* del Musteriano Quina: qui, oltre all'elevato tasso di strumenti ritoccati, sono presenti strumenti che ricordano i *keilmesser* e diverse *limaces*, in contesti databili all'inizio del MIS 3 e attorno ai limiti dell'area di influenza dei *Keilmessergruppen* (Slimak 2008a). Pertanto ha avuto luogo, in questo arco di tempo e in un'area ancora da definire, una sorta di "incontro" e una parziale coesistenza di questi due concetti differenti ma per certi versi molto simili. Nei primi cicli di occupazione del G-Complex di Sesselfelsgrotte, la produzione di supporti unifacciali e bifacciali segue gli stessi concetti, ispirandosi all'applicazione dei concetti tecnologici del Quina (Richter 1997). Nelle fasi successive, invece, vi è una chiara distinzione tra i metodi di riduzione dei nuclei (principalmente Levallois) per la produzione di schegge da un lato, e la fabbricazione di strumenti bifacciali semplici o piano-convessi dall'altro lato. Anche a Bockstein è attestato il medesimo comportamento: qui, piccoli "*bockstein-messer*" sono prodotti su supporti di tipo Quina (Çep 2014). Questo dato potrebbe rappresentare un'integrazione tecno-funzionale di un concetto, il coltello a dorso, che nei classici insiemi Quina si presenta in maniera decisamente diversa. In questo tecno-complesso, infatti, sono presenti strumenti a dorso fabbricati seguendo diverse modalità di sfruttamento dei nuclei come i cosiddetti "*à tranche de saucisson*", "*dejeté*", "*developpant*", che producono schegge debordanti od oltrepassate generalmente corte, spesse, fortemente asimmetriche e con dorso naturale (Turq 1992).

In via del tutto preliminare si può ipotizzare che la prima concezione e produzione dello strumento-tipo *keilmesser* sarebbe potuta derivare da conseguenze ecologiche, che hanno portato a una serie di azioni funzionali ad obiettivi pratici: in questo caso, l'obiettivo era probabilmente la produzione di un coltello ad alto potenziale e multifunzionale. In un secondo momento, questi strumenti potrebbero essere diventati un retaggio ed un simbolo culturale, nell'Europa del tardo Paleolitico Medio estremamente frazionata dal punto di vista culturale e tecnologico e caratterizzata da regionalismi diffusi. Probabilmente proprio i drammatici cambiamenti climatici e demografici (spostamenti, migrazioni, dispersioni, frammentazioni, estinzioni regionali, ripopolamenti) affrontati dai gruppi di Neandertal nel primo massimo glaciale Weichseliano-Wurmiano, contribuirono a modellare un mosaico culturale decisamente vario e archeologicamente percettibile (Richter 2000). In queste fasi lo strumento è con ogni probabilità il risultato del raggiungimento di uno schema concettuale e, forse, dotato di valore estetico e simbolico. Il valore culturale e possibilmente etnico di queste industrie è stato recentemente rinforzato dai dati provenienti dai Neandertal di inizio MIS 3 documentati a Chagyrskaya, sugli Altai: qui, affinità tecno-tipologiche con il Micocchiano/*Keilmessergruppe* si accompagnano a somiglianze genetiche con campioni europei, mentre gli stessi gruppi erano indisputabilmente differenti da precedenti neadertaliani che vissero sugli Altai nel MIS 5 producendo industrie Musteriane (Kolobova et al. 2020; Mafessoni et al. 2020).

6.2 Dorsi Discoidi e Dorsi Levallois: dualismo funzionale, economico o culturale?

In questa sezione dell'opera ci si è incentrati sul confronto tra gli strumenti a dorso degli insiemi litici delle unità A9 e A10-A11 di Fumane, con lo scopo di indagare sotto questo punto di vista la diversità produttiva delle tecnologie Discoide e Levallois ricorrente. La fabbricazione di obiettivi funzionali differenti può rappresentare una delle ragioni che stanno alla base della differenziazione tecnologica degli ultimi neandertaliani e dei regionalismi diffusi che sono stati identificati verso la fine della loro occupazione in Europa. Tuttavia, le due produzioni devono essere analizzate tenendo conto del loro contesto, al fine di comprendere i possibili motivi afferenti alle altre sfere del comportamento umano che hanno fatto preferire, in due macro-occupazioni umane consecutive di uno stesso sito, l'adozione di culture materiali e tecnologiche (tecno-complessi) apparentemente differenti.

Le tecnologie di scheggiatura Discoide e Levallois, che spesso sono state associate, entrambe, alla facies Bordiana del Musteriano classico, sono effettivamente le più diffuse e comuni all'interno delle industrie litiche Musteriane. L'organizzazione tecnologica della scheggiatura può dipendere da diverse variabili. La scelta può essere stata effettuata in relazione ai vincoli economici o della materia prima disponibile, alla funzionalità dei prodotti ricercati o alla loro efficienza in termini di *tool-kit* per gruppi di cacciatori mobili. Queste tecnologie sono presenti, nelle industrie litiche, in maniera da totalmente esclusiva a combinata, intrecciata/ramificata o assieme ad altri metodi di scheggiatura. La stratigrafia Musteriana di Grotta di Fumane si presta ad un confronto di questo tipo grazie all'esempio di sostituzione diacronica in un contesto ambientale che rimane pressoché il medesimo nel corso delle suddette occupazioni umane. Tuttavia, il confronto deve avere inizio dall'insieme nel suo complesso al fine di ottenere più informazioni sull'occupazione del sito, sulla sua funzione nelle diverse fasi e sulle strategie comportamentali dei diversi gruppi neandertaliani che l'hanno abitato.

6.2.1 Motivazioni tecno-economiche? Uso delle risorse litiche nel territorio

La mobilità dei gruppi neandertaliani nomadi poteva variare nel tempo come conseguenza di condizioni in continuo mutamento quali il clima, la natura del paesaggio, le strategie di sfruttamento delle risorse e l'organizzazione sociale. Lo studio dell'insieme litico fornisce informazioni dirette sullo spazio conosciuto, percorso e sfruttato da questi gruppi. La composizione in materie prime di un insieme, in particolare, rappresenta il territorio di approvvigionamento, ma è l'insieme di diversi fattori: la disponibilità di risorse nel territorio, la conoscenza del territorio stesso e delle aree limitrofe, l'intensità nello sfruttamento di queste aree e la durata di occupazione del sito, il grado di mobilità e le principali rotte del gruppo, le esigenze qualitative per la fabbricazione dei supporti grezzi e dei toolkit, la stagione di occupazione, la capacità di anticipare i bisogni funzionali. Secondo una tendenza generale la rappresentazione quantitativa di una materia prima sarà tanto maggiore quanto la vicinanza delle fonti al sito: l'abbondanza è pertanto inversamente proporzionale alla distanza (Geneste 1991).

Tuttavia, la rappresentazione tecno-economica dell'insieme litico, che riassume i dati provenienti dalle materie prime e dalla frammentazione spaziale delle loro catene operative dal luogo di approvvigionamento al luogo di abbandono, è un dato archeologico variabile. I diversi sistemi tecnici tipici del Musteriano come Discoide e Levallois, ad esempio, forniscono modelli differenti e specifici in questo senso. L'accessibilità alle materie prime di qualità (con qualità si può intendere anche la forma dei blocchi, la loro natura fisica, la tessitura, la vetrosità e le dimensioni) potrebbe essere un fattore che può aver determinato la scelta di un metodo di scheggiatura piuttosto che un altro, e questo è vero soprattutto se si confrontano i sistemi Discoide e Levallois (Moncel 1998). Per alcuni autori la scelta del metodo di scheggiatura era il riflesso diretto della qualità della materia prima (Geneste 1988). Del resto, l'applicazione del metodo Levallois nelle varianti più elaborate e diversificate avviene in contesti ricchi di materie silicee di grandi dimensioni e buona qualità (Turq 1989; Van Peer 1992). Inoltre, quando i due metodi sono utilizzati assieme, vengono spesso applicati a spettri di materie prime differenti. Alcuni siti europei dal MIS 6 al MIS 3 offrono esempi emblematici in questo senso, come la Grotta di Scladina in Belgio, Coudoulous I, Les Fieux, La Borde, Champ Grand, La Baume Neron e Combe Grenal in Francia (Faivre et al. 2014; Jaubert & Farizy 1995; Jaubert & Mourre 1996; Moncel et al. 1998; Slimak 1999). Il Levallois è generalmente associato ad una qualità superiore e talvolta a materie prime alloctone, mentre il Discoide è applicato a materie rigorosamente locali, indipendentemente dalla qualità, data la sua versatilità ed adattabilità anche per massimizzare la produttività da risorse locali (Daffara et al. 2019; Turq et al. 2017). Questo tipo di comportamento è attestato anche nella penisola iberica (Carrión et al. 2008), in alcuni insiemi litici Musteriani dell'arco alpino come Monte Cason (Bertola & Peresani 2000) e la grotta di Ciota Ciara (Daffara et al. 2014), e in Liguria, nei siti di Barma Grande, Riparo Mochi e Riparo Bombrini nel complesso dei Balzi Rossi, e all'Arma de Le Manie (Bietti & Negrino 2007; Negrino 2003; Peresani 2003a). Tuttavia, studi più recenti dell'area ligure suggeriscono una graduale riduzione del concetto Levallois tra MIS 4 e MIS 3 in favore del Discoide, accompagnato da una diversa strategia territoriale di approvvigionamento delle materie prime (Rossoni-Notter et al. 2017).

In base a questi dati, sembra perciò emergere una dicotomia legata alla qualità del supporto grezzo e, presumibilmente, all'abilità dello scheggiatore. Del resto, come proposto anche sulla base di attività sperimentali (Eren et al. 2011) il metodo Levallois, per essere pienamente produttivo, deve essere applicato a materie prime di qualità adeguata; in caso contrario, è necessario mettere in gioco una maggiore abilità tecnica o la fase di gestione sarà sempre maggiore a discapito della produttività della sequenza operativa. Apparentemente, questo fenomeno non si applica al Discoide, ben adattabile a materie prime di diverse qualità.

Tuttavia, esistono diversi esempi archeologici che mostrano comportamenti opposti: un buon numero di siti Musteriani conserva esempi di tecnologia Levallois prodotta su materie prime di scarsa qualità come quarzite, arenaria, siltite e quarzo. Questi siti sono documentati in tutta l'Europa mediterranea e nord Europa, come recentemente presentato dalla revisione di Eixea et al. (2016). Il sito di Abrigo de la Quebrada, inoltre, reca industrie Levallois su quarzite e calcare in una zona con disponibilità di selce di buona qualità, per di più utilizzata negli stessi livelli di occupazione. Questo comportamento è registrato anche ad Amalda livello VII (Rios-Garaizar 2010), Roca dels Bous livello N10 (Mora et al. 2008), Riparo Mochi livello I (Yamada 1996) e diversi altri siti. Pertanto, la contro-proposta di questo lavoro si basa sul fatto che non esistono collegamenti diretti tra qualità della materia prima e metodo tecnologico di scheggiatura, nemmeno prendendo in considerazione il solo metodo Levallois. Altri fattori come la durata di occupazione, le strategie di mobilità e le funzioni richieste ai manufatti devono aver influito su queste scelte.

Per quanto riguarda il metodo Discoide, c'è chi ha esposto la sua natura di tecnologia "d'emergenza" nel momento in cui si ritrova associato al metodo Levallois. Tuttavia, in diversi siti Musteriani europei sono documentate occupazioni umane in cui il Discoide è presente come tecnologia esclusiva, e non solo come procedura di supporto. Apparentemente, questo sistema di riduzione non sembra essere indicativo di pianificazione anticipata, ma di strategie immediate e finalizzate allo sfruttamento a breve termine. In questi casi, come già evidenziato da Delagnes & Rendu (2011), i portatori di questa tecnologia sarebbero caratterizzati da una maggiore mobilità stagionale in cui la produzione litica, essendo internamente diversificata e ramificata in sequenze intrecciate, offre un elevato potenziale di adattamento ai bisogni immediati. La "pianificazione" Discoide nell'uso delle risorse può essere allora interpretata in questa prospettiva, quale metodo estremamente versatile e applicabile ad una gamma ampia di materie (Delpiano et al. 2018). Ciò lo renderebbe meno limitato dai vincoli ambientali, come nel caso di contesti privi di materie prime di alta qualità, e più incline allo sfruttamento intercambiabile delle materie prime locali (Daffara et al. 2019; Turq et al. 2017).

Secondo una conseguenza logica le occupazioni con tecnologia Discoide dovrebbero essere caratterizzate da bassa territorialità e territorio d'approvvigionamento poco esteso. Tuttavia, questo dato va incrociato con la frammentazione delle catene operative, particolarmente alta nella tecnologia Discoide (Turq et al. 2013), che può essere relazionata ad una mobilità comunque complessa e frequente, anche se sostanzialmente locale. Contatti con aree certamente alloctone sono attestati, come abbiamo visto, nel livello Discoide di Fumane (Delpiano et al. 2018), così come nel sito francese di Champ Grand ma dove il Discoide è complementare ad altri sistemi di produzione (Slimak 2008a) e accompagnato da strumenti bifacciali e supporti con alto potenziale di trasportabilità.

Questi dati sono supportati da quelli sullo sfruttamento delle risorse animali: spostamenti ciclici e stagionali sono stati desunti dai siti della Francia sudoccidentale a partire dalle informazioni sullo sfruttamento degli ungulati migratori come bisonti e cavalli. La rappresentazione degli insiemi faunistici mostra modelli diversi da quelli associati alle occupazioni caratterizzate da tecnologia Levallois, maggiormente mirate allo sfruttamento di specie meno migratorie (Delagnes & Rendu, 2011). Sia le risorse litiche che alimentari sembrano pertanto indicare strategie differenziate che possono ricordare i modelli di occupazione del territorio teorizzati da Binford (1980) sulla base di ricerche etnografiche. In particolare, le occupazioni con prevalente tecnologia Discoide sembrano applicare il c.d. "modello logistico", caratterizzato da una forte mobilità che si esprime in spostamenti frequenti e su corte distanze; lo spazio percorso è basso e la rarefazione delle risorse trasportate è veloce, tanto da obbligare questi gruppi molto mobili a continue riprese e rimesse in forma del toolkit portatile. Le occupazioni con tecnologia Levallois sembrano, al contrario, applicare il "modello residenziale", caratteristico di gruppi decisamente meno mobili che effettuano spedizioni specifiche per rifornire il campo base principale con risorse selezionate, il quale rimane il medesimo per lunghi periodi alla fine dei quali può avvenire una migrazione del gruppo volto a sfruttarne un altro.

A Fumane Unità A9 e A10-A11, emerge come prima cosa che le proporzioni delle materie prime sfruttate mostrano dati similari. Tuttavia, si nota una differenza ponderale nell'influsso delle materie prime più locali. Maiolica (Bi) e Scaglia Variegata Alpina (SVA) sono infatti le materie locali più comuni affioranti entro pochi km in linea d'aria dal sito, ma che soprattutto, a differenza della Scaglia Rossa (SR), sono approvvigionabili anche in momenti "di emergenza" sotto forma di ciottoli sul greto del torrente distante poche centinaia di metri (Delpiano & Peresani 2017). Queste materie sono generalmente più sfruttate nell'A9 (Fig. 6.12) ma le differenze più notevoli sono evidenziate dall'identificazione dei cortici che recano tracce di raccolta fluviale: in A9, questo è il caso del 44% dei pezzi in Bi e del 19% di SVA (Delpiano et al. 2018), mentre in A10-A11 i supporti raccolti da fonti fluviali crollano al 22% per Bi e al 5% per SVA. Questi ciottoli erano sfruttati in maniera immediata per sequenze di riduzione svolte totalmente in situ (Delpiano & Peresani 2017). Nell'insieme Levallois, sono stimati essere circa il 10% dei blocchi totali sfruttati, mentre nell'insieme Discoide almeno il 28%. I gruppi con tecnologia Levallois erano probabilmente più selettivi nei confronti della materia prima, quantomeno del supporto di partenza. Prediligevano infatti blocchi, arnioni e placchette da affioramenti primari e relegavano solo a casi meno comuni lo sfruttamento di ciottoli fluviali.

È ugualmente interessante il maggiore utilizzo di SR nelle unità A10-A11, che veniva raccolta sotto forma di arnioni di medie-grandi dimensioni e buona qualità oltre lo spartiacque da affioramenti primari e pertanto quasi del tutto non disponibile in fonti secondarie prossime al sito. La stessa cosa vale anche per le materie prime semi-locali, caratterizzate da una grana meno fine ma generalmente

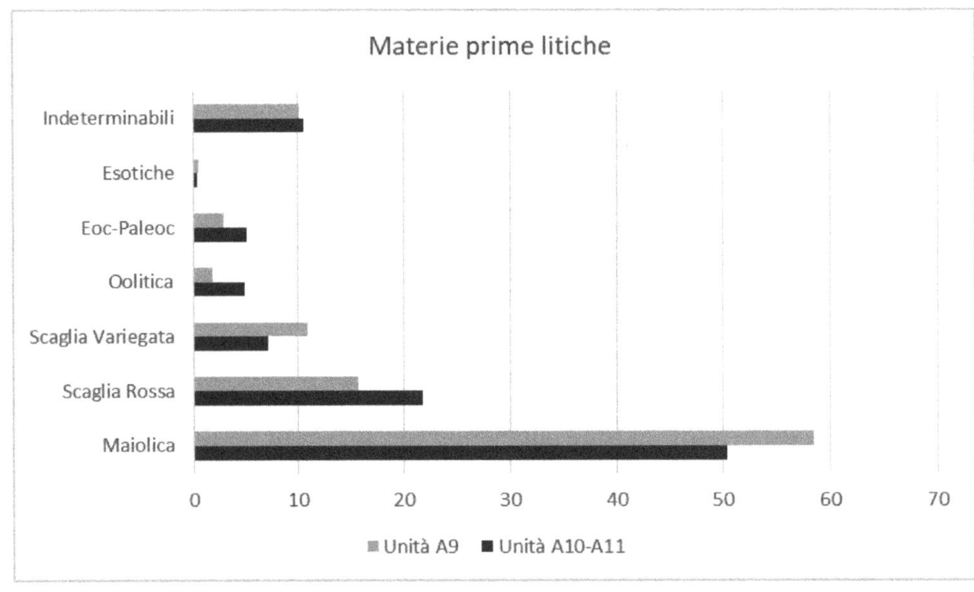

Figura 6.12 Rappresentazione in materie prime degli insiemi litici delle unità A9 e A10-A11 di Fumane.

Tabella 6.3 Rappresentazione percentuale delle diverse fasi delle catene operative di scheggiatura suddivise per materie prime nelle unità A9 e A10-A11. Test χ^2 sono stati applicati ad ogni unità per verificare se le differenze nella frequenza dei dati sono statisticamente significative ($p < 0.05$).

	A9					A10 – A11				
Fasi della scheggiatura	***Bi***	***SVA***	***SR***	***Eoc***	***Ool***	***Bi***	***SVA***	***SR***	***Eoc***	***Ool***
Decorticazione	38,3	34,2	38,2	17,1	19,6	25,7	18,7	23,1	28,2	22,2
Prima produzione corticale	5,2	4	3,9	5,3	2	5,3	5,3	6,5	5,3	4,8
Gestione convessità	10,9	11,1	11,8	20,0	9,5	25,2	29,4	28,6	19,1	19,0
Piena produzione	19,0	17,4	17,4	24,9	18,9	18,9	20,3	16,6	24,4	23,8
Errori	6,3	6,1	4,7	4,5	2,7	5,5	4,8	6,2	3,1	4,0
Nuclei	2,4	2,4	3,3	1,7	0,7	3,0	2,7	3,5	2,3	0
Sequenza tipo-kombewa	10,6	10,7	9,4	13,5	18,2	7,9	7,5	4,4	7,6	8,7
Indet./Fr.	7,4	14,0	11,4	13,1	28,4	8,5	11,2	11,1	9,9	17,5
χ^2 test	*p*: 0.0032887					*p*: 0.90713				

più regolari ed omogenee e pertanto dotate di buone qualità meccaniche oltre che dimensionali, il cui utilizzo aumenta notevolmente in A10-A11 (Delpiano et al. 2018). Ad una maggiore selezione si accompagna probabilmente anche una mobilità più organizzata ed estesa nello spazio. Pochissimi i dati provenienti dalle materie prime esotiche: nell'A9 sono attestati contatti, anche se sporadici, con le prealpi lombarde; In A10-A11 si rimane in area lessinica: questo dato potrebbe essere legato alla parzialità dell'area di scavo, o ad una strategia di mobilità regionale più organizzata ma mancante di evidenze extra-regionali. I gruppi con tecnologia Discoide, al contrario, sono caratterizzati da uno sfruttamento locale più variegato, che comprende sfruttamenti finalizzati a produzioni specifiche, con dati sia litici che fossili che testimoniano contatti su lunghe distanze (Peresani et al. 2013; Delpiano et al. 2018).

Se si vanno ad indagare le frammentazioni delle catene operative in base alle materie prime, ben noti sono i dati dell'unità A9, con introduzioni e riduzioni peculiari per le materie semi-locali e complete per quelle locali (Delpiano et al. 2018). Nell'unità A10-A11 non si rileva questo uso differenziato delle materie prime: i prodotti di decorticazione si mantengono su valori similari per tutti i litotipi, con differenze non statisticamente rilevabili come confermano i test $\chi 2$ (Tab. 6.3). L'introduzione della selce avveniva probabilmente nella maggior parte dei casi dopo la messa in forma e preconfigurazione dei blocchi, indipendentemente dalla qualità di materia prima.

Differenze minori nelle strategie tecno-economiche sono correlate probabilmente a mobilità diversificata nel territorio, anche se l'organizzazione dell'occupazione rimane coerente. In entrambe le unità il sito sembra poter rappresentare occupazioni riferibili ad un c.d. "campo base", da cui spostamenti mirati e poco frequenti venivano pianificati entro un raggio di approvvigionamento locale, senza estensioni significative dello spazio geografico giornaliero (*daily foraging radius*) (Binford 1982), che era più ampio nell'occupazione Levallois e in quella Discoide si estende solo occasionalmente (nei momenti di arrivo-partenza di gruppi nella regione?). Questa tesi è supportata dai resti umani, che attestano gruppi familiari al completo (Benazzi et al. 2014), così come dallo sfruttamento delle risorse faunistiche. Infatti, i dati disponibili sulla rappresentazione specifica delle prede e sulle strategie di sfruttamento delle carcasse, ancora parziali per l'unità A10-A11, mostrano comportamenti similari (Romandini et al. 2014; Peresani et al. 2017). Gli insiemi dell'A9 e A10 possono essere considerati indici di occupazioni residenziali prolungate e possibilmente stagionali, anche se la scarsità di individui fetali e neonatali nell'insieme archeozoologico rende difficoltosa l'identificazione di un utilizzo preferenziale del sito all'interno del ciclo annuale (Romandini et al. 2014).

A seguito dei dati qui presentati, si rifiuta l'idea che possano essere state le materie e la loro disponibilità e utilizzo a determinare il cambiamento tecnologico, così come è stato avanzato a seguito dell'analisi dei livelli M e O di Abric Romani (Romagnoli et al. 2016). La presenza in diversi siti di metodi e tecniche differenti in fasi consecutive era già stata sottolineata in passato (Rolland 1988), ponendo l'attenzione sul fatto che la disponibilità di materie prime, in occupazioni così vicine nel tempo, non doveva avere subito cambiamenti sostanziali. Anche a Fumane la disponibilità di risorse non può essere la discriminante principale: la selezione dei gruppi Levallois avviene avendo a disposizione la stessa gamma di materie. Appurata l'esistenza di strategie tecno-economiche differenziate, altre variabili diverse dalla disponibilità di materie prime possono aver influenzato le scelte deliberate dei gruppi umani, come la produttività delle traiettorie di riduzione e l'efficacia dei prodotti della scheggiatura.

6.2.2 Motivazioni economiche? Efficienza e produttività dei metodi

La produttività dei metodi di scheggiatura è stata indagata, nel passato, attraverso diversi approcci. Un dato indicativo è la quantità del margine tagliente utilizzabile sui supporti ottenuto a partire dal peso del blocco grezzo, la cui relazione è stata esplorata inizialmente da Leroi Gourhan (1955). Tale approccio puramente economico ha mostrato un graduale aumento nell'efficienza nel corso del Paleolitico.

Per produttività ed efficienza si intendono generalmente cose diverse, che tuttavia in archeologia spesso vengono a combaciare in mancanza di dati utili a inquadrare con precisione il contesto iniziale di produzione (Picin & Vaquero 2016). Sulla base di ciò che possiamo ricostruire a partire dai database archeologici, intendiamo con questi termini generalmente il numero dei prodotti finiti, di prima scelta o utilizzabili sulla base del numero totale dei prodotti staccati (efficienza quantitativa) o sulla base del peso, stimato, dei blocchi sfruttati (efficienza ponderale).

In questo senso, il metodo Levallois si presta ad essere indagato sotto questo punto di vista, considerata la sua nota dicotomia tra obiettivi della scheggiatura e sottoprodotti/pezzi di preparazione. Tuttavia, esiste una considerevole differenza tra le varianti preferenziali e ricorrenti: secondo i criteri tecnici stessi che ne definiscono la produzione, le prime sono generalmente conosciute come poco produttive ma estremamente controllate, mentre nelle seconde la produzione è maggiormente concatenata e rivolta ad una più ampia gamma quantitativa e qualitativa di supporti (Boëda 1993, 1994; Van Peer et al. 2010). Secondo alcuni autori la tecnologia Levallois è quantitativamente efficiente al fine di ridurre lo spreco di materia prima e aumentare di conseguenza la produzione di schegge, massimizzando l'ottenimento di margini taglienti da un dato volume di materia (Brantingham & Kuhn 2001). All'interno del modello matematico proposto da questi autori, tuttavia, non si sono considerate le fasi di riconfigurazione delle superfici e delle convessità poiché idealmente integrate nelle fasi di produzione di schegge ricorrenti predeterminanti; ciò non tiene conto della realtà archeologica che attesta la presenza costante di queste fasi in conseguenza ad errori o semplici riconfigurazioni. Come confermato da attività di sperimentazione, lo spreco principale di materia prima avviene nella prima configurazione del nucleo, dopo di che la produzione può essere stabilizzata grazie all'applicazione stretta dei criteri Levallois (Lycett & Eren 2013), nonostante le varianti note (Boëda 1994). I contesti archeologici possono mostrare, talvolta, l'allargamento e l'adattamento di questi criteri, non più vincolanti, alla morfologia dei supporti grezzi e agli obiettivi prefissati (Grimaldi 1996; Guette 2002). In questo senso, vecchie sperimentazioni sono state sviluppate negli anni 70 e 80 da Shchelinskii (in Plisson 1988) e Geneste (1985), che hanno applicato il metodo Levallois (ancora non definito da Boëda nei suoi criteri volumetrici) secondo diverse varianti, dal lineale centripeto all'unidirezionale e bipolare. Attraverso la scheggiatura di diverse decine di arnioni in selce, essi hanno constatato che, anche sotto uno stretto controllo gestuale, la produzione di tipici supporti Levallois si attesta su livelli mediamente bassi, quantificabili tra il 15 e il 40%, ma in media sotto il 20% dei prodotti totali. Curiosamente, la produttività è anche minore quando si cerca di ottenere supporti allungati o laminari (11-16%) (Geneste 1985). Inoltre, non si sono notate differenze potenziali nell'applicazione del metodo Levallois a materie prime diverse, anche se inquadrabili in tre litotipi di selce con differenze qualitative limitate. Tuttavia, bisogna considerare la possibilità che anche i supporti Levallois di seconda scelta (schegge predeterminanti) potessero essere utilizzati quando dotati di margini taglienti, anche se altri esperimenti hanno evidenziato proprietà funzionali minori rispetto alle schegge preferenziali (Eren & Lycett 2012, 2016).

La tecnologia Discoide, d'altra parte, è generalmente nota per essere maggiormente prolifica nonché versatile e flessibile rispetto al Levallois, anche se concettualmente meno predeterminata. Le ragioni principali risiedono nella stessa natura del suo concetto produttivo e di riduzione, strettamente ricorrente. Questo permette di ottenere prodotti utilizzabili in serie continue, concatenando lo sfruttamento di due superfici opposte e facilitando il distacco di prodotti sia predeterminanti che predeterminati (Boëda 1993; Delpiano et al. 2019a; Delpiano & Peresani 2017; Peresani 2003a). Grazie ai suoi criteri volumetrici, il Discoide ha tra le principali caratteristiche quello di essere un sistema di produzione litica continuo, che idealmente non necessita di fasi di mantenimento e gestione perché queste sono già integrate nelle fasi di produzione. Fanno eccezione alcuni prodotti esclusivamente tecnici come le schegge a cresta, schegge sorpassate o fortemente arcuate ciclicamente prodotte e utili a riconfigurare le convessità (Peresani 1998; Slimak 2003). Tale metodo è caratterizzato da notevole versatilità, qualità che si può desumere dai frequenti passaggi dalla modalità "in senso stretto" a quella "in senso lato", con i prodotti debordanti che possono essere continui o alternati a prodotti centripeti (Mourre 2003). Con l'applicazione di queste differenti modalità, un rapporto produttivo diverso è stato proposto a seguito di attività sperimentali, il quale è certamente dipendente anche dalle abilità dello scheggiatore (Bourguignon et al. 2011). In generale il metodo Discoide si rivela essere decisamente produttivo in senso "ponderale" (per kg di materia prima), specialmente se paragonato al metodo Levallois ricorrente centripeto, la variante più produttiva del metodo Levallois (Brenet et al. 2009, 2013); tuttavia questo rapporto varia in base alla grandezza iniziale del blocco e agli obiettivi dello scheggiatore, e non concorda sempre con quanto visto negli insiemi archeologici: nei livelli O e M di Abric Romani, infatti, il Levallois ricorrente centripeto registra più prodotti per kg di materia in confronto al Discoide (Picin & Vaquero, 2016). Per questo è ragionevole pensare che il rapporto che si debba cercare negli insiemi archeologici, data la loro natura parziale, sia principalmente quello tra prodotti di mantenimento e prodotti di prima scelta. Questo deve essere inoltre incrociato con i dati noti sulla frammentazione delle catene operative nello spazio e sulla presenza di riciclo e ramificazione pianificata delle sequenze.

Se confrontiamo la produttività tra le unità A9 e A10-A11, si nota come la rappresentazione della fase di piena produzione nell'unità A9 dipenda dalla materia prima sfruttata e si attesti, se si comprendono i prodotti corticali ma già ampiamente funzionali, attorno al 21-24% dei pezzi totali per le materie prime locali; arriva invece fino al 30% per quanto riguarda la selce Eocenica che è introdotta nel sito già parzialmente conformata per la produzione. Se si guardano i dati sull'unità A10-A11, per le materie prime locali si rimane su valori attorno al 23-25%, i quali salgono tra 28-30% per Ool e Eoc che si confermano generalmente più omogenee e produttive (Tab. 6.3). Il metodo Levallois registra una minor presenza di *éntame* (prodotti di piena decorticazione) all'interno del sito, ma le porzioni corticali laterali residue dei nuclei sono sfruttate nelle fasi di produzione con la fabbricazione di numerosi prodotti con dorsi naturali, massimizzando la concezione volumetrica Levallois.

Tuttavia, si è ampiamente sottolineata l'importanza produttiva della ramificazione delle sequenze operative (Bourguignon & Turq 2003; Turq et al. 2013). I prodotti delle riduzioni di schegge secondo il metodo tipo-Kombewa sono da considerarsi nella gran parte dei casi obiettivi primari della scheggiatura, raggiunti riducendo al minimo le fasi di preparazione. Pertanto, se si aggiungono questi prodotti la produttività dell'unità A9 viene ritoccata ad oltre il 30% dei pezzi totali, più o meno alla pari delle unità A10-A11 in cui questo tipo di riduzione ha un minore impatto (Tab. 6.3).

Ne deriva il fatto che la produttività tra le due macrounità, se considerata come rapporto di pezzi utilizzabili, sia analoga, grazie principalmente alla pre-configurazione dei nuclei Levallois prima dell'introduzione in sito. Infatti, se si considera solamente il rapporto tra i prodotti di piena produzione e i prodotti di gestione delle tecnologie Discoide e Levallois si registrano dati sensibilmente più elevati per l'unità A9 (Tab. 6.4).

La produttività ponderale paritaria del Levallois nei confronti del Discoide dipende anche dalle strategie di sfruttamento delle risorse: così come teorizzato da Lycett & Eren (2013) il metodo Levallois necessità di più gestione volumetrica del nucleo, e la produttività inizia ad essere la medesima di altri metodi più ricorrenti quando ormai il nucleo si presenta già preparato dopo la decorticazione e la messa in forma iniziale.

Tabella 6.4 Indice di produttività nelle unità di Fumane considerata la quantità di prodotti utilizzabili in rapporto ai prodotti di gestione

Unità	*Prodotti di piena produzione/ Prodotti di gestione del metodo*
A9	1,65
A10-A11	0,75

Tuttavia, tale rapporto non indica necessariamente l'efficienza produttiva di un metodo su uno stesso volume di materia. Infatti, i dati che provengono da Abric Romani sono esemplificativi in questo senso: come abbiamo detto, la percentuale dei prodotti di prima scelta nelle sequenze di Abric Romani oscilla dal 20 al 40% dei pezzi totali (con circa 20% per livello Levallois O e quasi 40% per livello Discoide M). A questa "*productivity rate*", se si associa anche il peso di questi prodotti, si evince che il rapporto con i prodotti di gestione è il medesimo anche nel peso. Pertanto, lo spreco di materia prima sembra minore nel Discoide rispetto al Levallois (Picin & Vaquero 2016). Tuttavia, dati diversi emergono se si contano il numero di pezzi ottenibili da kg di materia prima: è evidente che i supporti Levallois siano mediamente più sottili e leggeri, e nonostante la maggiore gestione volumetrica che necessitano, possono essere ottenuti in maggiore quantita con una conseguente maggiore quantità di margine tagliente utilizzabile dallo stesso volume di materia. Sulla base di quello studio, un kg di selce avrebbe prodotto in media 79 pezzi nel livello Levallois contro i 54 nell'occupazione Discoide (Picin & Vaquero 2016), venendo proposto che la relazione non gerarchizzata che si mantiene per le superfici dei nuclei Discoidi fornisce una versatilità al metodo che può alternativamente contare su due fonti produttive in una, ma d'altra parte lo sfruttamento parallelo nei nuclei Levallois permette un maggior controllo nella gestione delle superfici e nella taglia e regolarità dei prodotti (Boëda 1993; Lenoir & Turq 1995; Locht & Swinnen 1994).

Questo esempio di versatilità, nel metodo Discoide, è ben documentato nell'unità A9: un rimontaggio multiplo che mostra lo sfruttamento *in situ* di un piccolo ciottolo in selce della Maiolica è stato ampiamente indagato con approcci classici e virtuali (Delpiano et al. 2017, 2019; Delpiano & Peresani 2017) (Fig. 6.13a-c). La sequenza operativa in questione mostra un'applicazione sistematica dei criteri Discoidi nella variante bifacciale, particolarmente versatile al fine di massimizzare la produzione su entrambe le superfici che, all'inizio dello sfruttamento, si presentavano solo parzialmente adatte allo scopo. In particolare, si aumenta la convessità centrale della superficie inferiore del nucleo, inizialmente piatta, per ricavare un piano secante abbastanza inclinato e poter svolgere una produzione alternata e concatenata sulle due superfici in senso continuo antiorario (Fig. 6.13d). La catena operativa registrata da questo rimontaggio sembra essere opera di un apprendista, perché a fronte di una concezione chiara e standardizzata, gli errori nell'applicazione pratica sono comuni, talvolta banali, e la produttività si mantiene su livelli decisamente bassi (i prodotti di prima scelta sono il 12,5% e vengono prelevati). Questo avviene nonostante una riduzione di oltre l'83% del volume del nucleo portata avanti attraverso almeno 64 gesti (Delpiano et al. 2019; Delpiano & Peresani 2017).

Se indaghiamo i dati sull'efficienza produttiva nei pezzi a dorso oggetto di questo studio, notiamo che questi, come spiegato nella presentazione del materiale, hanno

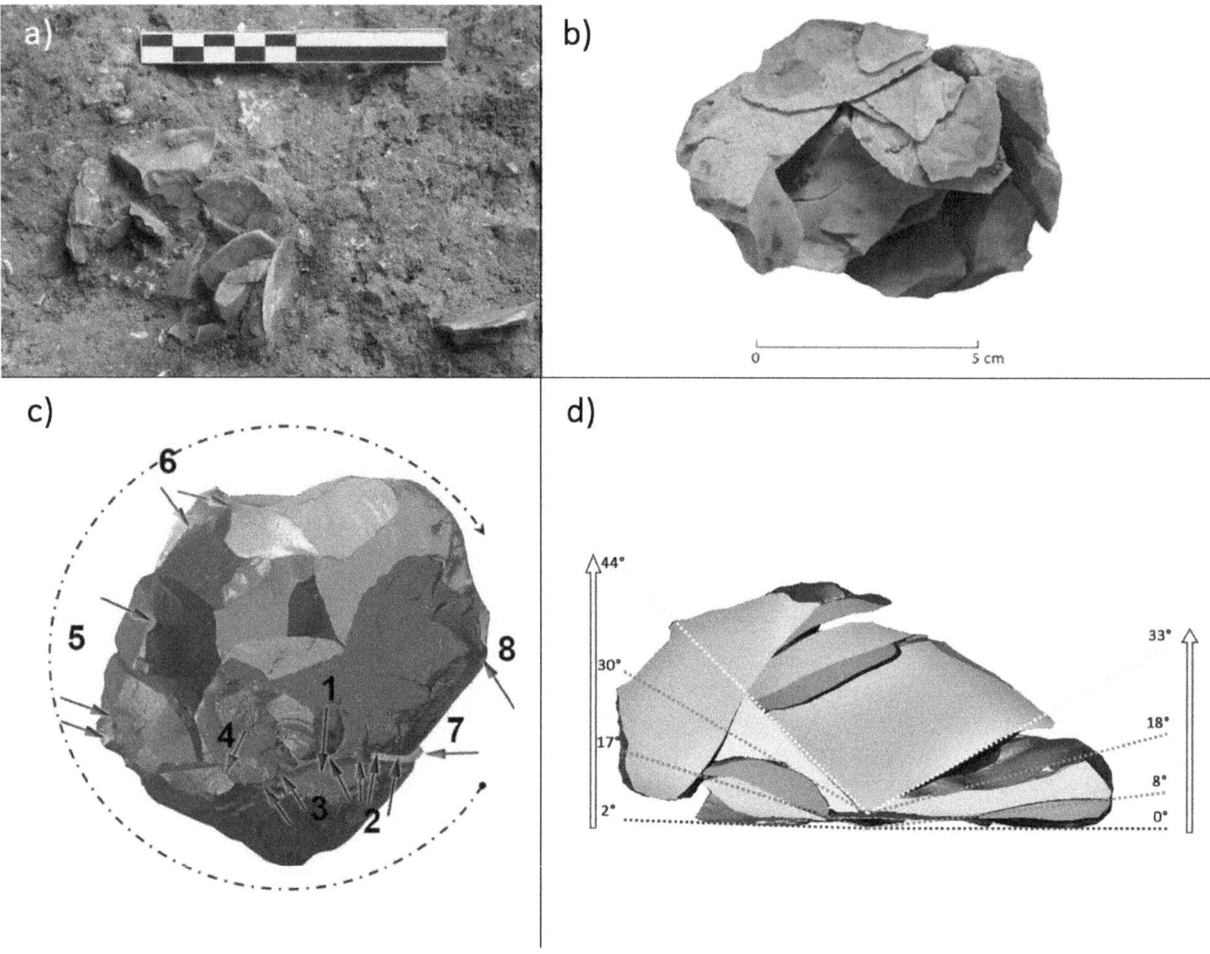

Figura 6.13 Catena operativa Discoide documentata nell'unità A9 dal ritrovamento in concentrazione (a), al rimontaggio manuale (b) e virtuale (c), che rivela l'adattamento del blocco allo sfruttamento Discoide bifacciale attraverso l'aumento della convessità centrale della superficie inferiore.

un diverso impatto nelle due tecnologie per motivi di gestione delle convessità e di obiettivi finali. Sono infatti maggioritari nel metodo Discoide, e questa differenza è visibile soprattutto nei confronti del metodo Levallois ricorrente unipolare (rispetto al centripeto), nel quale solo alcuni dei prodotti laterali/debordanti sono sia pezzi di gestione che obiettivi funzionali (Boëda 1994).

Ma l'efficienza produttiva può essere calcolata anche come quantità di margine tagliente (Leroi Gourhan 1955). A fronte di una minore quantità di pezzi, le unità A10-A11 possiedono tuttavia coltelli con margini (CT) mediamente più estesi (Fig. 6.14a). Tale dato è viziato dalla maggiore estensione in lunghezza dei supporti staccati: se si presentano i dati in rapporto alla lunghezza del supporto, i risultati sono opposti, con il Discoide che ottiene più margine utilizzabile (Fig. 6.14b) anche grazie alla maggiore convessità degli stessi CT (indice al 17,2% contro l'11% di A10-A11), che comprendono diversi supporti con morfologie quadrangolari o triangolari a punta con CT doppi. Tuttavia, questo dato è limitato ai prodotti con dorso, e non include pertanto i tipici prodotti predeterminati Levallois.

Se si indaga l'efficienza in rapporto alla quantità utilizzata di materia prima, questo dato a Fumane può essere misurabile attraverso lo spessore e soprattutto il peso dei supporti. In questo caso, i prodotti Discoidi forniscono meno margine tagliente rispetto allo spessore della superficie staccata e alla quantità ponderale di materia asportata (Fig. 6.15). Tale dato conferma che il metodo Levallois, nonostante la gestione dispendiosa, è capace di sfruttare i volumi in maniera notevolmente efficiente.

In particolare, le differenze aumentano con aumentare della taglia dei manufatti: se ne conviene che nelle fasi iniziali, quando i pezzi ottenuti sono più grandi, il metodo Levallois sfrutta maggiormente la sua efficienza volumetrica riuscendo a produrre manufatti in ogni caso sottili e regolari. Alla fine delle sequenze, al contrario, le differenze sono minime; in queste fasi il metodo Discoide potrebbe infatti essere utilizzato per massimizzare la produzione di supporti utilizzabili esaurendo il volume residuo del nucleo.

Si sottolinea, tuttavia, che la lunghezza del CT non è necessariamente sinonimo di efficienza. È possibile che la porzione utilizzata del margine tagliente sia corta

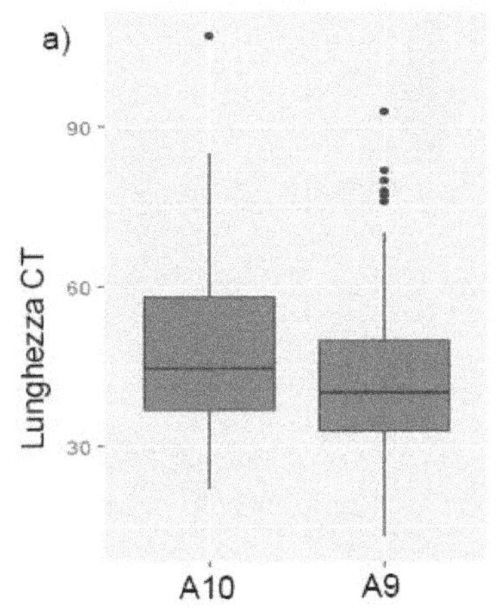

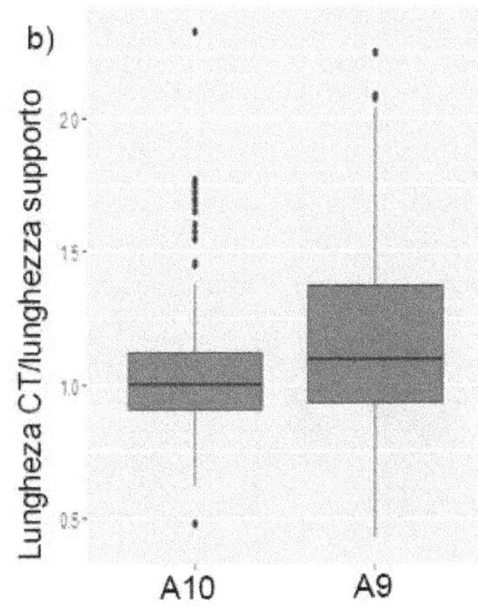

Figura 6.14 Lunghezza media dei margini taglienti (a) e lughezza dei CT rispetto alla lunghezza dei supporti (b) nelle unità A9 e A10/A11.

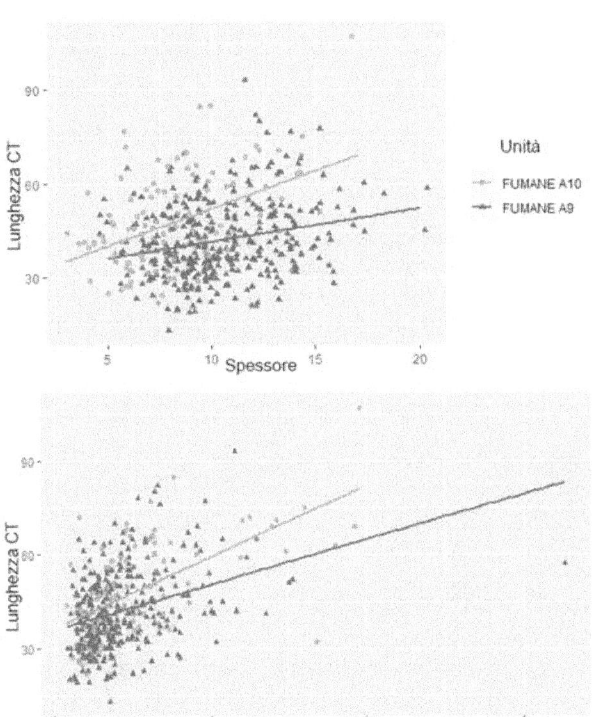

Figura 6.15 Lunghezza dei margini taglienti per spessore e peso dei manufatti nelle unità A9 e A10-A11.

e localizzata, specialmente dove questo è convesso, appuntito o caratterizzato da spine e dentelli. In questi casi la parte di maggiore convessità è quella più funzionale, che viene utilizzata, come evidenziato anche nelle attività sperimentali su supporti Discoidi, per attività di taglio di precisione. Al contrario, i margini taglienti rettilinei è più probabile che vengano utilizzati nella totalità o quasi della loro estensione. La maggiore convessità dei manufatti a dorso Discoidi, pertanto, può avere implicazioni funzionali che saranno esposte di seguito.

Per riassumere, a fronte di questi dati generali è lecito pensare che attraverso gestioni specializzate e differenziate delle materie prime, i gruppi con tecnologia Discoide e Levallois arrivassero a soddisfare analoghi rapporti di produttività che dovevano rappresentare quelli richiesti in siti definiti "campi-base" dove venivano svolte gran parte delle attività di sussistenza.

- La tecnologia Discoide soddisfa le necessità produttive principalmente attraverso la ramificazione e la diversificazione del metodo che si può adattare meglio ai diversi supporti ed è immediatamente efficiente necessitando di minore gestione volumetrica e potendosi applicare senza problemi anche alle schegge.
- Il Levallois soddisfa le necessità produttive attraverso la pianificazione nella preparazione e messa in forma dei nuclei, e la selezione più mirata della materia prima di qualità, che è necessaria per avere una buona produttività con questo metodo senza dover mettere in gioco un aumento esponenziale nell'abilità dello scheggiatore. Inoltre, la produttività è permessa anche dal controllo volumetrico, che permette il distacco di molti prodotti regolari da uno stesso blocco di materia, a fronte di uno spreco relativamente superiore in prodotti di gestione.

6.2.3 Motivazioni funzionali? Potenzialità dei prodotti

Il potenziale funzionale degli obiettivi delle produzioni Levallois e Discoidi è l'ultimo livello di informazione utile a comprendere le ragioni scatenanti la "scelta" della tecnologia di scheggiatura e della produzione litica. I dati capaci di fornire informazioni dirette sulla funzionalità, riassunti nelle analisi tracceologiche, non sono sempre indicativi: i prodotti Discoidi, principalmente le schegge debordanti e le punte pseudo-Levallois, si sono solitamente rivelati supporti multifunzionali caratterizzati da bassa specializzazione ed elevata versatilità. Questo approccio è stato applicato a insiemi provenienti dal sud-ovest della Francia (Bourguignon et al. 2002; Thiébaut et al. 2014) e dall'Europa meridionale (Arrighi et al. 2009; Marciani et al. 2018; Martinez et al. 2003) compresi strumenti dell'A9 di Fumane (Lemorini et al. 2003). Le

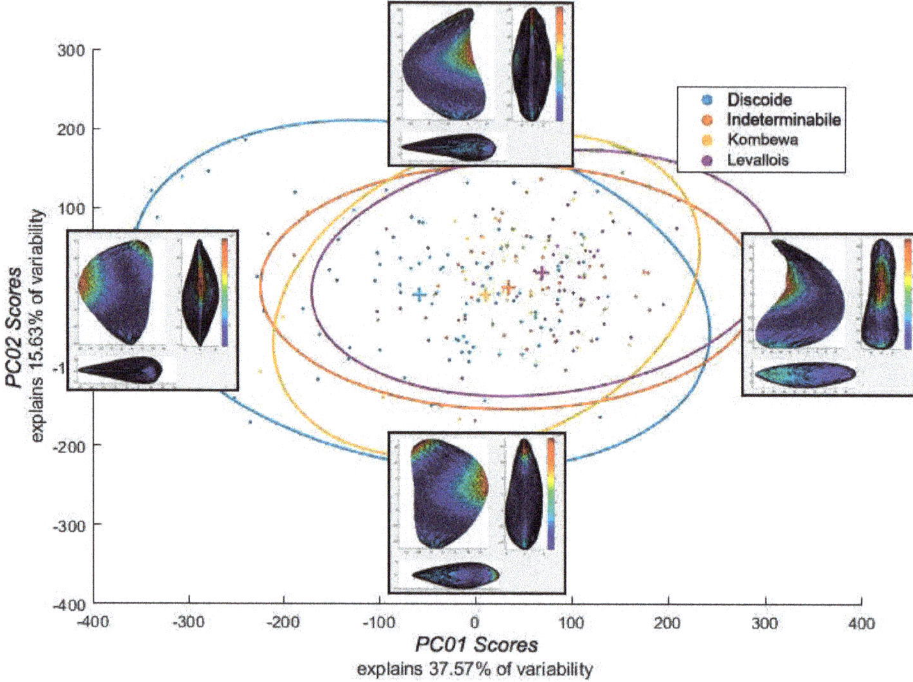

Figura 6.16 Variabilità morfologica dei modelli 3D dei supporti di Fumane esposta nelle due componenti principali a seconda del metodo di scheggiatura.

analisi sulle tracce d'uso qui svolte su un campione di manufatti con dorso preparato hanno confermato la natura multifunzionale di questi prodotti, atti a tagliare materiali di durezza medio-morbida ma anche raschiare materie di durezza media o medio-dura. Questi prodotti sarebbero stati pertanto utili nelle attività di processamento di prede animali, dal distacco della pelle, alla recisione di tendini, alla rimozione di carne dalle ossa e al taglio della stessa. I prodotti Levallois hanno fornito anch'essi dati divergenti: esistono coltelli manuali su schegge Levallois con dorso, così come possibili punte di lance c.d. "a spinta" su punte pseudo-Levallois da tecnologia Levallois (Rots 2009), oltre a pezzi in cui sono state riconosciute attività generiche di macellazione, con manipolazione sia manuale che, probabilmente, immanicati (Vallin et al. 2006). Tuttavia, gli studi si sono concentrati principalmente sullo strumento-tipo della punta Levallois. Nel sito di Bettencourt questi strumenti sembrano essere correlati principalmente alle attività di sussistenza, dalla caccia alla lavorazione di materie animali (Rots 2011). Ma è soprattutto sulla possibile funzione di punta per armare armi da getto che si è ampiamente discusso, a partire dal ritrovamento di un frammento di punta Levallois inserito in una vertebra nel sito di Umm-ell-Tlel (Boëda et al. 1999). Questa interpretazione funzionale è supportata da analisi tracceologiche su siti del Vicino Oriente, in cui tale funzione è presente ma mai predominante, confutando di fatto l'equazione diretta punta = proiettile (Plisson & Beyries 1998; Shea 1988).

All'interno della categoria dei pezzi a dorso, la versatilità dei supporti Discoidi si traduce nella loro alta variabilità morfologica, espressa in grafici e tabelle (Fig. 6.16, Tab. 6.5) e decisamente superiore alla variabilità dei supporti

Tabella 6.5 Variabilità e centroide dei supporti a dorso di Fumane per metodo di scheggiatura

Metodo	*Oggetti*	*Variabilità*	*Taglia centroide*
Discoide	107	203,5011	903,5333
Indeterminabile	51	160,6985	1004,96
Kombewa	25	163,6423	877,7031
Levallois	47	146,7332	1133,506

Levallois. Inoltre, il test di variabilità *Wilcoxon Rank Sum Test on Within Group Interpoint Distances* rimarca il fatto che i pezzi Levallois e Discoidi sono significativamente differenti da un punto di vista statistico. La minore standardizzazione morfologica dei supporti Discoidi è legata al minore controllo nella predeterminazione e nello sfruttamento dei volumi, e all'adattamento della tecnologia a nuclei morfologicamente diversi in differenti stadi della riduzione (Picin et al. 2014). Al contrario, il Levallois permette, come già visto, un controllo più elevato della morfologia dei supporti ottenibili.

Tuttavia, l'ampia variabilità dei prodotti Discoidi si divide in due macro-gruppi ricorrenti: strumenti triangolari-quadrangolari corti con possibile punta laterale, e strumenti più allungati debordanti con due unità tecno-funzionali opposte. I pezzi a dorso Levallois sono invece principalmente unipolari, con schemi standardizzati che si esprimono su bordi rettilinei e paralleli e in minor misura con un bordo convesso (Fig. 6.17).

La morfologia media creata sui modelli 3D evidenzia un maggiore sviluppo in lunghezza nei supporti Levallois,

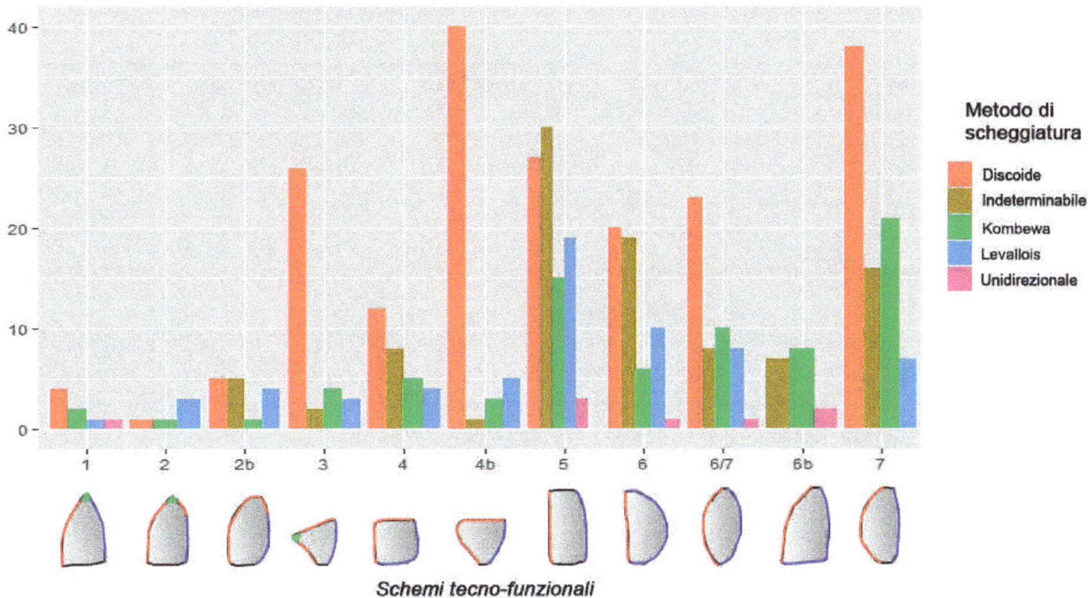

Figura 6.17 Schemi tecno-funzionali dei manufatti a dorso di Fumane per metodo di scheggiatura.

Figura 6.18 Morfologie medie 3D prodotte sui modelli dei manufatti a dorso di Fumane sulla base dei metodi di scheggiatura.

mentre pezzi Discoidi e di tipo-Kombewa seguono traiettorie piuttosto diverse, con pezzi più spessi e larghi (Fig. 6.18).

A proposito dello spessore, i pezzi Levallois sono generalmente caratterizzati da spessore limitato, proprietà che ha talvolta associato l'applicazione del Levallois all'emergenza dell'immanicatura (Boëda 2013; Bonilauri 2010; Rots 2013), con rilevanti implicazioni funzionali ed evolutive. Tuttavia, come già affermato, questa associazione non è automatica ma piuttosto rara ed isolata. Inoltre, esempi di strumenti non Levallois immanicati nel Paleolitico Medio sono innumerevoli (Degano et al. 2019; Mazza et al. 2006; Pawlik & Thissen 2011; Rots 2013), tra cui si annoverano anche i due manufatti Discoidi dall'A9 identificati in questo studio. Pertanto, l'emergenza della tecnologia Levallois come metodo per fabbricare supporti regolari e sottili atti ad essere inseriti in un manico non è supportata da dati. Si può, al contrario, ammettere che con l'utilizzo sempre più diffuso di strumenti immanicati, i supporti Levallois si siano talvolta rivelati come quelli più atti a questo scopo.

In questo senso è particolarmente importante la regolarità dello spessore. I supporti con spessore più regolare sono gli unidirezionali, caratterizzati da sottile dorso corticale, seguiti dai pezzi a dorso Levallois. Al contrario, i manufatti di tipo-Kombewa e Discoidi riflettono, nello spessore del dorso, la sinuosità del bordo, registrando maggiore differenza tra spessori massimini e minimi e un elevato spessore medio del bordo (Tab. 6.6). Lo spessore irregolare del dorso non si accompagna in maniera naturale all'immanicatura ma necessita, nel caso, di interventi specifici come quelli registrati in alcuni strumenti dell'unità A9.

Anche il dato sulla convessità delle porzioni passive potrebbe essere indicativo del tipo di prensione. Gli

Tabella 6.6 Spessore medio e differenza tra spessore massimo e minimo dei manufatti di fumane per metodo di scheggiatura

	Discoide	*Kombewa*	*Levallois*	*Unidirezionale*	*Indeterminabile*
Spessore medio CP	**8,54**	6,73	**5,34**	5,5	6,87
Differenza Spessore Max / Spessore Min.	**5,88**	5,10	4,16	**2,83**	3,56

esperimenti hanno confermato che dorsi più convessi appaiono estremamente funzionali per l'alloggiamento di dita durante la manipolazione manuale dello strumento. Al contrario, non sembrano essere particolarmente funzionali per l'inserimento in un manico. Nella morfologia media dei manufatti è evidente la maggiore convessità dei bordi dei pezzi Discoidi rispetto ai Levallois, che si esprime soprattutto nel margine tagliente ma anche nel dorso (Fig. 6.18). L'indice di convessità tra le unità A9 (12,2%) e quelle A10-A11 (7,5%) è altresì indicativo. In rapporto alle dimensioni dei pezzi, si evince che tale differenza è poco evidente nei supporti di piccole dimensioni, mentre con l'aumentare della taglia i pezzi Discoidi si differenziano maggiormente. Come conformato da analisi sperimentali sistematiche, i supporti di dimensioni maggiori sono quelli in cui è possibile esercitare una maggiore pressione manuale: il dorso ricurvo, in questi casi, faciliterebbe proprio questa azione aumentando il coefficiente tagliente anche in supporti con angolo attivo relativamente aperto (Key et al. 2017; Key & Lycett 2014).

D'altra parte, il bordo tagliente è particolarmente rilevante se si indagano le potenzialità dello strumento: tra i parametri che influiscono sull'efficienza del taglio, i principali sono l'angolo del margine, la sua curvatura e lunghezza, affilatezza, e la taglia dello strumento (Key 2016). Fonti diverse sembrano confermare che i contesti Levallois producano manufatti potenzialmente molto efficienti, preferendo solitamente bordi taglienti rettilinei (Vallin et al. 2006), e più sviluppati in lunghezza soprattutto in rapporto al peso e allo spessore del supporto. L'angolo del margine tagliente è un fattore fondamentale: gli angoli più stretti, considerati generalmente fino a 45°, sono solitamente correlati alle azioni di taglio, mentre oltre i 65° ad azioni di movimento trasversale, con la fascia 45°-65° adattabile ad entrambi i tipi di movimento (Geneste & Plisson 1996; Lepot 1993; Terradillos-Bernal & Rodríguez 2012; Viallet 2019). Tuttavia, angoli più acuti non necessariamente possiedono più potenziale tagliente, dato che questo dipende anche da peso e taglia dei manufatti. In questo caso la taglia permette la compensazione dell'efficienza bassa data da un angolo poco acuto attraverso la possibilità di caricare con più forza l'azione (Key & Lycett 2014, 2015).

Gli angoli attivi dei manufatti Discoidi sono mediamente più aperti rispetto a quelli Levallois, anche se la differenza oscilla tra i 2-4° di media e pertanto non sembra poter essere rilevante per fini funzionali. Tuttavia, se si incrociano i dati riferiti all'angolo del CT con peso e taglia dei manufatti, emerge che a parità di angolo i manufatti Discoidi sono più leggeri di quelli Levallois, e a parità di lunghezza recano angoli meno acuti e potenzialmente meno taglienti. Questo è vero soprattutto per i manufatti più piccoli, dove l'angolo più acuto dei pezzi Levallois è particolarmente evidente.

Tuttavia, un elemento comune ad A9 e A10-A11 rivela che i prodotti a dorso Discoidi e Levallois possano essere notevolmente funzionali per attività di taglio: con il diminuire della taglia, entrambi i metodi producono supporti che sono accompagnati da una diminuzione rilevante dell'angolo (Fig. 6.19). Questo dato permette di avere una versatilità elevata nelle attività potenziali, con supporti piccoli estremamente efficienti e manufatti più grandi capaci di performare attività di taglio grazie alla compensazione resa possibile dalla maggior pressione potenziale.

Infine, il bisello assume estrema importanza quando si analizza il tipo di contatto con il materiale lavorato. Nei

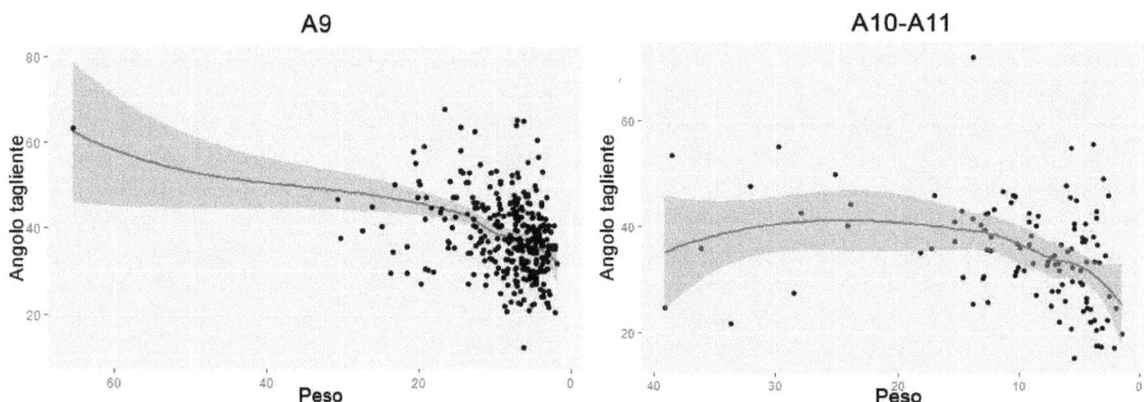

Figura 6.19 Angoli medi dei margini taglienti dei manufatti a dorso di Fumane in rapporto al loro peso.

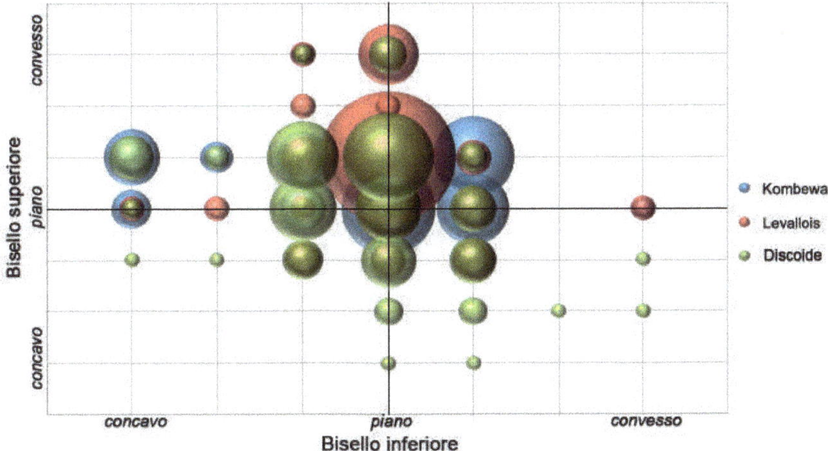

Figura 6.20 Distribuzione dei biselli dei manufatti di Fumane per metodo di scheggiatura.

coltelli moderni si tende a fabbricare biselli asimmetrici (es. piano/convessi) perché si cerca di trovare il giusto compromesso tra lo spessore del margine e la sua convessità (Radzevich 2017). La prima proprietà (limitato spessore) serve per far penetrare il coltello nella materia lavorata, mentre la seconda (convessità) serve perché con una materia da lavorare tendenzialmente piatta, un margine a sezione convessa aumenta la superficie di contatto evitando la formazione estesa di attrito e di perdita di materiale con conseguente necessità di riaffilatura (Collins 2008). Il compromesso è quindi rappresentato da un bisello asimmetrico, per metà convesso e per metà piatto, atto a mantenere uno spessore limitato. Inoltre, l'asimmetria è in relazione alla lateralizzazione dell'azione, con lo strumento che è più efficiente se la superficie piana è localizzata verso l'utilizzatore e la parte piano-convessa verso l'esterno.

Se andiamo ad interrogare i contesti di Grotta di Fumane, notiamo che i biselli dei pezzi Levallois sono maggiormente standardizzati, presentando una blanda asimmetria che si esprime nella maggior parte dei casi con le classi 4/5 (piano/piano-convesso). Questo margine lascia intendere una elevata funzionalità per il taglio generico lateralizzato (Fig. 6.20). Questo schema è in contrasto ai biselli dei pezzi Discoidi, che sono decisamente più variegati e comprendono diedri fortemente asimmetrici o inversi (con parte piana superiore e convessa inferiore) così come quelli totalmente simmetrici (Fig. 6.20). Non ci sono attualmente dati per rimarcare la presunta minore funzionalità di tali strumenti: la versatilità degli schemi potenziali è come al solito più elevata; probabilmente, i prodotti mancanti di lateralizzazione preferenziale avranno una minore efficienza da correlare all'attrito che possono sviluppare nel momento del contatto tra le superfici. Menzione a parte meritano i biselli dei pezzi di tipo-Kombewa, in media fortemente più simmetrici (molto comuni le classi 4/4 e 5/5) perché formati dall'incontro di due superfici ventrali. In questo caso, tuttavia, la convessità con annessa concavità peri-bulbare costituisce in diversi esempi un meccanismo concavo-convesso che è funzionale per il limitato spessore del margine e anche per la sopraggiunta convessità. La profondità di taglio, in questo caso, è però solitamente limitata (Fig. 6.21). I manufatti di tipo-Kombewa si confermano in ogni caso un prodotto dalla funzionalità, oltre che dall'economia, decisamente peculiare. Un margine di questo tipo è caratterizzato anche da una limitata durabilità, utile per compiti di emergenza e necessità immediata, in cui possono rappresentare una valida alternativa sia ai pezzi Discoidi che Levallois.

Per riassumere, l'efficienza del metodo e dei rispettivi prodotti, intesi in senso globale (dalla produttività all'efficacia funzionale, per finire con il potenziale di riuso) mostrano caratteristiche diverse a seconda dei metodi di scheggiatura, che si estendono nei rispettivi tecno-complessi. Queste ragioni, da sole, sono probabilmente insufficienti al fine di spiegare la variabilità tecnologica e culturale Musteriana. Tuttavia, riflettono modelli di comportamento differenziato in relazione agli obiettivi funzionali delle attività di produzione, di seguito riassunti:

Unità A9 - Discoide

- Alto adattamento alle risorse locali e introduzioni specifiche di materie semi-locali. Mobilità frequente in area locale tra diversi campi base con contatti extra-regionali.
- Elevata produttività di supporti funzionali grazie alla versatilità del metodo. Molti prodotti di piena produzione in rapporto ai prodotti di gestione.
- Supporti con elevata variabilità morfometrica, ma suddivisibili in due macro-gruppi principali (prodotti debordanti allungati e prodotti corti e larghi o con punta *dejeté*).
- Supporti con alta versatilità funzionale, adatti al taglio ma anche ad attività di raschiatura, con funzionalità specifica dei contatti a punta/spina laterale.
- Ergonomia dei supporti variabile, con manipolazione manuale ottimale in alcuni casi grazie alla convessità del dorso. Talvolta si rende necessaria la riconfigurazione dei dorsi al fine di migliorarne le prestazioni.

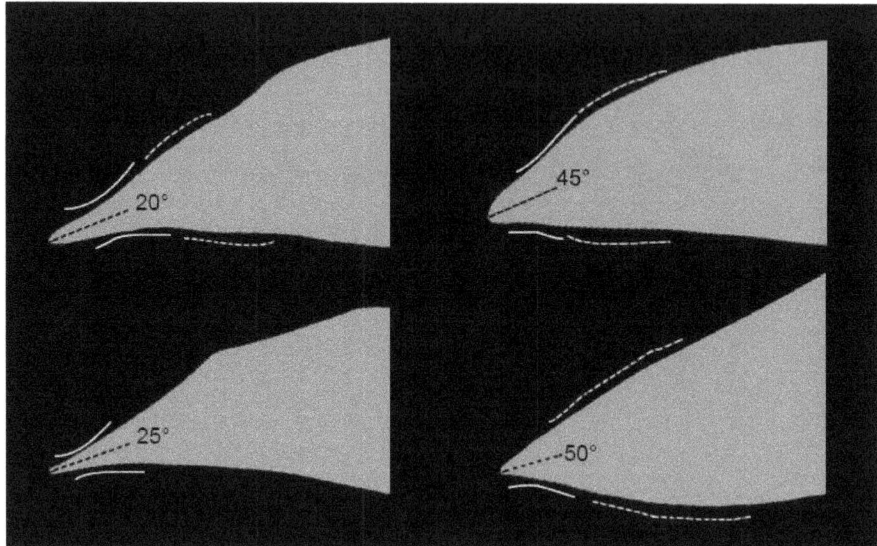

Figura 6.21 Sezioni trasversali di prodotti di tipo-Kombewa con indicazione della convessità (linea tratteggiata) e della concavità (linea continua) dei biselli, la profondità di taglio e l'angolo del margine attivo in sezione

Unità A10-A11 - Levallois

- Selezione delle risorse in base alla qualità. Territorio "giornaliero" più esteso con probabile presenza di siti satellite specializzati al primo processamento delle risorse.
- Elevata produttività di margini taglienti grazie al controllo volumetrico del metodo. Molti prodotti di piena produzione in rapporto a volume e peso della materia prima.
- Alta efficacia funzionale, con prodotti più standardizzati: allungati, sottili, e con margini sub-paralleli.
- Supporti efficienti nelle proprietà taglienti grazie all'angolo che muta in rapporto alla taglia e grazie alla costante e standardizzata asimmetria del bisello.
- Supporti efficienti con manipolazione manuale ma potenzialmente atti all'immanicatura.

Ramificazione di **tipo-Kombewa** delle catene operative:

- Adozione maggiore nel complesso Discoide.
- Specializzazione su materie prime semi-locali attraverso il trasporto di schegge-nucleo.
- Permette alta produttività di piccoli supporti dall'utilizzo immediato.
- Alta versatilità nell'efficienza di taglio dei prodotti grazie alla convessità del margine e al diedro formato da due facce ventrali.

6.3 Gli strumenti a dorso preparato: focus su un'innovazione neandertaliana

Come si è già sottolineato, gli strumenti a dorso preparato rappresentano un elemento dibattuto in quanto considerati, da certi autori, come parte di un insieme complesso di innovazioni che accompagnano un mutamento in senso moderno del comportamento tecnico. Questo è specialmente il caso di strumenti a dorso geometrici, trapezoidali e ricurvi, riconosciuti come possibili elementi di armi da getto (Mcbrearty & Brooks 2000). In un'ottica moderna del comportamento neandertaliano, è quindi rilevante il caso dei dorsi preparati, modificati e rettificati dell'unità A9 di Fumane.

6.3.1 Preparazione o rettifica del dorso: motivi e funzionalità.

Come precedentemente riportato, queste modifiche deliberate dei dorsi avvengono su alcuni tipi di supporti su scheggia, principalmente schegge debordanti e punte pseudo-Levallois. Questo comportamento si manifesta nel sistema tecnologico Discoide, in cui la produzione di numerosi pezzi con dorsi naturali o predeterminati dalla scheggiatura è una consuetudine (Boëda 1993; Jaubert & Mourre 1996; Locht & Swinnen 1994; Peresani 1998; Slimak 2003). Tuttavia, in un ambiente con una tale abbondanza di pezzi caratterizzati da porzioni recettive spesse e funzionali, l'insieme litico di Fumane comprende almeno 42 manufatti che sono stati modificati mediante ritocco di tipo 1 o 2 (Figg. 6.24 e 6.25). Lo smussamento del bordo prensivo è presumibilmente destinato a facilitare un movimento che implica pressione (tramite prensione manuale o manico) utilizzando il dorso dell'utensile. Per questo motivo è stato prodotto un dorso ritoccato là dove un bordo eccessivamente sottile, affilato o irregolare non permetteva una presa diretta.

La ricorrenza di questi tipi di utensili richiama il comportamento tecnico ampiamente attestato nella Francia sudoccidentale ed associato ai coltelli a dorso tipici del tecno-complesso MTA-B, di cui uno dei migliori esempi è rappresentato dall'insieme litico del livello 7 di La Rochette (Bordes 1954; Pelegrin 1990; Soressi 2002). La legittimità di questo tecno-complesso è stata recentemente messa in discussione, in quanto sembra essere relazionata a diversi sistemi tecnici, tra cui Discoide

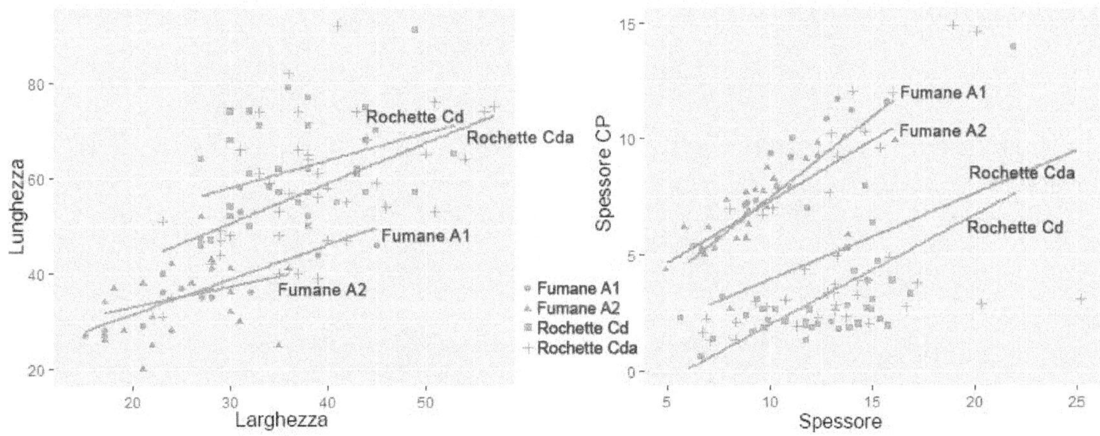

Figura 6.22 Confronto morfo-dimensionale tra strumenti a dorso preparato di Fumane (A1 e A2) e La Rochette ("Cd": Coltelli a dorso; "Cda": Coltelli a dorso atipici); a sinistra, rapporto lunghezza/larghezza con tendenza di laminarità; a destra, rapporto tra spessore del supporto e spessore del dorso.

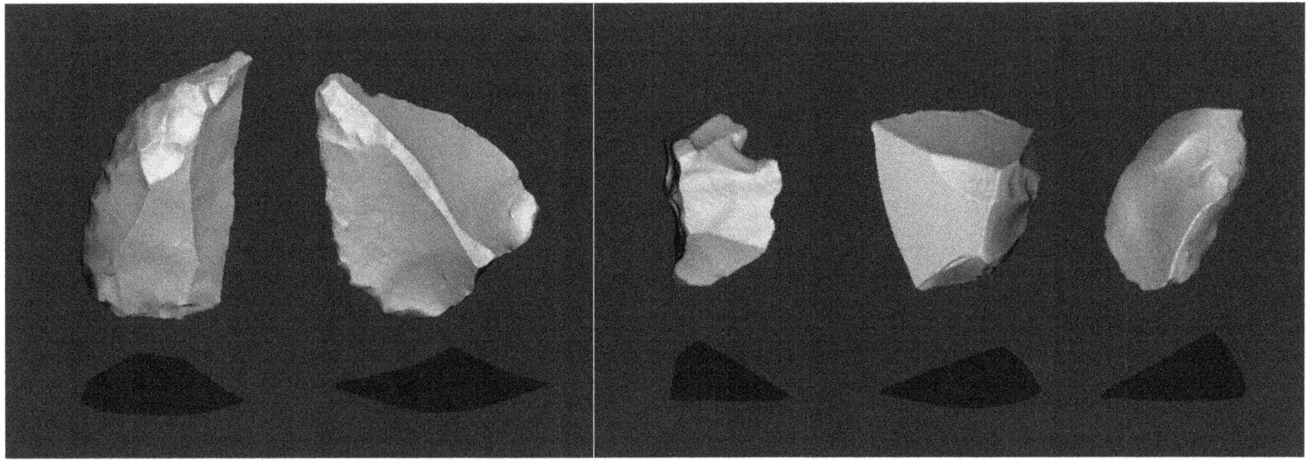

Figura 6.23 Alcuni esempi di scansioni 3D di pezzi a dorso ritoccato da La Rochette (sx) e Fumane unità A9 (dx), con la localizzazione dello spessore massimo visibile in sezione.

o Levallois (Faivre et al. 2014; Gravina & Discamps 2015; Turq et al. 2011). Tuttavia, nei (pochi) insiemi caratterizzati da un'alta frequenza di tipici coltelli a dorso – oltre al livello 7 di La Rochette anche i livelli 6 e 7 di Pech de l'Azé I (Soressi et al. 2008) e F1 e F2 di Pech de l'Azé IV (Mcpherron & Dibble 1999), a cui si possono aggiungere i siti di La Plane e il livello EGC di Quinçay (Roussel & Soressi 2010; Turq 2000a) – il sistema tecnico di scheggiatura si basa principalmente, come abbiamo visto, su una tecnologia unipolare non Levallois che mira a produrre schegge laminari allungate, spesse e a sezione simmetrica triangolare. Di conseguenza, il ritocco erto si rivela necessario per consentire la prensione su tali supporti: il dorso è quasi sempre marginale e continuo, oltre a svilupparsi con un profilo complessivamente convesso.

Pertanto, i supporti discoidi di Fumane e quelli unipolari di La Rochette mostrano evidenti differenze. I primi sono decisamente meno laminari e caratterizzati da CP molto più spessi, ma in supporti che presentano spessori massimi analoghi. Nei coltelli a dorso MTA, supporti laminari a sezione simmetrica, lo spessore massimo è nel centro del supporto, mentre i pezzi Discoidi di Fumane sono supporti meno standardizzati dove il dorso corrisponde al massimo spessore del manufatto (Fig. 6.22 e 6.23).

L'analisi delle tracce d'uso sull'insieme litico di Pech-de-l'Azé I conferma che le parti prensive dei coltelli a dorso MTA sono generalmente associate alla prensione manuale (Anderson-Gerfaud 1981). Il ritocco sui dorsi, quando viene applicato a supporti lunghi ed ergonomici, rappresenterebbe una tattica al fine di evitare di investire tempo, energia e materiali nella produzione di un manico. Ma non vi è alcuna correlazione diretta tra i supporti laminari o allungati e i coltelli a dorso (Gravina & Discamps 2015; Roussel 2013): un comportamento tecnologico paragonabile è stato dedotto persino sulle schegge di ritocco dei bifacciali del sito MTA di Saint-Armand-les-Aux, i cui margini venivano intenzionalmente smussati per facilitarne la presa durante l'utilizzo (Claud 2015). Inoltre, secondo quanto affermato da Mellars (1996), ed estensivamente indagato da Ruebens et al. (2015), i coltelli a dorso Musteriani non sono una caratteristica

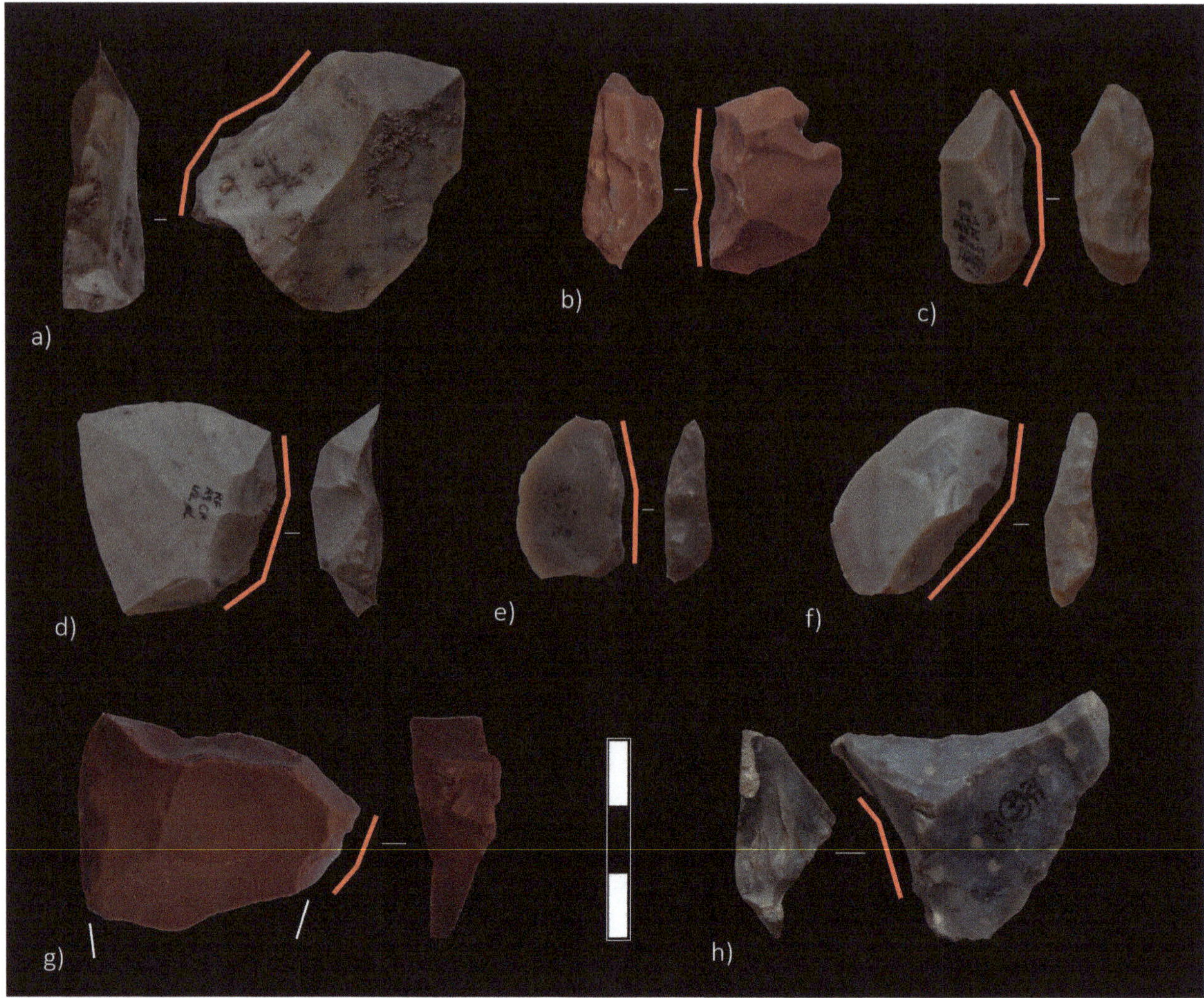

Figura 6.24 Una selezione di manufatti dall'unità A9 di Fumane che mostrano modificazioni di tipo 1 sul dorso: #4856 (a) è una punta pseudo-Levallois con ritocco erto sulla porzione meso-distale del dorso; #1032 (b) e #4699 (c) sono piccole schegge debordanti con dorsi creati dal ritocco bipolare su incudine; #1778 (d) è una scheggia debordante quadrangolare con dorso che è stato creato per mezzo di distacchi ampi e continui con percussore organico; #266 (e) e #3842 (f) sono piccole schegge debordanti di tipo-Kombewa con dorsi completamente fabbricati mediante ritocco erto; #1333 (g) è un raschiatoio fratturato che mostra piccoli distacchi su una frattura distale che potrebbe essere servita come dorso, e ritocco diretto e assottigliamento ventrale sul dorso laterale; #427 (h) è una punta pseudo-Levallois con chiare tracce di ritocco erto bipolare su incudine.

esclusiva degli insiemi MTA, benchè qui siano, in rapporto, molto più comuni, rappresentando generalmente tra il 4% e il 20% dei ritoccati, anche se alcuni insiemi sono ora considerati poco affidabili o parziali (Gravina e Discamps 2015). In altri contesti Musteriani il rapporto si attesterebbe al massimo tra l'1 e il 4%, ma nell'A9 di Fumane questo rapporto sale tra l'8 e il 10%.

Recentemente, un riesame degli insiemi delle sequenze tardo-Musteriane della Francia sudoccidentale ha rivelato la presenza di pezzi a dorso ritoccato su strumenti su scheggia e punte pseudo-Levallois (Gravina 2016). Questi pezzi sono stati concepiti attraverso modificazioni del bordo prodotte attraverso il ritocco erto parziale o totale e talvolta raffinati su un'incudine in pietra per rimuovere il tallone e parte della porzione prossimale del supporto. Lo stesso autore ha anche notato una grande variabilità nelle tecniche di confezionamento dei dorsi nei diversi strati di Le Moustier, inquadrabili nel MIS 3. Il ritocco diretto è stato riconosciuto nello strato H (~ 45 ky Cal BP), che è caratterizzato da pezzi a dorso su schegge debordanti/punte pseudo-Levallois in un substrato tecnologico esclusivamente Discoide, direttamente paragonabile all'A9 di Fumane. Al contrario, il ritocco bipolare su un'incudine in pietra è stato identificato sui manufatti provenienti dal livello Musteriano più recente K (~ 42 ky Cal BP) in cui i dorsi convessi sono prodotti a partire da supporti Levallois. Il profilo regolare del dorso suggerisce il suo possibile impiego in schemi di immanicatura, ipotesi che tuttavia richiede analisi sulle tracce d'uso.

L'esistenza di strumenti a dorso preparato è attestata in diversi altri contesti francesi nei quali la tecnologia Discoide è presente e talvolta prevalente. Oltre al già citato livello H di Le Moustier, lo strato Musteriano recente EGPF di Saint Césaire, datato a ~ 41 Cal ky BP, conserva schegge debordanti che recano ritocco marginale sul lato opposto ad un bordo tagliente o denticolato (Thiébaut et al. 2009).

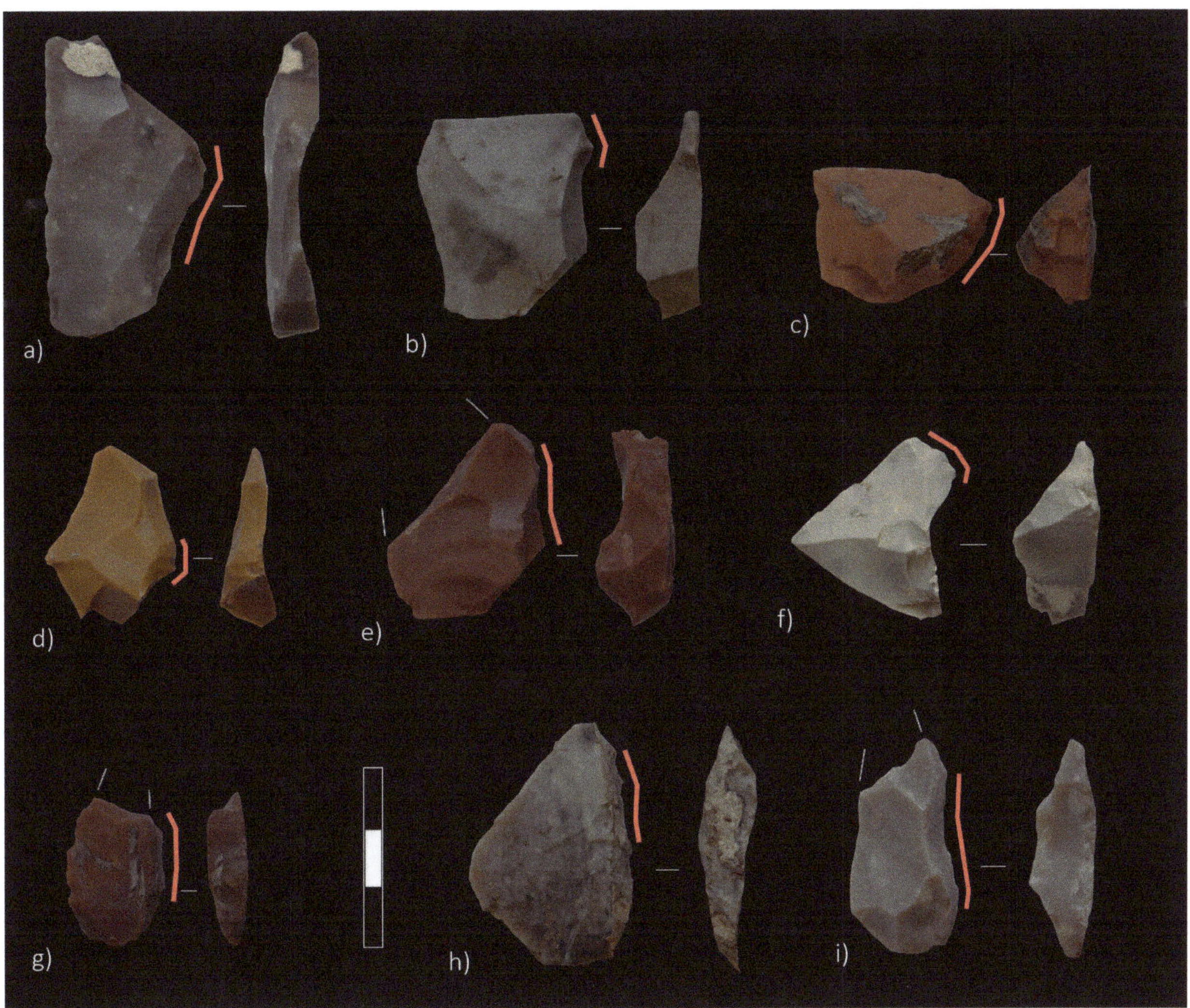

Figura 6.25 Una selezione di manufatti dall'unità A9 di Fumane che mostrano modificazioni di tipo 2 sul dorso: #44 (a) è una lunga scheggia debordante con un dorso che è stato smussato nella porzione mesiale attraverso il ritocco diretto con percussore organico; #4073 (b) è una scheggia debordante quadrangolare che mostra il ritocco diretto di una porzione irregolare del dorso; #1866 (c) e #4370 (f) sono due punte pseudo-Levallois che recano ritocco del dorso sulla porzione distale per facilitare la manipolazione; #3794 (d) ha ugualmente una smussatura dell'area mesiale del dorso per facilitare la manipolazione; #1310 (e), #4567 (g) e #4717 (h) sono schegge debordanti con dorsi parzialmente fabbricati attraverso ritocco diretto; #430 (i) reca un ritocco diretto al fine di smussare il bordo inferiore del dorso.

Tale ritocco, su alcuni supporti, si sviluppa con un profilo convesso o ricurvo. Alcuni supporti similari ritoccati in coltelli a dorso sono stati segnalati anche nell'ultimo livello di occupazione Musteriana (1) di Combe Grenal (Faivre et al. 2014), la cui tecnologia di *débitage* conferma una natura prevalentemente Discoide. Inoltre, due siti all'aperto nel nord della Francia meritano una segnalazione. A Beauvais, un'industria su scheggia esclusivamente Discoide è fabbricata su materie prime locali, principalmente con l'obiettivo di produrre schegge debordanti non ritoccate, secondo una strategia apparentemente opportunistica. Solo in alcuni casi queste schegge sono state rimodellate mediante ritocco diretto, al fine di sviluppare o rettificare la parte prensiva (Locht 2003; Locht & Swinnen 1994). Simile comportamento tecnico è stato suggerito dall'analisi di piccole schegge debordanti e punte pseudo-Levallois dell'analogo sito di Les Bossats a Ormesson (45-50 ky cal BP): le modifiche consistevano in ritocchi obliqui, perlopiù parziali su alcune porzioni del bordo che dovevano essere rettificate e regolarizzate ("*retouche d'accomodation*", Bodu et al. 2014).

Dorsi modificati sono stati descritti anche da L. Slimak (2008a, 2008b) nel sito all'aperto di Champ Grand, situato nell'alta valle della Loira. L'occupazione neandertaliana, conservata in un unico livello archeologico, attesta la prevalenza della tecnologia Discoide inquadrata in un tecno-complesso Quina di facies *Rhodanien*, assieme ad una presenza minoritaria del sistema tecnico Levallois e di alcuni strumenti bifacciali. Oltre a soli due coltelli a dorso tipici, vi è la presenza di manufatti a dorso atipico, che sono stati fabbricati usando tecniche diverse (ritocco irregolare, marginale o scagliato) e supporti variegati. Tra le caratteristiche comuni, si nota la lateralizzazione destra del dorso e un'evidente convessità del profilo distale.

Infine, nella Grotte du Renne ad Arcy-sur-Cure, diversi coltelli a dorso atipici sono stati segnalati negli ultimi

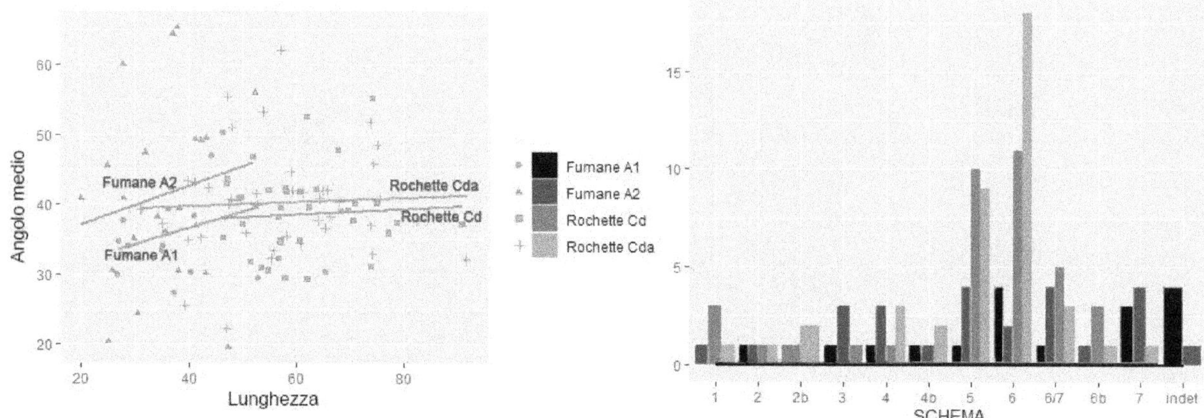

Figura 6.26 Confronto tra gruppi di strumenti a dorso preparato dall'unità A9 di Fumane e La Rochette ("Cd". Coltelli a dorso; "Cda": Coltelli a dorso atipici). A sinistra, variazione dell'angolo attivo per taglia di manufatto; a destra, distribuzione in schemi tecno-funzionali.

livelli Musteriani (XI e XII), caratterizzati da tecnologia Discoide ma a contatto con il soprastante Castelperroniano. Si tratta di schegge o schegge laminari con dorsi a ritocco parziale che talvolta riprendono dorsi di scheggiatura (Girard 1980).

Tali esempi indicano un'ampia adozione di tecniche volte a modificare o adattare i supporti che sono già provvisti di dorso naturale o tecnico/di scheggiatura. Pertanto, se si pongono a confronto i coltelli a dorso MTA su supporti allungati, è evidente che in quel caso sia necessaria una concezione differente dello schema tecno-funzionale per permettere la loro prensione manuale. Il ritocco, nei manufatti del livello 7 di La Rochette, viene adottato in maniera standardizzata, e viene utilizzato per fabbricare strumenti che, nella grande maggioranza dei casi, sono ascrivibili agli schemi tecno-funzionali 5 e 6. La standardizzazione nell'investimento (azione tecnica e scelta del supporto) e nel risultato (costanza nell'angolo attivo e ricorrenza degli schemi tecno-funzionali) fa ipotizzare l'esistenza di schemi mentali e concettuali esistenti a priori (Fig. 6.26). Al contrario, l'elevata variabilità in queste caratteristiche che si registra nei pezzi ritoccati dell'A9 di Fumane, lascia intendere ragioni ecologiche e funzionali peculiari dietro alla fabbricazione dei dorsi ritoccati.

Nell'unità A9, i supporti allungati o laminari sono estremamente rari e non vengono mai ritoccati sul dorso. Al contrario, la maggior parte dei manufatti a dorso deliberatamente ritoccato - sia totale che parziale - sono corti, larghi e spessi, con sezioni triangolari o trapezoidali asimmetriche ottenute dallo sfruttamento di nuclei su scheggia o nuclei discoidi (Figg. 6.24 e 6.25). Questo ulteriore investimento tecnico si è rivelato utile per modellare, curvare o raddrizzare una porzione spessa prensiva, smussare un bordo sottile e aumentare l'angolo ventrale (che in media passa da 72 ° a 85°) o regolarizzare lo spessore per disporre l'inserimento in un manico. Otto di questi manufatti presentano tracce d'uso sulle porzioni passive: sei sono indicative di prensione manuale, tra cui quattro si riferiscono a prodotti di tipo-Kombewa; due punte pseudo-Levallois già menzionate (#1866 e #5824, Fig. 4.28e e Fig. 6.25c-f) presentano un supporto per l'alloggiamento del dito che è corredato dall'arrotondamento meso-distale del dorso, e due schegge allungate (#266 e #3842) con dorsi che sono stati completamente confezionati mediante ritocco erto diretto e inverso (Fig. 6.24e-f). Inoltre, la prensione manuale è stata identificata anche su due schegge debordanti Discoidi (#44 e #659) caratterizzate da dorso che è stato parzialmente o totalmente smussato da ritocco erto marginale (Fig. 6.25a). Infine, uno degli strumenti a dorso preparato di questa unità è stato probabilmente immanicato dopo una considerevole modifica del dorso tramite ritocco diretto e assottigliamento, e una lunga e varia biografia che sarà trattata più nel dettaglio nel paragrafo seguente (#1333, Fig. 4.28c e Fig. 6.24g).

Le attività di sperimentazione hanno permesso di proporre diversi argomenti e motivazioni per esporre in che modo un dorso ritoccato sarebbe stato più funzionale rispetto a un supporto dotato di un dorso grezzo.

- Innanzitutto, un dorso non modificato potrebbe risultare scomodo o talvolta troppo tagliente quando viene premuto manualmente o avvolto con supporti, anche se caratterizzato da ampi angoli (80-90°) sia nei margini superiori che inferiori. Pertanto, lo smussamento mediante ritocco può essere utile per proteggere le dita o legacci in materia organica. Questa ragione è la medesima che viene generalmente associata per la creazione dei coltelli a dorso tipici dell'MTA.
- La possibile alterazione del profilo longitudinale del dorso è altrettanto importante per ragioni funzionali, e archeologicamente è registrata sia a Fumane che a La Rochette. Negli esperimenti, i dorsi convessi si sono dimostrati molto efficienti in particolare nelle azioni in cui è richiesta una forza moderata, come ad esempio attività di raschiatura, taglio di materiali medio-duri o

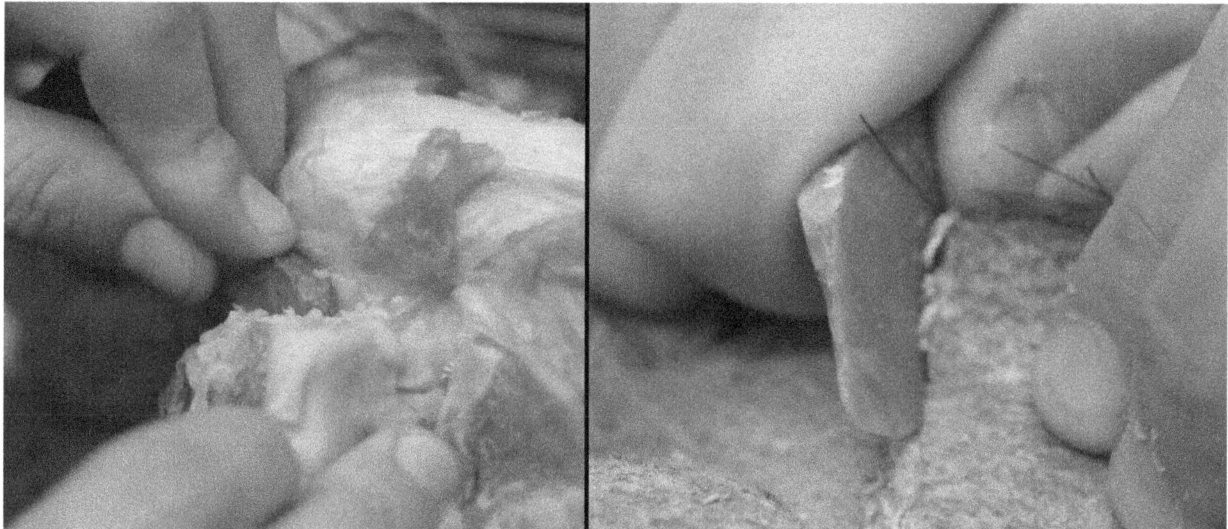

Figura 6.27 A sinistra, manipolazione di precisione con il dito che va a posizionarsi sul dorso dello strumento; a destra, manipolazione di potenza con dita posizionate sulle due facce della scheggia.

per attività svolte con tipici strumenti multifunzionali dotati di punta acuminata e un bordo tagliente. Al contrario, nei lavori che richiedono maggiore forza e una presa molto salda, lo schema prensivo solitamente cambia: le dita vengono posizionate sulle due facce della scheggia con il pollice piazzato verso l'interno (dal lato dell'utilizzatore), evitando quindi il contatto diretto con il dorso, che di conseguenza non richiede specifici interventi (Fig. 6.27).

Queste indicazioni sono in accordo con le tracce conservate sui manufatti archeologici e riconosciute sui pezzi di Fumane. Le attività identificate sono piuttosto variegate - sono attestate raschiatura (n = 4), taglio (n = 5) o entrambe le attività sullo stesso pezzo (n = 1) - ma i materiali lavorati rimangono sostanzialmente di media e bassa durezza, mentre sembra che un solo strumento sia stato usato per lavorare un materiale medio-duro utilizzando movimenti in direzione obliqua. Inoltre, considerate le tracce che sono state osservate nell'area passiva degli strumenti, si può asserire che tutti questi manufatti con dorso ritoccato utilizzati per attività di taglio fossero tenuti direttamente in mano. Se si valutano le loro dimensioni ridotte (lunghezza massima: 27-35 mm), la lunghezza dell'area trasformativa sull'utensile e l'estensione limitata delle tracce lungo il bordo, alcuni di questi manufatti potrebbero essere interpretati come strumenti specializzati in attività di taglio di precisione (#1866 e #3842) (Fig. 6.25c; Fig. 6.24f).

Altri pezzi sono coltelli maggiormente fini, lunghi e regolari, con bordi affilati leggermente o marcatamente convessi (#486 e #659). Al contrario, un manufatto probabilmente immanicato è un raschiatoio che presenta un bordo trasformativo ritoccato e l'evidenza di attività di raschiatura è confermata da tracce di usura (#1333). Attività di taglio e raschiatura attraverso piccoli utensili sono particolarmente rilevanti nel contesto neandertaliano poiché implicano operazioni di precisione specialmente quando eseguite con prensione manuale. Studi recenti evidenziano le capacità dei Neandertal di attuare impugnature di precisione utilizzando pollice e indice (Karakostis et al. 2018; Niewoehner et al. 2003); questo potrebbe anche essere il caso di questi strumenti "sperimentali" dotati di sporgenze/dentelli convessi ed appuntiti funzionali per recidere i tendini, tagliare la pelle e creare scanalature per indirizzare il taglio.

6.3.2 Altri interventi minori e immanicatura degli strumenti

Sebbene non siano estesi o caratterizzanti quanto il ritocco diretto, tutti gli interventi "minori" eseguiti sul dorso rappresentano fonti di informazioni indirette sui modelli di utilizzo dello strumento e sugli adattamenti morfologici che si resero necessari per realizzare le attività eseguite. Per questo motivo, queste modifiche richiedono una classificazione e un'analisi specifiche. L'assottigliamento del dorso, effettuato sia sul lato ventrale (Tipo di intervento n°3) che dorsale (Tipo 4b), è, tra gli altri, particolarmente significativo e diffuso (Fig. 6.28).

L'assottigliamento è solitamente associato a una regolarizzazione del supporto e alla rimozione di parti spesse e massicce (ad es. il bulbo), che include, ad esempio, adattamenti morfologici per migliorare l'inserimento del manico (Mellars 1996; Porraz 2002; Stordeur 1987). Questo è ad esempio il caso del livello N2b del sito di Bettencourt, databile al MIS 5, in cui le punte Levallois usate per armare l'estremità distale delle lance venivano spesso assottigliate alla base. Allo stesso modo, due manufatti dal G-Complex di Sesselfelsgrotte sono stati assottigliati alla base prima dell'immanicatura: una punta Levallois, probabilmente usata per armare una lancia da spinta, e il già citato *Keilmesser*, interpretato come un proiettile (Rots 2009, 2015). Punte Musteriane sono state assottigliate, immanicate e usate come proiettili anche nel sito di Cotte de St. Brelade (Callow 1986). Al contrario, l'accomodamento del dorso per una generica

Figura 6.28 Selezione di manufatti dall'unità A9 di Fumane che mostrano le modificazioni di tipo 3 e di tipo 4b sul dorso; #501 (a) è una grande scheggia debordante che mostra stacchi sia ventrali che dorsali per assottigliare la porzione mesiale del dorso, con abrasioni sulla zona distale; #3078 (b) è una punta pseudo-Levallois che mostra l'assottigliamento ventrale su base e parte del dorso; #1798 (c) mostra stacchi diffusi sulla faccia dorsale del dorso; #1984 (d) è una scheggia debordante con un dorso corticale che reca stacchi diffusi che assottigliano la faccia ventrale dalla base alla punta; #4829 (e) è una piccola scheggia debordante con dentello sporgente latero-distale che mostra assottigliamento su entrambe le facce in corrispondenza del dorso; #3613 è una grande scheggia debordante parzialmente corticata che mostra piccoli distacchi sulla faccia ventrale in area mesiale.

prensione è l'ipotesi proposta per alcuni degli strumenti assottigliati analizzati a Baume des Peyrards da Porraz (2002), sfortunatamente in mancanza di tracce d'uso identificate. Infine, nel sito adiacente di La Combette, tracce di manico sono associate all'assottigliamento ventrale di un raschiatoio (Texier et al. 1998). Per quanto riguarda i raschiatoi Quina, le evidenze di immanicatura sono raramente menzionate in letteratura, nonostante sia noto che l'ampio e profondo assottigliamento basale sia una delle principali caratteristiche di questo tipo di strumento (Zupancich et al. 2016).

Nell'insieme litico dell'A9 di Fumane, la regolarizzazione dell'estremità prossimale (assottigliamento della base) si verifica su #411 e #1211: si tratta di due punte *dejeté* su cui sono state riconosciute anche tracce di prensione manuale – così come nel manufatto #3078 (Fig. 6.28b). I bordi laterali parzialmente o completamente assottigliati, tuttavia, sono molto più comuni (Fig. 6.28 a; c-f). Ciononostante, i modelli di prensione e di utilizzo appaiono estremamente diversificati: l'utilizzo di un manico è stato riconosciuto solo per il manufatto #335 e, ancora, in #1333. Questi due pezzi sono stati sottoposti a numerosi interventi, tra cui l'assottigliamento ventrale nell'area prospicente il dorso.

Ancora una volta, le attività sperimentali di riproduzione e utilizzo hanno confermato l'efficacia dell'assottigliamento del dorso associato a diversi schemi di prensione, che rifiutano una standardizzazione a favore di modifiche specifiche che si adattano alle esigenze della morfologia dell'utensile e della sua modalità prensiva. Quando lo strumento è progettato per essere inserito in un manico fenduto, l'assottigliamento si rende talvolta necessario per regolarizzare lo spessore o migliorare l'innesto dell'estremità prossimale. Nel caso del manico "giustapposto", un assottigliamento parziale e uniforme fornisce una linea di adattamento funzionale con il profilo sagittale del tagliente e consente la progettazione di bordi trasformativi e prensivi-recettivi lungo lo stesso asse virtuale. Nel complesso, la grande varietà di supporti suggerisce che possano coesistere diversi modelli di immanicatura (Fig. 6.29).

- Nel manufatto #335, scheggia quadrangolare con tracce di immanicatura, la regolarizzazione superiore del dorso modula uno spessore rettilineo che è funzionale al profilo sagittale del tagliente opposto. Questo bordo, infatti, è fortemente inclinato rispetto alla sagoma della scheggia ed è stato realizzato per essere in linea con la porzione prossimale del dorso. Il taglio di materiali medio-duri, che è stato riconosciuto su questo strumento, richiede un margine tagliente rettilineo e una certa conformità tra contatti recettivi e trasformativi che, a seguito dell'intervento antropico

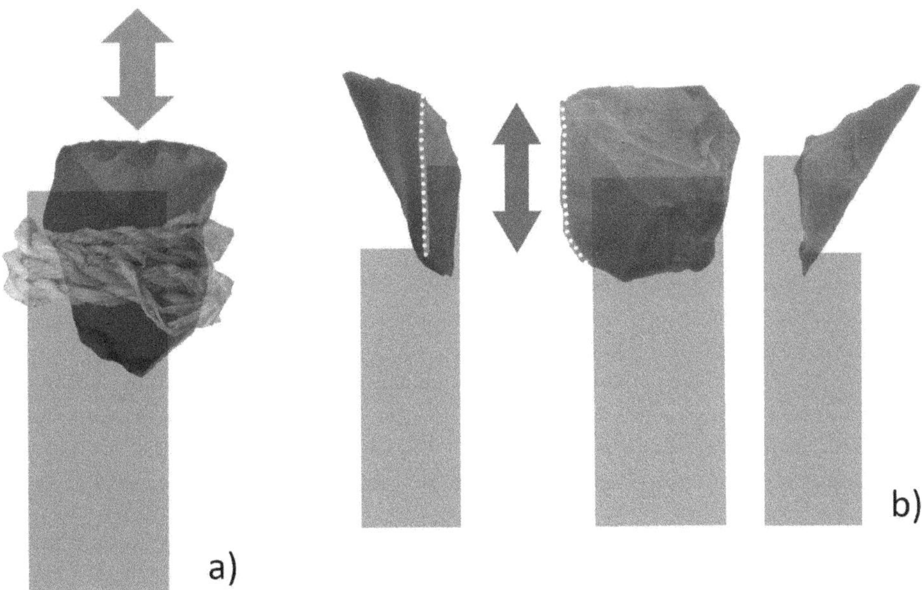

Figura 6.29 Manufatti che mostrano tracce d'usura associate ad un manico; gli schemi sono ricavati dai dati tecno-funzionali e tracceologici. Il manufatto #1333 (a) era probabilmente inserito in un manico fenduto terminale e fissato con legacci organici; il raschiatoio veniva usato con movimenti trasversali. Il manufatto #665 (b) è un coltello che veniva usato con movimenti longitudinali, probabilmente fissato in un manico giustapposto dopo un parziale assottigliamento della superficie dorsale.

qui documentato, vengono a posizionarsi sullo stesso asse longitudinale. In questo caso si suggerisce l'applicazione di un manico "giustapposto" sulla faccia superiore, poiché la faccia inferiore rimane fortemente disassata rispetto al margine tagliente (Fig. 6.29b).

- Il manufatto #1333, al contrario, sembra essere stato utilizzato con un arrangiamento terminale del manico, con il bordo attivo perpendicolare all'inserzione. L'assottigliamento e il ritocco diretto, combinati sul dorso e opposti al bordo funzionale, sono indicativi di una sistemazione in un manico fenduto che copriva anche il bordo sinistro, il quale risulta più sottile di quello destro. Qui, l'attrito da contatto tra manico e strumento ha prodotto distacchi rettangolari di piccole e medie dimensioni (Fig. 4.28c). Al contrario, l'intensa abrasione che è visibile sul margine inferiore e superiore del bordo destro, troppo spesso per l'inserimento, è stata probabilmente eseguita per smussare i bordi in modo da fissare il manico con legacci in materia organica. Inoltre, le tracce di raschiatura riconosciute sul contatto trasformativo sono coerenti con questo tipo di impugnatura. Questo modello di utilizzo è paragonabile a quello riconosciuto in alcuni raschiatoi Quina del Vicino Oriente (Zupancich et al. 2016) (Fig. 6.29a).

Tra gli altri manufatti assottigliati, cinque pezzi sono stati utilizzati con prensione manuale dopo la smussatura di dorsi grezzi con interventi puntuali al fine di arrangiare l'appoggio del dito (intervento Tipo 5). Questo comportamento è suggerito da piccoli distacchi piuttosto regolari e sistematici che partono da uno dei dorsi associato a lievi abrasioni. Come accennato in precedenza, queste modificazioni minori potrebbero essere state effettuate al fine di eliminare le proprietà taglienti dei bordi e proteggere stringhe e parti della mano a contatto. Gli esperimenti sono stati quindi utili per interpretare la funzionalità di questi piccoli interventi, poiché l'impugnatura risponde in modo diverso se i bordi sono ritoccati o grezzi: il contatto con bordi ritoccati produce arrotondamenti, mentre con bordi grezzi genera micro-distacchi. Di conseguenza, le abrasioni pre-utilizzo osservate sui campioni usati possono essere chiaramente differenziate da quelle causate dall'uso stesso.

6.3.3 Integrazione con il quadro ecologico e tecnologico Discoide

Data l'apparente sovrapproduzione di strumenti con schemi tecno-funzionali simili nell'insieme Discoide di Fumane, può essere interessante esplorare i fattori che hanno dato origine ad una produzione tecnica così raffinata e dispendiosa in termini di tempo e lavoro. È stato affermato che gli strumenti ritoccati Musteriani (principalmente i raschiatoi) non sono stati concepiti per essere utilizzati come li vediamo nel loro stato definitivo, ma che le morfologie specifiche che hanno assunto sono la conseguenza di successive fasi di rimessa in forma o riprogettazione, a seconda delle esigenze imminenti (Dibble 1987; Dibble & Rolland 1992; Rolland 1988; Rolland & Dibble 1990). Si deduce in questo modo che qualsiasi strumento ritoccato sarebbe collegato principalmente ad una conseguenza pratica e solo in misura minore a un'applicazione tecnica volta a materializzare un concetto teorico attraverso l'ottenimento di strumenti dalle forme anticipate e ricorrenti. Tale argomentazione e la sua corrispondenza con i contesti archeologici, tuttavia, devono essere verificate caso per caso poiché la tecnologia non può essere ridotta esclusivamente ad una funzione utilitaria. La tecnologia va oltre la semplice progettazione di uno strumento particolare per scopi specifici e deve necessariamente essere considerata come 1) un insieme e 2) un processo di invenzione (Simondon 1958). A questo proposito, il modo in cui gli strumenti litici sono progettati, prodotti, riciclati e scartati è intimamente collegato alle pratiche di sfruttamento del territorio da parte dello scheggiatore-cacciatore nomade, che a loro volta sono solitamente associate alle strategie di sfruttamento delle risorse ambientali (Andrefsky 2008). Per questo motivo, le variabili che possono guidare la produzione di diversi tipi di strumenti ritoccati sono diverse, come i modelli di mobilità, le strategie di approvvigionamento alimentare, le mutevoli condizioni ecologiche ed ambientali (Meignen et al. 2009; Rolland & Dibble 1990).

Come già sottolineato, il tecno-complesso Discoide è generalmente concepito come una risposta tecnologica di gruppi umani che praticano mobilità ciclica e stagionale (Delagnes & Rendu 2011) con adattamento al territorio locale (Turq et al. 2017). I supporti grezzi appaiono come versatili e multifunzionali (Arrighi et al. 2009; Lemorini et al. 2003; Locht 2003), sebbene caratterizzati da una vita funzionale breve e quindi apparentemente non concepiti per far parte di kit di strumenti trasportabili (Delagnes & Rendu 2011). Un indice rivelatore in questo senso è la bassa incidenza di strumenti ritoccati negli insiemi litici Discoidi, quantificabile tra il 2% e l'8% del totale dell'insieme (Bourguignon & Turq 2003; Faivre 2011; Faivre et al. 2017; Gravina & Discamps 2015; Martinez et al. 2014; Thiébaut et al. 2009). Questa tecnologia consente di mantenere sistemi tecnici altamente produttivi la cui propensione alla ramificazione della catena operativa (Faivre et al. 2014; Romagnoli et al. 2018; Turq et al. 2013) determina una riduzione significativa uni- o bifacciale di nuclei e nuclei su scheggia, piuttosto che il potenziale rinnovo degli strumenti tramite numerose fasi di ritocco.

Anche a Fumane, gli strumenti ritoccati nell'unità A9 rimangono su valori piuttosto bassi (<5%). Dati questi indici comuni, si presume che una possibile frazione dei supporti trasportati potrebbe corrispondere alle diverse varietà di nuclei discoidi, a causa del loro alto potenziale produttivo e del limitato investimento richiesto nella loro preparazione e gestione (Bourguignon & Turq 2003; Faivre et al. 2014; Peresani 1998). Va ricordato che la produzione di tipo Kombewa in A9 è correlata all'introduzione di nuclei su scheggia realizzati su materie prime semi-locali o alloctone, ottenute da sequenze di riduzione frazionate nello spazio e iniziate al di fuori del sito, presumibilmente già sul luogo di approvvigionamento, almeno per quanto riguarda la selce Oolitica (Delpiano et al. 2018).

Sebbene non esclusiva, l'associazione di dorsi preparati e rettificati con schegge debordanti di tipo Kombewa getta nuova luce sulla possibile variabilità nelle strategie di riduzione del supporto in conseguenza di situazioni specifiche. L'unità A9 di Fumane è un palinsesto con frequentazioni sovrapposte, che sono attestate da dozzine di aree di combustione, porzioni di paleosuperfici di calpestio e strategie diversificate di approvvigionamento alimentare e di altri tipi di risorse (Fiore et al. 2016; Peresani et al. 2014; Romandini et al. 2014). Nella varietà delle reti di mobilità qui riconosciute, esigenze specifiche potrebbero aver caratterizzato alcune particolari circostanze che si sono verificate lungo il percorso dalla fonte al sito. Tuttavia, anche se questo comportamento è attestato, esso non rappresenta la norma o una scelta tecnica comune: solo una relativamente piccola parte del totale delle schegge debordanti o dei supporti tipo-Kombewa ha subito questo trattamento specifico. Vale la pena sottolineare che uno dei pezzi più modificati (il già citato #1333, che è stato ritoccato e assottigliato per essere immanicato) è realizzato in selce alloctona dalla formazione del Rosso ad Aptici, affiorante ad almeno 60-80 km verso ovest (Delpiano et al. 2018) (Fig. 4.11). Pertanto, si può presumere che alcuni di questi strumenti, appartenenti al toolkit dei cacciatori-raccoglitori nomadi, siano stati intenzionalmente modificati durante itinerari quotidiani (nel caso di alcune materie prime locali o semi-locali) o stagionali (nel caso delle materie alloctone e talvolta di alcune materie locali) e abbandonati infine a Fumane.

6.3.4 Prospettive comportamentali e di innovazione

La produzione di manufatti a dorso rappresenta un modello innovativo di comportamento tecnico, indipendentemente dalla sua associazione non necessaria con l'immanicatura. Come accennato in precedenza, questi strumenti facevano parte del repertorio conosciuto degli uomini di Neandertal, poiché si ritrovano in contesti diversi dal punto di vista cronologico e tecnologico. Tuttavia, appaiono con un'incidenza estremamente variabile e sono completamente assenti in intere regioni (Fig. 6.30). Nei siti francesi pluri-stratificati si ritrovano principalmente nel Musteriano finale, poco prima e direttamente a contatto delle occupazioni Castelperroniane (livello K di Le Moustier, livello EGPF di Saint-Césaire, livello C di La Grotte XVI, livello 7 di La Rochette, livelli XII e XI di Grotte du Renne), dato che è stato talvolta utilizzato in ottica di continuità tra le due culture materiali (Ruebens et al. 2015; Soressi 2005), o in ogni caso alla fine delle sequenze Musteriane (livelli 1-4 di Combe-Grenal, livello 7 di Pech de l'Azé I) (Tab. 6.7). In entrambi i contesti MTA o Discoidi/Levallois, la loro apparizione è inserita nella tecno-variabilità delle industrie litiche del MIS 3. Pochissimi e isolati casi di strumenti a dorso ritoccato sono menzionati nel MIS 5 a Tönchesberg, Rheindalen e Wallertheim (Conard 1990) e in alcuni siti contemporanei nel nord della Francia (Deloze et al. 1994) e in Polonia (Cyrek et al. 2014), anche se sono a volte associati, basandosi sulle figure disponibili in bibliografia, a supporti apparentemente pseudo-ritoccati e sbrecciati.

Viceversa, allo stato attuale della ricerca, questo tipo di strumento manca negli insiemi Musteriani della

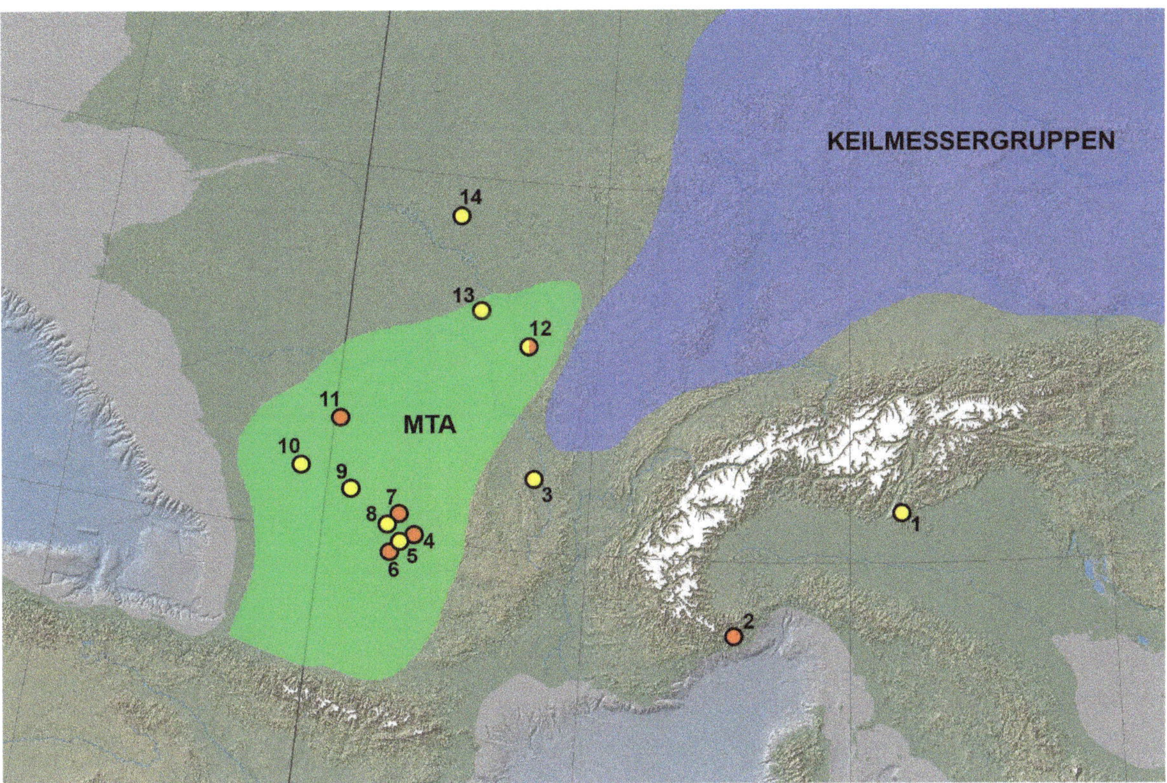

Figura 6.30 Carta dell'Europa centro-occidentale nel MIS 3 (GS 12) fornita per gentile concessione di Davide Margaritora, corredata dei principali siti che attestano la presenza di manufatti a dorso preparato. In giallo, insiemi con dorsi su supporti discoidi; in rosso, insiemi con dorsi su supporti laminari. 1) Fumane; 2) Sanremo S. Francesco (di età più antica); 3) Champ Grand; 4) Pech-de-l'Azé I e IV; 5) Combe Grenal; 6) Grotte XVI; 7) La Rochette; 8) Le Moustier; 9) La Quina; 10) Saint-Cesaire; 11) Quinçay; 12) Grotte du renne; 13) Les Bossats; 14) Beauvais.

penisola italiana, se si esclude l'isolato e attualmente non datato sito di via San Francesco a Sanremo, in Liguria occidentale a circa 20 km dal confine italo-francese. L'insieme litico attesta l'esistenza di tecnologia laminare con nuclei prismatici accanto a quella Levallois ricorrente ed unipolare, con la presenza di una quarantina di supporti modificati da ritocco erto parziale; si tratta di coltelli a dorso atipici su lame e schegge laminari il cui dorso ritoccato è posizionato frequentemente in porzione distale conformando talvolta pseudo-punte o troncature. La posizione stratigrafica e cronologica del sito è, come detto, ancora inedita, anche se potrebbe risalire almeno all'ultimo interglaciale – MIS 5e (Negrino, com. pers.).

A Fumane i pezzi a dorso ritoccato sono presenti nell'unità A9, che non marca l'ultima occupazione Musteriana, perché seguita dalle unità A5-A6 e A4. La prima di queste unità è caratterizzata da prevalenza di tecnologia Levallois nella variante ricorrente unipolare e dall'assenza di strumenti a dorso, mentre nella seconda questi ultimi riappaiono in forme diverse e sono associati a metodo Levallois centripeto e a sistemi innovativi di produzione litica che vengono generalmente attribuiti al tecno-complesso Uluzziano, esclusivo nella seguente unità A3 (Peresani et al. 2016, 2019). Pertanto, l'associazione di strumenti a dorso con una produzione tecnologica Discoide a Fumane risale ad almeno 47,6 ky Cal BP. I livelli Discoidi nei siti francesi in grotta o riparo oscillano tra 46 e 41 ky. I siti all'aperto nel bacino di Parigi potrebbero essere coevi (Les Bossats) o leggermente più antichi, con Beauvais che è databile a 50-55 ky (Locht et al. 2006). Infine, al momento che l'occupazione Musteriana a Champ Grand è attualmente priva di datazione diretta, da un punto di vista geostratigrafico essa può essere collocata nella prima metà del MIS 3. Nella stessa fase, gli strumenti a dorso appaiono anche nella Francia sudoccidentale, ma all'interno dei contesti MTA-A, che sono datati nel livello C della Grotte XVI, livello 8 di La Rochette, livello 4 di Pech de l'Azé I. A Le Moustier, l'insieme MTA-A definito da Bordes nello strato G, datato tra 55 e 50 ky, è stato definito come inaffidabile a causa delle raccolte parziali degli scavi precedenti e pertanto le indicazioni tecnologiche non vengono generalmente considerate attendibili. Una recente revisione, basata su campioni di insiemi sostanzialmente più rappresentativi, dimostra che i sotto-livelli G1 e G2 registrano l'uso esclusivo della tecnologia Levallois, mentre G3 e G4 sono dominati dalla gestione della produzione bifacciale e sono privi di strumenti a dorso (Gravina 2016; Gravina & Discamps 2015).

Vale la pena ricordare che a Fumane, così come alla fine delle sequenze Musteriane regionali della Francia meridionale e sud-occidentale, non vi è alcuna standardizzazione in termini di tecniche di creazione dei dorsi e in termini morfologici, ovvero nella forma ricercata per i pezzi a dorso. Questo dato è in contrasto con le industrie di transizione Paleolitico Medio-Paleolitico Superiore europee, come l'Uluzziano (Moroni

Tabella 6.7 Principali insiemi litici Musteriani dell'Europa Occidentale datati al MIS3 con strumenti a dorso preparato

Site	Layer	Techno-complex	N° backed items	Chronology	References
La Rochette	8	MTA – A	38	50-55 ky	Soressi 2002
	7	MTA – B	73	52.5-42.6 ky	Soressi 2002
Le Moustier	G	Levallois Mousterian (G1-G2) MTA-A (G3-G4)	78 (layer G: Peyrony collection) 1 (G1-G2) + 35 (G3-G4) (Geneste & Chadelle coll.)	>47 ky	Soressi 2002; Gravina and Discamps 2015; Higham et al. 2014
	H	Discoid Mousterian	36	46-47 Ky	Gravina and Discamps 2015; Higham et al. 2014
	K	Levallois Mousterian	16	>42 Ky	Gravina 2016 Higham et al. 2014
Pech de l'Azé IV	3B/F4	MTA – A	11	44-50 ky?	Mcpherron & Dibble 1999; Mcpherron et al. 2012
	3A/F1-2	MTA – B	30	44-50 ky?	Mcpherron & Dibble 1999; Mcpherron et al. 2012
Pech de l'Azé I	4	MTA – A	18	>43 ky	Soressi 2002; Soressi et al. 2007
	6 + 7	MTA – B	61 + 51	41-51 ky	Soressi 2002; Soressi et al. 2007
Grotte XVI	C	MTA – A	15	64.6 ky	Soressi 2002 Guibert et al. 1999
Combe Grenal	1	Musteriano Discoide	7	~40 ky?	Faivre et al. 2014
Saint Cesaire	EGPF	Musteriano Discoide	?	40.9 ky	Thiébaut et al. 2009
Champ Grand	\	Musteriano Discoide/ Quina	2 (+ 11?)	55 – 45 ky?	Slimak 2008a
Les Bossats	4	Musteriano Discoide	4 (?)	50 – 45 ky?	Bodu et al. 2014
Beauvais	N1	Musteriano Discoide	2 (?)	50 – 55 ky	Locht et al. 2006; Locht 2003
Grotte du Renne	XI	Musteriano Discoide/ laminare	10	47.7 – 44.8 ky	Girard 1980; Hublin et al. 2012
	XII	Musteriano Discoide/ laminare	17	47.7 – 44.8 ky	Girard 1980; Hublin et al. 2012
La Quina	6a	Musteriano Discoide	11	48.3 – 51.2 ky?	Jelinek 2013; Higham et al. 2014
	6c	Musteriano Discoide	22		
	8	Musteriano Discoide	4		
Sanremo, via S. Francesco	\	Musteriano laminare	46	MIS 5e?	Negrino 2003
Fumane	A9	Musteriano Discoide	42	> 47.6 ky	Peresani et al. 2008

et al. 2018; Peresani et al. 2019; Riel-salvatore 2009) e il Castelperroniano (Pelegrin 1995; Roussel et al. 2016), o i complessi Howiesons Poort e Post-Howiesons Poort in Sudafrica (Soriano et al. 2007; Villa et al. 2010). Questi strumenti standardizzati sono talvolta interpretati come evidenza del comportamento simbolico, anche per il loro ruolo di marcatori sociali all'interno degli scambi etnici (Barham 2002; Soriano et al. 2007). Inoltre, gli strumenti a dorso dei contesti tardo Musteriani differiscono in gran parte dalla forma ricorrente di alcuni tipi di coltelli bifacciali a dorso come i *Keilmesser*, caratterizzati da un certo livello di standardizzazione legata a motivi ecologico-funzionali ma non morfologica, e dai già citati coltelli a dorso ricurvi su supporti laminari da contesti MTA, standardizzati per motivi più strettamente funzionali ed ergonomici. A Fumane e negli altri contesti Discoidi o Levallois, il processo di produzione di questi strumenti non sembra essere stato pianificato sulla base di uno schema concettuale. Ciò significa che la morfologia dei prodotti non dipende dalla ricerca estetica, ma che, piuttosto, i modelli funzionali di manipolazione e utilizzo siano stati fondamentali nel guidare il loro design. La variabilità di questi schemi, associata al comportamento tecnico, consente una certa versatilità che non influisce sul livello di efficienza, come confermato dalle tracce di usura osservate sui contatti trasformativi e prensivi e come testato nelle attività sperimentali. Il livello di pianificazione nella produzione litica non è ricostruibile dalla produzione di strumenti ritoccati, ma dalla prerogativa tipica del metodo Discoide: la sua elevata produttività e adattabilità. Questa funzione fornisce diversi supporti grezzi utilizzabili o uno stock da cui è possibile ottenere strumenti di precisione e con maggiore potenziale di mobilità.

Ulteriore evidenza della capacità di progettare strumenti elaborati e/o di precisione è l'utilizzo di manici in materia organica, sebbene limitati a due soli strumenti. Tuttavia, la probabile presenza di due diversi schemi di immanicatura, adattati alla morfometria e alla funzione del supporto, può suggerire una più ampia conoscenza della tecnologia. Inoltre, l'immanicatura è, in questo caso, un investimento possibile ma non necessario, ed è pertanto il risultato di conoscenze tecniche, competenze tecnologiche e ottimizzazione delle performance. Secondo Rots (2015), la prima "fase evolutiva" dell'immanicatura avviene quando essa diventa un prerequisito per l'utilizzo dello strumento (cosa che avviene, ad esempio, per i proiettili). I casi provenienti dall'A9 di Fumane appartengono alla fase successiva, poiché i coltelli e i raschiatori non richiedono necessariamente un manico per essere utilizzati, ma grazie a questo possono migliorare le prestazioni in termini di forza impressa o precisione (Rots 2015; Zupancich et al. 2016). Tuttavia, l'uso di coltelli immanicati finalizzati ad attività di macellazione è stato riconosciuto in Europa dallo stesso autore tra MIS7 e MIS6 a Maastricht-Belvedere e Biache-St-Vaast. Inoltre, l'immanicatura e gli strumenti compositi sono stati genericamente considerati in letteratura come un indicatore del comportamento moderno (Mcbrearty & Brooks 2000), anche se Shea & Sisk (2010) hanno limitato questo termine solo all'inserzione di punte e barbe, strumenti litici inseriti in dispositivi meccanicamente scagliati o correlati all'uso di archi. Sebbene questa ipotesi richieda ulteriori evidenze, questo sembra invece essere il modello di utilizzo dei già citati strumenti a dorso geometrici e microlitici di Howiesons Poort (Villa et al. 2010) o dei complessi di transizione tra Paleolitico Medio e Superiore europeo come l'Uluzziano (Sano et al. 2019).

7

Conclusioni. Costruzione di modelli generali

7.0 Conclusion

The main points addressed in the discussion are here resumed and debated under the perspective of the behavioural strategies of Neanderthal groups in the first part of MIS 3. The information about the relationship between Mousterian and *keilmessergruppe*, achieved with the analysis of the backed tools from the G-complex, emphasize the nature of the *keilmesser*, strategic tool differentiated from the backed tools on flakes for the higher potential of production and the longer use-life. *Keilmessers* were probably hand-held, used for cutting, scraping and occasionally to produce small usable flakes. These tools, and the so-called "Micoquian option" which they represent, are deeply interconnected with the Mousterian techno-typological substrate, and emerge in highly constrained ecological conditions, related to behavioural strategies characterized by frequent and recurring mobility patters. These conditions favoured the production of highly strategic and long-life blanks, besides the ramification of the knapping reduction sequences. In the absence of large-scale, reliable data on seasonality, we can assess that the challenging dynamics of climate deterioration framed between the MIS 5d and the beginning of MIS 3 may have played a role in the appearance of *keilmessergruppe* and the related techno-cultural regionalization. This could be the reason why the *keilmessers*, after a configuration stage in which they would have expressed a strongly ecological and strategic meaning by functionally imitating the unifacial backed tools, in a second stage they would mostly represent a standard bifacial tool provided with functional but also cultural and symbolic heritage. However, in order to verify this hypothesis, a broad comparison between the earlier and later *keilmessergruppen* assemblages is necessary; moreover, only extensive chronometric analysis will clarify the reliability of the summarized hypotheses.

Then, the production of prepared backed artefacts during the Palaeolithic is recognized as an important step in the design of stone tools for manual activities and the development of human tool ergonomics. As we have seen, in other contexts such as Fumane A9 or La Rochette layer 7, intentional modification or creation of the back by retouching arise as an independent Neanderthal innovation in relation to specialized or precision implements. The study of prepared back tools in Fumane Discoid assemblage has provided new data on a technical specialization traditionally associated with an implicit conception of modern behaviour. The choice to plan the technological investment according to the needs and the informative and conceptual complexity of the functional and operational schemes are significant sources in order to explore the cognitive contribution to stone technology. The standardization of the backed knives, typical of the MTA techno-complex, seems to indicate the existence of a mental model inherent in their manufacturer and achieved after a systematic structural procedure: all the actions are strictly correlated and oriented towards the creation of elongated tools with straight cutting-edges and convex or straight back according to two recurring schemes, besides constant edge angles, functional for cutting activities. The recurring technical elements, as well as their presence in restricted geographical and chronological contexts, suggest that those elements could possess a cultural value.

Finally, a small part of the complex stratigraphical sequence of the final Mousterian of Grotta di Fumane served to deepen the debated dualism in the Mousterian technological variability, concerning Discoid and Levallois knapping methods. Their ecological and productive differences appear to reflect distinct choices based on the functional objectives. Conversely, a common element is the choice to put the major technological investment in the presumed transported blanks, meaning the cores, considered as highly productive sources of usable blanks. The Levallois core can be, by itself, a theoretical tool-kit source; but this is particularly true for the Discoid core, whose productive ramification, versatility and non-hierarchization, are features making it adaptable to almost any raw blank and material. Therefore, Levallois and Discoid methods could represent differentiated responses to similar ecological conditions, mostly characterized by less need for long-life blanks if compared to techno-complexes bearing Quina or bifacial implements.

Alongside this dualism characterizing the entire Middle Palaeolithic and Middle Stone Age span, a considerable increase in Neanderthals' behavioural and technological complexity occurs in a key period that can be framed between the end of MIS 5 and the beginning of MIS 3. During this long stage, the intense pressures caused by the climatic cooling of stadial phases favoured migrations towards propitious ecological refugia. The related selective pressures resulted in repercussions both on demography and gene flows. These may have also influenced both the cognitive and adaptation degree, as well as the shared cultural background, giving rise to regionalisms and techno-cultural mosaics. Following these dynamics, different adaptive strategies to constrained conditions may have concurred to culturally-differentiate groups characterized by partially shared and partially exclusive stone tools and technologies; in this phase, a cultural value may have been assigned to some tools derived from mental models. The key, in this sense, could be the distinction between the tools derived from functional consequences and the tools derived from inherited concepts, a topic that deserves dedicated and in-depth analysis. The former can be the case of the retouched backed tools attested in Fumane A9, while the latter can be the case of typical backed knives from La Rochette as well as the *keilmesser* tool-type.

Concerning this phase, increasing attention is catalysed around the emergence of modern behaviour in extra-Sapiens populations. About that, it is necessary to assess the possible occurrence of cultural lineages, external acculturations or other processes caused by contact and hybridization. Considering the widespread presence and significance of prepared backed tools in the lithic assemblages characterizing the transition between the Neanderthals and the Sapiens occupation of Europe, backed artefacts could represent a valid means to investigate this aspect, focus of new and stimulating debates.

Il presente lavoro vuole costituire un contributo nel fervente dibattito sulla comprensione delle strategie comportamentali, e in particolar modo delle scelte tecnologiche, di gruppi neandertaliani grosso modo contemporanei inquadrabili nella prima parte del MIS 3 (55 - 45 Cal ky), ma localizzati in diversi contesti geografici e paleoambientali. Questo assunto si sposa particolarmente all'analisi svolta sul G-Complex di Sesselfelsgrotte, sito chiave di un complesso tecnologico, il Micocchiano dell'Europa Centrale o *Keilmessergruppe,* che deve innanzitutto essere compreso al suo interno e nella sua intrinseca relazione con il Musteriano locale, prima di un confronto con insiemi litici presenti sul versante opposto di quella che doveva essere, in epoca glaciale, una frontiera invalicabile: la calotta glaciale Alpina.

La revisione tecno-funzionale e morfologica degli strumenti a dorso in senso lato analizzati dal G-Complex di Sesselfelsgrotte ha permesso una più ampia comprensione della relazione esistente tra queste diverse entità tecno-tipologiche. Le principali conclusioni di questo confronto intra-sito sono le seguenti:

- Lo strumento-tipo *Keilmesser* non è sempre ben definito, e la sua definizione è in realtà piuttosto fluida. Su base tecno-funzionale, esso include diversi sottotipi che implicano schemi operativi funzionali distinti in base a morfologia, unità funzionali, dimensioni, ecc. Questi schemi potrebbero avere sia un valore funzionale o relazionato alla riduzione del supporto, poiché alcuni di essi (in particolare il gruppo dei *keilmesser* con punta) avrebbero potuto rappresentare lo schema iniziale, successivamente modificato a causa di susseguenti fasi di riaffilatura e rimesse in forma. Questa variabilità è confermata dalle analisi tracceologiche disponibili in letteratura, che mostrano perfettamente la versatilità di questo concetto. Un approccio che si è rivelato particolarmente utile è l'analisi diacritica delle fasi di lavorazione applicata agli schemi tecno-funzionali, in grado di discernere 3 tipi di *keilmesser* distinti in base alle loro biografie e potenzialità ecologiche; tra questi, gli strumenti-nucleo sono caratterizzati da un concetto di poli-intenzionalità: come matrice di materia prima da cui produrre supporti dall'uso immediato (in una concezione simil-Levallois), e come strumento asimmetrico con dorso.
- Ampliando l'analisi agli altri strumenti a dorso, inclusi raschiatoi con dorso o i semplici prodotti su scheggia, è evidente che queste categorie tipologiche sono caratterizzate da un certo grado di sovrapposizione, osservabile in primo luogo nelle analisi in morfometria geometrica 3D. Inoltre, anche se alcune preferenze sono registrate tra gli schemi tecno-funzionali, non esiste uno schema esclusivo per un singolo tipo di strumento. Anche i confronti tra gli angoli e i biselli dei margini taglienti (CT) analizzati nelle sezioni virtuali dei manufatti hanno dimostrato che la sezione piano-convessa dei *keilmesser* è stata probabilmente realizzata per imitare la funzionalità degli strumenti su scheggia, oltre che per l'applicazione delle tecniche di mantenimento dell'angolo attivo. Infine, il tipo e l'origine tecnologica del dorso sono maggiormente legati al supporto iniziale che al tipo di strumento: le analisi sulle usure forniscono dati coerenti anche in questo senso, poiché la tipologia non è mai associata automaticamente ad una funzione, e la funzione di coltello a prensione manuale sul dorso si ritrova in strumenti caratterizzati da un'ampia variabilità tipologica. Il principale fattore discriminante tra strumenti bifacciali e strumenti uni-facciali con dorso è quindi il potenziale produttivo più elevato e la maggiore durata di vita funzionale dei primi strumenti, che permette una maggiore trasportabilità e versatilità nell'utilizzo.
- Per questi motivi i *keilmesser* sono perfetti strumenti a dorso strategici, utilizzati principalmente con manipolazione manuale e utili per tagliare, raschiare e occasionalmente per produrre piccole schegge dallo sfruttamento e assottigliamento della loro superficie piana. Questi strumenti, e la cosiddetta "opzione Micocchiana" che essi rappresentano, sono profondamente interconnessi al substrato tecno-tipologico Musteriano, ed emergono in condizioni ecologiche fortemente vincolanti, legate a strategie comportamentali con mobilità frequente e ripetuta. Queste condizioni hanno favorito la produzione di supporti altamente strategici e di lunga durata e la ramificazione delle sequenze operative di scheggiatura. In assenza di dati affidabili e su larga scala relativi alla stagionalità delle occupazioni, possiamo affermare che, probabilmente, le complesse dinamiche di irrigidimento climatico inquadrabili tra il MIS 5d-a e il MIS 3 iniziale possano essere alla base della loro emergenza. Diffusi sconvolgimenti demografici prodottisi a seguito dell'espansione e della contrazione della copertura glaciale e delle relative mandrie di

grossi erbivori, possono aver portato ad una diffusa regionalizzazione tecno-culturale da cui sono emersi anche i *keilmessergruppen*. Questo potrebbe essere il motivo per cui i *keilmesser*, dopo una fase iniziale in cui avrebbero espresso una concezione ed un significato fortemente ecologico e strategico, in una seconda fase rappresenterebbero perlopiù un semplice supporto-strumento dotato di retaggio culturale e simbolico. Il G-Complex di Sesselfelsgrotte documenta chiaramente, anche se in maniera piuttosto debole, questo tipo di comportamento. Tuttavia, per verificare definitivamente questa ipotesi è necessario un ampio confronto tra i contesti *keilmessergruppen* iniziali e finali; inoltre, solo una copertura cronometrica più estensiva potrà chiarire l'affidabilità delle ipotesi riassunte nella cronologia lunga e corta applicate ai *keilmessergruppen*.

Le prospettive future, in questo senso, potrebbero finalmente derivare da un confronto inter-sito più mirato con i complessi Musteriani analizzati nel presente lavoro; a questo proposito, potrà essere sviluppato un protocollo sperimentale focalizzato a misurare l'efficienza dei *keilmesser* in relazione agli altri strumenti a dorso, al fine di quantificarne al meglio l'efficienza ecologica. Anche la concezione originaria del dorso, qui incorporata nelle strategie di utilizzo del supporto grezzo, è particolarmente importante in questa fase crono-culturale. Come abbiamo visto, in altri contesti come l'unità A9 di Fumane o il livello 7 di La Rochette la modificazione intenzionale del dorso mediante ritocco appare come un'innovazione neandertaliana in relazione a strumenti specializzati e di precisione. In questo senso, nel G-Complex, la conformazione ad assottigliamento bifacciale registrata in diversi esempi di "congiunzioni" tra porzioni passive dei manufatti, sembra essere un comportamento tecnico peculiare, non documentato altrove, che merita un'indagine approfondita corredata da analisi tracceologiche. In questi casi, è necessario valutare gli oggetti tecnici in relazione alla loro utilità, adattamento ambientale e anche fattori cognitivi come la lateralizzazione e la capacità nella pianificazione delle azioni. Se si riesce ad azzerare l'impatto economico che comportamenti tecnici potrebbero aver avuto nei confronti delle condizioni umane, altri fattori come le tradizioni e le "mode" potrebbero emergere in questo senso. Questo è vero specialmente nell'Europa del tardo Paleolitico Medio, frammentata in un ben noto mosaico tecnologico, culturale e possibilmente etnico.

In questo senso, si è indagato il Musteriano dell'Europa meridionale incentrando ancora una volta l'analisi sugli strumenti a dorso in senso lato. Differenze e similarità sono state portate ad esempio delle possibili implicazioni ecologiche e culturali che stanno alla base delle scelte tecnologiche e produttive. Questi strumenti, distinti nelle sequenze di produzione ma apparentemente similari nella tecno-funzionalità, sono in realtà caratterizzati da diversi livelli di variabilità, efficienza e versatilità funzionale. L'approccio "sistemico" che abbiamo applicato non si è limitato ad analizzare il "sistema-oggetto" rappresentato da questa categoria di manufatti ma ha cercato di inquadrarli nei rispettivi contesti di appartenenza tenendo conto, per quanto possibile, dei vari sistemi conosciuti di una società analizzandone le interazioni: solo in questo modo si può raggiungere un livello d'interpretazione più complesso.

Il confronto è stato svolto su base tecno-funzionale e prendendo in esame tutte le informazioni note dal contesto tecnologico come le strategie di sfruttamento delle risorse nel territorio, i dati delle analisi sulle micro-usure, la produttività dei metodi, la lunghezza di vita dei supporti, e testando in alcuni casi l'efficienza e la funzionalità di bordi attivi e passivi.

Quest'ultimo approccio è stato applicato in particolare allo studio degli strumenti a dorso preparato dal Discoide di Fumane, capace di fornire nuovi dati su un comportamento tecnico associato tradizionalmente ad una concezione implicita di modernità. Comportamento che, espresso in maniera diversa, è relazionato anche alla fabbricazione dei coltelli a dorso analizzati dal sito francese di La Rochette. Per questo, è ragionevole chiedersi quanto abbia effettivamente contribuito alla loro pianificazione e produzione il livello di cognitività posseduto da queste popolazioni, qualche migliaio di anni prima dell'espansione della nostra specie in Europa (Benazzi et al. 2011; Hoffecker 2009; Hublin 2015). La capacità di astrazione e pianificazione degli obiettivi futuri, da parte dei Neandertal, è un argomento fortemente dibattuto (Roebroeks & Soressi 2016): i contributi in questo senso provengono non solo dallo studio dell'evoluzione del linguaggio o del simbolismo, ma anche dalle attestazioni delle capacità di pianificazione e di elaborazione delle informazioni tecnologiche (Adams & Blades 2009; Gibson & Ingold 1993; Soressi 2005). Pertanto, la scelta di pianificare l'investimento tecnologico in base alle esigenze e la complessità informativa e concettuale degli schemi funzionali e operativi (e non l'alta capacità tecnica e la finezza delle singole azioni) sono importanti fonti informative al fine di esplorare il contributo cognitivo alla tecnologia litica.

Anticipazione e standardizzazione degli schemi presuppongono un pensiero elaborato e un certo livello di comunicazione verbale, necessaria per l'apprendimento. In questo caso, la dimostrazione visiva non è sufficiente dal momento che l'emulazione delle azioni non permette, da sola, la trasmissione per lunghi periodi di concetti complessi. Entra così in gioco la memoria procedurale, che serve per trasmettere la conoscenza di principi e criteri, previa la loro comprensione ed assorbimento (Gibson & Ingold 1993). La sequenza di azioni non deve essere organizzata come il meccanismo espresso dalla locuzione "collana di perle", per cui un novizio le impara attraverso una memorizzazione seriale, ma con la comprensione che per raggiungere l'obiettivo le azioni devono essere intimamente correlate (Gatewood 1985). Il grado di correlazione delle azioni tecniche, proxy di elevata cognitività, è particolarmente evidente quando le azioni sono sistematicamente organizzate e rivolte alla fabbricazione di un modello mentale.

La standardizzazione dei coltelli a dorso tipici del Musteriano di tradizione Acheuleana, di cui si sono analizzati quelli provenienti dal livello 7 di La Rochette, sembra indicare l'esistenza di un modello mentale insito nei fautori di quel tecno-complesso. Tale modello è l'esito di una tecnologia peculiare, mirata alla fabbricazione ricorrente di supporti laminari spessi e a sezione triangolare. Questi supporti sono immediatamente funzionali, ma per essere manipolati necessitano l'applicazione di ritocco perlopiù marginale, volto soltanto ad abbattere e smussare un bordo tagliente e creare il dorso; questa azione non vale per i coltelli a dorso naturale, utilizzabili senza ritocco e selezionati tra i supporti più laminari. La scelta del supporto è ricorrente, ed è intimamente legata alla tecnologia di scheggiatura. Tutte le azioni sono pertanto strettamente correlate, e orientate alla creazione di strumenti allungati con margine tagliente rettilineo e dorso convesso o rettilineo secondo due schemi ricorrenti, e angoli attivi costanti e funzionali ad attività di taglio. Siamo pertanto di fronte ad uno schema concettuale, figlio di un modello mentale chiaro che viene fabbricato dopo un procedimento strutturale sistematico.

Tale schema possiede un suo valore strettamente ecologico-funzionale: si tratta di supporti modificati per esigenze ergonomiche e prensive, sia per il fatto che abbattono un margine tagliente per creare un dorso, ma anche perché dorsi rettilinei e convessi suggeriscono schemi tecno-funzionali differenti. Questi rappresentano due obiettivi distinti, come indica la diversa localizzazione del ritocco sul bordo. Tuttavia, gli elementi tecnici e tecnologici ricorrenti, così come la loro presenza in contesti estremamente ridotti dal punto di vista geografico e cronologico, fanno ipotizzare l'esistenza di un valore più strettamente culturale. Questo è particolarmente vero se si pensa che il fulcro di questi insiemi e strumenti si trova in un'area, il sud-ovest francese, caratterizzata da una variabilità tecnologica notevole. Tuttavia, i contesti stratigrafici e cronologici sicuri in cui i coltelli a dorso tipici sono presenti in maniera consistente e standardizzata sono estremamente ridotti: si tratta principalmente del livello 7 La Rochette, i livelli 6 e 7 di Pech de l'Azé I, i livelli F1 e F2 di Pech de l'Azé IV, il livello EGC Quincay e livello C di Grotte XVI (Mcpherron & Dibble 1999; Roussel & Soressi 2010; Ruebens et al. 2015; Soressi 2002). Nell'evoluzione interna riconosciuta nello sviluppo del tecno-complesso MTA (Bordes 1984; Ruebens et al. 2015; Soressi 2002), questi contesti sono tutti riferibili all'MTA-B, eccetto il livello C di Grotte XVI. La sistematicità del metodo di scheggiatura unipolare e della fabbricazione dei coltelli a dorso su questi supporti aumenta infatti in questa fase insieme agli strumenti denticolati, mentre la prima fase (MTA-A) è caratterizzata da presenza diffusa di raschiatoi e bifacciali, vale a dire strumenti solitamente associati ad una generica multifunzionalità. L'ipotizzata specializzazione e standardizzazione dei coltelli a dorso tipici, sembra spingere la differenziazione dei gruppi fautori del tecno-complesso MTA-B verso un'interpretazione tecno-culturale, anche se confronti applicati ad altri insiemi litici su base quantitativa e qualitativa sono necessari, in questo senso, al fine di validare ogni tipo di ipotesi (Ruebens et al. 2015).

Infine, parte della complessa stratigrafia del Musteriano finale di Grotta di Fumane è servita per approfondire l'eterno dualismo che include parte della variabilità tecnologica di base del Musteriano: quello che concerne i sistemi di produzione Discoide e Levallois. A seguito dell'analisi dei prodotti con dorso e del confronto dei relativi contesti delle unità A9 e A10-A11, sono emerse differenze sostanziali nella composizione degli insiemi e nella fabbricazione di questa categoria di manufatti, che convogliano ulteriori dati in appoggio di quelle che sono le interpretazioni comunemente accettate per questi tecno-complessi.

Innanzitutto, è stata riconosciuta una differenza nello sfruttamento delle risorse nel territorio che è correlata a distinte strategie di mobilità: i gruppi con tecnologia Discoide erano caratterizzati da una frequente mobilità su scala locale che si traduce nello sfruttamento indifferenziato e opportunistico delle materie prime più diffuse e nell'introduzione specifica di materie semi-locali, oltre a contatti extra-regionali. I gruppi con tecnologia Levallois, al contrario, registrano una selezione e una pre-lavorazione delle materie prime locali frutto della specializzazione dei siti satellite attorno a Fumane e della maggiore estensione del territorio battuto quotidianamente. Tali modelli, seppure non supportati da differenze sostanziali per quanto riguarda lo sfruttamento di risorse alimentari, non sono in disaccordo con i modelli di Delagnes & Rendu (2011) riconosciuti nel sud-ovest francese. In relazione alla produzione di supporti di prima scelta e di manufatti con dorso, si registrano inoltre differenze produttive sostanziali, non dal punto di vista quantitativo ma qualitativo; il metodo Discoide si rivela maggiormente produttivo in rapporto ai gesti tecnici e alla gestione del sistema di scheggiatura, con molti supporti utilizzabili e, tra questi, molti manufatti con dorso naturale o di scheggiatura. Il metodo Levallois, al contrario, registra una elevata produttività ponderale di manufatti e margini taglienti in rapporto ad un dato volume e peso di materia; il controllo volumetrico del metodo necessita di maggiore preparazione e gestione ma permette, a fronte di un maggiore numero di scarti, una massimizzazione della produzione comprovata anche a livello matematico, e superata solo dal metodo laminare volumetrico. Lo spreco di materia prima è maggiore ma la stessa è sfruttata meglio: ciò è possibile grazie alla regolarità dei supporti prodotti, all'estensione del margine e al loro limitato spessore, che permette di staccare più manufatti. Una conseguenza è anche la diversa morfometria ed efficienza dei prodotti, analizzata sotto la prospettiva dei pezzi a dorso. La conformazione delle schegge a dorso Levallois le rende strumenti con elevata efficienza tagliente grazie agli angoli relazionati alla taglia, e alla regolarità del bisello piano-convesso; gli schemi tecno-funzionali registrano una limitata variabilità con preferenza di supporti allungati con margini paralleli, e questa caratteristica unita allo spessore regolare li rende efficienti con prensione manuale ma adattabili anche all'inserimento in un manico. I prodotti con dorso derivati da tecnologia Discoide, invece, sono caratterizzati da una variabilità morfometrica maggiore riconducibile ad alcuni gruppi di strumenti: tra questi, le schegge debordanti quadrangolari, quelle allungate con margini convessi o convergenti e le punte pseudo-Levallois. Tali supporti presentano una funzionalità allargata verso una più ampia gamma di azioni, associate talvolta al margine, alla punta o alla spina/dentello creata dalla congiunzione delle nervature sulla faccia dorsale; sono ergonomici specialmente quando provvisti di dorso convesso e sono adattabili alla manipolazione manuale o all'immanicatura attraverso la riconfigurazione del dorso, che come abbiamo visto è un comportamento tecnico conosciuto e particolarmente diffuso nell'unità A9.

Le differenze strategiche e produttive dei due metodi di scheggiatura sono pertanto evidenti, e sembrano riflettere scelte distinte in base agli obiettivi funzionali. Al contrario di quello che abbiamo visto per gli strumenti bifacciali con dorso, i pezzi a dorso da tecnologie Discoide e Levallois possiedono un potenziale di rinnovamento e riaffilatura decisamente minore, che raramente viene sfruttato. Si tratta pertanto di supporti dalla breve vita funzionale e dalla limitata trasportabilità, che venivano solitamente prodotti nel momento del bisogno immediato. Ad ogni modo, un fattore che accomuna questi due sistemi tecnici è la scelta di localizzare il maggiore investimento tecnologico in quelli che dovevano essere i supporti trasportati, ovvero i nuclei, fonti immediate ed altamente produttive di supporti utilizzabili. Si è proposto che il nucleo Levallois potesse essere, da solo, fonte di tool-kit, il che lo incorona anche come perfetto supporto mobile (Shimelmitz & Kuhn 2018); ma questo è vero soprattutto per il nucleo Discoide, la cui ramificazione della produzione, associata alla sua versatilità e non gerarchizzazione lo rende adattabile ad ogni supporto e materia (Delpiano & Peresani 2017; Turq et al. 2013). Nuclei discoidi nell'A9 sono prodotti anche su materie raccolte ad almeno 20-30 km di distanza (Rosso Ammonitico Veronese) (Delpiano et al 2018). D'altro canto, il sito di Monte Netto, ai piedi delle Prealpi Lombarde, registra la produzione di supporti Levallois laminari in materie prime lessiniche ed in un contesto contemporaneo alle unità di Fumane analizzate, ma distante 80 km (Delpiano et al. 2019b); tali supporti, abbandonati dopo un breve utilizzo, devono essere stati ottenuti in loco da nuclei facenti parte del "tool-kit" portatile di cacciatori nomadi.

Le strategie produttive di questi due sistemi sono pertanto differenti e da correlarsi a diversi obiettivi funzionali; tuttavia, le strategie ecologiche relazionate alla produzione litica sono similari, anche se i gruppi umani che le producono sono talvolta caratterizzati da mobilità regionali diverse, e si distinguono nettamente da quelle tipiche dei sistemi di produzione Quina o bifacciali che abbiamo discusso a proposito del *Keilmessergruppe*. Se aggiungiamo il fatto che gli indicatori faunistici e paleoambientali non cambiano coniderevolmente tra A10-A11 e A9, così come in diversi siti caratterizzati dall'alternanza Discoide-Levallois (Rolland 1988; Romagnoli et al. 2018), tali tecnologie sembrano poter rappresentare risposte differenziate a condizioni ecologiche similari e non estremamente rigide e vincolanti quanto quelle che hanno spinto verso l'adozione di sistemi Quina o bifacciali.

Pertanto, accanto a questo dualismo presente lungo quasi tutto lo sviluppo del Paleolitico Medio e della Middle Stone Age, un aumento considerevole nella complessità comportamentale e tecnologica neandertaliana si verifica in un periodo chiave che può essere circoscritto tra la fine del MIS 5 e l'inizio del MIS 3. In questa lunga fase, le forti pressioni causate dai raffreddamenti climatici avvenuti nei periodi stadiali dovettero spostare flussi considerevoli di gruppi umani in nicchie ecologiche più favorevoli. Le pressioni selettive correlate a queste dinamiche dovettero ripercuotersi sui flussi genici delle popolazioni, con crisi demografiche e colli di bottiglia genetici. Questi possono aver influito sia sulle capacità cognitive e di adattamento, sia sul bagaglio culturale condiviso da questi gruppi, dando il via a regionalismi e a mosaici tecno-culturali complessi, come quello presente in Eurasia occidentale (Delagnes & Meignen 2006; Roebroeks & Gamble 1998; Thiébaut et al. 2014). È a seguito di tali dinamiche che comportamenti distinti dal punto di vista ecologico e di adattamento a condizioni più o meno vincolanti possono aver caratterizzato, in un secondo momento, gruppi distinti dal punto di vista culturale capaci di attribuire un valore culturale ai modelli mentali di strumenti che sono particolarmente diffusi nell'ultima fase della presenza neandertaliana: i *Keilmesser*, i coltelli a dorso tipici, ma anche gli strumenti foliati, i bifacciali cordiformi, la punta di *Chatelperron*.

La chiave, in questo senso, potrebbe essere rappresentata dalla comprensione della distinzione tra gli "strumenti-funzione", la cui fabbricazione è una conseguenza di una necessità funzionale, e gli "strumenti-concetto", veri e propri elementi formali concepiti *a priori*; ai primi possono essere associati i dorsi preparati dell'A9 di Fumane, mentre ai secondi i coltelli a dorso tipici di La Rochette. Con questo non si vuole assolutamente sminuire il valore dei dorsi ritoccati di Fumane in ottica di innovazione tecnica e di comportamento "moderno", validato anche grazie all'approccio integrato e combinato di diverse metodologie analitiche, bensì tutt'altro: si è potuta infatti avanzare l'ipotesi che tali supporti rappresentino un'innovazione culturale indipendente nel quadro del Paleolitico Medio finale europeo.

Evidenze sistematiche, provenienti dal MIS 3 iniziale dell'Europa occidentale, supportano l'emergenza indipendente di questa tecnica in diverse regioni. La mancanza di schemi sistematici e standardizzati per quanto riguarda la prensione e l'utilizzo di questi strumenti è piuttosto evidente, tanto che tale tecnica sembra una risposta ad esigenze ergonomiche o funzionali immediate. La diversificazione delle situazioni scatenanti è anche rappresentata dalla varietà di tecniche utilizzate nella produzione o configurazione dei dorsi. Tra queste, abbiamo identificato la percussione diretta su incudine, la percussione diretta con strumenti organici e l'abrasione, diversamente applicate in base al tipo di supporto e alla funzionalità richiesta. L'immanicatura, sebbene riconosciuta su un numero limitato di strumenti, rappresenta anch'essa un notevole investimento in termini di tempo tenendo conto del suo concepimento, fabbricazione e gestione/manutenzione. Vale la pena notare che le funzioni degli strumenti Musteriani (coltelli o raschiatoi) non richiedono necessariamente l'utilizzo di un manico, anche se questo implicherebbe un miglioramento significativo nelle loro prestazioni. Per questo motivo, è estremamente importante contestualizzare ogni strumento nel suo quadro ecologico e tecno-economico. La storia di ogni singolo strumento e la durata della sua vita funzionale possono essere così collegate alle strategie di sfruttamento delle risorse. Grazie a questo possiamo affermare che i Neandertal di Fumane, caratterizzati da tecnologia litica Discoide, hanno riservato questa tecnica a strumenti particolarmente importanti che, in alcuni casi, facevano parte del loro tool-kit portatile, come provano i prodotti frutto di ramificazione delle sequenze di produzione e quelli su materie prime esotiche o non strettamente locali. In questo modo tale tecnica rappresenta, seppure nelle sue peculiarità e nella mancanza di standardizzazione, un'innovazione indipendente di gruppi Musteriani europei, riconducibili ai tecno-complessi Discoidi e MTA-A.

In relazione a questa scoperta, sempre più interesse si catalizza attorno all'emergenza del comportamento moderno in popolazioni extra-Sapiens, nelle quali è necessario valutare la possibile esistenza di lignaggi culturali, acculturazioni esterne o causate da incontri ed ibridazioni. In questo senso, tanto si è scritto sul presunto rapporto tra MTA e Castelperroniano, oltre che sull'origine del Castelperroniano stesso (Bar-yosef & Bordes 2010; Bordes & Teyssandier 2011; Gravina et al. 2018; Pelegrin 1995; Pelegrin & Soressi 2007; Roussel et al. 2016; Ruebens et al. 2015) o dell'Uluzziano (Bietti & Negrino 2007; Moroni et al. 2013, 2018; Peresani et al. 2016, 2019; Riel-salvatore 2009; Zilhão et al. 2015). Considerata la presenza diffusa di manufatti con dorso abbattuto in questi ed altri insiemi litici che marcano la transizione tra il popolamento neandertaliano e quello Sapiens (Gravina 2016; Kozlowski 2000; Stefanski 2018), i coltelli e gli strumenti a dorso potrebbero rappresentare un valido mezzo al fine di indagare anche questo aspetto, ultimamente al centro di nuovi e stimolanti dibattiti.

Bibliografia

Abu Zeid, N., Bignardi, S., Russo, P., & Peresani, M. (2019) - Deep in a Paleolithic archive: Integrated geophysical investigations and laser-scanner reconstruction at Fumane Cave, Italy. *Journal of Archaeological Science: Reports*, 27, 101976.

Adams, B., & Blades, B.S. (2009) - Lithic Materials and Paleolithic Societies. Blackwell Publishing Ltd.

Adler, D.S., Wilkinson, K.N., Blockley, S., Mark, D.F., Pinhasi, R., Schmidt-Magee, B.A., Nahapetyan, S., Mallol, C., Berna, F., Glauberman, P.J., Raczynski-Henk, Y., Wales, N., Frahm, E., Joris, O., MacLeod, A., Smith, V.C., Cullen, V.L., & Gasparian, B. (2014) - Early Levallois technology and the Lower to Middle Paleolithic transition in the Southern Caucasus. *Science*, 345(6204), 1609-1613.

Alex, B., Valde-Nowak, P., Regev, L., & Boaretto, E. (2017) - Late Middle Paleolithic of Southern Poland: Radiocarbon dates from Ciemna and Obłazowa Caves. *Journal of Archaeological Science: Reports*, 11, 370-380.

Ambrose, S.H. (2001) - Paleolithic technology and human evolution. *Science*, 291(5509), 1748-1753.

Anderson-Gerfaud, P. (1981) - Contribution méthodologique à l'analyse des microtraces d'utilisations sur les outils préhistoriques. Thèse de 3ème cycle de l'Université de Bordeaux I.

Andrefsky, W. (2007) - Lithics: Macroscopic Approaches to Analysis. American Journal of Archaeology:Vol. 104. 375 pp.

Andrefsky, W. (2008) - Lithic Technology: Measures of Production, Use and Curation. Cambridge University Press, Cambridge.

Archer, W., Schlager, S., Pop, C.M., Rezek, Z., Dogandžić, T., Desta, D., Weiss, M., Lin, S., & McPherron, S.P. (2016) - Assessing drivers of stone flake variability with geometric morphometrics. *Annual Meeting of the European Society for the Study of Human Evolution*, (September), 2.

Arrighi, S., Freguglia, M., Ranaldo, F., & Ronchitelli, A. (2009) - Production and use in the lithic industry of the Mousterian in Santa Croce (Bisceglie, Italy). *Human Evolution*, 24(2), 91-106.

Baales, M. (2012) - Late Middle Palaeolithic artefacts and archaeostratigraphical dating of the bone gravels (Knochenkiese) in Central Westphalia and the Ruhrgebiet (Germany) In: Niekus, M.J.L.T., Barton, N., Street, M., & Terberger, T. (Eds.) - A Mind Set on Flint: Studies in Honour of Dick Stapert:Vol. 16, 119-139.

Bar-yosef, O., & Bordes, J.-G. (2010) - Who were the makers of the Châtelperronian culture? *Journal of Human Evolution*, 59(5), 586-593.

Barham, L. (2002) - Backed tools in Middle Pleistocene central Africa and their evolutionary significance. *Journal of Human Evolution*, 43, 585-603.

Basile, D., Castelletti, L., & Peresani, M. (2014) - Results from the anthracological investigation of the Mousterian layer A9 of. *Quartar*, 61, 103-111.

Been, E., Hovers, E., Ekshtain, R., Malinski-Buller, A., Agha, N., Barash, A., Mayer, D.E.B.Y., Benazzi, S., Hublin, J.J., Levin, L., Greenbaum, N., Mitki, N., Oxilia, G., Porat, N., Roskin, J., Soudack, M., Yeshurun, R., Shahack-Gross, R., Nir, N., Stahlschmidt, M.C., Rak, Y., & Barzilai, O. (2017) - The first Neanderthal remains from an open-air Middle Palaeolithic site in the Levant. *Scientific Reports*, 7(1), 1-8.

Benazzi, S., Bailey, S.E., Peresani, M., Mannino, M.A., Romandini, M., Richards, M.P., & Hublin, J. (2014) - Middle Paleolithic and Uluzzian human remains from Fumane. *Journal of Human Evolution*, 70, 61-68.

Benazzi, S., Douka, K., Fornai, C., Bauer, C.C., Kullmer, O., Svoboda, J., Pap, I., Mallegni, F., Bayle, P., Coquerelle, M., Condemi, S., Ronchitelli, A., Harvati, K., & Weber, G.W. (2011) - Early dispersal of modern humans in Europe and implications for Neanderthal behaviour. *Nature*, 479(7374), 525-528.

Bertola, S. (2001) - Contributo allo studio del comportamento dei primi gruppi di Homo sapiens sapiens diffusi in Europa. Sfruttamento della selce, produzione dei supporti lamellari, confezione delle armature litiche nel sito aurignaziano della Grotta di Fumane nei Monti Less. PhD dissertation, University of Bologna.

Bertola, S., & Peresani, M. (2000) - Variabilità tecnologica in due insiemi litici di superficie dei Colli Berici. *Quaderni Di Archeologia Del Veneto*, XVI, 92-96.

Bertrand, A., & Bertrand, B. (1997) - Jean de Pyréne, rémouleur Francois. Suivi d'un cahier pratique d'aiguisage domestique. Le Savoir-Geste. 176 pp.

Beyries, S., & Boëda, E. (1983) - Etude technologique et traces d'utilisation des "éclats dèbordants" de Corbéhem (Pas-de-Calais). *Bullettin de La Société Préhistorique Française*, 80, 275–279.

Bietti, A., & Negrino, F. (2007) - The transition between Mousterian and Aurignacian industries in continental

Italy: a status report In: Riel-Salvatore, J. & Clark, G.A. (Eds.) - New Approaches to the Study of Early Upper Paleolithic 'Transitional' Industries in Western Eurasia: Transitions Great and Small: 41-59. BAR International Series 1620, BAR Publishing, Oxford.

Binford, L.R. (1980) - Willow Smoke and Dogs' Tails: Hunter-Gatherer Settlement Systems and Archaeological Site Formation. *American Antiquity*, 45(1), 4-20.

Binford, L.R. (1982) - The archaeology of place. *Journal of Antrhopological Archaeology*, 1(1), 5-31.

Binford, L.R., & Binford, S.R. (1969) - Stone tools and human behavior. *Scientific American*, 220(4), 70-84.

Bodu, P., Salomon, H., Leroyer, M., Naton, H., Lacarriere, J., & Dessoles, M. (2014) - An open-air site from the recent Middle Palaeolithic in the Paris Basin (France): Les Bossats at Ormesson (Seine-et-Marne). *Quaternary International*, 331, 39-59.

Boëda, E. (1986) - Approche technologique du concept Levallois et évaluation de son champ d'application: étude de trois gisement saaliens et weichséliens de la France septentrionale. Thése de Doctorat, Paris.

Boëda, E. (1988a) - Analyse technologique du débitage du niveau IIA In: Tuffreau, A. & Sommé, J. (Eds.) - Le Gisement Paléolithique Moyen de Biache-Saint-Vaast (Pas- de-Calais):185-214, Paris.

Boëda, E. (1988b) - Le concept laminaire: rupture et filiation avec le concept Levallois In: L'Homme de Néandertal, vol. 8, LA MUTATION:41-59, Liège.

Boëda, E. (1993) - Le débitage discoïde et le débitage Levallois récurrent centripète. *Bullettin de La Société Préhistorique Française*, 90(6), 392-404.

Boëda, E. (1994) - Le concept Levallois: variabilité des méthodes. C.N.R.S., Paris.

Boëda, E. (1995) - Caractéristiques techniques des chaînes opératoires lithiques des niveaux micoquiens de Külna (Tchécoslovaquie). *Paléo. Supplément*, 57-72.

Boëda, E. (2001) - Détermination des unités techno-fonctionnelles de pièces bifaciales provenant de la couche acheuléenne C'3 base du site de Barbas In: Cliquet, D. (Ed.) - Les industries à outils bifaciaux du Paléolithique moyen d'Europe occidentale. Actes de la table ronde international organisée à Caen (Basse Normandie, France), 14 et 15 octobre 1999. ERAUL 98, Liège.

Boëda, E. (2013) - Techno-logique & Technologie. Une Paléo-histoire des objets lithiques tranchants. @rchéo-éditions.com, Paris, 259 pp.

Boëda, E., Geneste, J., & Meignen, L. (1990) - Identification de chaînes opératoires lithiques du Paléolithique ancien et moyen. *Paléo*, 2, 43-80.

Boëda, E., Geneste, J.M., Griggo, C., Mercier, N., Muhesen, S., Reyss, J.L., Taha, A., & Valladas, H. (1999) - A Levallois point embedded in the vertebra of a wild ass (Equus africanus): hafting, projectiles and Mousterian hunting weapons. *Antiquity*, 73(280), 394-402.

Böhner, U. (2008) - Sesselfelsgrotte IV. Die schichte E3 der Sesselfelsgrotte und die funde aus dem Abri der Schulerloch: Spate Micoquien-inventare und ihre Stellung zum Moustérien. Stuttgart.

Bonilauri, S. (2010) - Les outils du Paléolithique moyen : une mémoire technique oubliée ? Approche techno-fonctionnelle appliquée à un assemblage lithique de conception Levallois provenant du site d'Umm el Tlel (Syrie centrale). Doctoral dissertation, Université Paris X- Nanterre.

Bordes, F. (1950) - L'évolution buissonnante des industries en Europe occidentale. Considérations théoriques sur le Paléolithique ancien et moyen. *L'Anthropologie*, 54, 393-420.

Bordes, F. (1953) - Essai de classification des industries «moustériennes». *Bullettin de La Société Préhistorique Française*, 50(7-8), 457-466.

Bordes, F. (1954) - Les gisements du Pech de l'Azé (Dordogne). I. Le Moustérien de tradition acheuléenne. (avec une note Paléontologique de J. Bouchud). *L'Anthropologie*, 58, 401-432.

Bordes, F. (1961) - Typologie du Paléolithique inférieur et moyen. Institut de Préhistoire de l'Université de Bordeaux I, Bordeaux.

Bordes, F. (1980) - Le débitage Levallois et ses variantes. *Bulletin de La Société Préhistorique Française*, 77(2), 45-49.

Bordes, F. (1984) - Leçons sur le Paléolithique. CNRS.

Bordes, F., & Bourgon, M. (1951) - Le complexe Moustérien: Moustériens, Levalloisien et Tayacien. *L'Anthropologie*, 55, 1-23.

Bordes, F., & De Sonneville-Bordes, D. (1970) - The significance of variability in Paleolithic assemblages. *World Archaeology*, 2, 61-73.

Bordes, J.-G., & Teyssandier, N. (2011) - The Upper Paleolithic nature of the Châtelperronian in South-Western France : Archeostratigraphic and lithic evidence. *Quaternary International*, 1-7.

Bosinski, G. (1967) - Die mittelpaläolithischen Funde im westlichen Mitteleuropa. Fundamenta. Böhlau-Verlag, Köln and Graz.

Bosinski, G. (1969) - Eine Variante der Micoque-Technik am Fundplatz Buhlen. *Kreis Waldeck. Jahresschrift Mitteldeutscher Vorgeschichte*, 53, 59-74.

Bourguignon, L. (1992) - Analyse du processus opératoire des coups de tranchet latéraux dans l'industrie moustérienne de l'abri du Musée (Les Eyzies-de-Tayac, Dordogne). *Paléo*, 4(1), 69-89.

Bourguignon, L. (1996) - La conception de débitage Quina. *Quaternaria Nova*, VI, 149-166.

Bourguignon, L. (1997) - Le Moustérien de type Quina: nouvelle définition d'une technique. Thése de doctorat. Université de Paris X-Nanterre, 672 pp.

Bourguignon, L. (2001) - Apports de l'expérimentation et de l'analyse techno-morpho-fonctionelle à la reconnaissance du processus d'aménagement de la retouche Quina In: Bourguignon, L., Ortega, I., & Frêre-Sautot, M.C. (Eds.) - Préhistoire et approche expérimentale: 35-66. Montagnac, Éditions Monique Mergoil.

Bourguignon, L., Brenet, M., Folgado, M., & Ortega, I. (2011) - Aproximación tecno-económica del debitage discoide de puntas pseudo-Levallois: el aporte de la experimentación. In: 2nd Congreso Internacional de arqueologia experimental: 53-59.

Bourguignon, L., Faivre, J.P., & Turq, A. (2004) - Ramification des chaînes opératoires: une spécificité du Moustérien? *Paléo*, 16, 37-48.

Bourguignon, L., Sellami, F., Deloze, V., Sellier-Segard, N., Beyries, S., & Émery-Barbier, A. (2002) - L'habitat moustérien de « La Folie » (Poitiers, Vienne): synthèse des premiers résultats. *Paléo*, 14, 29-48.

Bourguignon, L., & Turq, A. (2003) - Une chaine opératoire de débitage discoide sur eclat du Mousterien à denticules Aquitain: les exemples des Champ Bossuet et de Combe-Grenal c.14 In: Peresani, M. (Ed.) - Discoid Lithic Technology. Advances and Implications. BAR International Series 1120 BAR Publishing, Oxford..

Brantingham, P.J., & Kuhn, S.L. (2001) - Constraints on levallois core technology: A mathematical model. *Journal of Archaeological Science*, 28(7), 747-761.

Brenet, M., Bourguignon, L., Folgado, M., & Ortega, I. (2009) - Élaboration d'un protocole d'expérimentation lithique pour la compréhension des comportements techniques et techno-économiques au Paléolithique moyen. *Les Nouvelles de l'archéologie*, 118.

Brenet, M., Folgado, M., & Bourguignon, L. (2013) - Approche expérimentale de la variabilité des industries du Paléolithique moyen: l'intérêt d'évaluer les niveaux de compétence et d'efficience des expérimentateurs In: Palomo, A., Piqué, R., & Terradas, X. (Eds.) - Experimentación en arqueología. Estudio y difusión del pasado: Sèrie Mono, 77-182. Girona.

Breuil, H. (1932) - Le Paléolithique ancien en Europe occidentale et sa chronologie. *Bulletin de La Société Préhistorique Française*, 29, 570-578.

Burdukiewicz, J.M. (2000) - The backed biface assemblages of East Central Europe. In: Ronen, A. & Weinstein-Evron, M. (Eds.) - Toward Modern Humans: The Yabrudian and Micoquian, 400–50 k-Years Ago: Proceedings of a Congress Held at the University of Haifa, November 3–9, 1996: 155-166. British Archaeological Reports.

Burroni, D., Donahue, R.E., Pollard, A.M., & Mussi, M. (2002) - The surface alteration features of flint artefacts as a record of environmental processes. *Journal of Archaeological Science*, 29(11), 1277-1287.

Callow, P. (1986) - The flint tools. In: Callow, P. & Cornford, J.M. (Eds.) - La Cotte de St. Brelade 1961-1978: excavations by C.B.M. McBurney: 251-314. Geo Books, Norwich.

Carmignani, L., Moncel, M.-H., Fernandes, P., & Wilson, L. (2017) - Technological variability during the Early Middle Palaeolithic in Western Europe. Reduction systems and predetermined products at the Bau de l'Aubesier and Payre (South-East France). *Plos One*, 12(6), e0178550.

Carrión, E., Baena, J., Conde, C., Cuartero, F., & Roca, M. (2008) - Variabilidad tecnológica en el musteriense de Cantabria. In: Mora, R., Martínez-Moreno, J., De La Torre, I., & Casanova, J. (Eds.) - Variabilidad técnica del Paleolítico Medio en el sudoeste de Europa: Treballs d'Arqueologia, 14, 279-318. Universitat Autònoma de Barcelona.

Cassoli, P.F., & Tagliacozzo, A. (1991) - Considerazioni paleontologiche, paleoecologiche e archeozoologiche sui macromammiferi e gli uccelli dei livelli del Pleistocene superiore del Riparo di Fumane (VR) scavi 1988/1991. *Bollettino Museo Civico Storia Naturale Verona*, 23, 85-117.

Çep, B. (2014) - Das mittelpaläolithische Silexinventar des Bocksteins im Lonetal (Schwäbische Alb). Vielfalt der Formen oder Fortbestand einer technologischen Idee? *Varia Neolithica VIII*, 79 – 92.

Chabai, V., & Marks, A.E. (1998) - Preliminary synthesis: Middle Paleolithic assemblage variability in Western Crimea In: Chabai, V. & Marks, A.E. (Eds.) - The Paleolithic of Western Crimea, Part 1. ERAUL 85, Liége.

Chabaĭ, V.P., Monigal, K., & Marks, A.E. (2004) - Crimea in the Context of the Eastern European Middle Paleolithic and Early Upper Paleolithic In: The Middle Paleolithic and Early Upper Paleolithic of Eastern Crimea, Vol. III, The Paleolithic of Crimea: Vol. 104, 482.

Chacón, M.G., Détroit, F., Coudenneau, A., & Moncel, M.-H. (2016) - Morphometric Assessment of Convergent Tool Technology and Function during the Early Middle Palaeolithic: The Case of Payre, France. *Plos One*, 11(5), e0155316.

Chen, L., Wolf, A.B., Fu, W., Li, L., Akey, J.M., Chen, L., Wolf, A.B., Fu, W., Li, L., & Akey, J.M. (2020) - Identifying and Interpreting Apparent Neanderthal Ancestry in African Individuals. *Cell*, 180(4), 677-687.

Chmielewski, W. (1969) - Ensembles Micoquo-Prondnikiens en Europe Centrale. *Geographia Polonica*, 17, 371-386.

Clark, G. (1969) - World Prehistory: A New Synthesis. Cambridge University Press, Cambridge.

Clarkson, C., Vinicius, L., & Lahr, M.M. (2006) - Quantifying flake scar patterning on cores using 3D recording techniques. *Journal of Archaeological Science*, 33(1), 132-142.

Claud, E. (2015) - The use of biface manufacturing flakes : Functional analysis of three Middle Palaeolithic assemblages from southwestern and northern France. *Quaternary International*, 361, 131-141.

Collins, S. (2008) - Experimental investigations into edge performance and its implications for stone artefact reduction modelling. *Journal of Archaeological Science*, 35(8), 2164-2170.

Conard, N.J. (1990) - Laminar Lithic Assemblages from the Last Interglacial Complex in Northwestern Europe. *Journal of Anthropological Research*, 46(3), 243-262.

Conard, N.J., & Fischer, B. (2000) - Are there recognizable cultural entities in the German Middle Palaeolithic? In: Ronen, A. & Weinstein-Evron, M. (Eds.) - Toward Modern Humans: The Yabrudian and Micoquian, 400–50 k-Years Ago: Proceedings of a Congress Held at the University of Haifa, November 3–9, 1996. BAR International Series 850, BAR Publishing, Oxford.

Conard, N.J., & Richter, J. (2011) - Neanderthal Lifeways, Subsistence and Technology. Vol. 19. Springer Netherlands, Dordrecht.

Cyrek, K., Sudoł, M., Czyzewski, Ł., Osipowicz, G., & Grelowska, M. (2014) - Middle palaeolithic cultural levels from Middle and late pleistocene sediments of biśnik cave, Poland. *Quaternary International*, 326-327, 20-63.

Cziesla, E., Eickhoff, S., Arts, N., & Winter, D. (1990) - The big puzzle. International symposium on refitting stone artefacts In: Studies in Modern Archaeology. Holos, Vol. 1, 9-44. Bonn.

Daffara, S., Arzarello, M., Berruti, G., Berruto, G., Bertè, D., Berto, C., & Casini, A.I. (2014) - The Mousterian lithic assemblage of the Ciota Ciara cave (Piedmont, Northern Italy): exploitation and conditioning of raw materials. *Journal of Lithic Studies*, 1(2).

Daffara, S., Borel, A., & Moncel, M.-H. (2019) - Conditioning of the raw materials on discoid exploitation strategies during the Early Middle Palaeolithic: the example of Payre level D (South-East France). *Archaeological and Anthropological Sciences*.

Dalen, L., Orlando, L., Shapiro, B., Brandstrom-Durling, M., Quam, R., Gilbert, M.T.P., Diez Fernandez-Lomana, J.C., Willerslev, E., Arsuaga, J.L., & Gotherstrom, A. (2012) - Partial Genetic Turnover in Neandertals: Continuity in the East and Population Replacement in the West. *Molecular Biology and Evolution*, 29(8), 1893-1897.

Dauvois, M. (1981) - De la simultanéité des concepts Kombewa et Levallois dans l'Acheuléen du Maghreb et du Sahara nord-occidental In: Roubert, C., Houot, H., & Souville, G. (Eds.) - Préhistoire Africane. Melanges offerts au doyen L. Balout. ADPF, Paris.

de Lombera-Hermida, A., Bargalló, A., Terradillos-Bernal, M., Huguet, R., Vallverdú, J., García-Antón, M.-D., Mosquera, M., Ollé, A., Sala, R., Carbonell, E., & Rodríguez-Álvarez, X.-P. (2015) - The lithic industry of Sima del Elefante (Atapuerca, Burgos, Spain) in the context of Early and Middle Pleistocene technology in Europe. *Journal of Human Evolution*, 82, 95-106.

De Mortillet, G. (1873) - Classification des diverses périodes de l'age de la pierre. In: Congrés International Préhistorique: 432-444. Bruxelles.

De Sonneville-Bordes, D., & Perrot, J. (1956) - Lexique typologique du Paléolithique supérieur. *Bullettin de La Société Préhistorique Française*, 53(9), 547-559.

Degano, I., Soriano, S., Villa, P., Pollarolo, L., Lucejko, J.J., Jacobs, Z., Douka, K., Vitagliano, S., & Tozzi, C. (2019) - Hafting of Middle Paleolithic tools in Latium (central Italy): New data from Fossellone and Sant'Agostino caves. *Plos One*, 14(6).

Delagnes, A., Jaubert, J., & Meignen, L. (2007) - Les technocomplexes du Paléolithique moyen en Europe occidentale dans leur cadre diachronique et géographique. In: Vandermeersch, B. & Maureille, B. (Eds.) - Les Néandertaliens. Biologie et Cultures: 213-229. Ed. du CTHS, Paris.

Delagnes, A., & Meignen, L. (2006) - Diversity of Lithic Production Systems During the Middle Paleolithic in France. Are there any chronological Trends? In: Hovers, E. & Kuhn, S.L. (Eds.) - Transitions Before the Transition: Evolution and Stability in the Middle Paleolithic and Middle Stone Age: 85-107. Springer, New York.

Delagnes, A., & Rendu, W. (2011) - Shifts in Neandertal mobility, technology and subsistence strategies in western France. *Journal of Archaeological Science*, 38(8), 1771-1783.

Deloze, V., Depaepe, P., Gouëdo, J.-M., Krier, V., & Locht, J.L. (1994) - Le Paléolithique moyen dans le nord du Sénonais (Yonne):Documents. Maison des sciences de l'Homme, Paris.

Delpiano, D., Cocilova, A., Zangrossi, F., & Peresani, M. (2019a) - Potentialities of the virtual analysis of lithic refitting: case studies from the Middle and Upper Paleolithic. *Archaeological and Anthropological Sciences,* 11, 4467-4489.

Delpiano, D., Heasley, K., & Peresani, M. (2018) - Assessing Neanderthal land use and lithic raw material management in Discoid technology. *Journal of Anthropological Sciences,* 96, 1-22.

Delpiano, D., & Peresani, M. (2017) - Exploring Neanderthal skills and lithic economy. The implication of a refitted Discoid reduction sequence reconstructed using 3D virtual analysis. *Comptes Rendus - Palevol,* 16(8), 865-877.

Delpiano, D., Peresani, M., Bertola, S., Cremaschi, M., & Zerboni, A. (2019b) - Lashed by the wind: short-term Middle Palaeolithic occupations within the loess-palaeosoil sequence at Monte Netto (Northern Italy). *Quaternary International,* 502, 137-147.

Delpiano, D., Peresani, M., & Pastoors, A. (2017) - The contribution of 3D visual technology to the study of Palaeolithic knapped stones based on refitting. *Digital Applications in Archaeology and Cultural Heritage,* 4(November 2016), 28-38.

Delporte, H. (1962) - Le gisement Paleolithique de la Rochette. *Gallia Prehistoire,* 4, 1-22.

Delporte, H. (1963) - Le passage du Moustérien au Paléolithique supérieur. In: Aurignac et l'Aurignacien. Centenaire des fouilles d'Edouard Lartet: 40-50. Bulletin de la Société Méridionale de Spéléologie et Préhistorique.

Delporte, H., & David, R. (1966) - L'évolution des industries moustériennes à la Rochette, Commune de Saint-Léon-sur-Vézère (Dordogne). *Bulletin de La Société Préhistorique Française,* 42, 48-62.

Deschamps, M. (2017) - Late Middle Palaeolithic assemblages with flake cleavers in the western Pyrenees: The Vasconian reconsidered. *Quaternary International,* 433, 33-49.

Detrain, L., Kervazo, B., Aubry, T., Bourguignon, L., Guadelli, J.-L., Marcon, V., & Teillet, P. (1991) - Agrandissement du Musée national de Préhistoire des Eyzies. Résultats préliminaires des fouilles de sauvetage. *Paléo,* 3, 75-91.

Di Modica, K., Toussaint, M., Abrams, G., & Pirson, S. (2016) - The Middle Palaeolithic from Belgium: Chronostratigraphy, territorial management and culture on a mosaic of contrasting environments. *Quaternary International,* 411, 77-106.

Dibble, H.L. (1987) - The Interpretation of Middle Paleolithic Scraper Morphology. *American Antiquity,* 52(1), 109.

Dibble, H.L., & Rolland, N. (1992) - On assemblage variability in the Middle Palaeolithic of Western Europe: history, perspectives and a new synthesis In: Dibble, H.L. & Mellars, P. (Eds.) - The Middle Palaeolithic: Adaptation, Behavior, and Variability: 1-28. University of Pennsylvania, Philadelphia.

Dirian, A. (2003) - Sesselfelsgrotte V. Das spate Jungpalaolithikum und Spatpalaolithikum der oberen Schichten der Sesselfelsgrotte. Quartär-Bibliothek, Saarbrücken.

Discamps, E., Jaubert, J., & Bachellerie, F. (2011) - Human choices and environmental constraints : deciphering the variability of large game procurement from Mousterian to Aurignacian times (MIS 5-3) in southwestern France. *Quaternary Science Reviews,* 30(19-20), 2755-2775.

Duches, R., Peresani, M., & Pasetti, P. (2018) - Success of a flexible behavior. Considerations on the manufacture of Late Epigravettian lithic projectile implements according to experimental tests. *Archaeological and Anthropological Sciences,* 10(7), 1617-1643.

Eixea, A., Villaverde, V., & Zilhão, J. (2016) - Not Only Flint: Levallois on Quartzite and Limestone at Abrigo de la Quebrada (Valencia, Spain): Implications for Neandertal Behavior. *Journal of Anthropological Research,* 72(1), 24-57.

Eren, M.I., & Lycett, S.J. (2012) - Why Levallois ? A Morphometric Comparison of Experimental 'Preferential' Levallois Flakes versus Debitage Flakes. *Plos One,* 7(1).

Eren, M.I., & Lycett, S.J. (2016) - A Statistical Examination of Flake Edge Angles Produced During Experimental Lineal Levallois Reductions and Consideration of Their Functional Implications. *Journal of Archaeological Method and Theory,* 23, 379-398.

Eren, M.I., Lycett, S.J., Roos, C.I., & Sampson, C.G. (2011) - Toolstone constraints on knapping skill: Levallois reduction with two different raw materials. *Journal of Archaeological Science,* 38(10), 2731-2739.

Faivre, J. (2011) - Organisation techno-économique des industries du paléolithique moyen récent dans le nord-est aquitain. BAR International Series 2280, BAR Publishing, Oxford.

Faivre, J., Discamps, E., Gravina, B., Turq, A., Guadelli, J., & Lenoir, M. (2014) - The contribution of lithic production systems to the interpretation of Mousterian industrial variability in south-western France: The example of Combe-Grenal (Dordogne, France). *Quaternary International,* 350, 227-240.

Faivre, J.P., Discamps, E., Gravina, B., Turq, A., & Bourguignon, L. (2017) - Cleaning up a Messy Mousterian: How to describe and interpret Late Middle Palaeolithic chrono-cultural variability in Atlantic Europe. *Quaternary International,* 433, 1-3.

Fasser, N., Fontana, F., & Visentin, D. (2019) - How many techniques to retouch a backed point? Assessing the reliability of backing technique recognition on the base of experimental tests. *Archaeological and Anthropological Sciences,* 11(10), 5317-5337.

Fernandes, P. (2012) - Itinéraires et transformations du silex: une pétroarchéologie refondée, application au Paléolithique moyen. Thèse de D. Université de Bordeaux 1, 623 pp.

Filzer, P. (1969) - Pollenanalytische Untersuchungen der Höhlen- und Hangschichten. In: Wetzel, R. & Bosinski, G. (Eds.) - Die Bocksteinschmiede im Lonetal: 169–205. Veröff. Staatl. Amt Bodendenkmal- pfl., Stuttgart.

Finlayson, J.C., Barton, R., & Stringer, C. (2001) - The Gibraltar Neanderthals and their extinction. *Les Premiers Hommes Modernes de La Péninsule Ibérique. Lisbon: Instituto Português de Arqueologia, Trabalhos de Arqueologia*, 17, 117–122.

Fiore, I., Gala, M., Romandini, M., Cocca, E., & Tagliacozzo, A. (2016) - From feathers to food: Reconstructing the complete exploitation of avifaunal resources by Neanderthals at Fumane cave, unit A9. *Quaternary International*, 421, 134-153.

Fiore, I., Gala, M., & Tagliacozzo, A. (2004) - Ecology and subsistence strategies in the Eastern Italian Alps during the Middle Palaeolithic. *International Journal of Osteoarchaeology*, 14(3-4), 273-286.

Floss, H., Hoyer, C., & Würschem, H. (2016) - Le Châtelperronien de Germolles (Grotte de La Verpillière I, commune de Mellecey, Saône-et-Loire, France). *Paléo*, 27, 149-176.

Foltyn, E.M., Foltyn, E., & Kozlowski, J.K. (2000) - Première évidence de l'âge pré-Eemien des industries à pièces bifaciales asymétriques en Europe Centrale. In: Ronen, A. & Weinstein, M. (Eds.) - Yabrudian and Micoquian. Towards Modern Humans 400–50 kya ago: 167-172. BAR International Series 850, BAR Publishing, Oxford.

Freund, G. (1968) - Mikrolithen aus dem mittelpaläolithikum der Sesselfelsgrotte in unteren Altmühltal, Ldkr. Kelheim. *Quartär*, 19, 133-154.

Freund, G. (1998) - Sesselfelsgrotte I. Grabungsverlauf und Stratigraphie. Saarbrücken.

Frick, J.A. (2017) - A Late Middle Palaeolithic assemblage containing Levallois and bifacial objects from Saône-et-Loire, France: GH 3 at Grotte de la Verpillière II à Germolles. *Journal of Lithic Studies*, 3(2).

Frick, J.A., & Floss, H. (2017) - Analysis of bifacial elements from Grotte de la Verpillière I and II (Germolles, France). *Quaternary International*, 428, 3-25.

Frick, J.A., Herkert, K., Hoyer, C.T., & Floss, H. (2017) - The performance of tranchet blows at the Late Middle Paleolithic site of Grotte de la Verpillière I (Saône-et-Loire, France). *Plos One*, Vol. 12.

Fu, Q., Hajdinjak, M., Moldovan, O.T., Constantin, S., Mallick, S., Skoglund, P., Patterson, N., Rohland, N., Lazaridis, I., Nickel, B., Viola, B., Prüfer, K., Meyer, M., Kelso, J., Reich, D., & Pääbo, S. (2015) - An early modern human from Romania with a recent Neanderthal ancestor. *Nature*, 524(7564), 216-219.

Galiberti, A., Palma di Cesnola, A., Freguglia, M., Perrini, L., & Giannoni, L. (2008) - Le industrie litiche dello strato 2 del riparo esterno di Paglicci nel saggio del 1971: lo studio tipologico. *Bullettino Di Paletnologia Italiana*, 97, 1-56.

Garstki, K. (2017) - Virtual Representation: the Production of 3D Digital Artifacts. *Journal of Archaeological Method and Theory*, 24(3), 726-750.

Gatewood, J. (1985) - Actions speak louder than words In: Dougherty, J. (Ed.) - Directions in cognitive anthropology:199-220. Urbana: University of Illinois Press.

Geneste, J. (1985) - Analyse d'industries Moustériennes du Périgord: une approche technologique du comportement des groupes humains au Paléolithique moyen (Doctoral dissertation). Bordeaux.

Geneste, J. (1988) - Les industries de la Grotte Vaufrey: Technologie du debitage, economie, et circulation de la matiére premiére lithique. In: Rigaud, J. (Ed.) - La Grotte Vaufrey: paléoenvironnement, chronologie, activités humaines: 441-518. Société Préhistorique Francaise, Paris.

Geneste, J. (1991) - L'approvisionnement en matière première dans les systèmes de production lithique : la dimension spatiale de la technologie. In: Tecnologia y cadenas operativas liticas, Treballs d'arqueologia I, reunión internacional.

Geneste, J., & Plisson, H. (1996) - Production et utilisation de l'outillage lithique dans le Moustérien du sudouest de la France: les Tares à Sourzac, Vallé de l'Isle, Dordogne. Reduction Processes («Chaînes Opératoires») for the European Mousterian. *Quaternaria Nova*, VI, 343–367.

Gennai, J. (2017) - Il Levallois laminare di Grotta di Fumane (VR) nel quadro del Musteriano Finale italiano. MA Thesis, Università di Ferrara, 215 pp.

Gibson, K., & Ingold, T. (1993) - Tools, Language and Cognition in Human Evolution. Cambridge University Press, Cambridge.

Gijn, A. Van (2010) - Flint in Focus. Lithic Biographies in the Neolithic and Bronze Age. Sidestone Press, Leiden.

Girard, C. (1980) - Les industries moustériennes de la grotte du Renne à Arcy-sur-Cure (Yonne). *Gallia Préhistoire*, 23, 1-36.

Gravina, B. (2016) - La fin du Paléolithique moyen en Poitou-Charentes et Périgord : Considérations à partir de l'étude taphonomique et techno-économique des sites du Moustier (niveaux G à K) et La Roche-à-Pierrot, Saint Césaire (niveau EJOP supérieur). Thése de doctorat, Université de Bordeaux, 193 pp.

Gravina, B., Bachellerie, F., Caux, S., Discamps, E., Faivre, J.-P., Galland, A., Michel, A., Teyssandier, N., & Bordes, J.-G. (2018) - No Reliable Evidence for a Neanderthal-Châtelperronian Association at La Roche-à-Pierrot, Saint-Césaire. *Scientific Reports*, 8(1), 15134.

Gravina, B., & Discamps, E. (2015) - MTA-B or not to be? Recycled bifaces and shifting hunting strategies at Le Moustier and their implication for the late Middle Palaeolithic in southwestern France. *Journal of Human Evolution*, 84, 83-98.

Grimaldi, S. (1996) - Mousterian reduction sequences in Central Italy In: Bietti, A. & Grimaldi, S. (Eds.) - Reduction Processes (chaînes opératoires) in the European Mousterian: Vol. VI, 279-310. Quaternaria Nova.

Grosman, L., Smikt, O., & Smilansky, U. (2008) - On the application of 3-D scanning technology for the documentation and typology of lithic artifacts. *Journal of Archaeological Science*, 35(12), 3101-3110.

Guette, C. (2002) - Révision critique du concept de débitage Levallois à travers l'étude du gisement moustérien de Saint-Vaast-la-Hougue/le Fort (Chantiers I-III et II, niveaux inférieurs) (Manche, France). *Bulletin de La Societe Prehistorique Francaise*.

Guibert, P., Bechtel, F., Brenet, M., Couchoud, I., Delagnes, A., Delpech, F., Detrain, L., Duttine, M., Folgado, M., Jaubert, J., Lahaye, C., Lenoir, M., Maureille, B., Texier, J.-P., Turq, A., Viellevigne, E., & Villeneuve, G. (2008) - Une base de données pour la chronologie du Paléolithique moyen dans le sud-ouest de la France. In: Jaubert, J., Bordes, J., & Ortega, I. (Eds.) - Les Sociètès du Palèolithique dans un Grand Sud-Ouest de la France: Nouveaux Gisements, Nouveaux Rèsultats, Nouvelles Mèthodes: 19-40. La Sociètè Préhistorique Française.

Guibert, P., Bechtel, F., Schvoerer, M., Rigaud, J.-P., & Simek, J.F. (1999) - Datations par thermoluminescence de sédiments chauffés provenant d'une aire de combustion moustérienne (Grotte XVI, Cénac et St-Julien, Dordogne, France). *Revue d'Archéometrie*, 23, 163–175.

Hajdinjak, M., Fu, Q., Hübner, A., Petr, M., Mafessoni, F., Grote, S., Skoglund, P., Narasimham, V., Rougier, H., Crevecoeur, I., Semal, P., Soressi, M., Talamo, S., Hublin, J.-J., Gušić, I., Kućan, Ž., Rudan, P., Golovanova, L. V., Doronichev, V.B., Posth, C., Krause, J., Korlević, P., Nagel, S., Nickel, B., Slatkin, M., Patterson, N., Reich, D., Prüfer, K., Meyer, M., Pääbo, S., & Kelso, J. (2018) - Reconstructing the genetic history of late Neanderthals. *Nature*, 555(7698), 652-656.

Hammer, O., Harper, D., & Ryan, P. (2001) - PAST: Paleontological Statistics Software Package for Education and Data Analysis. *Palaeontologia Electronica*.

Harvati, K., & Harrison, T. (Eds.) (2006) - Neanderthals Revisited: New Approaches and Perspectives. Springer Netherlands, Dordrecht.

Hayden, B. (2015) - Insights into early lithic technologies from ethnography. *Philosophical Transactions of the Royal Society B: Biological Sciences*, 370(1682), 20140356.

Hedges, R.E.M., Pettitt, P.B., Ramsey, C.B., & Van Klinken, G.J. (1998) - Radiocarbon Dates from the Oxford AMS System: Archaeometry Datelist 25. *Archaeometry*, 40, 227-239.

Herzlinger, G., Goren-Inbar, N., & Grosman, L. (2017) - A new method for 3D geometric morphometric shape analysis: The case study of handaxe knapping skill. *Journal of Archaeological Science: Reports*, 14, 163-173.

Herzlinger, G., & Grosman, L. (2018) - AGMT3-D: A software for 3-D landmarks-based geometric morphometric shape analysis of archaeological artifacts. *Plos One*, 13(11), 1-17.

Higham, T., Douka, K., Wood, R., Ramsey, C.B., Brock, F., Basell, L., Camps, M., Arrizabalaga, A., Baena, J., Barroso-Ruíz, C., Bergman, C., Boitard, C., Boscato, P., Caparrós, M., Conard, N.J., Draily, C., Froment, A., Galván, B., Gambassini, P., Garcia-Moreno, A., Grimaldi, S., Haesaerts, P., Holt, B., Iriarte-Chiapusso, M.J., Jelinek, A., Jordá Pardo, J.F., Maíllo-Fernández, J.M., Marom, A., Maroto, J., Menéndez, M., Metz, L., Morin, E., Moroni, A., Negrino, F., Panagopoulou, E., Peresani, M., Pirson, S., De La Rasilla, M., Riel-Salvatore, J., Ronchitelli, A., Santamaria, D., Semal, P., Slimak, L., Soler, J., Soler, N., Villaluenga, A., Pinhasi, R., & Jacobi, R. (2014) - The timing and spatiotemporal patterning of Neanderthal disappearance. *Nature*, 512(7514), 306-309.

Hiscock, P., Turq, A., Faivre, J., & Bourguignon, L. (2009) - Quina procurement and tool production. In: Adams, B. & Blades, B.S. (Eds.) - Lithic Materials and Paleolithic Societies: 232-246. Wiley-Blackwell, Chichester.

Hoffecker, J.F. (2009) - The spread of modern humans in Europe. *Proceedings of the National Academy of Sciences*, 106(38), 16040-16045.

Hoffmann, D.L., Standish, C.D., García-Diez, M., Pettitt, P.B., Milton, J.A., Zilhão, J., Alcolea-González, J.J., Cantalejo-Duarte, P., Collado, H., de Balbín, R., Lorblanchet, M., Ramos-Muñoz, J., Weniger, G.-C., & Pike, A.W.G. (2018) - U-Th dating of carbonate crusts reveals Neandertal origin of Iberian cave art. *Science*, 359(6378), 912-915.

Hublin, J. (2015) - The modern human colonization of western Eurasia: when and where? *Quaternary Science Reviews*, 118, 194-210.

Hublin, J., Talamo, S., Julien, M., David, F., Connet, N., Bodu, P., Vandermeersch, B., & Richards, M.P. (2012) - Radiocarbon dates from the Grotte du Renne and Saint-Césaire support a Neandertal origin for the Châtelperronian. *Proceedings of the National Academy of Sciences*, 109(46), 18743–18748.

Hublin, J.J. (2009) - The origin of Neandertals. *Proceedings of the National Academy of Sciences*, 106(38), 16022-16027.

Inizan, M.-L., Reduron-Ballinger, M., Roche, H., & Tixier, J. (1995) - Préhistoire de la pierre taillée — Technologie de la pierre taillée. CREP, Meudon.

Iovita, R. (2014) - The role of edge angle maintenance in explaining technological variation in the production of Late Middle Paleolithic bifacial and unifacial tools. *Quaternary International*, 350, 105-115.

Jaubert, J. (2012) - Les archéo-séquences du Paléolithique moyen du Sud-Ouest de la France: quel bilan un quart de siécle aprés François Bordes? In: Delpech, F. & Jaubert, J. (Eds.) - François Bordes et la Préhistoire. Editions du CTHS:235-253.

Jaubert, J., Bordes, J., Discamps, E., & Gravina, B. (2011) - A New Look at the End of the Middle Palaeolithic Sequence in Southwestern France. In: Derevianko, A.P., & Shunkov, M.V. (Eds.) - Characteristic Features of the Middle to Upper Paleolithic Transition in Eurasia: 102-115. Asian Palaeolithic Association, Novosibirsk.

Jaubert, J., & Farizy, C. (1995) - Levallois debitage: exclusivity, absence or coexistence with other operative schemes in the Garonne Basin, Southwestern France. In: Dibble, H.L. & Bar-Yosef, O. (Eds.) - The Definition and Interpretation of Levallois Technology: 227-248. Prehistory Press, Madison.

Jaubert, J., & Mourre, V. (1996) - Coudoulous, Le Rescoundudou, Mauran: diversité des matières premières et variabilité des schémas de production d'éclats. *Quaternaria Nova*, VI, 313-341.

Jéquier, C., Nannini, N., Romandini, M., & Peresani, M. (2013) - Assessing the role of bone retouchers from the Mousterian to the Aurignacian in the North of Italy. In: Proceedings of the European Society for the study of Human Evolution.

Jéquier, C., Peresani, M., Romandini, M., Delpiano, D., Joannes-Boyau, R., Lembo, G., Livrachi, A., López-García, J.M., Obradović, M., & Nicosia, C. (2015) - The De Nadale Cave, a single layered Quina Mousterian site in the North of Italy. *Quartar,* Vol. 62.

Jöris, O. (1992) - Pradniktechnik im Micoquien der Balver Hohle. *Archaologisches Korrespondenzblatt*, 22, 1-12.

Jöris, O. (2001) - Der spätmittelpaläolithische Fundplatz Buhlen (Grabungen 1966–69). Stratigraphie, Steinartefakte und Fauna des Oberen Fundplatzes. Universitätsforschungen zur prähistorischen Archäologie, Bonn.

Jöris, O. (2003) - Zur chronostratigraphischen Stellung der spätmittelpaläolithischen Keilmessergruppen: Der Versuch einer kulturgeographischen Abgrenzung einer mittelpaläolithischen Formengruppe in ihrem europäischen KontextBericht der Römisch-Germanischen Kommission:Vol. 84. 49-153 pp.

Jöris, O. (2004) - Zur chronostratigraphischen Stellung der spätmittelpaläolithischen Keilmessergruppen. In: Bericht der Römisch- Germanischen Kommission. Mainz.

Jöris, O. (2006) - Bifacially backed knives (Keilmesser) in the Central European Middle Palaeolithic. In: Goren-Inbar, N. & Sharon, G. (Eds.) - Axe Age, Acheulian Toolmaking from Quarry to Discard. Equinox, London.

Jöris, O. (2012) - Keilmesser, In: Floss, H. (Ed.) - Steinartefakte vom Altpaläolithikum bis in die Neuzeit:297 – 308. Kerns Verlag, Tubingen.

Jöris, O., & Uomini, N. (2017) - Evidence for Neanderthal hand-preferences from the late Middle Palaeolithic site of Buhlen, Germany: Insights into Neanderthal learning behaviour. In: Nishiaki, Y. & Jöris, O. (Eds.) - Learning Strategies during the Palaeolithic. Springer, Tokyo.

Kaminska, L. (1995) - La retouche plate paléolithique en Slovaquie orientale. *Paléo. Supplément*, 1, 79-82.

Karakostis, F.A., Hotz, G., Tourloukis, V., & Harvati, K. (2018) - Evidence for precision grasping in Neandertal daily activities. *Science Advances*, 4(9), 1-12.

Keeley, L. (1980) - Experimental Determination of Stone Tool Uses: a Microwear Analysis. University of Chicago Press.

Kelly, R. (1995) - The Foraging Spectrum: Diversity in Hunter-Gatherer Lifeways. Percheron Pr, 446 pp.

Key, A., Dunmore, C.J., Hatala, K.G., & Williams-Hatala, E.M. (2017) - Flake morphology as a record of manual pressure during stone tool production. *Journal of Archaeological Science: Reports*, 12, 43-53.

Key, A.J.M. (2016) - Integrating Mechanical and Ergonomic Research within Functional and Morphological Analyses of Lithic Cutting Technology: Key Principles and Future Experimental Directions. *Ethnoarchaeology*, 8(1), 69-89.

Key, A.J.M., & Lycett, S.J. (2014) - Are bigger flakes always better? An experimental assessment of flake size variation on cutting efficiency and loading. *Journal of Archaeological Science*, 41, 140-146.

Key, A.J.M., & Lycett, S.J. (2015) - Edge Angle as a Variably Influential Factor in Flake Cutting Efficiency: An Experimental Investigation of Its Relationship with Tool Size and Loading. *Archaeometry*, 57(5), 911-927.

Key, A.J.M., & Lycett, S.J. (2019) - Biometric variables predict stone tool functional performance more effectively than tool-form attributes: a case study in handaxe loading capabilities. *Archaeometry*, 61(3), 539-555.

Key, A.J.M., Proffitt, T., Stefani, E., & Lycett, S.J. (2016) - Looking at handaxes from another angle: Assessing the ergonomic and functional importance of edge form in Acheulean bifaces. *Journal of Anthropological Archaeology*, 44, 43-55.

Knipping, M. (2017) - Botanischen untersuchungen an Sedimenten der Sesselfelsgrotte (Neuessing, Niederbayern) In: Sesselfelsgrotte VII. Naturwissenschaftliche Untersuchungen. Franz Steiner Verlag, Stuttgart.

Kolobova, K.A., Roberts, R.G., Chabai, V.P., Jacobs, Z., Krajcarz, M.T., Shalagina, A. V., Krivoshapkin, A.I., Li, B., Uthmeier, T., Markin, S. V., Morley, M.W., O'Gorman, K., Rudaya, N.A., Talamo, S., Viola, B., & Derevianko, A.P. (2020) - Archaeological evidence for two separate dispersals of Neanderthals into southern Siberia. *Proceedings of the National Academy of Sciences of the United States of America*, 117(6), 2879-2885.

Kot, M. (2017) - Bifacial and unifacial technology: A real difference or a problem of typo–technological approach? The example of the Ehringsdorf assemblage. *Quaternary International*, 428, 66-78.

Kozlowski, J.K. (2000) - Chatelperronien, Uluzzien et quoi plus à l'est? *Anthropologie*, XXXVIII(3), 249-259.

Kozlowski, J.K. (2006) - Wylotne and Zwierzyniec: paleolithic sites in Southern Poland. The Polish Academy of Arts and Sciences, Warsaw University, Krakow, 494 pp.

Kozlowski, J.K. (2014) - Middle Palaeolithic variability in Central Europe: Mousterian vs Micoquian. *Quaternary International*, 326-327, 344-363.

Kozlowski, J.K., & Kozlowski, S.K. (1977) - Epoka kamienia na ziemiach polskich. PWN, Warsaw.

Krause, J., Orlando, L., Serre, D., Viola, B., Prüfer, K., Richards, M.P., Hublin, J.J., Hänni, C., Derevianko, A.P., & Pääbo, S. (2007) - Neanderthals in central Asia and Siberia. *Nature*, 449(7164), 902-904.

Krukowski, S. (1939) - Paleolit. Prehistoria ziem polskich. *Encyklopedia Polska*, PAU IV, 1-117.

Kuhlwilm, M., Gronau, I., Hubisz, M.J., de Filippo, C., Prado-Martinez, J., Kircher, M., Fu, Q., Burbano, H.A., Lalueza-Fox, C., de la Rasilla, M., Rosas, A., Rudan, P., Brajkovic, D., Kucan, Ž., Gušic, I., Marques-Bonet, T., Andrés, A.M., Viola, B., Pääbo, S., Meyer, M., Siepel, A., & Castellano, S. (2016) - Ancient gene flow from early modern humans into Eastern Neanderthals. *Nature*, 530(7591), 429-433.

Lahaie, C., & Guerin, G. (2016) - Le cadre chronologique: méthodes et résultats. In: Bayle, P., Cleyet-Merle, J.-J., Faivre, J.-P., Lahaye, C., Maureille, B., & Turq, A. (Eds.) - Néandertal à la loupe. Musée National de Préhistoire.

Lass, G. (1994) - Gebrauchsspurenuntersuchungen an den "Mikrolithen" der Sesselfelsgrotte. Munster.

Lazuén, T., & Delagnes, A. (2014) - Lithic tool management in the Early Middle Paleolithic: an integrated techno-functional approach applied to Le Pucheuil-type production (Le Pucheuil, northwestern France). *Journal of Archaeological Science*, 52.

Lemonnier, P. (1976) - La description des chaînes opératoires: contribution à l'analyse des systémes techniques. *Techniques et Culture*, 1, 100-151.

Lemorini, C. (2000) - Reconnaître des tactiques d'exploitation du milieu au Paléolithique moyen. BAR International Series 858, BAR Publishing, Oxford.

Lemorini, C., Bourguignon, L., Zupancich, A., Gopher, A., & Barkai, R. (2015) - A scraper's life history: Morpho-techno-functional and use-wear analysis of Quina and demi-Quina scrapers from Qesem Cave, Israel. *Quaternary International*, 398, 86-93.

Lemorini, C., Peresani, M., Rossetti, P., Malerba, G., & Giacobini, G. (2003) - Technomorphological and use-wear functional analysis: an integrated approach to the study of a discoid industry. In: Peresani, M. (Ed.) - Discoid Lithic Technology. Advances and Implications:257-275. BAR International Series 1120, BAR Publishing, Oxford.

Lenoir, M., & Turq, A. (1995) - Recurrent centripetal debitage (Levallois and Discoidal): continuity or discontinuity. In: Dibble, H.L. & Bar-yosef, O. (Eds.) - The Definition and Interpretation of Levallois Technology:249-256. Prehistory Press, Madison.

Lepot, M. (1993) - Approche techno-fonctionnelle de l'outillage lithique moustérien: essai de classification des parties actives en termes d'efficacité technique. Thése de doctorat, Université de Paris X- Nanterre.

Leroi Gourhan, A. (1955) - Les Hommes de la préhistoire: Les chasseurs. Editions Bourrelier.

Leroi Gourhan, A. (1964) - Le Geste et la Parole. I, Technique et langage. Paris.

Levi Sala, I. (1986) - Use wear and post-depositional surface modification: A word of caution. *Journal of Archaeological Science*, 13(3), 229-244.

Lhomme, V., Nicoud, E., Pagli, M., Coudennau, A., & Rocca, R. (2011) - The Lithic Production System of the Middle Paleolithic Settlement of Le Fond des Blanchards at Gron (Yonne, France). In: Conard, N.J. & Richter, J. (Eds.) - Neanderthal Lifeways, Subsistence and Technology. One Hundred Fifty Years of Neanderthal Study. Springer.

Locht, J.-L., Antoine, P., Auguste, P., Bahain, J.-J., Debenham, N., Falguères, C., Farkh, S., & Tissoux, H. (2006) - La séquence loessique pléistocène supérieur de Savy (Aisne, France): stratigraphie, datations et occupations paléolithiques. *Quaternaire*, (vol. 17/3), 269-275.

Locht, J.-L., Hérisson, D., Goval, E., Cliquet, D., Huet, B., Coutard, S., Antoine, P., & Feray, P. (2016) - Timescales, space and culture during the Middle Palaeolithic in northwestern France. *Quaternary International*, 411, 129-148.

Locht, J. (2003) - L'industrie lithique du gisement de Beauvais (Oise, France): Objectifs et variabilité du débitage discoïde. In: Peresani, M. (Ed.) - Discoid Lithic Technology. Advances and Implications. BAR International Series 1120, BAR Publishing, Oxford.

Locht, J., & Swinnen, C. (1994) - Le débitage discoïde du gisement de Beauvais (Oise) : aspects de la chaîne opératoire au travers de quelques remontages. *Paléo*, 6, 89-104.

López-García, J.M., Dalla Valle, C., Cremaschi, M., & Peresani, M. (2015) - Reconstruction of the Neanderthal and Modern Human landscape and climate from the Fumane cave sequence (Verona, Italy) using small-mammal assemblages. *Quaternary Science Reviews*, 128, 1-13.

Lycett, S.J., & Eren, M.I. (2013) - Levallois economics: an examination of 'waste' production in experimentally produced Levallois reduction sequences. *Journal of Archaeological Science*, 40(5), 2384-2392.

Lycett, S.J., von Cramon-Taubadel, N., & Foley, R.A. (2006) - A crossbeam coordinate caliper for the morphometric analysis of lithic nuclei: a description, test and empirical examples of application. *Journal of Archaeological Science*, 33(6), 847-861.

Mafessoni, F., Grote, S., de Filippo, C., Slon, V., Kolobova, K.A., Viola, B., Markin, S. V., Chintalapati, M., Peyrégne, S., Skov, L., Skoglund, P., Krivoshapkin, A.I., Derevianko, A.P., Meyer, M., Kelso, J., Peter, B., Prüfer, K., & Pääbo, S. (2020) - A high-coverage Neandertal genome from Chagyrskaya Cave. *Proceedings of the National Academy of Sciences*, 202004944.

Maillo Fernandez, J.M. (2003) - La transicion Paleolítico medio-superior en Cantabria: Analisis tecnológico de la industria lítica de Cueva Morin. Ph.D. Diss. UNED Madrid.

Mania, D. (1990) - Auf den Spuren des Urmenschen: Die Funde aus der Steinrinne von Bilzingsleben. Deutscher Verlag der Wissenschaften., Berlin.

Mania, D. (2015) - Messer aus den Mittelpaläolithischen uferstationen von Königsaue (Nordharzvorland) und Neumark-Nord (Geiseltal). *Anthropologie*, LIII(1-2), 31–60.

Mania, D., & Toepfer, V. (1973) - Königsaue. Gliederung, Ökologie und mittelpaläolithische Funde der letzten Eiszeit. Veröff. Landesmus. Vorgesch. Halle, Berlin.

Marciani, G., Arrighi, S., Aureli, D., Spagnolo, V., Boscato, P., & Ronchitelli, A. (2018) - Middle Palaeolithic lithic tools: Techno-functional and use-wear analysis of target objects from SU 13 at the Oscurusciuto rock shelter, Southern Italy. *Journal of Lithic Studies*, 5(2).

Marciani, G., Ronchitelli, A., Arrighi, S., Badino, F., Bortolini, E., Boscato, P., Boschin, F., Crezzini, J., Delpiano, D., Falcucci, A., Figus, C., Lugli, F., Oxilia, G., Romandini, M., Riel-Salvatore, J., Negrino, F., Peresani, M., Spinapolice, E.E., Moroni, A., & Benazzi, S. (2019) - Lithic techno-complexes in Italy from 50 to 39 thousand years BP: An overview of lithic technological changes across the Middle-Upper Palaeolithic boundary. *Quaternary International*.

Marks, A.E., Brugal, J., Chabai, V.P., Monigal, K., Goldberg, P., Hockett, B., Peman, E., Elorza, M., & Mallol, C. (2002) - Le gisement pléistocène moyen de Galeria Pesada (Estrémadure, Portugal); premiers résultats. *Paléo*, 14, 77–100.

Martinez, K., Ollé, A., Sala, R., & Vergés, J. (2003) - discoid technology and use-wear analysis from Abric Romani. In: Peresani, M. (Ed.) - Discoid Lithic Technology. Advances and Implications. BAR International Series 1120, BAR Publishing, Oxford.

Martinez, M.L., Bordes, J., & Jaubert, J. (2014) - L' industrie lithique du Paléolithique moyen récent de Roc de Combe (Payrignac, Lot, France), un nouvel exemple de Moustérien Discoïde à denticulés, 3(Mis 3), 1-24.

Mazza, P.P.A., Martini, F., Sala, B., Magi, M., Colombini, M.P., Giachi, G., Landucci, F., Lemorini, C., Modugno, F., & Ribechini, E. (2006) - A new Palaeolithic discovery: tar-hafted stone tools in a European Mid-Pleistocene bone-bearing bed. *Journal of Archaeological Science*, 33(9), 1310-1318.

Mcbrearty, S., & Brooks, A.S. (2000) - The revolution that wasn't: A new interpretation of the origin of modern human behavior. *Journal of Human Evolution*, 39(5), 453-563.

Mcpherron, S.P., & Dibble, H.L. (1999) - The lithic assemblage of Pech de l'Azé IV (Dordogne, France). *Préhistoire Européenne*, 15, 9-43.

Mcpherron, S.P., Talamo, S., Goldberg, P., Niven, L., Sandgathe, D.M., Richards, M.P., Richter, D., Turq, A., & Dibble, H.L. (2012) - Radiocarbon dates for the late Middle Palaeolithic at Pech de l'Azé IV, France. *Journal of Archaeological Science*, 39, 3436-3442.

Meignen, L., Delagnes, A., & Bourguignon, L. (2009) - Lithic materials procurement and transformation patterns during the Middle Paleolithic in Western Europe. In: Adams, B. & Blades, B.S. (Eds.) - Lithic Materials and Paleolithic Societies: 15-24. Wiley-Blackwell, Chichester.

Mellars, P. (1965) - Sequence and development of the Mousterian traditions in southwestern France. *Nature*, 205, 626-627.

Mellars, P. (1996) - The Neanderthal Legacy. An Archaeological Perspective from Western Europe. Princeton University Press, 471 pp.

Migal, W., & Urbanowski, M. (2006) - Pradnik knives reuse. Experimental approach. In: Wisniewski, A., Plonka, T., & Burdukiewicz, J. (Eds.) - The Stone. Technique and technology: 73-89. Uniwersytet Wrocławski, Wroclaw.

Moncel, M.-H. (1998) - Les niveaux moustériens de la grotte Saint-Marcel (Ardèche). Fouilles René Gilles. Reconnaissance de niveaux à débitage discoïde dans la vallée du Rhône. *Bulletin de La Société Préhistorique Française*, 95, 141-170.

Moncel, M.-H., Moigne, A.-M., Sam, Y., & Combier, J. (2011) - The Emergence of Neanderthal Technical Behavior: New Evidence from Orgnac 3 (Level 1, MIS 8), Southeastern France. *Current Anthropology*, 52(1), 37-75.

Moncel, M.-H., Patou-mathis, M., & Otte, M. (1998) - Halte de chasse au chamois au Paléolithique moyen: la couche 5 de la grotte Scladina (Sclayn, Namur, Belgique). In: Brugal, J., Meignen, L., & Patou-mathis, M. (Eds.) - Economie préhistorique: les comportements de subsistance au Paléolithique: Editions A, 291-308. Sophia-Antipolis.

Moncel, M., & Daujeard, C. (2012) - The variability of the Middle Palaeolithic on the right bank of the Middle Rhône Valley (southeast France): Technical traditions or functional choices? *Quaternary International*, 247, 103-124.

Monnier, G.F., & Missal, K. (2014) - Another Mousterian Debate? Bordian facies, chaîne opératoire technocomplexes, and patterns of lithic variability in the western European Middle and Upper Pleistocene. *Quaternary International*, 350, 59-83.

Mora, R., Martinez-Moreno, J., & Casanova, J. (2008) - Abordando la noción de "variabilidad musteriense" en Roca dels Bous (Prepirineo suroriental, Lleida). *Trabajos de Prehistoria*, 65, 13-28.

Morin, E. (2012) - Reassessing Paleolithic subsistence: the Neandertal and modern human Foragers of Saint-Césaire. Cambridge University Press, Cambridge.

Moroni, A., Boscato, P., & Ronchitelli, A. (2013) - What roots for the Uluzzian? Modern behaviour in Central-Southern Italy and hypotheses on AMH dispersal routes. *Quaternary International*, 316, 27-44.

Moroni, A., Ronchitelli, A., Arrighi, S., Aureli, D., Bailey, S.E., Boscato, P., Boschin, F., Capecchi, G., Crezzini, J., Douka, K., Marciani, G., Panetta, D., Ranaldo, F., Ricci, S., Scaramucci, S., Spagnolo, V., Benazzi, S., & Gambassini, P. (2018) - Grotta del Cavallo (Apulia – Southern Italy). The Uluzzian in the mirror. *Journal of Anthropological Sciences*, 96, 125-160.

Mourre, V. (2003) - Discoïde ou pas discoïde? Réflexions sur la pertinence des critères techniques définissant le débitage discoïde. In Peresani, M. (Ed.) - Discoid Lithic Technology. Advances and Implications: 1-17. BAR International Series 1120, BAR Publishing, Oxford.

Muller-Beck, H. (1957) - Paläolithische Kulturen und Pleistozäne Stratigraphie in Süddeutschland. *Eiszeitalter Und Gegenwart*, 8(1), 116-140.

Negrino, F. (2003) - Modificazioni tecno-tipologiche ed utilizzo delle materie prime nell'Appennino tosco-emiliano e nell'arco ligure tra Paleolitico medio e Paleolitico superiore antico. Tesi di Dottorato, Univesità La Sapienza di Roma, Roma, 101 pp.

Neruda, P., & Nerudová, Z. (2010) - Moravsky Krumlov IV – A new multilayer Palaeolithic site in Moravia. *Archäologisches Korrespondenzblatt*, 40(2).

Neruda, P., & Nerudová, Z. (2014) - New radiocarbon data from Micoquian layers of the Kůlna Cave (Czech Republic). *Quaternary International*, 326-327, 157-167.

Nielsen, T.K., Kristiansen, S.M., & Riede, F. (2019) - Neanderthals at the frontier? Geological potential of southwestern South Scandinavia as archive of Pleistocene human occupation. *Quaternary Science Reviews*, 221, 105870.

Niewoehner, W.A., Bergstrom, A., Eichele, D., Zuroff, M., & Clark, J.T. (2003) - Manual dexterity in Neanderthals. *Nature*, 422(6930), 395-395.

Odell, G.H. (1981) - The Mechanics of Use-Breakage of Stone Tools: Some Testable Hypotheses. *Journal of Field Archaeology*, 8(2), 197-209.

Odell, G.H., & Odell-Vereecken, F. (1980) - Verifying the Reliability of Lithic Use-Wear Assessments by "Blind Tests": The Low-Power Approach. *Journal of Field Archaeology*, 7(1), 87.

Pääbo, S. (2015) - The diverse origins of the human gene pool. *Nature Reviews Genetics*, 16(6), 313-314.

Pastoors, A. (1999) - Die mittelpaläolithische Freilandstation Salzgitter-Lebenstedt (Niedersachsen). *Archäologisches Korrespondenzblatt*, 29(1), 1-9.

Pastoors, A. (2001) - Die mittelpaläolithische Freilandstation von Salzgitter-Lebenstedt. Genese der Fundstelle und Systematik der Steinbearbeitung. Salzgitter-Forschungen, Braunschweig/Salzgitter.

Pastoors, A. (2009) - Blades ? - Thanks, no interest! - Neandertals in Salzgitter-Lebenstedt. *Quartär*, 56, 105-118.

Pasty, J.-F. (2000) - Le gisement Paléolithique moyen de Meillers (Allier): un exemple de la variabilité du débitage Discoïde. *Bulletin de La Société Préhistorique Française*, 97(2), 165-190.

Pawlik, A.F., & Thissen, J.P. (2011) - Hafted armatures and multi-component tool design at the Micoquian site. *Journal of Archaeological Science*, 38(7), 1699-1708.

Pedergnana, A., & Ollé, A. (2017) - Monitoring and interpreting the use-wear formation processes on quartzite flakes through sequential experiments. *Quaternary International*, 427, 35-65.

Pelegrin, J. (1990) - Observations technologiques sur quelques séries du Châtelperronien et du MAT B du sud-ouest de la France : Une hypothèse d'évolution.

In: Farizy, C. (Ed.) - Paléolithique Moyen Récent et Paléolithique Supérieur Ancien en Europe. Colloque international de Nemours, 9-11 mai 1988:195-202. CNRS, Mémoires du Musée de Préhistoire d'Ile-de-France.

Pelegrin, J. (1995) - Technologie lithique: le Chatelperronien de Roc-de-Combe (Lot) et de La Cote (Dordogne). Cahiers du CNRS, Paris.

Pelegrin, J. (2004) - Sur les techniques de retouche des armatures de projectile. In: Pigeot, N. (Ed.) - Les derniers magdaléniens d'Etiolles. Perspectives culturelles et paléohistorique: Supplément, 161–168. CNRS.

Pelegrin, J., Karlin, C., & Bodu, P. (1988) - «Chaînes opératoires»: un outil pour le préhistorien. Journee d'Etudes Technologiques en Prehistoire, 55-62. Paris: CNRS.

Pelegrin, J., & Soressi, M. (2007) - Le Chatelperronien et ses rapports avec le Moustérien. In: Vandermeersch, B., Maureille, B., & Coppens, Y. (Eds.) - Les Néandertaliens. Biologie et culturesandertaliens. Biologie et Cultures: 283-296. Comité des travaux historiques et scientifiques, Paris.

Peresani, M. (1996) - Sistemi tecnici di produzione litica nel Musteriano d'Italia: studio tecnologico degli insiemi litici delle unità VI e II della Grotta di San Bernardino (Colli Berici, Veneto). *Rivista Di Scienze Preistoriche*, 47, 79-167.

Peresani, M. (1998) - La variabilité du débitage discoïde dans la grotte de Fumane (Italie du Nord). *Paléo*, 10(1), 123-146.

Peresani, M. (2003a) - An initial overview on the Middle Palaeolithic Discoid industries in Central-Northern Italy. In: Peresani, M. (Ed.) - Discoid Lithic Technology. Advances and Implications: 209-223. BAR International Series 1120 BAR Publishing, Oxford.

Peresani, M. (2003b) - Discoid Lithic Technology: Advances and Implications. BAR International Series 1120 BAR Publishing, Oxford.

Peresani, M. (2012) - Fifty thousand years of flint knapping and tool shaping across the Mousterian and Uluzzian sequence of Fumane cave. *Quaternary International*, 247(1), 125-150.

Peresani, M., Basile, D., Centi, L., Delpiano, D., Duches, R., Jéquier, C., Nannini, N., Obradović, M., Picin, A., & Romandini, M. (2014) - Grotta di Fumane. Risultati della campagna di scavo e ricerche 2012. *Notizie Di Archeologia Del Veneto*, 1/2012.

Peresani, M., Bertola, S., Delpiano, D., Benazzi, S., & Romandini, M. (2019) - The Uluzzian in the north of Italy: insights around the new evidence at Riparo Broion. *Archaeological and Anthropological Sciences*, 11(7), 3503-3536.

Peresani, M., Boldrin, M., & Pasetti, P. (2015) - Assessing the exploitation of double patinated artifacts from the Late Mousterian : Implications for lithic economy and human mobility in northern Italy. *Quaternary International*, 361, 238-250.

Peresani, M., Cremaschi, M., Ferraro, F., Falguères, C., Bahain, J.J., Gruppioni, G., Sibilia, E., Quarta, G., Calcagnile, L., & Dolo, J.M. (2008) - Age of the final Middle Palaeolithic and Uluzzian levels at Fumane Cave, Northern Italy, using 14C, ESR, 234U/230Th and thermoluminescence methods. *Journal of Archaeological Science*, 35(11), 2986-2996.

Peresani, M., Cristiani, E., & Romandini, M. (2016) - The Uluzzian technology of Grotta di Fumane and its implication for reconstructing cultural dynamics in the Middle e Upper Palaeolithic transition of Western Eurasia. *Journal of Human Evolution*, 91, 36-56.

Peresani, M., Delpiano, D., Duches, R., Gennai, J., Marcazzan, D., Nannini, N., Romandini, M., Aleo, A., & Cocilova, A. (2017) - Il musteriano delle unità A10 e A11 a Grotta di Fumane (VR). Risultati delle campagne di scavo 2014 e 2016. *Fasti Online Documents & Research*, (397).

Peresani, M., Fiore, I., Gala, M., Romandini, M., & Tagliacozzo, A. (2011) - Late Neandertals and the intentional removal of feathers as evidenced from bird bone taphonomy at Fumane Cave 44 ky B.P., Italy. *Proceedings of the National Academy of Sciences of the United States of America*, 108(10), 3888-3893.

Peresani, M., Vanhaeren, M., Quaggiotto, E., Queffelec, A., & D'Errico, F. (2013) - An Ochered Fossil Marine Shell From the Mousterian of Fumane Cave, Italy. *Plos One*, 8(7), e68572.

Peretto, C., Arzarello, M., Bahain, J.-J., Boulbes, N., Dolo, J.-M., Douville, E., Falguères, C., Frank, N., Garcia, T., Lembo, G., Moigne, A.-M., Muttillo, B., Nomade, S., Pereira, A., Rufo, M.A., Sala, B., Shao, Q., Thun Hohenstein, U., Tessari, U., Turrini, M.C., & Vaccaro, C. (2016) - The Middle Pleistocene site of Guado San Nicola (Monteroduni, Central Italy) on the Lower/Middle Palaeolithic transition. *Quaternary International*, 411, 301-315.

Peyrony, D. (1920) - Le Moustérien-ses faciés. *Association Française Pour l'Avancement Des Sciences*, 44, 1-2.

Picin, A. (2016) - Short-term occupations at the lakeshore: a technological reassessment of the open–air site Königsaue (Germany). *Quartär*, 63, 7-32.

Picin, A., Peresani, M., Falguères, C., Gruppioni, G., & Bahain, J.-J. (2013) - San Bernardino Cave (Italy) and the Appearance of Levallois Technology in Europe: Results of a Radiometric and Technological Reassessment. *Plos One*, 8(10), e76182.

Picin, A., & Vaquero, M. (2016) - Flake productivity in the Levallois recurrent centripetal and discoid technologies: New insights from experimental and archaeological lithic series. *Journal of Archaeological Science: Reports*, 8, 70-81.

Picin, A., Vaquero, M., Weniger, G.-C., & Carbonell, E. (2014) - Flake morphologies and patterns of core configuration at the Abric Romaní rock-shelter: A geometric morphometric approach. *Quaternary International*, 350, 84-93.

Plisson, H. (1988) - Technologie et traceologie des outils lithiques Mousteriens en Union Sovietique: les travaux de V.E. Shchelinskii In: L'Homme de Néandertal, vol. 4, La Technique:121-168. Liège.

Plisson, H., & Beyries, S. (1998) - Pointes ou outils triangulaires? Données fonctionnelles dans le Moustérien levantin. *Paléorient*, 24(1), 5-24.

Porraz, G. (2002) - Les pièces amincies de la Baume des Peyrards (Massif du Luberon, Vaucluse): analyse des procédés de réalisation. *Prehistoires Mediteranées*, 10-11.

Porter, S., Roussel, M., & Soressi, M. (2017) - Simple photogrammetry rig for the reliable creation of 3D artifact models in the field lithic examples from the Early Upper Paleolithic Sequence of Les Cottés (France). *Advances in Archaeological Practice*, 4(1), 71-86.

Radzevich, S. (2017) - Gear Cutting Tools Science and Engineering.

Rahle, W. (2017) - Die Mollusken aus dem Jungpleistozan der Sesselfelsgrotte (Neuessing, Niederbayern) In: Sesselfelsgrotte VII. Naturwissenschaftliche Untersuchungen. Franz Steiner Verlag, Stuttgart.

Rathgeber, T. (2006) - Fossile Menschenreste aus der Sesselfelsgrotte im unteren Altmühltal (Bayern, Bundesrepublik Deutschland). *Quartär*, 53-54.

Rathgeber, T. (2014) - Zur technischen Aufbereitung des Faunenmaterials und Ubersicht uber die Jungpleistozanen Grossaugerfaunen der Sesselfelsgrotte (Neuessing, Niederbayern) In: Sesselfelsgrotte VI. Naturwissenschaftliche Untersuchungen. Franz Steiner Verlag, Stuttgart.

Rendu, W., Costamagno, S., Meignen, L., & Soulier, M.-C. (2012) - Monospecific faunal spectra in Mousterian contexts: Implications for social behavior. *Quaternary International*, 247, 50-58.

Richter, D., Krbetschek, M., & Meller, H. (2014) - Preliminary Luminescence Dating Results for two Middle Palaeolithic Occupations at Neumark-Nord 2. *Multidisciplinary Studies of the Middle Palaeolithic Record from Neumark-Nord (Germany). Volume 1*, (68), 131-136.

Richter, D., Mauz, B., Böhner, U., Weissmuller, W., Wagner, G.A., Freund, G., Rink, W.J., & Richter, J. (2000) - Luminescence dating of the Middle/Upper Palaeolithic sites "Sesselfelsgrotte" and "Abri I am Schulerloch", Altmuhl, Bavaria. In: Orschiedt, J. & Weniger, G.C. (Eds.) - Neanderthals and Modern Humans - Discussing the Transition. Central and Eastern Europe from 50.000-30.000 B.P. Neanderthal Museum, Mettmann.

Richter, J. (1997) - Sesselfelsgrotte III: Der G-Schichten-Komplex der Sesselfelsgrotte - Zum Verständnis des Micoquien. Quartär-Bibliothek, Saarbrücken.

Richter, J. (2000) - Social memory among late Neanderthals In: Orschiedt, J. & Weniger, G.C. (Eds.) - Neanderthals and Modern Humans - Discussing the Transition. Central and Eastern Europe from 50.000-30.000 B.P. 30-41. Neanderthal Museum, Mettmann.

Richter, J. (2001) - For lack of a wise old man? Late Neanderthal land use patterns in the Altmühl River Valley, Southern Germany. In: Richter, J. & Conard, N.J. (Eds.) - Middle Stone Age and Middle Palaeolithic settlement patterns: 205-220. Tubingen.

Richter, J. (2002) - Die 14C-Daten aus der Sesselfelsgrotte und die Zeitstellung des Micoquien/MMO. *Germania*, 1-22.

Richter, J. (2004) - Copies of flakes: operational sequences of foliate pieces from Buran-Kaya III level B1. In: Chabai, V., Monigal, K., & Marks, A.E. (Eds.) - The Middle Paleolithic and Early Upper Paleolithic of Eastern Crimea: 233–248. ERAUL, Liège.

Richter, J. (2006) - Neanderthals in their landscape. In: Demarsin, B. & Otte, M. (Eds.) - Neanderthals in Europe: 51-66. ERAUL 117 & ATVATVCA 2, Liege and Tongeren.

Richter, J. (2009) - The role of leaf points in the Late Middle Palaeolithic of Germany. *Praehistoria*, 10.

Richter, J. (2014) - L'impact environnemental sur la formation des assemblages lithiques unifaciaux et bifaciaux «micoquiens» ou «MMO» d'Europe central. In: Transitions, ruptures et continuité en Préhistoire, XXVIIe congrès préhistorique de France – Bordeaux-Les Eyzies, 31 mai-5 juin 2010,:195-205.

Richter, J. (2016) - Leave at the height of the party: A critical review of the Middle Paleolithic in Western Central Europe from its beginnings to its rapid decline. *Quaternary International*, 411, 107-128.

Riel-salvatore, J. (2009) - What Is a 'Transitional' Industry ? The Uluzzian of Southern Italy as a Case Study. In: Camps, M. & Chauhan, P.R. (Eds.) - Sourcebook of Paleolithic Transitions: 377-396. Springer.

Riel-Salvatore, J., Bae, J., Clark, G., Lindly, J., McCartney, P., & Razdan, A. (2002) - The past meets the future: 3D visualization technology and lithic analysis at Wadi al-Hasa Locality 623X. *Journal of Human Evolution*, 42(3).

Rios-Garaizar, J. (2010) - Organización económica de las sociedades neandertales: El caso del nivel VII de Amalda (Zestoa, Gipuzkoa). *Zephyrus: Revista de Prehistoria y Arqueología*, LXV, 15-37.

Rios-Garaizar, J. (2017) - A new chronological and technological synthesis for Late Middle Paleolithic of the Eastern Cantabrian Region. *Quaternary International*, 433, 50-63.

Roebroeks, W., & Gamble, C. (1998) - The Middle Palaeolithic occupation of Europe. Faculty of Archaeology, University of Leiden.

Roebroeks, W., Hublin, J.-J., & MacDonald, K. (2011) - Continuities and Discontinuities in Neandertal Presence: A Closer Look at Northwestern Europe. *Developments in Quaternary Science*, 113-123.

Roebroeks, W., Sier, M.J., Nielsen, T.K., De Loecker, D., Pares, J.M., Arps, C.E.S., & Mucher, H.J. (2012) - Use of red ochre by early Neandertals. *Proceedings of the National Academy of Sciences*, 109(6), 1889-1894.

Roebroeks, W., & Soressi, M. (2016) - Neandertals revised. *Proceedings of the National Academy of Sciences*, 113(23), 6372-6379.

Rolland, N. (1981) - The interpretation of Middle Palaeolithic variability. *Man*, 16(1), 15-42.

Rolland, N. (1988) - Observations on some Middle Paleolithic time series in southern France In: Dibble, H.L. & Montet-White, A. (Eds.) - Upper Pleistocene Prehistory of Western Eurasia: 161-180. University of Pennsylvania.

Rolland, N., & Dibble, H.L. (1990) - A New Synthesis of Middle Paleolithic Variability. *American Antiquity*, 55(3), 480-499.

Romagnoli, F., Bargallό, A., Chacon, M., Gomez de soler, B., & Vaquero, M. (2016) - Testing a hypothesis about the importance of the quality of raw material on technological changes at Abric Romaní (Capellades, Spain): some considerations using high-resolution techno-economic perspective. *Journal of Lithic Studies*, 3.

Romagnoli, F., Gόmez de Soler, B., Bargallό, A., Chacόn, M.G., & Vaquero, M. (2018) - Here and now or a previously planned strategy? Rethinking the concept of ramification for micro-production in expedient contexts: Implications for Neanderthal socio-economic behaviour. *Quaternary International*, 474, 168-181.

Romandini, M., Nannini, N., Tagliacozzo, A., & Peresani, M. (2014) - The ungulate assemblage from layer A9 at Grotta di Fumane, Italy: A zooarchaeological contribution to the reconstruction of Neanderthal ecology. *Quaternary International*, 337, 11-27.

Rosendahl, G. (2006) - Les couches supérieures de la Micoque (Dordogne). *PALEO. Revue d'archéologie Préhistorique*, 6(18), 161-192.

Rossoni-Notter, E., Notter, O., & Simon, P. (2017) - Mousterian in Balzi Rossi (Ventimiglia, Liguria, Italy): New insights and old collections. *Quaternary International*, 435, 21-57.

Rots, V. (2009) - The functional analysis of the Mousterian and Micoquian assemblages of Sesselfelsgrotte, Germany: aspects of tool use and hafting in the European Late. *Quartär*, 56, 37-66.

Rots, V. (2010) - Prehension and Hafting Traces on Flint Tools: a Methodology. Universitaire Pers Leuven.

Rots, V. (2011) - Tool Use and Hafting in the Western European Middle Palaeolithic. *Le Paléolithique Moyen En Belgique. Mélanges Marguerite Ulrix-Closset*, 4, 277-287.

Rots, V. (2013) - Insights into early Middle Palaeolithic tool use and hafting in Western Europe. The functional analysis of level IIa of the early Middle Palaeolithic site of Biache-Saint-Vaast (France). *Journal of Archaeological Science*, 40(1), 497-506.

Rots, V. (2015) - Hafting and Site Function in the European Middle Paleolithic. In Conard, N. & Delagnes, A. (Eds.) - Settlement Dynamics of the Middle Paleolithic and the Middle Stone Age, Vol. IV. Kerns Verlag, Tubingen.

Roussel, M. (2013) - Méthodes et rythmes du débitage laminaire au Châtelperronien : comparaison avec le Protoaurignacien. *Comptes Rendus Palevol*, 12(4), 233-241.

Roussel, M., & Soressi, M. (2010) - La Grande Roche de la Plematrie a Quinçay (Charente-Maritime): Nouvelles donnes sur l'industrie lithique du Chatelperronien. In: Buisson-Catil, J.P. (Ed.) - Préhistoire entre Vienne et Charente: Hommes et Sociétés du Paléolithique:203-220. Chauvigny.

Roussel, M., Soressi, M., & Hublin, J. (2016) - The Chatelperronian conundrum: Blade and bladelet lithic technologies from Quinçay, France. *Journal of Human Evolution*, 95, 13-32.

Ruebens, K. (2006) - A typological dilemma: Micoquian elements in continental Northwestern Europe during the last glacial cycle (MIS 5d–3). *Lithics: The Journal of the Lithic Studies Society*, 27, 58-73.

Ruebens, K. (2013) - Regional behaviour among late neanderthal groups in Western Europe: A comparative assessment of late middle palaeolithic bifacial tool variability. *Journal of Human Evolution*, 65(4), 341-362.

Ruebens, K., McPherron, S.J.P., & Hublin, J.J. (2015) - On the local Mousterian origin of the Châtelperronian: Integrating typo-technological, chronostratigraphic and contextual data. *Journal of Human Evolution*, 86, 55-91.

Sankararaman, S., Mallick, S., Dannemann, M., Prüfer, K., Kelso, J., Pääbo, S., Patterson, N., & Reich, D. (2014) - The genomic landscape of Neanderthal ancestry in present-day humans. *Nature*, 507(7492), 354-357.

Sano, K., Arrighi, S., Stani, C., Aureli, D., Boschin, F., Fiore, I., Spagnolo, V., Ricci, S., Crezzini, J., Boscato, P., Gala, M., Tagliacozzo, A., Birarda, G., Vaccari, L.,

Ronchitelli, A., Moroni, A., & Benazzi, S. (2019) - The earliest evidence for mechanically delivered projectile weapons in Europe. *Nature Ecology & Evolution*, 3(10), 1409-1414.

Schild, R. (2005) - The Killing Fields of Zwolen. a Middle Palaeolithic Kill-butchery- site in Central Poland. Institute of Archaeology and Ethnology, Warsaw.

Scott, B., & Ashton, N. (2011) - The Early Middle Palaeolithic: The European Context. *Developments in Quaternary Science*, 14(C), 91-112.

Shea, J.J. (1988) - Spear points from the Middle Palaeolithic of the Levant. *Journal of Field Archaeology*, 15, 441–50.

Shea, J.J., & Sisk, M.L. (2010) - Complex Projectile Technology and Homo sapiens Dispersal into Western Eurasia. *PaleoAnthropology*, 100-122.

Shimelmitz, R., & Kuhn, S.L. (2018) - The toolkit in the core: There is more to Levallois production than predetermination. *Quaternary International*, 464, 81-91.

Shott, M.J., & Trail, B.W. (2010) - Exploring new approaches to lithic analysis: laser scanning and geometric morphometrics. *Lithic Technology*, 35(2), 195-220.

Siegel, P. (1985) - Edge angle as a functional indicator: a test. *Lithic Technology*, 14(2), 90-94.

Simondon, G. (1958) - On the mode of existence of technical objects. University of Western Ontario: London, Ontario.

Slimak, L. (1999) - Pour une individualisation des Moustériens de type Quina dans le quart sud- est de la France? La Baume de Néron (Soyons, Ardeche) et Le Champ Grand (Saint-Maurice- sur-Loire, Loire), premières données. *Bulletin de La Société Préhistorique Française*, 96, 133-144.

Slimak, L. (2003) - Les débitages discoïdes moustériens : évaluation d'un concept technologique In: Peresani, M. (Ed.) - Discoid Lithic Technology. Advances and Implications. BAR International Series 1120, BAR Publishing, Oxford.

Slimak, L. (2008a) - Artisanats et territoires des chasseurs moustériens de Champ Grand:Artisanats. Maison Méditerranéenne des Sciences de l'Homme, Aix-en-Provence.

Slimak, L. (2008b) - Sur un point de vue heuristique concernant la production et la transformation de support au Paléolithique moyen. *Gallia Préhistoire*, 50, 1.22.

Slimak, L., Fietzke, J., Geneste, J., & Ontañón, R. (2018) - Comment on "U-Th dating of carbonate crusts reveals Neandertal origin of Iberian cave art." *Science*, 361(6408).

Slimak, L., Svendsen, J.I., Mangerud, J., Plisson, H., Heggen, H.P., Brugère, A., & Pavlov, P.Y. (2011) - Late Mousterian persistence near the Arctic circle. *Science*, 332(6031), 841-845.

Solecki, R.L., & Solecki, R.S. (2004) - Bifaces and the Acheulian industries of Yabroud Shelter I, Syria In: Toussaint, M., Draily, C., & Cordy, J.-M. (Eds.) - General Sessions and Posters. Section 4: Human Origins and the Lower Palaeolithic. Acts of the XIVth UISPP Congress, Liège 2001:37-39. BAR International Series 1272, BAR Publishing, Oxford.

Soressi, M. (2002) - Le Moustérien de tradition acheuléenne du sud-ouest de la France. Doctoral Thesis, Université de Bordeaux, 345 pp.

Soressi, M. (2005) - Late Mousterian lithic technology: its implications for the pace of the emergence of behavioural modernity and the relationship between behavioural modernity and biological modernity. *From Tools to Symbols : From Early Hominids to Modern Humans*, 389-417.

Soressi, M., Jones, H.L., Rink, W.J., Maureille, B., & Tiller, A.-M. (2007) - The Pech-de-l'Aze' I Neandertal child: ESR, uranium-series, and AMS 14C dating of its MTA type B context. *Journal of Human Evolution*, 52, 455–466.

Soressi, M., Rendu, W., Texier, J.-P., Claud, E., Daulny, L., D'errico, F., Laroulandie, V., Maureille, B., Niclot, M., Schwortz, S., & Tillier, A.-M. (2008) - Pech-de-l'Azé I (Dordogne, France): nouveau regard sur un gisement moustérien de tradition acheuléenne connu depuis le XIX siècle. In: Jaubert, J., Bordes, J.-G., & Ortega, I. (Eds.) - Les Sociétés Paléolithiques D'un Grand Sud-Ouest: Nouveaux Gisements, Nouvelles Méthodes, Nouveaux Résultats: 95-132. Société Préhistorique Francaise, Paris.

Soressi, M., & Roussel, M. (2014) - European Middle to Upper Paleolithic transitional industries: Chatelperronian. In: Smith, C. (Ed.) - Encyclopedia of Global Archaeology: 2679-2693.

Soriano, S. (2000) - Outillage bifacial et outillage sur éclat au Paléolithique ancien et moyen: Coexistence et interaction. Ph.D. dissertation, Université de Paris X, Nanterre.

Soriano, S., & Villa, P. (2017) - Early Levallois and the beginning of the Middle Paleolithic in central Italy. *Plos One*, 12(10), e0186082.

Soriano, S., Villa, P., & Wadley, L. (2007) - Blade technology and tool forms in the Middle Stone Age of South Africa: the Howiesons Poort and post-Howiesons Poort at Rose Cottage Cave. *Journal of Archaeological Science*, 34(5), 681-703.

Stefanski, D. (2018) - The Early Upper Palaeolithic assemblage of arch-backed points from Kraków-Zwierzyniec site 1. In: Valde-Nowak, P., Sobczyk, K., Nowak, M., & Źrałka, J. (Eds.) - Multas Per Gentes et Multa Per Saecula.

Stordeur, D. (1987) - La main et l'outil: manches et emmanchements préhistoriques. Maison de l'Orient Mediterranéen, Lyon.

Sumner, T., & Riddle, A. (2008) - Virtual Paleolithic: assays in photogrammet- ric three-dimensional artifact modelling. *PaleoAnthropology*, 158-169.

Tafelmaier, Y. (2011) - Revisiting the middle palaeolithic site volkringhauser höhle (North Rhine- Westphalia, Germany). *Quartar*, 58, 153-182.

Terradillos-Bernal, M., & Rodríguez, X.-P. (2012) - The Lower Palaeolithic on the northern plateau of the Iberian Peninsula (Sierra de Atapuerca, Ambrona and La Maya I): a technological analysis of the cutting edge and weight of artefacts. Developing an hypothetical model. *Journal of Archaeological Science*, 39(5), 1467-1479.

Texier, P.., Brugal, J.., Lemorini, C., & Wilson, L. (1998) - Fonction d'un site du Paléolithique moyen en marge d'un territoire: l'abri de la Combette (Bonnieux, Vaucluse). In: Brugal, J.-P., Meignen, L., & Pathou-mathis, M. (Eds.) - Economie préhistorique: les comportements de subsistance au Paléolithique. Sophia-Antipolis, A.P.D.C.A.,.

Thiébaut, C., Claud, É., Deschamps, M., Discamps, E., Soulier, M., Mussini, C., Costamagno, S., Rendu, W., Brenet, M., Colonge, D., Coudenneau, A., Gerbe, M., Guibert, P., Jaubert, J., Laroulandie, V., Maureille, B., Mourre, V., & Santos, F. (2014) - Diversité des productions lithiques du Paléolithique moyen récent (OIS 4-OIS 3): enquête sur le rôle des facteurs environnementaux, fonctionnels et culturels. In: Jaubert, J., Fourment, N., & Depaepe, P. (Eds.) - Transitions, ruptures et continuité en Préhistoire: 281-296. Bordeaux - Les Eyzies.

Thiébaut, C., Meignen, L., & Leveque, F. (2009) - Les derniéres occupations moustériennes de Saint-Césaire (Charente-Maritime, France). *Bulletin de La Société Préhistorique Française*, 106, 691-714.

Thiébaut, C., Mourre, V., Chalard, P., Colonge, D., Coudenneau, A., Deschamps, M., & Sacco-sonador, A. (2012) - Lithic technology of the fi nal Mousterian on both sides of the Pyrenees. *Quaternary International*, 247, 182-198.

Tixier, J. (1978) - Méthode pour l'étude des outillages lithiques: notice sur les travaux scientifiques de J. Tixier. Doctorat d'Etat, Université de Paris X - Nanterre.

Tixier, J., Inizan, M.-L., & Roche, H. (1980) - Préhistoire de la Pierre Taillée: Terminolog. Valbonne.

Tringham, R., Cooper, G., Odell, G., Voytek, B., & Whitman, A. (1974) - Experimentation in the Formation of Edge Damage: A New Approach to Lithic Analysis. *Journal of Field Archaeology*, 1, 171-196.

Tryon, C.A., McBrearty, S., & Texier, P.-J. (2006) - Levallois Lithic Technology from the Kapthurin Formation, Kenya: Acheulian Origin and Middle Stone Age Diversity. *African Archaeological Review*, 22(4), 199-229.

Tuffreau, A. (1990) - Le Paléolithique moyen récent dans le Nord de la France. In: Farizy, C. (Ed.) - Paléolithique Moyen Récent et Paléolithique Supérieur Ancien en Europe,:159-165.

Tuffreau, A. (1995) - The variability of Levallois technology in Northern France and neighbouring areas. In: Dibble, H.L. & Bar-Yosef, O. (Eds.) - The Definition and Interpretation of Levallois Technology:413-427. Prehistory Press, Madison.

Turq, A. (1989) - Exploitation des Matières lithiques et occupation du sol. L'exemple du Moustérien entre Dordogne et Lot In: Laville, H. (Ed.) - Variations de paleomilieux et peuplement préhistorique. CNRS, Cahier du Quaternaire, Paris.

Turq, A. (1992) - Raw material and technological studies of the Quina Mousterian. In: Dibble, H.L. & Mellars, P. (Eds.) - The Middle Palaeolithic: Adaptation, Behavior, and Variability. University of Pennsylvania, Philadelphia.

Turq, A. (2000a) - Le Moustérien de tradition acheuléenne. *Paléo*, 2, 244-273.

Turq, A. (2000b) - Paléolithique inférieur et moyen entre Dordogne et lot. Société des Amis du Musée National de Préhistoire et de la Recherche Archéologique.

Turq, A., Dibble, H.L., Goldberg, P., Mc Pherron, S.P., Sandgathe, D.M., Jones, H.L., Maddison, K., Maureille, B., Mentzer, S., Rink, J.W., & Steenhuyse, A. (2011) - Les fouilles récentes du Pech de l'Azé IV (Dordogne). *Gallia Préhistoire*, 53(1), 1-58.

Turq, A., Faivre, J.P., Gravina, B., & Bourguignon, L. (2017) - Building models of Neanderthal territories from raw material transports in the Aquitaine Basin (southwestern France). *Quaternary International*, 433, 88-101.

Turq, A., Roebroeks, W., Bourguignon, L., & Faivre, J.P. (2013) - The fragmented character of Middle Palaeolithic stone tool technology. *Journal of Human Evolution*, 65(5), 641-655.

Urbanowski, M. (2003) - Pradnik knives as an element of Micoquian techno-stylistic specifics: PhD dissertation. Warsaw.

Uthmeier, T. (2004a) - Micoquien, Aurignacien und Gravettien in Bayern : eine regionale Studie zum Ubergang vom Mittel- zum Jungpaläolithikum. Heidelberg: Propylaeum, (Archäologische Berichte, Band 18).

Uthmeier, T. (2004b) - Planning Depth and Saiga Hunting: On-Site and Off-Site Activities of Late Neandertals in Level B1 of Buran-Kaya III. In: Chabai, V., Monigal, K., & Marks, A.E. (Eds.) - The Middle Paleolithic and

Early Upper Paleolithic of Eastern Crimea.:193-231. ERAUL 104, Liège.

Uthmeier, T. (2012) - The Transition from Middle- to Upper Palaeolithic at Buran Kaya III, Crimea (Ukraine): a case of conceptual continuity of lithic artefact manufacture? In: Pastoors, A. & Peresani, M. (Eds.) - Flakes not Blades: The Role of Flake Production at the Onset of the Upper Palaeolithic:Wissenscha, 239-260. Mettmann.

Valde-Nowak, P., Alex, B., Boaretto, E., Ginter, B., Sobczyk, K., Stefanski, D., & Zając, M. (2016) - The Middle Palaeolithic sequence of Ciemna Cave. Some aspects of the site formation process. *Quartär*, 63, 33-46.

Vallin, L., Masson, B., Caspar, J., & Depieroux, E. (2006) - L'outil idéal. Analyse du standard Levallois des sites moustériens d'Hermies (Nord de la France). *Paléo*, 18, 237-272.

Valoch, K. (1988) - Die Erforschung der Kulna-Hohle. *Anthropos*, 24.

Van Kolfschoten, T. (2014) - The smaller mammals from the Late Pleistocene sequence of the Sesselfelsgrotte (Neuessing, Lower Bavaria). In: Franz Steiner Verlag (Ed.) - Sesselfelsgrotte VI. Naturwissenschaftliche Untersuchungen. Stuttgart.

Van Peer, P. (1992) - The Levallois reduction strategy. Monographs in World Archaeology.

Van Peer, P., Vermeersch, P.M., & Paulissen, E. (2010) - Chert Quarrying, Lithic Technology and a Modern Human Burial at the Palaeolithic site of Taramsa 1 Upper Egypt. Leuven University Press, Leuven.

Vaquero, M., & Carbonell Roura, E. (2003) - A temporal perspective on the variability of the discoid method in the Iberian Peninsula. In Peresani. M. (Ed.) - Discoid Lithic Technology: Advances and Implications: 67-82. BAR International Series 1120, BAR Publishing, Oxford.

Vaughan, P.C. (1985) - Use-wear Analysis of Flaked Stone Tools. University of Arizona press, Tucson.

Veil, S. (1995) - Vor 55.000 Jahren. Ein Jagdplatz frü- her Menschen bei Lichtenberg. Ldkr. Lüchow-Dannenberg. Begleith. Ausstellungen Abt. Urgesch. Nieders. Landesmus. Hannover, Oldenburg.

Veil, S., Breest, K., Höfle, H.-C., Meyer, H.-H., Plisson, H., Urban-Küttel, B., Wagner, G.A., & Zoller, L. (1994) - Ein mittelpalaolithischer Fundplatz aus der Weichsel-Kaltzeit bei Lichtenberg. Landkreis Lüchow-Dannenberg. Zwi- schenbericht über die archaologischen und geowissenschaftlichen Untersuchungen 1987-1992. *Germania*, 72, 1-65.

Viallet, C. (2019) - A new method of three-dimensional morphometry for analyzing the functional potentialities of bifaces. Contribution to the study of artefacts from AU P3 from the "Caune de l'Arago" (France). *Comptes Rendus - Palevol*, 18(2), 236-250.

Vieillevigne, E., Bourguignon, L., Ortega, I., & Guibert, P. (2008) - Analyse croisée des données chronologiques et des industries lithiques dans le grand sud-ouest de la France (MIS 10 a 3). *Paléo*, 20, 363-384.

Villa, P., Soriano, S., Teyssandier, N., & Wurz, S. (2010) - The Howiesons Poort and MSA III at Klasies River main site, Cave 1A. *Journal of Archaeological Science*, 37(3), 630-655.

Vogel, J., & Waterbolk, H. (1967) - Groningen Radiocarbon Dates VII. *Radiocarbon*, 9, 107-155.

Von den Driesch, A., Zeiler, J., Haren, J., & Van Kolfschoten, T. (2017) - Birds in a rock shelter: the Palaeolithic avifauna from the Sesselfelsgrotte (Neuessing, Lower Bavaria) In: Sesselfelsgrotte VII. Naturwissenschaftliche Untersuchungen. Franz Steiner Verlag, Stuttgart.

Weiss, M. (2015) - Stone tool analysis and context of a new late Middle Paleolithic site in western central Europe – Pouch-Terrassenpfeiler, Ldkr. Anhalt-Bitterfeld, Germany. *Quartär*, 62, 23-62.

Weiss, M. (2020) - The Lichtenberg Keilmesser - it's all about the angle. *Plos One*, 15(10), e0239718.

Weiss, M., Lauer, T., Wimmer, R., & Pop, C.M. (2018) - The Variability of the Keilmesser-Concept: a Case Study from Central Germany. *Journal of Paleolithic Archaeology*, 1(3), 202-246.

Weiss, M., Otcherednoy, A., & Wiśniewski, A. (2017) - Using multivariate techniques to assess the effects of raw material, flaking behavior and tool manufacture on assemblage variability: An example from the late Middle Paleolithic of the European Plain. *Journal of Archaeological Science*, 87, 73-94.

Weissmuller, W. (1995) - Die Silexartefakte der Unteren Schichten der Sesselfelsgrotte. Ein Beitrag zum Problem des Moustérien. Quartär-Bibliothek, Saarbrücken.

Wilkins, J., Pollarolo, L., & Kuman, K. (2010) - Prepared core reduction at the site of Kudu Koppie in northern South Africa: temporal patterns across the Earlier and Middle Stone Age boundary. *Journal of Archaeological Science*, 37(6), 1279-1292.

Wilmsen, E.N. (1968) - Functional analysis of flaked stone artefacts. *American Antiquity*, 33, 156–161.

Wiśniewski, A. (2014) - The beginnings and diversity of Levallois methods in the early Middle Palaeolithic of Central Europe. *Quaternary International*, 326-327, 364-380.

Wiśniewski, A., Adamiec, G., Badura, J., Bluszcz, A., Kowalska, A., Kufel-Diakowska, B., Mikołajczyk, A., Murczkiewicz, M., Musil, R., Przybylski, B., Skrzypek, G., Stefaniak, K., & Zych, J. (2013) - Occupation dynamics north of the Carpathians and Sudetes during the Weichselian (MIS5d-3): The Lower Silesia (SW Poland) case study. *Quaternary International*, 294, 20-40.

Wiśniewski, A., Lauer, T., Chłoń, M., Pyżewicz, K., Weiss, M., Badura, J., Kalicki, T., & Zarzecka-Szubińska, K. (2019) - Looking for provisioning places of shaped tools of the late Neanderthals: A study of a Micoquian open-air site, Pietraszyn 49a (southwestern Poland). *Comptes Rendus - Palevol*, 18(3), 367-389.

Wroe, S., Parr, W.C.H., Ledogar, J.A., Bourke, J., Evans, S.P., Fiorenza, L., Benazzi, S., Hublin, J.-J., Stringer, C., Kullmer, O., Curry, M., Rae, T.C., & Yokley, T.R. (2018) - Computer simulations show that Neanderthal facial morphology represents adaptation to cold and high energy demands, but not heavy biting. *Proceedings of the Royal Society B: Biological Sciences*, 285(1876), 20180085.

Yamada, M. (1996) - L'industrie lithique moustérienne aux Balzi Rossi (Ligurie, Italie) In: Facchini, F., Palma di Cesnola, A., Piperno, M., & Peretto, C. (Eds.) - Proceedings of the XIII International Congress of Prehistoric and Protohistoric Sciences.:315-321. ABACO, Forlì.

Zilhao, J., Angelucci, D.E., Badal-Garcia, E., D'Errico, F., Daniel, F., Dayet, L., Douka, K., Higham, T.F.G., Martinez-Sanchez, M.J., Montes-Bernardez, R., Murcia-Mascaros, S., Perez-Sirvent, C., Roldan-Garcia, C., Vanhaeren, M., Villaverde, V., Wood, R., & Zapata, J. (2010) - Symbolic use of marine shells and mineral pigments by Iberian Neandertals. *Proceedings of the National Academy of Sciences*, 107(3), 1023-1028.

Zilhão, J., Banks, W.E., D'Errico, F., & Gioia, P. (2015) - Analysis of Site Formation and Assemblage Integrity Does Not Support Attribution of the Uluzzian to Modern Humans at Grotta del Cavallo. *Plos One*, 10(7), e0131181.

Zupancich, A., Lemorini, C., Gopher, A., & Barkai, R. (2016) - On Quina and demi-Quina scraper handling: Preliminary results from the late Lower Paleolithic site of Qesem Cave, Israel. *Quaternary International*, 398, 94-102.

Zwyns, N., Roebroeks, W., Mcpherron, S.P., Jagich, A., & Hublin, J. (2012) - Comment on "Late Mousterian Persistence near the Arctic Circle." *Science*, 335(167).

www.ingramcontent.com/pod-product-compliance
Lightning Source LLC
LaVergne TN
LVHW070940230826
846093LV00015B/526